"十四五"职业教育国家规划教材

高职高专经管类专业核心课程教材

农产品营销

（第4版）

陈国胜 主编

郑庆照 陈方丽 王金旺 戴佩慧 卢盛若 副主编

清华大学出版社

北京

内 容 简 介

本书为"十四五"职业教育国家规划教材、省级精品在线共享课程配套教材。全书共包含12个项目，涵盖了农产品营销的整个过程，收录了大量新案例，其中休闲农业营销首次纳入教材。同时，还介绍了农产品营销中的新研究成果，如元宇宙农场、沉浸式体验、未来乡村、大食物观、农产品质量安全承诺达标合格证制度、ChatGPT等。

本书可供高职高专或本科院校学生作为教材使用，也可以作为新型职业农民或乡村振兴带头人培训教材。

本书封面贴有清华大学出版社防伪标签，无标签者不得销售。
版权所有，侵权必究。举报：010-62782989，beiqinquan@tup.tsinghua.edu.cn。

图书在版编目(CIP)数据

农产品营销 / 陈国胜主编. —4版. —北京：清华大学出版社，2023.9(2025.9重印)
高职高专经管类专业核心课程教材
ISBN 978-7-302-64311-1

Ⅰ.①农… Ⅱ.①陈… Ⅲ.①农产品－市场营销学－高等职业教育－教材 Ⅳ.①F762

中国国家版本馆 CIP 数据核字(2023)第 139216 号

责任编辑：吴梦佳
封面设计：常雪影
责任校对：李　梅
责任印制：杨　艳

出版发行：清华大学出版社
网　　址：https://www.tup.com.cn，https://www.wqxuetang.com
地　　址：北京清华大学学研大厦 A 座　　邮　编：100084
社 总 机：010-83470000　　邮　购：010-62786544
投稿与读者服务：010-62776969，c-service@tup.tsinghua.edu.cn
质量反馈：010-62772015，zhiliang@tup.tsinghua.edu.cn
课件下载：https://www.tup.com.cn，010-83470410

印 装 者：涿州汇美亿浓印刷有限公司
经　　销：全国新华书店
开　　本：185mm×260mm　　印　张：21.25　　字　数：516 千字
版　　次：2010 年 9 月第 1 版　2023 年 9 月第 4 版　印　次：2025 年 9 月第 6 次印刷
定　　价：59.90 元

产品编号：100819-01

前　言

党的二十大报告指出，加快建设农业强国，扎实推动乡村产业、人才、文化、生态、组织振兴。发展乡村特色产业，拓宽农民增收致富渠道。强国必先强农，农强方能国强。完善农产品营销体系，打造提升农业品牌是建设农业强国和全面振兴乡村的重要举措。如何成功地把农业生产和消费市场全面对接起来，解决农产品销售难问题，则是一个长期未能妥善解决的普遍问题。涉农高职院校和其他高职院校市场营销相关专业学生掌握农产品营销专业技能尤为重要。

民以食为天，人们的生活离不开农产品。随着人们对美好生活的向往，农产品市场商机无限，农产品营销将在乡村产业振兴中起到越来越重要的作用。"农产品营销"是涉农高职高专或本科院校市场营销专业的核心课程，农林牧渔大类专业的必修课，同时也是非涉农类高职高专或本科院校财经商贸大类专业的选修课或新型职业农民培训的必修课程。

本书为"十四五"职业教育国家规划教材，浙江省精品课程、浙江省精品在线课程"农产品营销"的配套教材，主要特色有以下几点。

（1）内容新。本书为校企合作开发的教材，内容很好地体现了农产品营销职业岗位（群）的任职要求。同时，我们力求介绍农产品营销实践中形成的最新研究成果，如DeepSeek 的应用、情绪营销、国家气候标志、社群运营 KPI、新零售、农产品 IP 等。这些概念在同类教材中属首次出现。鉴于休闲农业的重要性，本书对休闲农业营销也予以重点介绍。

（2）模式新。本书设计坚持以岗位要求和工作过程的分析为基础，体现出了"任务驱动，项目导向"的教学模式，融"教、学、做"于一体，强化学生能力的培养，教学内容与行业及职业标准相衔接，实现"课证融合"，满足了培养学生胜任工作的综合职业能力的需要。

（3）体例新。本书以农产品经营企业项目为载体，构建理论教学体系和实训教学体系，可以满足学生自主学习的需要。全书有 12 个项目和 1 个综合实训。每个项目都明确提出能力目标、课程思政和任务分解，采用案例导入方式编写，开篇案例都配有分析提示，使学生带着相关问题及思考开始每个任务的学习。每个项目设置有扩展阅读、实训操作（包括实训项目、实训目标、实训步骤、实训环境、实训成果五个方面）和课后练习。

（4）信息化资源新。为满足网络教学的需要，通过浙江省高等学校在线开放课程共享平台配套了精品在线共享课程，共同打造高效课堂。在浙江省精品在线共享课程网站搜索高职"农产品营销"课程即可找到。

（5）案例新。本书选用 2018 年以后的案例，并力求与同类教材中出现的案例不重复。

本书由温州科技职业学院经贸管理学院院长陈国胜教授担任主编，郑庆照、陈方丽、王金旺、戴佩慧、卢盛若担任副主编。本书（第 4 版）具体分工是：陈国胜编写项目1、项目5、项目9、项目11，郑庆照编写项目2、项目7，戴佩慧编写项目3、项目12，陈方丽编写项目4、项目 6、综合实训,卢盛若编写项目 10,王金旺编写项目 8。嘉兴市农创客发展联合会会长吴晨威、温州市菜篮子集团有限公司董事长吴建淡等行业、企业代表参编,并为本书提供营销实践材料。

感谢本书前 3 版的编者夏凤、周胜芳、孙毅杰、李炎炎等老师为本书所做的重要贡献。本书在编写过程中参阅了大量中外有关农产品营销方面的文献资料,在此谨向这些文献资料的著者、译者、编者表示衷心的感谢。

由于编者水平有限,书中不足之处在所难免,恳请同行专家批评、指正!为方便教师教学,本书还配有电子教案,如果需要可以来函索取。

编　者

2023 年 4 月

目 录

项目 1　认识农产品营销 ·· 1
　1.1　农产品营销概述 ·· 1
　　　1.1.1　农产品营销的内涵 ··· 1
　　　1.1.2　农产品营销的相关概念 ·· 3
　1.2　农产品营销的研究对象和内容 ·· 10
　　　1.2.1　农产品营销的研究对象 ··· 10
　　　1.2.2　农产品营销的研究内容 ··· 11
　1.3　树立现代农产品营销理念 ··· 12
　　　1.3.1　农产品营销的产生和发展 ·· 12
　　　1.3.2　农产品营销理念的演变 ··· 13
　　　1.3.3　农产品营销理念的新发展 ·· 15
　本项目小结 ··· 20
　实训操作 ··· 22
　课后练习 ··· 22

项目 2　农产品营销环境分析 ·· 24
　2.1　营销环境概述 ··· 24
　　　2.1.1　市场营销环境的含义 ·· 24
　　　2.1.2　市场营销环境的构成因素 ·· 25
　　　2.1.3　农产品营销环境的特点 ··· 25
　　　2.1.4　分析营销环境的意义 ·· 26
　2.2　农产品营销宏观环境分析 ··· 26
　　　2.2.1　人口环境及其对企业营销的影响 ·· 27
　　　2.2.2　经济环境及其对企业营销的影响 ·· 29
　　　2.2.3　社会文化环境及其对企业营销的影响 ··· 31
　　　2.2.4　政治法律环境及其对企业营销的影响 ··· 31
　　　2.2.5　科技环境及其对企业营销的影响 ·· 32
　　　2.2.6　自然环境及其对企业营销的影响 ·· 33
　2.3　农产品营销微观环境分析 ··· 34
　　　2.3.1　公司 ·· 34
　　　2.3.2　供应商 ·· 35
　　　2.3.3　营销中介机构 ·· 35

   2.3.4 顾客 ········· 36
   2.3.5 竞争者 ········· 36
   2.3.6 公众 ········· 38
  2.4 农产品营销环境分析方法 ········· 38
   2.4.1 SWOT 分析法 ········· 39
   2.4.2 PEST 分析模型 ········· 40
  本项目小结 ········· 41
  实训操作 ········· 42
  课后练习 ········· 43

项目 3 农产品消费者心理分析 ········· 44
  3.1 农产品需求心理分析 ········· 44
   3.1.1 消费者的需要和需求 ········· 44
   3.1.2 消费者的购买动机 ········· 49
  3.2 农产品购买行为与决策 ········· 52
   3.2.1 农产品购买行为 ········· 52
   3.2.2 影响农产品购买行为的因素 ········· 53
   3.2.3 消费者对农产品购买行为的决策 ········· 55
  3.3 农产品营销心理策略 ········· 57
   3.3.1 利用求安心理，开发绿色农产品 ········· 57
   3.3.2 利用休闲心理，开发休闲食品 ········· 59
   3.3.3 利用体验心理，开发观光农园 ········· 61
   3.3.4 利用求便、求廉心理，开展数字营销 ········· 63
  本项目小结 ········· 64
  实训操作 ········· 66
  课后练习 ········· 67

项目 4 农产品市场调查与信息处理 ········· 69
  4.1 拟订调查方案 ········· 69
   4.1.1 调查方案的含义 ········· 69
   4.1.2 调查方案的内容 ········· 70
   4.1.3 调查方案的评价 ········· 73
  4.2 设计调查问卷 ········· 73
   4.2.1 调查问卷的概念 ········· 73
   4.2.2 调查问卷的结构 ········· 73
   4.2.3 问卷设计的原则 ········· 74
   4.2.4 问卷设计的程序 ········· 75
   4.2.5 问题的主要类型及询问方式 ········· 76
   4.2.6 问题的答案设计 ········· 76

    4.2.7 问卷设计应注意的几个问题 …………………………………… 78
  4.3 组织调查实施 ……………………………………………………………… 81
    4.3.1 组织调查实施队伍 …………………………………………………… 81
    4.3.2 培训调查实施队伍 …………………………………………………… 82
    4.3.3 组织调查实施方法 …………………………………………………… 82
    4.3.4 监督管理调查实施 …………………………………………………… 84
  4.4 撰写调查报告 ……………………………………………………………… 84
    4.4.1 整理调查资料 ………………………………………………………… 84
    4.4.2 分析调查资料 ………………………………………………………… 85
    4.4.3 调查报告的格式与撰写要求 ………………………………………… 86
  4.5 市场信息处理 ……………………………………………………………… 89
    4.5.1 市场信息的含义 ……………………………………………………… 89
    4.5.2 市场信息的类型 ……………………………………………………… 90
    4.5.3 市场信息的作用 ……………………………………………………… 90
    4.5.4 市场信息的来源 ……………………………………………………… 91
    4.5.5 市场信息的获取方法 ………………………………………………… 91
    4.5.6 市场信息的处理过程 ………………………………………………… 92
  本项目小结 ……………………………………………………………………… 94
  实训操作 ………………………………………………………………………… 95
  课后练习 ………………………………………………………………………… 96

项目5 农产品市场细分及定位 ……………………………………………………… 98
  5.1 农产品市场细分 …………………………………………………………… 98
    5.1.1 农产品市场细分的含义 ……………………………………………… 98
    5.1.2 农产品市场细分的作用 ……………………………………………… 100
    5.1.3 农产品市场细分的依据 ……………………………………………… 101
    5.1.4 农产品市场细分的原则 ……………………………………………… 102
    5.1.5 农产品市场细分的步骤 ……………………………………………… 103
  5.2 农产品目标市场选择 ……………………………………………………… 103
    5.2.1 目标市场的概念 ……………………………………………………… 103
    5.2.2 选择农产品目标市场的条件 ………………………………………… 103
    5.2.3 农产品目标市场营销策略 …………………………………………… 104
    5.2.4 确定农产品目标市场营销策略时应考虑的因素 …………………… 105
    5.2.5 选择农产品目标市场须走出"多数谬误"误区 ……………………… 106
  5.3 农产品市场定位 …………………………………………………………… 107
    5.3.1 农产品市场定位的含义 ……………………………………………… 107
    5.3.2 农产品市场定位的方法 ……………………………………………… 108
    5.3.3 农产品市场定位的策略 ……………………………………………… 109
  本项目小结 ……………………………………………………………………… 110

实训操作 …………………………………………………………………………… 111
　　课后练习 …………………………………………………………………………… 112

项目6　农产品品牌策略 ………………………………………………………………… 113
　6.1　农产品品牌概述 ………………………………………………………………… 113
　　　6.1.1　农产品品牌的含义和作用 ……………………………………………… 113
　　　6.1.2　农产品品牌策略决策 …………………………………………………… 115
　　　6.1.3　农产品品牌策略的实施 ………………………………………………… 122
　6.2　农产品品牌建设 ………………………………………………………………… 123
　　　6.2.1　用产品铸就品牌品质 …………………………………………………… 123
　　　6.2.2　用文化塑造品牌灵魂 …………………………………………………… 123
　　　6.2.3　用包装提升品牌价值 …………………………………………………… 125
　6.3　农产品区域公用品牌 …………………………………………………………… 129
　　　6.3.1　农产品区域公用品牌概述 ……………………………………………… 129
　　　6.3.2　农产品区域公用品牌建设的痛点 ……………………………………… 133
　　　6.3.3　农产品区域公用品牌建设的关键 ……………………………………… 134
　本项目小结 …………………………………………………………………………… 140
　实训操作 ……………………………………………………………………………… 143
　课后练习 ……………………………………………………………………………… 144

项目7　农产品定价策略 ………………………………………………………………… 145
　7.1　影响农产品定价的因素 ………………………………………………………… 145
　　　7.1.1　企业定价目标 …………………………………………………………… 146
　　　7.1.2　生产成本 ………………………………………………………………… 146
　　　7.1.3　供需关系 ………………………………………………………………… 146
　　　7.1.4　市场竞争因素 …………………………………………………………… 149
　　　7.1.5　消费者心理和习惯 ……………………………………………………… 149
　　　7.1.6　政策法规或行业组织干预 ……………………………………………… 149
　7.2　农产品定价方法 ………………………………………………………………… 151
　　　7.2.1　成本导向定价法 ………………………………………………………… 151
　　　7.2.2　需求导向定价法 ………………………………………………………… 152
　　　7.2.3　竞争导向定价法 ………………………………………………………… 154
　7.3　农产品定价 ……………………………………………………………………… 156
　　　7.3.1　新产品定价策略 ………………………………………………………… 156
　　　7.3.2　心理定价策略 …………………………………………………………… 157
　　　7.3.3　折扣定价策略 …………………………………………………………… 159
　　　7.3.4　地区性定价策略 ………………………………………………………… 160
　7.4　农产品价格调整与价格变化的技巧 …………………………………………… 161
　　　7.4.1　价格变动的原因和对策 ………………………………………………… 161

7.4.2	企业应变程序	162
7.4.3	降价技巧	162
7.4.4	提价技巧	164

本项目小结 …… 166
实训操作 …… 167
课后练习 …… 168

项目 8 农产品渠道策略 …… 170

8.1 农产品渠道策略概述 …… 170
- 8.1.1 农产品直接销售 …… 170
- 8.1.2 农产品间接销售 …… 173
- 8.1.3 农产品渠道发展趋势 …… 175

8.2 社区营销 …… 177
- 8.2.1 社区营销的内涵 …… 177
- 8.2.2 社区营销的意义 …… 180
- 8.2.3 社区营销的演变 …… 181

8.3 农产品社群营销 …… 183
- 8.3.1 社群营销的内涵 …… 183
- 8.3.2 社群运营 KPI …… 184
- 8.3.3 农产品社群营销技巧 …… 185
- 8.3.4 农产品 IP 打造 …… 187

8.4 农产品营销与新零售 …… 192
- 8.4.1 新零售理念的由来及内涵 …… 192
- 8.4.2 新零售理念下农产品营销创新的必然性 …… 192
- 8.4.3 新零售理念下农产品营销的创新 …… 193

本项目小结 …… 195
实训操作 …… 197
课后练习 …… 197

项目 9 农产品促销策略 …… 199

9.1 农产品促销方式 …… 199
- 9.1.1 农产品促销及其步骤 …… 199
- 9.1.2 人员推销 …… 200
- 9.1.3 广告促销 …… 205
- 9.1.4 公共关系 …… 212
- 9.1.5 营业推广 …… 214
- 9.1.6 农产品促销方式的选择 …… 216

9.2 农产品网络促销策略 …… 218
- 9.2.1 农产品网络促销策略概述 …… 218

  9.2.2 农产品网络促销的形式和策略 ···················· 219
 9.3 农产品促销方案设计 ···················· 225
  9.3.1 农产品促销方案设计的原则 ···················· 225
  9.3.2 农产品促销方案设计的主要内容 ···················· 226
  9.3.3 适合新产品上市的促销计划要点 ···················· 227
 本项目小结 ···················· 236
 实训操作 ···················· 238
 课后练习 ···················· 238

项目 10 农产品物流 ···················· 240
 10.1 认识现代农产品物流 ···················· 240
  10.1.1 农产品物流的定义 ···················· 240
  10.1.2 农产品物流与相关概念的比较 ···················· 241
  10.1.3 农产品物流的分类 ···················· 242
 10.2 农产品物流功能与管理 ···················· 245
  10.2.1 农产品仓储 ···················· 245
  10.2.2 农产品运输 ···················· 248
  10.2.3 农产品配送与配送中心 ···················· 250
  10.2.4 农产品包装、装卸搬运与流通加工 ···················· 255
 10.3 农产品物流发展的新趋势 ···················· 257
  10.3.1 农产品绿色物流 ···················· 257
  10.3.2 农产品物流标准化 ···················· 258
  10.3.3 农产品物流信息化 ···················· 258
  10.3.4 物联网技术应用 ···················· 261
 本项目小结 ···················· 262
 实训操作 ···················· 263
 课后练习 ···················· 263

项目 11 主要农产品营销策略 ···················· 265
 11.1 谷物营销 ···················· 265
  11.1.1 谷物的生产特点 ···················· 265
  11.1.2 谷物的消费特点 ···················· 266
  11.1.3 谷物的营销过程与营销策略 ···················· 267
 11.2 肉类产品营销 ···················· 268
  11.2.1 肉类产品的生产特点 ···················· 268
  11.2.2 肉类产品的消费特点 ···················· 270
  11.2.3 肉类产品的营销策略 ···················· 271

11.3 园艺产品营销 ·· 274
11.3.1 园艺产品的生产特点 ·································· 274
11.3.2 园艺产品的消费特点 ·································· 280
11.3.3 园艺产品的营销策略 ·································· 282

11.4 水产品营销 ·· 284
11.4.1 水产品的生产特点 ···································· 284
11.4.2 水产品的消费特点 ···································· 285
11.4.3 水产品的营销策略 ···································· 286

11.5 禽蛋营销 ·· 287
11.5.1 禽蛋的生产特点 ······································· 287
11.5.2 禽蛋的消费特点 ······································· 287
11.5.3 禽蛋的营销策略 ······································· 288

11.6 乳制品营销 ·· 289
11.6.1 乳制品的生产特点 ···································· 289
11.6.2 乳制品的消费特点 ···································· 290
11.6.3 乳制品的营销策略 ···································· 291

本项目小结 ·· 294
实训操作 ·· 295
课后练习 ·· 295

项目 12 休闲农业营销 ··· 297
12.1 休闲农业的内涵 ·· 297
12.1.1 休闲农业的概念 ······································· 297
12.1.2 休闲农业的功能 ······································· 298
12.1.3 休闲农业的特点 ······································· 298

12.2 休闲农业的类型 ·· 300
12.2.1 按产业模式分类 ······································· 300
12.2.2 按休闲主题分类 ······································· 301
12.2.3 按经营模式分类 ······································· 303

12.3 休闲农业的发展原则及开发要点 ································ 306
12.3.1 休闲农业的发展原则 ·································· 306
12.3.2 休闲农业的开发要点 ·································· 307

12.4 休闲农业的营销策划 ·· 310
12.4.1 休闲农业的产品策划 ·································· 310
12.4.2 休闲农业的渠道策划 ·································· 317
12.4.3 休闲农业的促销策划 ·································· 318

本项目小结 ·· 321

  实训操作 ··· 323
  课后练习 ··· 323

综合实训 ··· 325
  综合训练项目一：农业职业经理人技能训练 ································ 325
  综合训练项目二：农产品营销策划训练 ···································· 326

参考文献 ··· 327

项目 1

认识农产品营销

【能力目标】

通过本项目的学习,学生应该能够理解农产品营销的内涵,熟悉农产品营销的研究对象和内容,树立现代农产品营销观念。

【课程思政】

通过本项目的学习,使学生理解全面实施乡村振兴战略的重要意义,认识到农产品营销在产业振兴中的重要价值,树立毕业后主动服务农业强国建设的使命感和责任感。

【任务分解】

(1)掌握农产品营销的内涵。
(2)掌握农产品营销及其相关概念。
(3)掌握农产品营销的研究对象和内容。
(4)树立现代农产品营销理念。

1.1 农产品营销概述

1.1.1 农产品营销的内涵

国内外学者对农产品营销(marketing of agricultural products)的定义有多种。

导入案例:中国农产品营销的若干趋势

1. 理查德·库尔斯对农产品营销的定义

农业市场营销学先驱、普渡大学农业经济学系教授理查德·库尔斯(Richard L. Kohls)等将农产品市场营销称为食品市场营销,将其定义为"农产品从原料状态到消费者手中的所有过程中涉及的食品生产和服务的所有商业活动行为"。该定义包含以下几个要点。

(1)该定义不限于食品业的所有非农场活动,也不限于离开农场后的其他所有活动。
(2)该定义解释了农场主与市场中介之间的相互依存关系。
(3)产品的市场营销不是完全手工操作运行,也不是完全自动化地运行。
(4)这里有一个关于是否将农场供应行业,诸如饲料行业、化肥行业、农用机械行业和种子行业等纳入食品市场营销中的争议。
(5)食品行业有三个重要的市场参与者:食品生产者、食品营销企业和食品消费者,这些市场参与者之间必然有很多矛盾冲突。

(6) 消费者只是希望能够用最低的价格获得最高的食品价值；农民则希望通过销售获得最大回报；食品市场的中介寻求获得最大利润。食品市场营销系统最基本的工作就是协调与缓和这些有时相互冲突的需求。显然，这绝非易事。

库尔斯认为，现在的市场营销学学生必须理解食品市场营销世界的两个不同视角。一个是着眼于食品市场营销的大方向，有时也称为宏观市场营销，它侧重于了解食品系统如何组织、如何完成它的经济和社会任务以及它是如何变迁的。另一个是着眼于微观市场营销或者说商业管理的视角，它是从食品市场中的单个市场决策者的角度出发，由食品生产者、商业经理或是消费者选择决定何时、何地、如何买卖以及买卖什么。企业运用市场营销管理的工具和法则建立了在保证收益的基础上满足消费者需求的市场营销战略。

2. 国内部分学者对农产品营销的定义

国内学者也从不同角度阐述了农产品营销的定义。

李崇光将农产品营销定义为：农产品生产者与经营者个人与组织，在农产品从农户到消费者流程中，实现个人和社会需求目标的各种农产品创造和农产品交易的一系列活动。他认为，我们可以从以下几方面把握农产品营销定义的内涵。

(1) 农产品营销的主体是农产品生产和经营的个人与组织。关于农产品营销主体，学者们有不同的理解和认识。有些学者认为，农产品营销的主体一般来说是企业，具体而言是农产品经营企业，如美国的农产品营销主要是由农业企业或相关企业组织进行的。而我国的农产品营销的主体不仅包括农业经营企业，而且包括农产品创造和交易活动的行为主体，如农产品生产组织(农户、农场)及个人，农产品收购企业，农产品批发和零售商，中介商，农产品加工企业、运输公司、仓储企业、餐饮店以及农产品专卖店等。

(2) 农产品营销活动贯穿农产品生产和流通、交易的全过程。农产品营销的内涵不仅包括农产品离开农户(农场)后到消费者手中的流通领域活动，而且包括农产品产前农业生产计划的制订和决策，新产品培育和开发，农业生产资料的供应，以及农产品生产者按生产计划进行的符合市场和社会需求的产品生产(或创造)。在这一点上，农产品营销概念的内涵远远超过农产品销售或者农产品运销概念。换言之，农产品营销概念不仅包含农产品的纯粹流通和交易行为，还体现了农产品生产事前的营销计划、决策和产品经营理念。

(3) 农产品营销概念体现了一定的社会价值或社会属性，其最终目标是满足社会和人们的需求及欲望。农产品生产(或创造)和农产品交易都受到一定的社会需求和市场行为的影响。在规范的市场经济条件下，人们的需求通过市场交易反映，而人们的市场交易活动以及进而进行的产品创造行为，是由市场价格信号来诱导的。我们常说，市场需要什么，农户就生产什么；什么产品赚钱，我们就生产什么。农产品营销中的产品创造和交易活动，就是要通过市场机制，通过价格引导，去满足人们的需求，满足社会的需求。在满足人们和社会对农产品效用需求的同时，生产者也从农产品的交易过程中获得了价值实现。

过建春对农产品营销的定义为：生产或经营农产品的个人或组织，以市场需求为导向，通过综合运用产品、价格、促销、渠道等营销策略，在实现农产品交换的同时，实现个人或组织利润目标的经营管理活动。他认为，我们可以从以下几方面把握农产品营销定义的内涵。

(1) 农产品营销的主体是生产或经营农产品的个人或组织。

(2) 农产品营销是包括农产品产前、产中、产后开展的各种农产品经营活动。

（3）农产品营销是一个价值增值的过程。农产品营销通过各个活动环节不断创造多种产品效用，并使产品不断增值。

李季圣等认为，农产品营销是农产品生产者与市场产品经营者为实现农产品价值而进行的一系列产品价值的交易活动。他们认为可以从以下几方面把握农产品营销定义的内涵。

（1）农产品营销主体是在产前、产中、产后开展农产品经营活动的个体和组织。例如，专门销售粮食、蔬菜、水果的贸易公司或经济合作组织；也可以是生产者兼经营者，如外国的农场主；还可以是在产品产出后进行加工、保鲜、储运等活动的经营者。

（2）农产品营销是通过生产、加工、储藏、运输、市场交易的各个环节的多样性统一的整合过程。农产品从生产到消费有各种不同的经营形式：第一种是生产—销售—消费者的最简单的经营环节的统一，如果农将成熟的水果采摘后直接运到市场上出售；第二种是生产—粗加工—运输—进入市场与出售环节的统一，如果农将采摘后的水果进行筛选、包装、低温保存，到批发市场上出售；第三种是生产—精加工—储存—批发—零售，如水果、蔬菜、家禽、家畜、粮食等产品，完成生产环节后进入深层加工环节，或改变原有形状，或提炼出所需要的物质，或加工成新产品，再经过库存、运输、批发及零售市场等环节到达消费者手中。

（3）农产品营销是受农产品的自然生长周期、生产季节、生产产地、产品自身物理、化学性质等客观条件的制约进行经营的过程。该过程与其他产品的营销有很大的差别。特别是产品自身的物理、化学因素，使经营者面临市场风险、成本核算、额外保护等约束，加上我国农产品价格一直处于较低的价位，更增加了经营的风险。

3. 本书对农产品营销的定义

综合以上各种定义，本书将农产品营销的定义分为广义和狭义两种。

（1）广义的农产品营销。广义的农产品营销是指与农产品流通有关的一切活动的总称，包括农产品从投入生产直到进入消费领域所经历的全部商业性的经营活动。它包括农产品的生产、收集、检验、分级与标准化、加工、包装、储存、运输、销售等各种经济活动，以及与之有关的市场研究、资金供给和风险担保等各种服务性活动。

（2）狭义的农产品营销。狭义的农产品营销是指农产品生产者或经营者为消费者提供农产品和有关的劳务，以实现其经营目标的经济行为。它涉及的是每一个具体的农产品生产经营者所从事的农产品营销活动，并且是以营利为主要经营目标的。

农产品营销与农业生产、分配和消费诸环节紧密相连，担负着完成农产品从生产领域向消费领域转移的重要任务，是联系农产品的生产与消费、工业与农业、城市与乡村的中介。民以食为天，随着市场经济的不断发展，人们对生活品质的要求越来越高，农产品营销在统筹城乡发展、全面建成小康社会中的地位和作用将日益重要。面对全球气候变化的重大考验，面对国内外农产品市场异常波动的不利影响，做好农产品营销，将为保增长、保民生、保稳定提供基础支撑。

1.1.2 农产品营销的相关概念

1. 农产品

世界贸易组织（WTO）的产品分类中将农产品定义为"包括活动物与动物制品、植物产品、油脂及分解产品、食品饮料"。这个概念的定义是比较宽泛的。

《中华人民共和国农产品质量安全法(2022年修订)》所称农产品,是指来源于种植业、林业、畜牧业和渔业等的初级产品,即在农业活动中获得的植物、动物、微生物及其产品。该法所称农产品质量安全,是指农产品质量达到农产品质量安全标准,符合保障人的健康、安全的要求。

该法规定,有下列情形之一的农产品,不得销售。

(1) 含有国家禁止使用的农药、兽药或者其他化合物。

(2) 农药、兽药等化学物质残留或者含有的重金属等有毒有害物质不符合农产品质量安全标准。

(3) 含有的致病性寄生虫、微生物或者生物毒素不符合农产品质量安全标准。

(4) 未按照国家有关强制性标准以及其他农产品质量安全规定使用保鲜剂、防腐剂、添加剂、包装材料等,或者使用的保鲜剂、防腐剂、添加剂、包装材料等不符合国家有关强制性标准以及其他质量安全规定。

(5) 病死、毒死或者死因不明的动物及其产品。

(6) 其他不符合农产品质量安全标准的情形。

也有学者把农产品分为鲜活农产品和非鲜活农产品。鲜活农产品包括新鲜蔬菜(含未加工的蘑菇、生姜、生鲜茉莉花、生鲜菜用玉米,新鲜的花生、淮山、粉葛、马铃薯、马蹄、莲藕);时鲜瓜果(含果蔗、保鲜瓜果、新鲜板栗);鲜活水产品(含未加工的冰鲜鱼、虾、蟹);活的禽畜;生鲜蛋和鲜奶。属于非鲜活农产品范围的产品包括食用调料、非食用瓜果;禽畜、水产品、瓜果、蔬菜、蛋、奶等的深加工产品;花、草、苗木等;粮食、木薯、红薯、原料蔗等。

还有学者提出大农产品概念。所谓大农产品,是指各农业生产部门生产的所有动植物产品,包括烟叶、毛茶、食用菌、瓜、果、蔬菜、花卉、苗木、药材、粮油作物、牲畜、禽、兽、昆虫、爬虫、两栖动物类、水产品、林业产品和其他动植物等。

2. 市场营销

市场营销(marketing)又称为市场学、市场行销、行销或行销学等,简称"营销"。它包含两种含义:一种是动词理解,指企业的具体活动或行为,这时称为市场营销或市场经营;另一种是名词理解,指研究企业的市场营销活动或行为的学科,这时称为市场营销学、营销学或市场学等。市场营销学是一门发展中的新兴学科,在学科发展的不同阶段,营销学家们从不同角度对"市场营销"进行了界定。

(1) 市场营销的经典定义。美国营销协会(AMA)的三个经典定义如下。

定义1(AMA,1960年):市场营销是将货物和劳务从生产者流转到消费者过程中的一切企业活动。

定义2(AMA,1985年):市场营销是指通过对货物、劳务和计谋的构想、定价、分销、促销等方面的计划与实施,以实现个人和组织的预期目标的交换过程。

定义3(AMA,2004年):市场营销是一项有组织的活动,它包括创造"价值",将"价值"沟通输送给顾客,以及维系管理公司与顾客间的关系,从而使公司及其相关者受益的一系列过程。

(2) 市场营销的权威定义。营销管理学派的代表人物——美国西北大学教授菲利普·科特勒、欧洲关系营销学派的代表人物——格隆罗斯对市场营销所下的定义也被世界各国市场营销界广泛引用,成为两个学术流派的权威定义。

定义4(格隆罗斯,1990年):市场营销是在一种利益之下,通过相互交换和承诺,建立、维持、巩固与消费者及其他参与者的关系,从而实现各方的目的。

定义5(菲利普·科特勒,2006年):从管理角度看,市场营销管理(marketing management)作为艺术和科学的结合,它需要选择目标市场,通过创造、传递和传播优质的顾客价值,获得、保持和发展顾客;从社会角度看,市场营销是个人和集体通过创造,提供出售,并同别人自由交换产品和价值,以获得其所需所欲之物的社会过程。

因此,现代市场营销是以实现企业和利益相关者等各方的利益为目的,对顾客价值进行识别、创造、传递、传播和监督,并将客户关系的维系与管理融入各项工作的社会和管理过程。

从表1-1可以看出,以上五个定义体现了市场营销概念的演进和营销内涵的扩展。

表1-1 市场营销概念内涵

定义序号	主体	客体	过程	工具	目标
1.(AMA,1960年)	企业	货物和劳务	流通	销售	提高销量;主体利益
2.(AMA,1985年)	个人与组织	货物、劳务和计谋	交换,实施+管理	4P	满足需求;主体利益
3.(AMA,2004年)	组织	价值、关系	价值创造、价值沟通、管理顾客关系	全面营销	价值与关系;公司及其相关者受益
4.(格隆罗斯,1990年)	组织	关系	关系管理	交换和承诺	管理关系;公司及其相关者受益
5.(菲利普·科特勒,2006年)	个人和集体	产品和价值	选择、创造、传递价值;社会和管理过程	艺术和科学	主体利益及关系

扩展阅读 1-1

营销是企业最核心的竞争力

管理学鼻祖彼得·德鲁克先生在1954年出版的经典著作《管理的实践》中,曾经有过这样的一段描述:因为企业的目的是创造顾客,所以,营销和创新是任何企业都有且仅有的两个基本职能。我国台湾宏碁集团创办人施振荣,与德鲁克有着一致的观点,施振荣提出微笑曲线理论,如果一家企业做的是制造,它所创造的附加值就比较低,而附加值最丰厚的区域正好集中在价值链的两端,研发(创新)和市场(营销)。今天微笑曲线理论已经成为全球各个顶级商学院广泛接受的一个理论。

德鲁克和施振荣都认为营销和创新是企业最基本的、附加值最高的两个职能。

德鲁克曾经说过,"如果我们想了解一个企业是什么,我们必须从它的目的开始。任何企业的目的,只有一个有效的定义,创造顾客。顾客决定了企业是什么,并且只能是顾客,通过愿意为一个商品或服务买单,将经济资源转变为财富,把物品转变为商品"。企业是以营利为目的的,顾客为企业贡献收入和利润,没有顾客,任何企业都将无法生存。而市场营销正是企业创造并保留顾客的关键所在。所以,市场营销是企业最核心的竞争力,也是企业最核心的职能。

3. 食品相关概念

《中华人民共和国食品安全法》中与食品相关的概念表述如下。

食品，指各种供人食用或者饮用的成品和原料以及按照传统既是食品又是中药材的物品，但是不包括以治疗为目的的物品。

食品安全，指食品无毒、无害，符合应当有的营养要求，对人体健康不造成任何急性、亚急性或者慢性危害。

预包装食品，指预先定量包装或者制作在包装材料、容器中的食品。

食品添加剂，指为改善食品品质和色、香、味以及为防腐、保鲜和加工工艺的需要而加入食品中的人工合成或者天然物质，包括营养强化剂。

用于食品的包装材料和容器，指包装、盛放食品或者食品添加剂用的纸、竹、木、金属、搪瓷、陶瓷、塑料、橡胶、天然纤维、化学纤维、玻璃等制品和直接接触食品或者食品添加剂的涂料。

用于食品生产经营的工具、设备，指在食品或者食品添加剂生产、销售、使用过程中直接接触食品或者食品添加剂的机械、管道、传送带、容器、用具、餐具等。

用于食品的洗涤剂、消毒剂，指直接用于洗涤或者消毒食品、餐具、饮具以及直接接触食品的工具、设备或者食品包装材料和容器的物质。

食品保质期，指食品在标明的贮存条件下保持品质的期限。

食源性疾病，指食品中致病因素进入人体引起的感染性、中毒性等疾病，包括食物中毒。

食品安全事故，指食源性疾病、食品污染等源于食品，对人体健康有危害或者可能有危害的事故。

4. 农产品市场

农产品市场是指农产品集中与销售的场所，由于农产品与人们的生活息息相关，且农产品具有消费鲜活性、体积大、价值低等特点，因此，农产品市场与一般市场相比又有一些特殊性，具体表现如下。

（1）农产品市场交易的产品具有生产资料和生活资料的双重性质。一方面，农产品市场上的农副产品可以供给生产单位用作生产资料，如农业生产用的种子、种畜、饲料和工业生产用的各种原材料等；另一方面，农产品又是人们日常生活中的必需品，居民的"米袋子""菜篮子"都离不开农产品市场。

（2）农产品市场具有供给的季节性和周期性。农业生产具有季节性，农产品市场的货源随农业生产季节而变动，不同季节对应着不同种类产品的采购和销售。同时，农业生产有周期性，其供给在一年之中有淡、旺季，数年之中有丰产、欠产，不同产品在不同地区、不同年份的生产量可能相差很大。

（3）农产品市场多为小型分散的市场。农产品生产分散在亿万农户中，农产品在集中交易时具有地域性特点，通常小规模的产地市场分散于产区各地。由于农产品消费主要以家庭为单位，且具有少量多次、零散购买等特点，消费地的农产品零售市场贴近消费者，多分散于各居民居住区。

（4）农产品市场的风险大。农产品在运输、储存和销售中容易发生干枯、腐烂、霉变、病虫害等，极易造成损失。

可从不同角度将农产品市场作如下分类。

1）按照交易场所的性质分类

按照交易场所的性质分类，农产品市场可分为产地市场、销地市场、集散与中转市场。

（1）产地市场。产地市场是农民出售其产品的市场，也是农产品集中起运的场所。在各个农产品产地形成或兴建的定期或不定期销售农产品的市场，是农民与商人交易的场所。产地市场的规模一般较小，主要功能是为分散的农产品提供集中销售和市场信息，同时便于农产品的初步整理、分级、加工、包装和储运。

（2）销地市场。销地市场是设在大、中、小城市和城镇等消费者集中地的农产品市场，还可进一步分为销地批发市场和销地零售市场。前者主要设在大中城市，购买对象多为农产品零售商、饭店和机关、企事业单位食堂；后者则广泛分布于大、中、小城市和城镇。销地市场的主要职能是把经过集中、粗加工和储运等环节的农产品销售给消费者。

（3）集散与中转市场。集散与中转市场的主要职能是将来自各产地市场的农产品进一步集中起来，经过再加工、储藏与包装，通过批发商分散销往全国各地批发市场。该类市场多设在交通便利的地方，如公路、铁路交会处；但也有自发形成的集散与中转市场，设在交通不便的地方。这类市场一般规模较大，建有大型交易场所和停车场、仓储等配套服务设施。

2）按照农产品销售方式分类

按照农产品销售方式分类，农产品市场可分为批发市场和零售市场。

（1）批发市场。农产品批发市场都是成批量地销售农产品，每笔交易量都比较大，一般设在农产品生产比较集中的地方和交通比较发达的中转集散地，以及消费者众多的大中城市。

（2）零售市场。相对于批发市场而言，农产品零售市场就是进行少量农产品交易的场所。农村的集市、城市的农贸市场和超级市场等都是零售市场。

3）按照农产品交易形式分类

按照农产品交易形式分类，农产品市场可分为现货交易市场和期货交易市场。

（1）现货交易市场。现货交易市场是指根据买卖双方经过谈判（讨价还价）达成的口头或书面买卖协议所商定的付款方式和其他条件，在一定时期进行实物商品交付和货款结算的市场。现货交易又分为即期交易和远期交易。前者指买卖双方进行的一手交钱、一手交货的交易；后者指根据买卖双方事先签订的书面形式的农产品买卖合同所规定的条款，在约定的时期内进行实物商品交付和货款结算的交易。

（2）期货交易市场。期货交易市场是进行期货交易的有组织的市场。期货交易是按一定规章制度进行的期货合同的买卖。期货交易运行所涉及的各种机构以及参加者，如期货交易所、清算所、期货佣金商、场内经纪人、投机者和套期保值者等，构成了期货市场的各个层次和基本要素。

国际农产品期货市场最早产生于美国芝加哥。19世纪中叶，芝加哥成为美国国内农产品的主要集散地之一，由于粮食生产特有的季节性，加之当时仓库不足，交通不便，粮食供求矛盾异常突出。为了改善交易条件，稳定产销关系，1848年，由82位商人发起并成功地组建了美国第一家中心交易所，即芝加哥期货交易所。此后，芝加哥期货交易所实现了保证金制并成立结算公司，成为严格意义上的期货市场。近几十年来，世界农产品期货市场不断涌现，如东京谷物交易所、纽约棉花交易所、温尼伯格商品交易所等。农产品期货交易的品种有小麦、玉米、大豆、豆粕、红豆、大米、花生仁等。

我国已经形成了粮、棉、油、糖大宗农产品、门类比较齐全的农产品期货交易体系。目前，我国期货交易所中，大连商品交易所与郑州商品交易所现阶段以农产品期货交易为主。

大连商品交易所经批准交易的品种有大豆、豆粕、啤酒大麦、玉米期货等；郑州商品交易所经批准交易的品种有小麦、绿豆、红小豆、花生仁、早籼稻期货等。大连商品交易所的大豆品种是目前国内最活跃的大宗农产品期货品种，大连商品交易所现已成为国内最大的农产品期货交易所、世界非转基因大豆期货交易中心和价格发现中心。

4) 按照商品的性质分类

按照商品的性质分类，农产品市场可分为粮油市场、果品市场、水产品市场、蔬菜市场、肉禽蛋市场、棉麻类市场等。

5．农产品流通

农产品流通是指农副产品中的商品部分，通过买卖形式，实现从农业生产领域向消费领域转移的一种经济活动。其流通过程包括收购、调运、储存和销售等环节。

当前，我国的农产品流通主要有以下四种类型。

(1) 以农产品经纪人和运销队伍为主体的经纪、贩运型流通。

(2) 以龙头企业为组织形式的加工贸易型流通。

(3) 以农产品批发市场为龙头的市场带动型流通。

(4) 以专业合作组织为载体的合作型流通。

当前，我国加大了农产品流通三级市场建设：农产品产地批发市场、销地批发市场和零售农贸市场。

6．农产品流通学/农产品运销学

"农产品运销"的概念在日本以及我国台湾省使用较多。"农产品运销学"是一门研究在国民经济活动中，以满足消费者需求为目标，实现农产品从生产者到消费者转移的一系列活动的机制、条件，以及主要农产品的流通规律的学科，国内也有学者将它称为"农产品流通学"。它体现的是"产品研究的方法和视角"，偏重于讨论农产品产后加工、包装、运输、储藏和销售的运、销技术条件和内容。"农产品流通学"与"农产品运销学"同是讨论农产品的流通问题，但它比"农产品运销学"更能体现现代市场营销的系统、整体性思想和产品创造与产品交易的经营理念。

7．创意农业

创意农业是指利用农村的生产、生活、生态资源，发挥创意、创新构思，研发设计出具有独特性的创意农产品或活动，以提升现代农业的价值与产值，创造出新的、优质的农产品和农村消费市场与旅游市场。创意农业是现代农业发展的新趋势，是都市型现代农业的重要组成部分。创意是技术、经济和文化等相互交融的产物，创意农业并非单指某一种产业，其所生产的产品是新思想、新技术、新内容的物化形式，是多知识、多学科、多文化和多种技术交叉、渗透、辐射和融合的产物，因此，具有较强的融合性、渗透性。

创意农业的发展，基于不同的乡村农业资源及社会环境，有着不同的发展模式，研读国内外创意农业的发展案例，可梳理出创意农业有以下五大发展模式。

(1) 理念主导型模式。该模式最大的特征在于依托创意理念，结合时代发展潮流与时尚元素，赋予农业与乡村时代特色鲜明的发展主题。理念主导型模式需要及时把握社会流行元素，如对"乐活生活""第三空间""旅居时代""生态社区""绿立方""低碳时代"等新的生活、生态理念的吸纳与实践，进而发挥区域示范作用。该模式同时要求项目区具有相关农业品牌基础、理念文化基础。该模式多位于大都市郊区,既有文化底蕴,又有市场基础。

（2）文化创意型模式。该模式要求项目区具有一项或者多项突出的农业文明与民俗文化的积淀,其以传统民俗文化为基础,抽提核心元素,对接社会发展趋势,针对区域市场需求,依托休闲旅游,开发以民俗文化休闲为发展形式的创意农业发展模式。许多地区拥有丰富的民俗文化传统,可选择创意开发的点较为多样,但并不是所有的创意都适合。只有符合时代潮流、紧扣时代理念与消费需求的文化元素,才是较佳的资源。

（3）产品导向型模式。该模式重点落脚于特色农产品的创意开发。通过产品设计与营销上的创意,保留农产品自然、生态的优良品质,融入文化创意元素,对接时下流行的健康的消费潮流,将原有的农副产品进行品质与品牌的双重提升,赋予其新时代的荣誉标签,并与乡土地理挂钩,形成"特色产地的特色产品"固化品牌,实现创意农业的效益最大化。

（4）市场拓展型模式。该模式是由旺盛的市场需求促进发展。这类创意农业对传统农业基础没有固定的要求,更多受区域市场的引导,要把握市场动向,发展特定的受市场热捧的乡村农产品或相关乡村休闲活动。市场拓展型模式摆脱了资源消耗型的价格战"红海战略",拓展消费者剩余增加的休闲市场空间,从而实现农民与消费者的共赢。

（5）产业融合型模式。该模式充分利用乡村既有的农业产业基础,延伸发展,选择第二、第三产业中的适宜实体,提升原有农业产业层次,延长原有农业产业链条,实现产业的进化与创意发展。

8. 社区支持农业

社区支持农业(community support agriculture,CSA)的概念于 20 世纪 70 年代起源瑞士,并在日本得到最初的发展。当时的消费者为了寻找安全的食物,与那些希望建立稳定客源的农民携手合作,建立经济合作关系。CSA 的理念已经在世界范围内传播,它也从最初的共同购买、合作经济延伸出更多的内涵。从字义上看,社区支持农业指社区的每个人对农场运作作出承诺,让农场可以在法律和精神上成为该社区的农场,让农民与消费者互相支持以及承担农产品生产的风险并分享利益。

CSA 中的"社区"不是单纯地理意义上的居民社区,而是一种社会学概念上的社区,它既容纳了地缘相近的个体,也吸纳各式各样的组织和主体。CSA 是一种蕴涵了人文关怀的新型农业生产和生活方式,是一群有着相近价值观和理想的人为了安全的食品、健康的生活方式、农业的兴盛及社会和谐发展而共同努力的结果。

9. 绿色食品和有机食品

绿色食品是我国对无污染、安全、优质食品的总称,是指产自优良生态环境、按照绿色食品标准生产、实行土地到餐桌全程质量控制,按照《绿色食品标志管理办法》规定的程序获得绿色食品标志使用权的安全、优质食用农产品及相关产品。

有机食品是指按照有机的耕作和加工方式生产与加工的,产品符合国际或国家有机食品要求和标准,并通过国家有机食品认证机构认证的一切农副产品及其加工品,包括粮食、食用油、菌类、蔬菜、水果、干果、奶制品、禽畜产品、蜂蜜、水产品、调料等。有机食品的主要特点来自生态良好的有机农业生产体系。有机食品的生产和加工不使用化学农药、化肥、化学防腐剂等合成物质,也不用基因工程生物及其产物,因此,有机食品是一类真正来自于自然、富营养、高品质和安全环保的生态食品。有机食品在不同的语言中有不同的名称,国外最普遍的叫法是 ORGANIC FOOD，在其他语种中也有称生态食品、自然食品等。联合国粮农和世界卫生组织(FAO/WHO)的食品法典委员会(CODEX)将这类称谓各异但内涵实质基本相同的食品统称为有机食品。

10. 农产品质量安全承诺达标合格证制度

实施农产品质量安全承诺达标合格证制度是顺应新形势和新要求、加强农产品质量安全工作的重要制度创新。农业农村部从2016年开始在部分省试点，2019年开始在全国试行，在实践中不断完善这项制度。2022年修订农产品质量安全法，对农产品生产者开具、收购者收取保存和再次开具、批发市场查验承诺达标合格证做出具体规定，明确法律责任，进一步确立这项制度在农产品质量安全工作中的长期性、基础性地位，有助于更好地落实农产品生产者的主体责任，更好地促进产地与市场的有效衔接，为农产品增加一道质量安全防线。农产品质量安全承诺达标合格证制度具体包括明确农产品的生产企业、农业专业合作社、从事农产品收购的单位或者个人应当根据质量安全控制、检测结果等开具承诺达标合格证，承诺的内容是不使用禁用停用的农药兽药及其他化合物、使用的常规农药兽药残留不超标等，将开具承诺达标合格证确定为一项法律义务。同时，鼓励和支持农户开具承诺达标合格证，引导农户加强农产品质量控制，提高农产品质量安全意识。在销售环节，规定从事农产品收购的单位或者个人应当按照规定收取、保存承诺达标合格证或者其他质量安全合格证明。农产品批发市场应当建立健全农产品承诺达标合格证查验等制度，明确交易流通环节的管理措施。这项制度规定农业农村主管部门应当做好承诺达标合格证有关工作的指导服务，加强日常监督检查，确保承诺达标合格证制度发挥实效；明确未按照规定开具、收取承诺达标合格证的法律责任。

11. 国家气候标志

国家气候标志是指由独特的气候条件决定的气候宜居、气候生态、农产品气候品质等具有地域特色的优质气候品牌的统称，是衡量一地优质气候生态资源综合禀赋的权威认定，是挖掘气候生态潜力和价值的重要载体。国家气候标志评定分为三大类：气候宜居类、气候生态类、农产品气候品质类。如2018年12月，浙江苍南四季柚获评农产品气候品质类国家气候标志，获全国首个水果类农产品气候品质认证；2022年6月，浙江平阳黄汤茶被中国气象学会农业气象与生态气象学委员会授予"中国气候生态优品"，这是温州市农产品首次获此殊荣，"平阳县水头镇黄汤茶博园"入选首批"浙江省气候康养乡村"名单。

1.2 农产品营销的研究对象和内容

1.2.1 农产品营销的研究对象

农产品营销是研究农产品从投入生产到进入消费领域所经历的全部商业性经营活动及其规律性的一门交叉性的应用经济学科。

1. 农产品营销解决现实经济问题

农产品营销是一门注重解决现实经济问题的应用经济学科。

（1）农产品营销学科的创立是为农产品生产者和经营者销售农产品的实践活动服务

的。在美国，这门学科就是为了解决当时所面临的在城市居民的购买力不足的情况下如何有效地降低农产品的营销成本问题而创立的。我国在20世纪30年代就曾在大学开设农产品营销学的课程，50年代以后一度取消，到70年代末80年代初又重新设立。这也是由于实践的需要。自改革开放以来，我国农业生产有了较快的发展，农产品的流通体制也逐步进行改革。在这样的情况下，如何有效地利用市场机制，更好地组织农产品的营销活动，加快农产品的流通，促进生产，满足消费等现实经济问题日益成为人们关注的对象。农产品营销学也就重新回到了历史的舞台。

（2）农产品营销不同于一般的纯理论性经济学科。尽管农产品营销也研究经济理论，但它侧重于运用这些经济理论来分析、认识和解决农产品营销中的实际问题，即它不仅要探讨在农产品营销中会出现什么问题，为什么会出现这些问题，而且更为重要的是，要探讨如何解决这些问题，并提出一系列用于分析问题和解决问题的实用方法。

2. 农产品营销是一门交叉学科

（1）农产品营销是从农业经济学中分化出来的，是农业经济学的一个分支。农业经济学作为一门独立的学科已经有一百多年的历史。尽管如此，由于它主要是研究农业中的生产、交换、分配和消费领域里的一般经济规律的理论性学科，因此，它不可能专门研究农产品营销问题。但是，正因为它揭示了农业再生产过程中的一般经济规律，也就为从中独立出来专门研究与农产品有关的商业性经济活动规律的农产品营销学奠定了理论基础。

（2）农产品营销是在市场学充分发展的基础上建立起来的，与市场学有着十分密切的关系。尽管农产品营销所研究的农产品是一种比较特殊的商品，具有自己相对独立的理论和方法体系，但市场学在研究一般商品时所建立的理论和采用的基本方法是农产品营销可以直接应用或借鉴的。因此，农产品营销也可以看作市场学或者市场营销的一个分支。

1.2.2 农产品营销的研究内容

农产品营销的研究内容是随着学科的发展以及营销观念的发展而不断变化的。营销人员经常会被问到的问题如下。

（1）我们如何发现并选择正确的细分市场？
（2）我们如何使自己的产品与众不同？
（3）我们对只关心价格的顾客应该做出什么样的反应？
（4）我们如何同低成本、低价格的竞争对手进行竞争？
（5）我们在为每位顾客提供个性化产品方面到底还可以做什么？
（6）我们如何实现业务增长？
（7）我们如何建立更强大的品牌？
（8）我们如何降低获取顾客的成本？
（9）我们如何使顾客保持长久的忠诚？
（10）我们如何辨别哪个顾客更重要？
（11）我们如何测量广告、促销和公共关系的投资回报率？
（12）我们如何提高销售人员的效率？
（13）我们如何建立多种渠道并有效地预防渠道冲突？

(14) 我们如何更加以顾客为导向?
(15) 农产品营销发展的新趋势是什么?
这些问题就是农产品营销的研究内容。

1.3 树立现代农产品营销理念

1.3.1 农产品营销的产生和发展

1. 农产品运销阶段

19世纪末20世纪初是农产品营销的产生阶段,也是市场营销学的产生阶段。在该阶段,农产品营销渠道的主要形式为生产者—消费者的直接销售渠道。由于该时期美国农产品生产的规模化和机械化程度提高,加上工业发展需要大量劳动力,使大批剩余劳动力涌入城市,客观上造成了城市劳动力的相对过剩,对农产品的购买能力下降,农产品市场价格相对提高。解决该问题的主要方法是选择经济便捷的运输方式,以降低运输成本和销售价格。因此,许多学者将这个时期的农产品营销学表达为"the marketing of farm products"即"农产品运销学"。

2. 中间商销售为主阶段

20世纪20年代至40年代,由于美国农产品机械化和规模化水平的进一步提高,农产品出现了过剩问题,形成了农产品买方市场。农产品营销的主要问题已不是如何降低渠道成本和提高营销效率,而是如何使过剩的农产品实现市场交换。而以前的农产品运销方式,显然带有生产主导性,生产者缺乏市场驾驭能力,这就出现了对中间商的选择和培养,通过中间商的市场能力优势把农产品推向市场,完成农产品在流通领域中的所有权转移。因此,在该时期许多人把农产品营销等同于农产品推销学。

3. 垂直一体化渠道阶段

20世纪50年代,由于中间商在农产品市场交换中占有主导地位,传统的营销渠道系统中的中间商(渠道成员)处于一种完全竞争、相互排斥状态。农产品在流通过程中所有权转移环节多,各渠道成员为自身利益,往往以追求最大利润为目的,农产品在市场中的交换利润绝大部分被中间商掠取,生产者往往得不到农产品在市场交换中的平均利润,受到中间商的盘剥。为了抵制这种盘剥,农民纷纷组织各种形式的生产者联合体,实行农工贸一体化经营,形成了以生产为中心的垂直一体化渠道系统。该阶段主要形成了以农产品加工工业(agro-industry)和农商综合体(agri-business)为中心的垂直渠道系统的形式,使农产品营销渠道延伸到生产领域。

4. 以顾客为中心阶段

20世纪60年代至70年代,随着经济的发展,消费者的消费需求越来越个性化,农产品营销渠道活动从消费领域开始,形成了以顾客导向为特征的营销观念。农产品渠道的设计以便利顾客和服务顾客为中心,渠道设计从以生产为中心转变为以顾客需求为中心,农产品营销渠道延伸到消费领域。

5. 渠道整合阶段

20世纪80年代至90年代末,农产品营销渠道从过去传统的营销渠道系统发展到整合的营销系统。渠道成员间的关系由原来各自追求最大利润为目的的竞争关系整合为农产品生产、流通、消费等全过程的服务目标统一性关系,在此基础上建立起来渠道成员间的各种合作关系。在西方农业发达国家,农业联合体逐渐成为农产品营销的主体。农业现代化的发展要求农业中许多部门(如产前、产中、产后的服务机构和加工机构)从农业中分裂出来,形成以农产品生产、流通和消费为中心的综合服务体系。这种综合服务体系使农产品营销渠道延伸到农产品生产前的服务领域和其他辅助的服务领域(如银行、保险、运输、咨询等)。

以上农产品营销发展的五个阶段是伴随农产品营销理论的发展而变化的,农产品营销的演变过程也是农业经济发展的演进轨迹。前三个阶段属于以生产为导向的农产品营销阶段,其主要目的是通过降低成本、提高渠道效率,使生产者的农产品传递到消费者手中,采用的是以农产品为中心的农产品运销、推销和产销一体化的营销活动方式。这些营销活动方式实质上是生产—市场的模式,它适应卖方市场下的农产品营销活动。在后两个阶段,由于经济和技术的快速发展,农产品生产已不再是营销活动中的主要问题,顾客的需求,尤其是顾客需求的个性化,使农产品营销活动必须以顾客需求为出发点和终点。农产品营销渠道的设计形成了市场—生产的模式。该模式不仅体现买方农产品市场的需要,也满足在卖方市场下生活水平日益提高的顾客差异需求。

1.3.2 农产品营销理念的演变

农产品营销理念的演变可归纳为五种,即生产观念、产品观念、推销观念、营销观念和社会市场营销观念。

1. 生产观念

生产观念是指导销售者行为最古老的观念之一。这种观念产生于20世纪20年代前。企业经营哲学不是从消费者需求出发的,而是从企业生产出发的。其主要表现是"我生产什么,就卖什么"。生产观念认为,消费者喜欢那些可以随处买得到而且价格低廉的产品,企业应致力于提高生产效率和分销效率,扩大生产,降低成本以扩展市场。生产观念是在卖方市场条件下产生的。这类企业关注的是生产效率、成本、价格等,不考虑顾客的差异化需求。这种模式在今天已经非常落后,被时代淘汰了。

2. 产品观念

产品观念是一种较早的企业经营观念。产品观念认为,消费者最喜欢高质量、多功能和具有某种特色的产品,企业应致力于生产高价值产品,并不断加以改进。它也是在卖方市场条件下产生的,其主要表现是"我生产最好的产品"。产品观念关注的是产品的质量和功能,认为企业应该致力于生产优质产品,并不断改进,使之日趋完善。产品观念也是比较落后的营销理念。因为它不是聚焦顾客,而是聚焦产品或技术。如此,企业很容易犯"营销短视症",只看到产品,而忽略顾客购买这个产品的目的所在,忽略顾客购买产品真正所要满足的深层需要。

3. 推销观念

推销观念(或称销售观念)产生于20世纪20年代末至50年代初,是为许多企业所持有的一种观念,主要表现为"我们卖什么,就让人们买什么"。它认为,消费者通常表现出一种购买惰性或抗衡心理,如果听其自然,消费者一般不会足量购买某一企业的产品,因此,企业必须积极推销和大力促销,以刺激消费者大量购买本企业的产品。推销观念在现代市场经济条件下被大量用于推销那些非渴求物品,即购买者一般不会想到要去购买的产品或服务。许多企业在产品过剩时也常常奉行推销观念。推销观念产生于资本主义国家由卖方市场向买方市场过渡的阶段。这种观念虽然比前两种观念前进了一步,开始重视广告术及推销术,但其实质仍然是以生产为中心的。

推销观念强调销售人员的销售技巧,认为企业必须主动把产品推销给顾客。推销观念也是比较落后的,因为它不是从顾客需要出发的,而是先有产品再推给顾客,顾客接受比较困难。此外,销售导向关注的是一次性的交易,而并不关心与顾客的长期关系。推销观念在今天仍然非常流行。推销观念容易导致企业忽视顾客权益甚至欺骗顾客。

4. 营销观念

营销观念是一种以顾客为中心、先感知再响应的理念。这种观念是以满足顾客需求为出发点的,即"顾客需要什么,我们就生产什么"。尽管这种思想由来已久,但其核心原则直到 20 世纪 50 年代中期才基本定型,当时社会生产力迅速发展,市场趋势表现为供过于求的买方市场,同时广大居民个人收入迅速提高,有能力对产品进行选择,企业之间为实现产品销售竞争加剧,许多企业开始认识到,必须转变经营观念才能求得生存和发展。营销观念认为,实现企业各项目标的关键,在于正确确定目标市场的需要,并且比竞争者更有效地传送目标市场所期望的物品或服务,进而比竞争者更有效地满足目标市场的需要。

营销观念认为,企业应该以顾客(市场)为中心,根据顾客的需要,去开发相应的产品和服务,并通过整合营销的方式,为顾客提供价值、满意和长期关系。这和全球管理学之父彼得·德鲁克所说的"企业的根本目的是创造顾客"在理念上是一致的。顾客导向的整个流程,在某种程度上看起来和销售导向非常类似,但二者的方向是相反的。销售导向是先有产品再推销给顾客,而顾客导向是先分析顾客到底想要什么产品,再把这种产品设计出来,最后通过整合营销的方式提供给顾客。

营销的本质是吸引顾客和保留顾客。企业的科学营销,首先要真正做到以顾客为中心,为顾客提供价值、满意和忠诚,而非仅仅关注如何"吸引顾客",却忽略了"保留顾客"。真正优秀的企业既重视"吸引顾客",也重视"保留顾客"。营销观念的出现使企业经营观念发生了根本性变化,也使市场营销学发生了一次革命。

在以顾客为导向的营销实践中,企业需要做到三个关键点。

(1)企业要为顾客创造价值。顾客一般总是会选择对他们最具价值的产品或服务,特别是初次购买,通常会比较理性地根据性价比来决定是否购买。所以价值营销策略是企业扩大市场份额最有效的策略。

(2)企业要使顾客满意。顾客满意与否决定了是否会重复购买。顾客满意对企业保留顾客非常重要。

(3)企业要为顾客创造忠诚(长期关系)。研究表明,企业获得新顾客的成本是获得老顾客的五倍,维持老顾客的成本要远远低于获得新顾客的成本。企业要想长期成功,还要在为顾客提供价值和满意的基础上创造顾客忠诚(长期关系)。总之,在以顾客为导向的营销实践当中,企业要为顾客创造价值、满意和忠诚(长期关系)。

5. 社会市场营销观念

社会市场营销观念是对营销观念的修改和补充。它产生于20世纪70年代西方资本主义国家出现能源短缺、通货膨胀、失业增加、环境污染严重、消费者保护运动盛行的新形势下，回避了消费者需要、消费者利益和长期社会福利之间隐含着冲突的现实。社会市场营销观念认为，企业的任务是确定各个目标市场的需要、欲望和利益，并以保护消费者或提高社会福利的方式，比竞争者更有效、更恰当地向目标市场提供能够满足其需要、欲望和利益的物品或服务。社会市场营销观念要求市场营销者在制定市场营销策略时要统筹兼顾三方面的利益，即企业利润、消费者需要的满足和社会利益。

社会市场营销观念强调企业不仅仅要以顾客为中心，同时还应该关注企业的社会责任，关注社会大众的福利，并为社会作出积极的贡献。企业的社会市场营销可以为企业带来极大的收益。当一个企业在社会上有非常正面的口碑，企业本身可以获得进一步发展，可能给企业带来极大的市场回报。如果企业不注意社会市场营销，可能导致企业品牌口碑很差，财务上也会付出很大的代价。

一般来说，我们将生产观念、产品观念和推销观念称为传统营销观念，而将营销观念和社会市场营销观念称为现代营销观念。在农产品营销中，首先必须树立现代营销观念。

1.3.3 农产品营销理念的新发展

随着人类社会的不断进步、生产的发展和经济的繁荣，作为指导经济生活的市场营销理论也在不断地深入发展和丰富。20世纪50年代末，杰罗姆·麦卡锡提出4P理论（产品、价格、渠道、促销）；80年代，市场学家罗德明提出4C现代营销理论（消费者需求、成本、沟通、便利性）；90年代，唐·舒尔茨提出营销创新4R理论（关联、反映、关系、回报）。

这些不断丰富的营销理论强调企业生产经营活动不仅要以消费者需求为导向，充分考虑消费者所愿意支付的成本，照顾消费者的便利性，与消费者进行沟通，还要使营销注入全新的要素，包括与顾客建立联系、提高市场反应速度、重视关系营销和营销回报，而且强调以竞争为导向，注重关系营销，维护企业与客户之间的长期合作关系。与此同时，出现了全方位营销、绿色营销、服务营销、创意营销、体验营销、文化营销和数字营销等全新的营销形式。

1. 全方位营销

全方位营销观念是以开发、设计和实施营销计划、过程及活动为基础的，关注营销计划、过程及其活动的广度和彼此之间的相互依赖性。

这种观念认为在营销实践中每个细节都是特别重要且不可或缺的，营销者要全方位关注和协调市场营销活动的范围和复杂维度。全方位营销的重要维度包括整合营销、关系营销、内部营销以及绩效营销。

（1）整合营销。整合营销（integrated marketing）是一种对各种营销工具和手段的系统化结合，根据环境进行即时性的动态修正，使交换双方在交互中实现价值增值的营销理念与方法。整合就是把各个独立的营销工作综合成一个整体，以产生协同效应。这些独立的营销工作包括广告、直接营销、销售促进、人员推销、包装、事件、赞助和客户服务等，战略性地审视整合营销体系、行业、产品及客户，从而制定出符合企业实际情况的整合营销策略。整合营销包括旅游策划营销、事件营销等相关门类。整合营销理论产生并流行于20世

90年代,是由美国西北大学市场营销学教授唐·舒尔茨(Don Schultz)提出的。

(2) 关系营销。关系营销(relationship marketing)主要是一种运用识别、建立、维持、互利等营销手段,保持与顾客的长期关系,实现农业综合企业与顾客利益共赢的营销方式。关系营销是由美国市场营销学家杰克逊在20世纪80年代中期提出的,它把营销活动看作一个企业与消费者、供应商、分销商、竞争者、政府机构及其他公众发生互动作用的过程,其核心是建立和发展与这些公众的良好关系,企业与各方通过互利交换及共同履行承诺,实现各自的目标。企业与顾客之间建立的长期关系是关系营销的核心,保持和发展这种关系是关系营销的重要内容。要实现关系营销的目标,企业必须提供优质的产品、良好的服务和公平的价格,同时与各方加强经济、技术及社会等各方面的联系和交往。

(3) 内部营销。内部营销指服务公司必须有效地培训和激励直接与顾客接触的职员和所有辅助服务人员,各方通力合作,为顾客提供满意的服务。对于一贯提供高质量服务的公司来说,营销人员必须让公司的每一个人执行顾客导向战略。菲利普·科特勒曾指出:"内部营销是指成功地雇用、训练和尽可能激励员工很好地为顾客服务的工作。"这里所说的对员工的雇用、训练和激励,包括服务人员的训练、处置权、义务和职责、激励、仪表、交际能力、服务态度等;内部营销过程实际上也就是对服务营销组合中各人员要素的管理过程。

(4) 绩效营销。从狭义的角度来讲,对绩效营销最直观的理解是企业从注重绩效的角度开展营销活动或提升营销能力。这里的绩效是指狭义的财务绩效。

广义的绩效营销是指营销者更加关注营销活动及其投入带来的商业回报,并更广泛地关注营销对法律、伦理、社会、环境的影响和效应。

无论是从广义还是狭义的角度理解,绩效营销作为一个交叉学科领域,都强调营销与会计、财务、金融的融合,强调从关注短期利益转向关注营销带来的长期价值。

2. 绿色营销

英国威尔斯大学肯·毕提(Ken Peattie)教授在其所著的《绿色营销——化危机为商机的经营趋势》一书中指出:绿色营销是一种能辨识、预期及符合消费的社会需求,并且可带来利润及永续经营的管理过程。绿色营销观念认为,企业在营销活动中,要顺应时代可持续发展战略的要求,注重地球生态环境保护,促进经济与生态环境协调发展,以实现企业利益、消费者利益、社会利益及生态环境利益的协调统一。从这些界定中可知,绿色营销是以满足消费者和经营者的共同利益为目的的社会绿色需求管理,是以保护地球生态环境为宗旨的绿色市场营销模式。农产品绿色营销虽然在20世纪80年代起步,却在世界各国迅速推广,并正在成为21世纪农产品营销的主流。

3. 服务营销

市场营销学界对服务概念的研究大致是从20世纪五六十年代开始的。1960年,美国市场营销协会(AMA)最先给服务下的定义为:"用于出售或者是同产品连在一起进行出售的活动、利益或满足感。"服务作为一种营销要素,真正引起人们的重视是在20世纪80年代后期。一方面,由于科技进步,产业升级和生产专业化发展日益加速;同时,随着劳动生产率的提高,卖方市场转向买方市场,市场竞争越来越激烈。另一方面,消费者的需求随着收入水平的不断提高而逐渐发生变化,需求层次也相应提高,并向多样化方向发展。新的形势迫使企业不断提高产品的服务含量,使产品的服务密集度日益增大。20世纪80年代后期,在服务营销战略组合上达成了较为一致的意见,即在传统的 4P 组合基础上,又增加了"有形展示"(physical evidence)、"人"(people)和"服务过程"(process),从而形成了 7P 组合。服务营销体现在产前、产中、产后各个方面,呈现出以下特点:首先,服务越来越细分化,这些服务还包括对农产品生产企业和个人提供各方面的服务,如农业机械服务、技术咨询服务等;其次,服务有形化,如开始出现提供观赏和休闲的精神服务的营销活动,如休闲农业、园艺农业等。

扩展阅读 1-2

服务营销与传统营销的比较

与传统营销方式相比较,服务营销是一种新的营销理念,企业营销的是服务,而传统的营销方式只是一种销售手段,企业营销的是具体的产品。在传统的营销方式下,消费者购买了产品意味着一桩买卖的完成,虽然它也有产品的售后服务,但那只是一种解决产品售后维修的职能。而从服务营销理念的角度理解,消费者购买了产品仅仅意味着销售工作的开始而不是结束,企业关心的不仅是产品的成功售出,更注重消费者享受企业通过产品所提供的服务的全过程的感受。这一点也可以用马斯洛的需求层次理论解释:人最高的需求是尊重需求和自我实现需求,服务营销正是满足了消费者的这种需求,而传统的营销方式只是简单地满足消费者在生理或安全方面的需求。随着社会的进步和人们收入的提高,消费者需要的不仅仅是一个产品,更需要的是这种产品带来的特定或个性化的服务,从而有一种被尊重和自我价值实现的感觉,而这种感觉所带来的就是顾客的忠诚度。服务营销不仅仅是某个行业发展的一种新趋势,更是社会进步的一种必然产物。

4. 创意营销

"创意"是一个富有诗意的名词,更是一种源于实践的奇思妙想和灵感顿悟。它是现代经济生活中竞争力最为活跃的因子,它在企业发展和现代营销中也起着核心作用。

创意就是营销力,现代营销领域推崇"创意为王",创意在营销领域能点石成金,甚至化腐朽为神奇。经济学中有个原理,人均 GPD 达到 1 000 美元以后,人们购买商品已不完全是为了满足物质需要,更重要的是获得一种精神享受和审美体验,譬如考虑最多的是品牌、款式等文化内涵。传统产业卖资源、卖产品、卖机器;创意产业卖设计、卖理念、卖心理享受、卖增值服务。而创意产业的研发和销售,整个产业链的各个环节都与营销紧紧地衔接一起,所以说,企业营销中的"精创意"和"大手笔",是现代企业参与竞争的掘金利器。

在自然界,有一种"窜至街头,人人喊打"的动物名曰老鼠,然而,迪士尼公司的米老鼠,自 1928 年诞生至今却一直为世人所钟爱,而且为该公司创造了上百亿美元的产值,并衍生出市场竞争力巨大的产业链条。是什么赋予了米老鼠如此大的市场潜力?是创意智慧,也是营销创意。米老鼠这一顽皮形象,在营销中被注以"善意与关照、幽默与自嘲"的美国文化精神,由此打动了不同国籍的人,从而在商业运作和产业发展中取得极大成功。

创意营销是一项复杂的工程,在创意设计和策划上必须多下功夫,必须经过周密对路的计划、出奇制胜的推广模式、科学的分工、严谨的执行,方能使企业的创意营销真正发挥作用。创意农产品产销要实行"四制",即创意农产品产销实名制、创意农产品生产"身份"号码认证制、创意农产品质量公示公告制、创意农产品质量安全责任制。

5. 体验营销

体验是使每个人以个性化的方式参与其中的事件。体验是一种新的价值源泉。体验与服务的差别就好像服务与商品的差别。体验营销(experiential marketing)是20世纪末出现于美国,21世纪初传入我国的一种新型营销活动。1998年,美国俄亥俄州的战略地平线顾问公司(Strategic Horizons LLP)的共同创办人约瑟夫·派因二世(B.Joseph Pine Ⅱ)与詹姆斯·吉尔摩(James H. Gilmore)在《哈佛商业评论》上发表的《体验式经济时代来临》一文中,首次提出了体验营销的概念。体验式经济时代的到来对企业影响深远,其中最主要的方面在于企业的营销观念。就像伯德·施密特博士(Bernd H.Schmitt)在他所写的《体验式营销》一书中指出的那样,体验营销就是从消费者的感官(sense)、情感(feel)、思考(think)、行动(act)、关联(relate)五个方面,重新定义、设计营销的思考方式。这种思考方式突破传统上的"理性消费者"假设,认为消费者消费时是理性与感性兼具的,消费者在消费前、消费时、消费后的体验才是研究消费者行为与企业品牌经营的关键。这种方式以满足消费者的体验需求为目标,以服务产品为平台,以有形产品为载体,生产、经营高质量产品,拉近企业和消费者之间的距离,成为企业获得竞争优势的新武器。

扩展阅读 1-3

沉浸式餐厅

如今,餐饮业模式日渐成熟,同质化现象也更加明显。对年轻消费者而言,模式化的餐饮已不适合他们的口味,沉浸式餐厅或许就是突破口。沉浸式餐厅主要通过借鉴影视、艺术、科学、技术和设计领域的元素,创造出戏剧性的感官体验。

如日本 SAGAYA 牛肉餐厅,该餐厅的沉浸式空间内仅能容纳八位客人,提供最适宜的体验氛围。餐厅在传达日本口味的同时,也可让顾客享受幻真幻假的艺术环境,像是踏上了一场美食的奇妙之旅。

食物通过投影仪投射到墙壁和餐桌上,投影的食物大小和形状会受到餐盘的影响。将碗碟放在桌子上时,碗碟上的风景画面就会投射到墙壁和餐桌上。不仅如此,投影图像还会受到用餐者行为的影响。当用餐者移动盘子位置时,"水流"也会相应地改变方向。

设计师表示该餐厅的主题是"释放世界,连接世界"。例如,画在陶器上的鸟会从盘中飞出来,栖息在从另一盘中释放出的树枝上。

该餐厅不断变化的环境反映日本不断变化的季节。此外,投影也受用餐者的行为影响。如果你保持不动,一只小鸟可能会落在你手上。你突然移动,它会被吓得飞走。

资料来源:《2020中国沉浸产业发展白皮书》.

由于体验的复杂化和多样化,所以《体验式营销》一书的作者伯德·施密特博士将不同的体验形式称为战略体验模块,并将其分为以下五种类型。

(1)知觉体验。知觉体验即感官体验,将视觉、听觉、触觉、味觉与嗅觉等应用在体验营销上。感官体验可分为公司与产品(识别)、引发消费者购买动机和增加产品的附加价值等。

(2)思维体验。思维体验即以创意的方式引起消费者的惊奇、兴趣,对问题进行集中或分散的思考,为消费者创造认知和解决问题的体验。

(3)行为体验。行为体验即通过增加消费者的身体体验,指出他们做事的替代方法、替代的生活形态与互动,丰富消费者的生活,从而使消费者被激发或自发地改变生活形态。

(4)情感体验。情感体验即体现消费者内在的感情与情绪,使消费者在消费中感受到各种情感,如亲情、友情和爱情等。

(5)相关体验。相关体验即以通过实践自我改进的个人渴望,使别人对自己产生好感。它使消费者和一个较广泛的社会系统产生关联,从而建立对某种品牌的偏好。

体验营销的特点如下。

(1)关注顾客的体验。体验的产生是一个人的遭遇、经历或生活的结果。企业应注重与顾客之间的沟通,发掘他们内心的渴望,站在顾客体验的角度,去审视自己的产品和服务。

(2)以体验为导向设计、制作和销售产品。当咖啡被当成"货物"贩卖时,一磅可卖300元;当咖啡被包装为"商品"时,一杯就可以卖一二十元;当其加入了"服务",在咖啡店中出售,一杯要几十元甚至上百元;但如能让咖啡成为一种香醇与美好的"体验",一杯就可以卖到上百元甚至是好几百元。增加产品的"体验"含量,能为企业带来可观的经济效益。

(3)检验消费情境。营销人员不再孤立地去思考一个产品(质量、包装、功能等),而是要通过各种手段和途径(娱乐、店面、人员等)来创造一种综合的效应以增加消费体验,还要跟随社会文化消费向量,思考消费所表达的内在的价值观念、消费文化和生活的意义。检验消费情境使营销人员在对营销的思考方式上,通过综合地考虑各个方面来扩展其外延,并在较广泛的社会文化背景中提升其内涵。顾客购物前、中、后的体验已成为提高顾客满意度和品牌忠诚度的关键性决定因素。

(4)顾客既是理性的又是感性的。一般来说,顾客在消费时经常会进行理性的选择,但也会有对狂想、感情、欢乐的追求。企业不仅要从顾客理性的角度去开展营销活动,也要考虑消费者情感的需要。

(5)体验要有一个"主题"。体验营销从一个主题出发并且所有服务都围绕这一主题,或者其至少应设有一个"主题道具"(如一些主题博物馆、主题公园、游乐区或以主题为设计导向的一场活动等),并且这些"体验"和"主题"并非随意出现,而是体验式营销人员精心设计出来的。如果是"误打误撞"形成的,则不应说是一种体验式行销行为,这里所讲的体验行销是要经过严格的计划、实施和控制等一系列管理过程,而非仅是形式上的符合而已。

(6)方法和工具有多种来源。体验是五花八门的,体验营销的方法和工具也是种类繁多的,并且这些和传统的营销又有很大的差异。企业要善于寻找和开发适合自己的营销方法和工具,并且不断推陈出新。

6. 文化营销

文化营销是指把商品作为文化的载体,通过市场交换进入消费者的意识,它在一定程度上反映了消费者对物质和精神追求的各种文化要素。文化营销既包括浅层次的构思、设计、造型、装潢、包装、商标、广告、款式,又包括对营销活动的价值评判、审美评价和道德评价。

文化营销包括以下三层含义。

(1)企业开展营销活动需借助于或符合不同特色的环境文化。

(2)文化因素需渗透到市场营销组合中,综合运用文化因素,制定出有文化特色的市场营销组合。

(3)企业借助商品,将自身的企业文化推销给广大的消费者,使企业能够更好地被广大的消费者所接受。

7. 数字营销

美国数字营销协会(2007)将数字营销定义为利用数字技术开展的一种整合、定向和可衡量的传播,以获取和留住客户,同时与他们建立更深层次的关系。

数字营销是一种全新的营销方式,是利用数字技术助力营销活动,是将互动媒体与营销组合的其他元素相结合,是一种全新的营销方式。

数字营销是利用网络技术、数字技术和移动通信技术等技术手段,借助各种数字媒体平台,针对明确的目标用户,为推广产品和服务、实现营销目标而开展的精确化、个性化、定制化的实践活动。它是数字时代与用户建立联系的一种独特营销方式。

数字营销具有深度互动性、目标精准性、平台多样性、服务个性化与定制化等特征。

数字营销的发展历程可划分为四个阶段:基于 Web 1.0 的单向营销、基于 Web 2.0 的互动营销、基于大数据的精准营销,以及基于人工智能的智慧营销。数字营销的四个发展阶段并非后者替代前者,而是叠加式地升级。

本项目小结

完成本项目的学习,您应该理解和掌握以下内容。

(1) 广义的农产品营销是指与农产品流通有关的一切活动的总称。它包括农产品从投入生产直到进入消费领域所经历的全部商业性的经营活动,包括农产品的生产、收集、检验、分级与标准化、加工、包装、储存、运输、销售等各种经济活动,以及与之有关的市场研究、资金供给和风险担保等各种服务性活动。狭义的农产品营销是指农产品生产者或经营者为消费者提供商品农产品和有关的劳务,以实现其经营目标的经济行为。它所涉及的是每一个具体的农产品生产经营者所从事的农产品营销活动,并且是以营利为主要经营目标的。

(2) 农产品营销的相关概念有农产品、市场营销、食品、农产品市场、农产品运销学、农产品流通、创意农业等。

(3) 农产品营销是研究农产品从投入生产到进入消费领域所经历的全部商业性经营活动及其规律性的一门交叉性的应用经济学科。农产品营销的研究内容广泛,研究方法也较多。

(4) 树立现代农产品营销理念。农产品营销理念的演变可归纳为五种,即生产观念、产品观念、推销观念、营销观念和社会市场营销观念。这些不断丰富的营销理论强调企业生产经营活动不仅要以消费者需求为导向,充分考虑消费者所愿意支付的成本,照顾消费者的便利性,与消费者进行沟通,还要为营销注入全新的要素,包括与顾客建立联系、提高市场反应速度、重视关系营销和营销回报,而且强调以竞争为导向,注重关系营销,维护企业与客户之间的长期合作关系。与此同时,还出现了全方位营销、绿色营销、服务营销、创意营销、体验营销等全新的营销形式。

案例分析

前小桔创意农场怎么通过创意站稳脚跟

前小桔创意农场(以下简称"前小桔")是上海市首个以柑橘为主题的创意体验农场,坐落于上海青草沙畔长兴郊野公园西入口处，拥有优良的水土条件和生态环境，占地360亩。这里原本是前卫农场的柑橘种植基地，设计上最大限度地尊重了场地原状，采用乡土自然工法，让这片土地能够更加自在地呼吸，并在乡野中呈现出有品质的秩序和精神。跟很多农场一开始就做各种产品不同，前小桔刚开始就定位为橘子主题的农场。紧紧围绕主产品柑橘，前小桔不仅起了一个响亮好记的名字，还比别人多走了一步，打造了一个卡通形象。不同于简单的吉祥物，前小桔建立了前小桔品牌卡通文化系统，通过书籍、影视、动画，给这个形象冠上了生动的人格，活跃在人们脑海里。

前小桔也给自己设计了非常贴合的定位——"真好吃，真好看，真好玩"，认真做一个好橘子，好吃才是硬道理。

前小桔借鉴国内外柑橘种植经验，建立柑橘种植科技样板，引进新品种，开发衍生产品，打造上海柑橘品牌。

前小桔重视柑橘深加工，开发如柑普茶系列、柑橘饮品系列、柑橘休闲食品，打造柑橘主题美食餐饮"橘宴"。同时它们还有一个响亮的口号——"可以连皮吃的橘子"。

前小桔还打造儿童乐园，建立了小而多的模块，从小动物、鱼塘到五谷园、小果园，所占区块都不大，却都是可以实实在在让人玩一会儿的地方。比如"爸爸烧烤园"，消费者的心理会随着名称的不同发生微妙的变化，小朋友本来只需要妈妈周末带去游玩，这里加入了爸爸的互动环节，即使只是命名，不是强制要求，却明显增加了整个家庭的参与度。

另外，前小桔非常注重动手的体验。大面积的橘林采摘区突出了农场的主产品，在这里就可以实现现场采摘销售的目的。

前小桔在农场中加入了很多颜色，如五彩稻田、菜园、花卉园，还加入了各种形式的活动，如农家手工坊、四季舞台、露营地等，增加体验的多元化和趣味性。

柑橘种植化标准区是产品的主输出点，不同于体验区的轻松，这里有严谨的种植要求和管理，而实验区包含了最新引进的品种与技术。

采摘区和种植化标准区作为农场必须存在的模块，穿插入灵活、浅显的讲解，成功将生产转化为观光的一部分。孩子们在这里可以获得很多新鲜有趣的体验。

从前小桔的整个模块构建可以看出，这个农场综合体包含了很多很杂的模块，但是杂乱中环环相扣，形成了一个围绕着橘子展开的密不可分的整体。前小桔致力主打的是柑橘产、研、创、销、教、游六位一体产业链，形成一个有趣的儿童乐园。这看似是孩子游玩的乐园，不知不觉却将各类人群都涵盖了。

前小桔尽可能满足消费者的需求，一应俱全，其功能就如同一个大型超市。但是我们可以发现，每个区块涉及的内容不同，基本上不会脱离橘文化。通过各种元素、餐厅建筑，暗示游客这里是种橘子的地方，那么采摘橘子便成了来这里的必修功课。

【讨论问题】

前小桔获得成功的原因是树立了什么样的市场营销观念？如何实施多业态组合的品牌运营与开发？您能结合当地的实际举出类似的案例吗？

实训操作

实训项目	农产品营销发展趋势分析
实训目标	掌握农产品营销发展趋势分析技巧
实训步骤	(1) 教师提出实训前的准备及注意事项 (2) 学生分为5人一组 (3) 教师指导学生上网或到图书馆收集资料 (4) 各组通过小组讨论，提出农产品营销发展趋势
实训环境	市场营销模拟实训室
实训成果	分析报告

课后练习

一、名词解释

农产品营销　体验营销　全方位营销　绿色营销　文化营销　数字营销

二、不定项选择题

1. 社会营销观念的核心是正确处理(　　)之间的利益关系。
   A. 企业　　　　B. 供应商　　　　C. 顾客
   D. 中间商　　　E. 社会

2. 市场营销的核心是(　　)。
   A. 生产　　　　B. 分配　　　　C. 交换　　　　D. 促销

3. 被西方称为引起"营销革命"的是(　　)。
   A. 生产观念　　B. 推销观念　　C. 营销观念　　D. 社会营销观念

4. 20世纪80年代以来，市场营销观念的新发展有(　　)。
   A. 生产观念　　B. 产品观念　　C. 绿色营销观念　　D. 关系营销观念

5. 许多企业近年来高举"环保""健康"旗帜，纷纷推出诸如由棉、麻和丝等天然纤维制成的"生态服装"，使用可降解的塑料包装材料，它们所奉行的市场营销观念是(　　)。
   A. 推销观念　　B. 生产观念　　C. 绿色营销观念　　D. 社会营销观念

6. "请你买我厂的产品"和"你需要什么，让我们来为你生产"这两句对顾客说的话反映了(　　)。
   A. 生产观念与产品观念的区别　　　B. 生产观念与推销观念的区别
   C. 产品观念与推销观念的区别　　　D. 推销观念和营销观念的区别

三、判断题

1. 工厂化农产品就应该走"优质优价"之路，优化品种结构，实行差异化营销。　　(　　)
2. 服务作为一种营销要素，真正引起人们重视的是在18世纪80年代后期。　　(　　)
3. 农产品营销学是一门注重解决现实经济问题的应用经济学学科，它不是一门交叉学科。   (   )
    4. 农产品市场交易的产品具有生产资料和生活资料的双重性质。   (   )
    5. 为适应我国国内消费者的需求及当前我国农业生产发展水平与国际市场竞争，从1996 年开始，在申报审批过程中将绿色食品区分为 A 级和 B 级。   (   )
    6. 体验是一个人的遭遇、经历或是生活的结果。   (   )

    四、思考题
    1. 简述农产品营销的特点。
    2. 试述农产品营销的基本职能。
    3. 试述研究农产品营销的意义。
    4. 试述农产品营销观念的新发展。
    5. 试述绿色营销策略。

项目 2

农产品营销环境分析

【能力目标】

通过本项目的学习,学生能够基本认识与把握农产品营销环境,包括宏观环境和微观环境;了解农产品经营企业与农产品营销环境之间的关系;充分认识农产品营销环境对农产品经营企业营销活动所产生的影响;能够准确分析一个农产品经营企业所面临的特定的内外部营销环境因素,并根据环境的变化制定相应的对策。

【课程思政】

通过本项目的学习,使学生能理解历次中央一号文件精神的核心内涵,熟知本地(家乡)特色农产品及农作物或畜禽品种资源,养成健康的生活消费习惯。

【任务分解】

(1)掌握农产品营销环境的特点。
(2)掌握农产品营销宏观环境因素。
(3)掌握农产品营销微观环境因素。
(4)掌握农产品营销环境分析方法。

2.1 营销环境概述

每个企业的营销活动都是在不断发展、变化的社会环境中进行的,它既受到企业内部条件的约束,又受到企业外部条件的制约,这两种约束力量就是市场营销环境。市场营销环境是一个多变的、复杂的因素,企业营销活动成败的关键,就在于能否适应变化着的市场营销环境。

导入案例:展望茶业消费的未来趋势

2.1.1 市场营销环境的含义

市场营销环境是一个不断发展和完善的动态概念。19世纪,西方工商企业仅仅将市场当作销售环境。到20世纪30年代,又把政府、工会、投资者等有利害关系者也看作环境。到20世纪60年代,自然生态、科学技术、社会文化等环境因素被列入企业市场营销必须考虑的范畴。从20世纪70年代起,企业开始重视对政治、法律的研究。到20世纪80年代,世界各国对环境保护、生态平衡的重视程度日益提高,通过立法、制定标准等各种途径保护人类的生存环境。这些环境的变化,给企业的经营活动既造成了环境威胁,又营造了新的市场机会。农产品营销环境是关系农产品经营组织的发展,影响和制约农产品经营企业营销战略的制定和实施,对农产品营销活动产生影响和冲击的不可控制的各种内外部因素的总称。因此,现代市场营销观念认为,企业的决策者必须采取适当的措施,经常监视和预测市场营销环境的发展变化,并善于分析和鉴别由于环境变化而造成的主要机会和威胁,及时调整市场营销中的各种可控因素,使其经营管理与市场营销环境的发展变化相适应。

2.1.2 市场营销环境的构成因素

一个企业的市场营销环境是由一整套相互影响、相互作用的重要参加者、市场和其他相关力量构成的,如图 2-1 所示。

图 2-1 市场营销环境构成因素

一个企业的市场营销环境可以分成三个层次:第一个层次是企业本身,它处于企业市场营销环境的中心;第二个层次是企业所处的微观环境,包括营销渠道(它们参与企业产品的生产和分销活动)、市场(企业的目标顾客)、竞争者(它们也向企业所服务的市场提供商品)和公众(企业及其竞争者都在公众监视下,并受公众影响);第三个层次是宏观环境,所有企业和市场都要受宏观环境的影响和制约,并且这些环境因素不是静态不变的,而是经常处于变动之中,对企业的经营管理活动造成一定的冲击。

2.1.3 农产品营销环境的特点

1. 客观性和不可控性

客观性是指营销环境的存在不以营销者的意志为转移。主观地臆断某些环境因素及其发展趋势,往往造成企业盲目决策,在市场竞争中惨败。相对于企业内部管理功能,如企业对自身的人、财、物等资源的分配使用,营销环境是企业无法控制的外部影响力量,如直接营销环境中的消费者需求特点和间接营销环境中的人口数量,都不可能由企业来决定。

2. 多样性和复杂性

营销环境的构成要素多,涉及范围广,各种环境要素之间相互影响,并且存在矛盾关系。环境因素的相互关系,有的能够进行分析评价,有的却难以估计和预测,因而十分复杂。例如,随着城市人口的迅速增加,工作、生活节奏的加快,人们对快餐和方便食品的需求增加。但是研究证明,过多地依赖这些食品对健康十分不利,在有关营养学家和一些食品营养与健康组织的呼吁下,食品企业不得不研制开发既方便又健康的食品,并引导消费者选购。

3. 动态性和多变性

随着社会经济和技术的发展,营销环境也在不断地变化。尽管各种环境因素变化的速度和程度不同,如市场竞争状况可能瞬息万变,而社会环境一般变化较慢,但变化是绝对的。从整体上讲,营销环境的变化速度正在呈现加快趋势。因此企业营销活动必须与营销环境保持动态平衡。一旦环境发生变化,打破了平衡,企业营销就必须积极地适应这种变化。

4. 差异性和相关性

不同企业受不同营销环境的影响,同样,一种环境的变化对不同企业的影响也不尽相同。企业为适应不同的环境及其变化,必须采取各具特点和针对性的营销策略。同时,企业的营销活动不仅仅受单一环境因素的影响,而是由多个环境因素共同制约。营销环境诸因素之间相互影响、相互制约,某一因素的变化会影响其他环境因素的变化。企业所处的营销环境实际上是各种因素综合作用的结果。如食品企业的产品开发,就要受制于食品卫生质量标准、技术标准、公共食品计划、消费者的偏好与饮食习惯、地理位置、竞争者产品等多种因素,如果不综合考虑这些外在的力量,生产出来的产品进入市场将面临困难。

2.1.4 分析营销环境的意义

1. 营销环境分析是企业营销活动的出发点

营销环境是企业营销活动的约束条件。营销成功的关键就在于适应不断变化的营销环境。成功的企业都十分重视营销环境分析;反之,忽视营销环境分析,企业必然会陷入困境。例如有些啤酒生产企业看到农村的啤酒市场增长迅速,立即把产品直接延伸到农村市场,将用于城市的营销方法照搬到农村。结果由于没有经过调研分析,不清楚本地的饮用习惯、口味偏好及购买习惯,没有得到消费者的认同,铩羽而归。

2. 营销环境分析有助于企业发现市场机会,规避环境威胁

营销环境的变化既可能不断地给企业带来新的机会,也可能造成新的威胁。营销环境分析可以帮助企业发现机会、利用机会,在不断变化的环境中谋求企业的稳定发展;也可以帮助企业克服环境变化造成的不利影响,规避威胁,采取适当的营销策略迎接市场的挑战。

3. 营销环境分析有助于企业做出正确的营销决策

环境分析是营销决策的基础和前提。它可以帮助企业对营销环境做出客观的判断,对其自身条件进行正确的分析,明确自身的优势和弱点,使企业的内部条件、营销目标和营销环境实现动态平衡。

2.2 农产品营销宏观环境分析

农产品营销宏观环境实质上是指关系农产品经营企业的生存和发展,影响和制约农产品经营企业营销战略的制定和实施的外部因素的总称。这些因素主要包括人口环境、经济环境、社会文化环境、政治法律环境、科技环境和自然环境。这些是企业不可控制的变量。

2.2.1 人口环境及其对企业营销的影响

人口是构成市场的第一位因素,因为市场是由那些想购买商品同时又具有购买力的人构成的。因此,人口的多少直接决定市场的潜在容量,人口越多,市场规模就越大。而人口的年龄结构、地理分布、婚姻状况、出生率、死亡率、人口密度、人口流动性及其文化教育等特性,会对市场格局产生深远影响,并直接影响企业的市场营销活动和经营管理。企业必须重视对人口环境的研究,密切注视人口特性及其发展动向,不失时机地抓住市场机会,当出现威胁时,应及时、果断地调整营销策略以适应人口环境的变化。

1. 人口数量与增长速度对企业营销的影响

首先,人口数量是决定市场规模和潜力的一个基本要素,人口越多,如果收入水平不变,则对食物、衣着、日用品的需要量也越多,那么市场也就越大。因此,按人口数量可大略推算出市场规模。我国人口众多,无疑是一个巨大的市场。其次,人口的迅速增长会促进市场规模的扩大。因为人口增加,其消费需求也会迅速增加,那么市场的潜力也会很大。

2. 人口结构对企业营销的影响

人口结构主要包括人口的年龄结构、性别结构、家庭结构、社会结构及民族结构。

(1) 年龄结构。不同年龄的消费者对商品的需求不同。到 22 世纪初,同世界整体趋势相仿,我国人口老龄化速度将大幅高于西方发达国家,反映到市场上,即老年人的需求呈现高峰,诸如保健用品、营养品、老年人生活必需品等市场将会兴旺。

(2) 性别结构。人口的性别结构不同,其市场需求也有明显的差别。据调查,0~62 岁年龄组内,男性略多于女性,其中 37~53 岁的年龄组内,男性约多于女性 10%,但到 73 岁以上,女性约多于男性 20%。这反映到市场上就会出现男性用品市场和女性用品市场。例如,我国市场上,女性已成为休闲食品的购买主力。

(3) 家庭结构。家庭是购买、消费的基本单位。家庭的数量直接影响某些商品的销量。目前,世界上普遍呈现家庭规模缩小的趋势,越是经济发达地区,家庭规模就越小。欧美国家的家庭规模为户均 3 人左右,亚非拉等发展中国家的家庭规模为户均 5 人左右。在我国,"四代同堂"现象已不多见,"三位一体"的小家庭则很普遍,并逐步由城市向乡镇发展。家庭数量的剧增必然会引起对农产品需求的迅速增长。

(4) 社会结构。农村是个广阔的市场,有着巨大的潜力。这一社会结构的客观因素决定了企业在国内市场中,应当以农民为主要营销对象,市场开拓的重点也应放在农村。尤其是一些中小企业,更应注意开发价廉物美的商品以满足农民的需要。

(5) 民族结构。民族不同,其生活习性、文化传统也不相同。反映到市场上,就是各民族的市场需求存在很大的差别。因此,企业营销要注意民族市场的特性,重视开发适合各民族特性、受其欢迎的商品。

3. 人口的地理分布及区间流动对企业营销的影响

地理分布是指人口在不同地区的密集程度。由于自然地理条件及经济发展程度等多方面因素的影响,人口的分布绝不会是均匀的。我国人口主要集中在东南沿海一带,约占总人口的 94%,而西北地区人口仅占 6% 左右,而且人口密度逐渐由东南向西北递减。再者,城市的人口比较集中,尤其是大城市的人口密度很大,上海、北京、重庆等城市的人口超过

1 000万人,而农村人口则相对分散。人口的这种地理分布表现在市场上就是人口的集中程度不同,则市场大小不同;消费习惯不同,则市场需求特性不同。例如,南方人以大米为主食,北方人以面粉为主食,江浙沪沿海一带的人喜食甜,而川湘鄂一带的人则喜辣。随着经济的活跃和发展,人口的区域流动性也越来越大。在发达国家除了国家之间、地区之间、城市之间的人口流动外,还有一个突出的现象就是城市人口向农村流动。在我国,人口的流动主要表现在农村人口向城市或工矿地区流动;内地人口向沿海经济发达地区流动;经商、观光旅游、学习等使人口流动加速。对于人口流入较多的地方而言,一方面,由于劳动力增多,就业问题突出,从而加剧行业竞争;另一方面,人口增多使当地基本需求量增加,消费结构也发生一定的变化,继而给当地企业带来较多的市场份额和营销机会。

扩展阅读 2-1

人口年龄结构变化对经济增长的影响

2021年5月11日,国家统计局发布《第七次全国人口普查公报》(以下简称《公报》),披露了2011—2020年十年间中国人口的变化情况。根据《公报》数据,"在年龄构成方面,0~14岁人口为25 338万人,占17.95%;15~59岁人口为89 438万人,占63.35%;60岁及以上人口为26 402万人,占18.70%(其中65岁及以上人口为19 064万人,占13.50%)。与2010年相比,0~14岁、15~59岁、60岁及以上人口的比重分别上升1.35个百分点、下降6.79个百分点、上升5.44个百分点"。

人口年龄结构的这种变化,揭示出中国人口演变的一个重要特征,即劳动年龄人口大幅减少,少儿抚养比和老年抚养比的同步提高推动了人口总抚养比(总人口中非劳动年龄人口数与劳动年龄人口数之比)的大幅上升。

人口老龄化与人口抚养比上升将从供给侧和需求侧对经济高质量发展产生制约,其作用机制可以归纳为三个"递减现象",即劳动参与率递减、人力资本递减、消费力递减。在供给侧方面,新古典增长理论从生产函数的角度揭示出因劳动年龄人口的减少导致劳动投入要素的下降,将直接对经济增长产生负面影响;内生增长理论则进一步指出,劳动年龄人口减少将阻碍创新和技术进步,从而不利于长期经济增长。已有文献证实,人口快速老龄化导致的人口抚养比加速上升,将抑制劳动市场规模扩张,降低劳动参与率与全要素生产率。有研究表明,老龄化速度每增加10%,将使人均GDP增速下降5.5%,其中1/3来源于劳动力增长放缓,2/3来源于劳动生产率下降。

在需求侧方面,生命周期理论强调,消费者会基于福利最大化来平衡一生的收入与消费,在退休之前将收入进行消费和储蓄,退休后丧失收入只消费不储蓄。少年儿童与老年群体作为"负储蓄"人口,当其占总人口的比重升高时,将会导致储蓄率的降低。低储蓄率将会进一步通过减少投资与资本积累阻碍经济增长。

但是也有学者从预防性储蓄的角度指出,随着人口老龄化带来老年抚养比的上升,导致养老负担的增加,从而引致养老需求的预防性储蓄增加与储蓄率的提高,学者们将此称为老龄化的"行为效应"。

如果将因人口抚养比或人口老龄化上升导致的储蓄率下降称为"消费效应",那么抚养比和老龄化对储蓄率的净效应将取决于消费效应和行为效应的强弱对比。同时需要重视的是,根据凯恩斯消费理论,储蓄率与消费率为伴生现象,储蓄率提高的同时将会伴随消费率的降低。考虑到当前国家扩大内需战略与建设新发展格局,消费率的降低将直接对扩大内需和新发展格局产生负面影响。

2.2.2 经济环境及其对企业营销的影响

经济环境指农产品经营企业营销活动所面临的外部社会条件,其运行状况及发展趋势会直接或间接地对企业营销活动产生影响。农业稳定发展,轻工业发展就有了可靠的原料保证,会对国民经济发展产生有利影响,引起更多投资并刺激消费。居民生活水平提高后将更追求农产品营养质量,会出现更多的生态旅游需求。

1. 直接影响营销活动的经济环境因素

市场不仅是由人口构成的,而且这些人还必须具备一定的购买力。而一定的购买力水平则是市场形成并影响其规模大小的决定因素,它也是影响农产品经营企业营销活动的直接经济环境。经济环境因素主要如下。

(1) 消费者收入水平的变化。消费者收入是指消费者个人从各种来源中所得的全部收入,包括消费者个人的工资、退休金、红利、租金、赠予等收入。消费者的购买力来自消费者的收入,但消费者并不是把全部收入都用来购买商品或劳务,购买力只是收入的一部分。

(2) 消费者支出模式和消费结构的变化。随着消费者收入的变化,消费者支出模式会发生相应变化,继而使一个国家或地区的消费结构也发生变化。

1857 年,德国统计学家恩格尔阐明了一个定律:随着家庭或个人收入的增加,收入中用于食品方面的支出比例将逐渐降低。这一定律被称为恩格尔定律,反映这一定律的系数被称为恩格尔系数。

$$恩格尔系数 = 食品支出总额 \div 家庭或个人消费支出总额 \times 100\%$$

恩格尔定律主要表述的是,食品支出占总消费支出的比例随收入变化而变化的一定趋势,揭示了居民收入和食品支出之间的相关关系,用食品支出占消费总支出的比例来说明经济发展、收入增加对生活消费的影响程度。众所周知,吃是人类生存的第一需要,在收入水平较低时,其在消费支出中必然占有重要地位。随着收入的增加,在食物需求基本满足的情况下,消费的重心才会开始向穿、用等其他方面转移。

恩格尔系数表明,在一定的条件下,当家庭个人收入增加时,收入中用于食品支出部分的增长速度要小于用于教育、医疗、享受等方面的开支增长速度。食品支出占总消费量的比重越大,恩格尔系数越高,生活水平越低;反之,食品支出所占比重越小,恩格尔系数越小,生活水平越高。

消费结构指消费过程中人们所消耗的各种消费资料(包括劳务)的构成,即各种消费支出占总支出的比例关系。优化的消费结构是优化的产业结构和产品结构的客观依据,也是企业开展营销活动的基本立足点。

(3) 消费者储蓄和信贷情况的变化。消费者的购买力还受储蓄和信贷的直接影响。

消费者个人收入不可能全部花掉,总有一部分以各种形式储蓄起来,这是一种推迟了的、潜在的购买力。消费者储蓄一般有两种形式:一种是银行存款;另一种是购买有价证券。当收入一定时,储蓄越多,现实消费量就越小,但潜在消费量越大;反之,储蓄越少,现实消费量就越大,但潜在消费量越小。农产品经营企业的营销人员应当全面了解消费者的储蓄情况,尤其是要了解消费者储蓄目的的差别。储蓄目的不同,往往影响到潜在需求量、消费模式、消费内容、消费发展方向。这就要求企业营销人员在调查、了解消费者的储蓄动机与目的的基础上,制定不同的营销策略,为消费者提供有效的产品。

西方国家广泛存在的消费者信贷对购买力的影响也很大。所谓消费者信贷,就是消费者凭信用先取得商品使用权,然后按期归还贷款,以购买商品。这实际上就是消费者提前支取未来的收入,即提前消费。西方国家盛行的消费者信贷主要有短期赊销、购买住宅分期付款、购买昂贵的消费品分期付款、信用卡信贷等几类。我国现阶段的信贷消费也已兴起,"月光族"出现后,"消费明天"的理念逐渐被一些人所接受。

2. 间接影响营销活动的经济环境因素

除了上述因素直接影响企业的市场营销活动外,还有一些经济环境因素也会对农产品经营企业的营销活动产生或多或少的影响。

(1) 经济发展水平。农产品经营企业的市场营销活动要受到一个国家或地区的整体经济发展水平的制约。经济发展阶段不同,居民的收入不同,顾客对产品的需求也不同,从而会在一定程度上影响企业的营销。例如,以消费者市场来说,经济发展水平比较高的地区,在市场营销方面,强调产品款式、性能及特色,品质竞争多于价格竞争;而在经济发展水平低的地区,则较侧重于产品的功能及实用性,价格因素比产品品质更为重要。在生产者市场方面,经济发展水平高的地区着重投入资金较大而能节省劳动力的先进、精密、自动化程度高、性能好的生产设备;在经济发展水平低的地区,其机器设备大多是一些投入资金少而耗费劳动力多、简单易操作、较为落后的设备。因此,对于处在不同经济发展水平的地区,企业应采取不同的市场营销策略。

美国学者罗斯顿根据他的"经济成长阶段"理论,将世界各国的经济发展归纳为五种类型:传统经济社会;经济起飞前的准备阶段;经济起飞阶段;迈向经济成熟阶段;大众高消费阶段。凡处于前三个阶段的国家称为发展中国家,而处于后两个阶段的国家则称为发达国家。处于不同发展阶段的国家的营销策略也不同。以分销渠道为例,国外有学者认为:经济发展阶段越高的国家,其分销途径越复杂而且广泛;进口代理商的地位随经济发展而下降;制造商、批发商与零售商的职能逐渐独立,不再由某一分销路线的成员单独承担;批发商的其他职能增加,只有财务职能下降;小型商店的数目下降,商店的平均规模在增加;零售商的加成上升。随着经济发展阶段的上升,分销路线的控制权逐渐由传统权势人物移至中间商,再至制造商,最后大零售商崛起,控制分销路线。

(2) 经济体制。世界上存在各种经济体制,有计划经济体制、市场经济体制、计划—市场经济体制,也有市场—计划经济体制,等等。不同的经济体制对企业营销活动的制约和影响不同。

(3) 地区与行业发展状况。我国地区经济发展很不平衡,逐步形成了东部、中部、西部三大地带和东高西低的发展格局。同时,在各个地区的不同省市还呈现出多极化发展趋势。这种地区经济发展的不平衡,对农产品经营企业的投入资金方向、目标市场以及营销战略的制定等都会产生巨大影响。

(4) 城市化程度。城市化程度是指城市人口占全国总人口的百分比,它是一个国家或地区经济活动的重要特征之一。城市化是影响营销的环境因素之一,城乡居民之间存在某种程度的经济和文化上的差别,进而导致不同的消费行为。例如,目前中国大多数农村居民消费的自给自足程度仍然较高,而城市居民则主要通过货币交换来满足需求。除此之外,城市居民一般受教育较多,思想较开放,容易接受新生事物,而农村相对闭塞,农民的消费观念较为保守,故而一些新产品、新技术往往首先被城市所接受。企业在开展营销活动时,要充分注意到这些消费行为方面的城乡差别,相应地调整营销策略。

2.2.3　社会文化环境及其对企业营销的影响

社会文化环境是指企业所处的社会结构、社会风俗和习惯、信仰和价值观念、行为规范、生活方式、文化传统、人口规模与地理分布等因素的形成和变动。

社会文化环境是影响农产品经营企业营销诸多变量中最复杂、最深刻、最重要的变量。以饮食为例,饮食文化有中餐、西餐之分,国内又有众多地方菜系和风俗。

在农产品经营企业面临的诸方面环境中,社会文化环境是较为特殊的:它不像其他环境因素那样显而易见且易于理解,却又无时不在地深刻影响着企业的市场营销活动。无数事例说明,无视社会文化环境的企业营销活动必然会处于被动或归于失败。

任何人都在一定的社会文化环境中生活,存在于特定社会文化环境中的个体,其认识事物的方式、行为准则和价值观等都会异于生活在其他社会文化环境中的人。例如,由于价值观念不同,人们对周围事物的是非、善恶和重要性的评价不同;同一种款式的商品,甲民族认为是美的,乙民族也许认为是丑的;同一种色彩的商品,农村居民十分喜爱,城市居民却可能很少问津;同一种消费行为,在这方土地上是习以为常的,在另一方土地上则可能认为是不可思议的。再如,由于民风习俗、礼仪交往等方面的差异,往往影响到销售促进的内容与形式(如广告内容的设计),致使商务谈判的风格与技巧呈现出不同的特点。因此,无论在国内还是在国际上开展市场营销活动,都必须全面了解、认真分析所处的社会文化环境,以利于准确把握消费者的需要、欲望和购买行为,正确决策目标市场,制订切实可行的营销方案。对于想要进入国际市场和少数民族地区的企业来说,这样做尤为重要。

任何农产品经营企业都处于一定的社会文化环境中,企业营销活动必然受到所在社会文化环境的影响和制约。为此,企业应了解和分析社会文化环境,针对不同的文化环境制定不同的营销策略,组织不同的营销活动。

2.2.4　政治法律环境及其对企业营销的影响

政治法律环境是指一个国家或地区的政治制度、体制、方针政策、法律法规等方面的因素。这些因素常常制约、影响企业的经营行为,尤其是影响企业较长期的投资行为。

政治法律环境是影响农产品经营企业营销的重要宏观环境因素,包括政治环境和法律环境。政治环境引导着企业营销活动的方向,法律环境则为企业规定经营活动的行为准则。政治与法律相互联系,共同对农产品经营企业的市场营销活动产生影响和发挥作用。

1. 政治环境分析

政治环境是指企业市场营销活动的外部政治形势。一个国家的政局稳定与否,会给企业营销活动带来重大的影响。如果政局稳定,人民安居乐业,就会给企业营销营造良好的环境;相反,政局不稳,社会矛盾尖锐,秩序混乱,就会影响经济发展和市场的稳定。企业在市场营销中,特别是在对外贸易活动中,一定要考虑东道国政局变动和社会稳定情况可能造成的影响。

政治环境分析主要分析国内政治环境和国际政治环境：国内政治环境主要包括政治制度、政党和政党制度、政治性团体、党和国家的方针政策、政治气氛；国际政治环境主要包括国际政治局势、国际关系、目标国的国内政治环境。

政治环境对企业营销活动的影响主要表现为该国政府所制定的方针政策，如人口政策、能源政策、物价政策、财政政策、货币政策等，都会对企业营销活动带来影响。

在国际贸易中，不同的国家也会制定一些相应的政策来干预外国企业在本国的营销活动。其主要措施有进口限制、税收政策、价格管制、外汇管制、国有化政策。

2. 法律环境分析

法律环境是指国家或地方政府所颁布的各项法规、法令和条例等，它是农产品经营企业营销活动的准则，企业只有依法进行各种营销活动，才能受到该国法律的有效保护。近年来，为适应经济体制改革和对外开放的需要，我国陆续制定和颁布了一系列法律法规，如《中华人民共和国农业法》《中华人民共和国农产品质量安全法》《中华人民共和国食品安全法》。企业的营销管理者必须熟知有关的法律条文，才能保证企业经营的合法性，运用法律武器来保护企业与消费者的合法权益。

法律环境分析主要分析的因素如下。

（1）国家的法规政策。国家的法规政策主要有国家发布的无公害农产品行动计划、农产品质量与卫生安全管理条例等。如政府对农产品市场的干预主要涉及生产、流通、消费几个环节。一是对农业生产支持政策，主要有对农业生产资料如种子、化肥、农药、燃油、电力等供应的保证；对农业基础设施建设的财政支持，如农村道路、通信、农业水利、生态环境等建设项目；农业生产补贴和农业税费减免，农业生产信贷支持；科教兴农与技术推广等。二是对农产品流通的干预，体现在政府对农产品市场的控制程度。政府垄断的农产品市场，如烟草市场；政府调节的农产品市场，如粮食、棉花市场；自由竞争市场，如蔬菜市场、禽蛋市场等。三是政府对农产品消费的调控，如扩大农民收入政策，对困难地区的消费补贴等。

（2）国家司法执法机关。国家司法执法机关在我国主要有法院、检察院、公安机关以及各种行政执法机关。与企业关系较为密切的行政执法机关有市场监督管理部门、税务机关、生态环境主管部门、食品安全监督管理部门、卫生行政部门等。

（3）企业的法律意识。企业的法律意识是法律观、法律感和法律思想的总称，是企业对法律制度的认识和评价。农产品经营企业的法律意识，最终都会物化为一定性质的法律行为，并造成一定的行为后果，从而构成每个企业不得不面对的法律环境。

（4）国际法所规定的国际法律环境和目标国的国内法律环境。对从事国际营销活动的企业来说，不仅要遵守本国的法律制度，还要了解和遵守国外的法律制度和有关的国际法规、惯例和准则，如WTO《农业协定》和农产品贸易规则，以及与之密切相关的国际协定。

2.2.5 科技环境及其对企业营销的影响

科学技术是社会生产力中最活跃的因素，它影响着人类社会的历史进程和社会生活的方方面面。农业技术环境对农产品经营企业营销活动的影响更是显而易见。生物工程技术正改变着农业生产，如杂交水稻使作物产量得到提高，转基因食物改变了农产品品质、外观等。设施农业、无土栽培在农业育苗领域的应用等众多农业技术成为农业持续发展的主要动力。

现代科学技术突飞猛进,科技发展对企业营销活动的影响作用表现在以下几个方面。

1. 科技发展促进社会经济结构的调整

每一种新技术的发现、推广都会给企业带来新的市场机会。同时,也会给某些行业、企业造成威胁,使这些行业、企业受到冲击甚至被淘汰。例如,多边环境条约《生物安全议定书》支持对转基因农产品实施贸易措施,WTO有关协议中的规定是贸易措施的约束条件,它对风险预防、科学证据充分等的规定和解释与《生物安全议定书》存在差距。

2. 科技发展促使消费者购买行为的改变

随着多媒体和网络技术的发展,出现了移动电商等新型营销方式。农产品经营企业也可以利用这种方式进行广告宣传、营销调研和推销商品。随着新技术的应用,"在家便捷购买、享受服务"的方式还会继续发展。

3. 科技发展影响企业营销组合策略的创新

科技发展使新产品不断涌现,产品寿命周期明显缩短,要求农产品经营企业必须关注新品种的培育和新产品的开发。科技发展降低了产品成本,使产品价格下降,并能快速掌握价格信息,要求企业及时做好价格调整工作。科技发展促进流通方式的现代化,要求企业采用顾客自我服务和各种直销方式。科技发展使广告媒体多样化,信息传播快速化,市场范围广阔化,促销方式灵活化。未来几年市场营销将继续迅速发生变化,会有越来越多的企业开始采用大数据技术。企业不应只在社交媒体或其他形式的广告方面使用大数据,还应该使用大数据来设计最有效的营销策略。为此,要求企业不断分析科技新发展,创新营销组合策略,适应市场营销的新变化。

4. 科技发展促进企业营销管理的现代化

科技发展为企业营销管理现代化提供了必要的装备,如云计算、大数据和人工智能的广泛运用,对改善农产品经营企业营销管理、实现现代化起了重要的作用。同时,科技发展对农产品经营企业营销管理人员也提出了更高要求,促使其更新观念,掌握现代化管理理论和方法,不断提高营销管理水平。

2.2.6 自然环境及其对企业营销的影响

自然环境是指自然界提供给人类的各种形式的物质资料,如阳光、空气、水、森林、土地等。自然环境也是资源,如北方的大棚蔬菜的成本比海南地区要高。受工业污染的农业生态环境会直接影响农产品质量,农产品有害物质含量超标就会失去市场价值。营销管理者应该关注自然环境变化的趋势,并从中分析农产品经营企业营销的机会和威胁,采取相应的对策。

1. 自然资源日益短缺

自然资源可分为两类:一类为可再生资源,如森林、农作物,这类资源是有限的,可以再生,但必须防止过度采伐森林和侵占耕地;另一类为不可再生资源,如石油、煤炭、银、锡、铀,这种资源蕴藏量有限,随着大量开采,有的矿产已近于枯竭。自然资源短缺,将使许多企业面临原材料价格大涨、生产成本大幅度上升的威胁;又迫使企业研究更合理地利用资源的方法,开发新的资源和代用品,这些又为企业提供了新的资源和营销机会。

2. 环境污染日趋严重

工业化、城镇化的发展对自然环境造成了很大的影响,尤其是环境污染问题日趋严重,许多地区的污染已经严重影响人们的身体健康和自然生态平衡。环境污染问题已引起各国政府和公众的密切关注,这对农产品经营企业的发展是一种压力和约束,要求企业为治理环境污染付出一定的代价,但同时也为企业提供了新的营销机会,促使企业研究控制污染技术,兴建绿色工程,生产绿色产品,开发环保包装。

3. 政府干预不断加强

自然资源短缺和环境污染加重的问题,使各国政府加强了对环境保护的干预,颁布了一系列有关环保的政策法规,这将制约农产品经营企业的营销活动。虽然治理污染需要投资,影响扩大再生产,但企业必须以大局为重,要对社会负责,对子孙后代负责,加强环保意识,在营销过程中自觉遵守环保法令,担负起环境保护的社会责任。同时,企业也要制定有效的营销策略,既要消化环境保护所支付的必要成本,还要在营销活动中挖掘潜力,保证营销目标的实现。

2.3 农产品营销微观环境分析

从微观环境看,农产品营销主要是农业生产与经营组织的核心能力问题,如农业生产能力,是劳动密集型生产还是资本密集型生产,是集约经营还是粗放经营;农业资金与生产投入状况;农业管理水平,是小生产还是社会化大生产,能否创立现代经营制度下的农业组织方式;农产品营销能力,能否选择或拥有高效稳定的农产品营销网络,是否占有较高的农产品市场份额等。在具体分析时,企业的微观营销环境主要由企业的供应商、营销中介机构、顾客、竞争者、公众以及企业内部参与营销决策的各部门组成(见图2-2)。

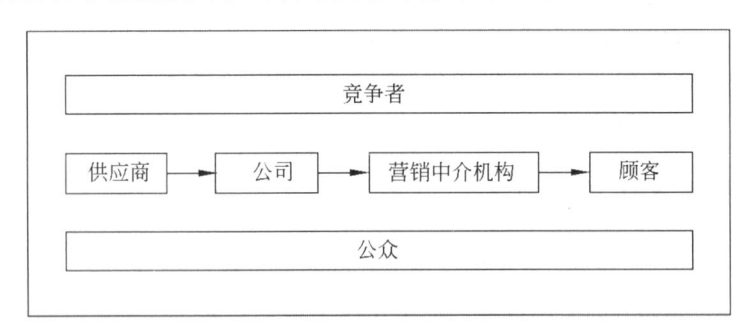

图2-2 农业企业微观环境的主要行动者

供应商→公司→营销中介机构→顾客这一链条构成了公司的核心营销系统。一个农业经营企业的成功,还受到另外两个群体的影响,即竞争者和公众。

2.3.1 公司

公司的市场营销是由营销部和销售部管理的,它由品牌经理、营销研究人员、广告及促销专家、销售经理及销售代表等组成。营销部负责制订现有各个产品、各个品牌及新产品、新品牌的研究开发的营销计划。

营销管理部门在制订营销计划时，必须考虑到与公司其他部门的协调，如与最高管理部门、财务部门、研究开发部门、采购部门、生产部门和会计部门等的协调，因为正是这些部门构成了营销计划制订者的公司内部微观环境。

2.3.2 供应商

供应商是影响农产品经营企业营销的微观环境的重要因素之一。供应商是指向农产品经营企业及其竞争者提供产品生产和服务所需资源的企业或个人。供应商所提供的资源主要包括原材料、设备、能源、劳务、资金等。

供应商对农产品经营企业营销活动的影响主要表现在以下三个方面。

(1) 供货的稳定性与及时性。原材料、零部件、能源及机器设备等货源的保证，是企业营销活动顺利进行的前提。如粮食加工厂需要谷物来进行粮食加工，还需要具备人力、设备、能源等其他生产要素，才能使企业的生产活动正常开展。供应量不足、供应短缺，都会影响企业按期完成交货任务。

(2) 供货的价格变动。毫无疑问，供货的价格直接影响企业的成本。如果供应商提高原材料价格，生产企业也将被迫提高其产品价格，由此可能影响企业的销售量和利润。

(3) 供货的质量水平。供货的质量水平直接影响企业产品的质量。

针对上述影响，企业在寻找和选择供应商时应特别注意两点：第一，农产品经营企业必须充分考虑供应商的资信状况。要选择那些能够提供品质优良、价格合理的资源，交货及时，信用良好，在质量和效率方面都信得过的供应商，并且要与主要供应商建立长期稳定的合作关系，保证企业生产资源供应的稳定性。第二，农产品经营企业必须使自己的供应商多样化。企业过分依赖一家或少数几家供货商，受到供应变化的影响和打击的可能性就大。为了减少对企业的影响和制约，企业就要尽可能多地联系供货商，向多个供应商采购，尽量避免过于依靠单一的供应商，以免与供应商的关系发生变化时使企业陷入困境。

2.3.3 营销中介机构

营销中介机构是协助公司推广、销售和分配产品给最终买主的企业，包括中间商、实体分配公司、营销服务机构及金融机构等。

1. 中间商

中间商是协助公司寻找顾客或直接与顾客进行交易的商业企业。中间商分两类：代理中间商和经销中间商；代理中间商是代理人、经纪人、制造商代表，专门介绍客户或与客户磋商交易合同，但并不拥有商品持有权；经销中间商，如批发商、零售商和其他再售商，购买产品，拥有商品所有权后再售出商品。中间商对企业产品从生产领域流向消费领域具有极其重要的影响。在与中间商建立合作关系后，要随时了解和掌握其经营活动，可采取一些激励性合作措施，推动其业务活动的开展，而一旦中间商不能履行其职责或市场环境发生变化时，企业应及时解除与中间商的关系。

2. 实体分配公司

实体分配公司是协助公司储存农产品和把农产品从原产地运往销售目的地的商业企业。仓储公司是在货物运往下一个目的地前专门储存和保管商品的机构。每个公司都需确定应该有多少仓位自己建造,多少仓位向存储公司租用。运输公司包括从事铁路运输、汽车运输、航空运输、驳船运输以及其他搬运货物的公司,它们负责把货物从一地运往另一地。每个公司都需综合考虑成本、运送速度、安全性和交货方便性等因素,确定选用哪种成本最低而效益更高的运输方式。

3. 营销服务机构

市场营销服务机构包括市场调研公司、广告公司、各种广告媒介及市场营销咨询公司,它们协助企业选择最恰当的市场,并帮助企业向选定的市场推销产品。有些大公司有自己的广告代理人和市场调研部门,但是大多数公司都与专业公司以合同方式委托办理这些事务。企业如果决定委托专业公司办理这些事务时,就需要谨慎地选择,因为各个公司都有自己的特色,所提供的服务内容不同,服务质量不同,价格也不同。企业要定期检查专业公司的工作,倘若发现其不能胜任,则需另找其他专业公司来代替。

4. 金融机构

金融机构包括银行、信贷公司、保险公司及其他对货物购销提供融资或保险的各种公司。公司的营销活动会因贷款成本的上升或信贷来源的限制而受到严重的影响。

2.3.4 顾客

企业与供应商和中间商保持密切关系,是为了有效地向目标市场提供商品与劳务。企业的目标市场可以是下列五种顾客市场中的一种或几种。

1. 消费者市场

个人和家庭购买产品及劳务以供个人消费。

2. 工业市场

组织机构购买产品与劳务,供生产其他产品及劳务所用,以达到营利或其他的目的。

3. 转售商市场

组织机构购买产品及劳务用于转售,从中盈利。

4. 政府市场

政府机构购买产品及劳务以提供公共服务或将其转让给其他需要它们的人。

5. 国际市场

买主在国外,这些买主包括外国消费者、生产厂、转售商及政府。

2.3.5 竞争者

竞争者的范围是非常广泛的,包括现实竞争者与潜在竞争者、直接竞争者与间接竞争者、国内竞争者与国际竞争者等。从满足消费需求或产品替代的角度看,每个企业在试图为自己的目标市场服务时通常面临着以下四种类型的竞争者。

1. 愿望竞争者

愿望竞争者指的是向一家企业的目标市场提供种类不同的产品,以满足不同需要的其他企业。我们知道,一个消费者在一定时期往往有许多想要满足的愿望,如既想买冬虫夏草,又想买果汁机,那么提供冬虫夏草、果汁机的各个企业之间就在这一部分市场上形成了竞争关系,互为愿望竞争者。

愿望竞争主要是从行业乃至产业之间的竞争关系来看的,它既不属于生产经营相关产品的企业之间的竞争,也不属于生产经营相同产品的企业之间的竞争。愿望竞争将使购买力的投向在不同行业或不同产业之间发生转移,从而使不同行业或产业的市场规模发生或大或小的变化。

2. 一般竞争者

一般竞争者指的是向一家企业的目标市场提供种类不同的产品但可以满足同一种需要的其他企业。例如,一个消费者打算通过某种形式来解渴,如购买果汁饮料、矿泉水,都可以满足他的这一要求,那么提供果汁饮料、矿泉水、牛奶的各个企业之间就在这一部分市场上形成了竞争关系,互为一般竞争者。

实际上,这些种类很不相同的产品却有着相同或类似的功用,它们在满足某种需要上是可以相互代替的,这些产品就是相关产品。一般竞争考察的主要是不同行业间生产经营相关产品的企业之间的竞争问题,一般竞争将使购买力的投向在不同行业的生产经营相关产品的企业之间发生转移。一般竞争的强度主要取决于科技进步所带来的相关产品的多少以及相关代替的程度。在科技进步较快的情况下,企业应对一般竞争问题予以较多的关注。

3. 产品形式竞争者

产品形式竞争者指的是向一家企业的目标市场提供种类相同但质量、规格、型号、款式、包装等有所不同的产品的其他企业。由于这些同种但形式不同的产品在对同一种需要的具体满足上存在着差异,购买者有所偏好和选择,因此,这些产品的生产经营者之间便形成了竞争关系,互为产品形式竞争者。

4. 品牌竞争者

品牌竞争者指的是向一企业的目标市场提供种类相同,产品形式也基本相同,但品牌不同的产品的其他企业。由于主客观原因,购买者往往对同种同形不同品牌的产品形成不同的认识,具有不同的信念和态度,从而有所偏好和选择,因而这些产品的生产经营者之间便形成了竞争关系,互为品牌竞争者。

一个组织很少能单独做出努力为某一顾客市场服务。公司的营销系统总会受到一群竞争对手的包围和影响。

上述这些不同而且不断变化着的竞争关系,是每一农产品经营企业在开展营销活动时都必须密切注意和认真对待的。一般来说,竞争对手的力量越强,其产品及市场营销组合的有关方面越有竞争力,其威胁也越大。农产品经营企业要制定正确的营销策略,除了要了解市场的需要与购买者的购买决策过程外,还要全面了解现实竞争对手的数量、分布状况、综合能力、竞争目标、竞争策略、营销组合状况、市场占有率及其发展动向等方面的情况,同时要对潜在竞争对手进行全面分析。

2.3.6 公众

公众就是对一个组织完成其目标的能力有着实际或潜在兴趣或影响的群体。

公众可能有助于增强一个企业实现自己目标的能力，也可能妨碍这种能力。鉴于公众会对农产品经营企业的命运产生巨大的影响，精明的企业就会采取具体的措施，恰当地处理与主要公众的关系，而不是不采取行动和等待。大多数企业都建立了公共关系部门，专门筹划与各类公众的建设性关系。公共关系部门负责收集与企业有关的公众的意见和态度，发布消息、沟通信息，以建立信誉。如果出现不利于公司的反面宣传，公共关系部门就会成为调解纠纷者。

对一个农产品经营企业来说，如果把公共关系事务完全交给公共关系部门处理，那将是一种错误。一个企业的全部雇员，从负责接待一般公众的高级职员到向外界发表讲话的财务副总经理，到走访客户的推销代表，都应该参与公共关系的事务。

每个农产品经营企业的周围都有以下七类公众。

1. 金融界

金融界对企业的融资能力有重要影响，主要包括银行、投资公司、证券经纪行、股东。

2. 媒介公众

媒介公众指刊载、播送新闻、特写和社论的机构，主要有网络、报纸、杂志、电台、电视台等。

3. 政府机构

企业管理当局在制订营销计划时，必须认真研究与考虑政府政策和措施的发展变化。

4. 公民行动团体

一个企业的营销活动可能会受到消费者组织、环境保护组织、少数民族团体等的质询。

5. 地方公众

每个企业都同当地的公众团体，如邻里居民和社区组织，保持联系。

6. 一般公众

企业需要关注一般公众对企业产品及经营活动的态度。虽然一般公众并不是有组织地对企业采取行动，然而一般公众对企业的印象却影响着消费者对该企业及其产品的看法。

7. 内部公众

企业内部公众包括蓝领工人、白领工人、经理和董事会。大公司还发行业务通信和采用其他信息沟通方法，向企业内部公众通报信息并激励他们的积极性。当企业雇员对自己的企业感到满意的时候，他们的态度也会感染企业以外的公众。

2.4 农产品营销环境分析方法

农产品经营企业的生存与发展既与市场营销环境密切相关，又取决于企业对环境因素及其影响所持的对策。由于市场营销环境的客观性、多变性、复杂性，决定了企业不可能去创造、改变营销环境，而只能主动地适应、利用营销环境。为此，企业应该运用科学的分析方法,加强对营销环境的监测与分析,随时掌握其发展趋势,从中发现市场机会和威胁,有针对性地制定和调整自己的战略,不失时机地利用营销机会,尽可能减少威胁造成的损失。

2.4.1 SWOT 分析法

1. SWOT 分析的原理

SWOT 四个英文字母分别为 strength、weakness、opportunity、threat 单词的首写字母。

S：strength,优势,是公司在竞争中拥有明显优势的方面,如产品质量优势、品牌优势、市场优势等。

W：weakness,弱势,是指在竞争中相对弱势的方面。一个公司具备相当的优势并不代表它就没有弱点,厂商只有客观评价自己的弱势,所采取的对策才会对企业发展真正有利。

O：opportunity,机会,即外部环境(通常指宏观市场)提供的比竞争对手更容易获得的机会,而这种机会往往可以比较轻松地带来收益。

T：threat,风险,主要指一些不利的趋势和发展带来的挑战,一般指一种会影响销售、市场利润的力量。厂商一般会对可能出现的风险制订预防和管理的方案。风险本身并不可怕,可怕的是没有一套预警机制和相应的避免管理风险的机制。

从整体上看,SWOT 可以分为两部分:第一部分为 SW,主要用来分析内部条件;第二部分为 OT,主要用来分析外部条件。另外,每一个单项如 S 又可以分为外部因素和内部因素,这样就可以对情况有一个较完整的概念了。

SWOT 分析通过对优势、劣势、机会和威胁等加以综合评估与分析得出结论,然后再调整企业资源及企业策略,来达成企业的目标。这有些像我们中国古代哲学中的"权衡"思想。

2. SWOT 分析的步骤

好的 SWOT 分析的前提是正确识别出优势、劣势、机会与威胁因素。而评价某种因素优劣与否,该因素是预示着机会还是威胁,取决于企业的生存环境,而企业的生存环境主要由行业背景与主要竞争对手构成。

行业背景主要指行业的关键成功因素,即在本行业中要想获得良好的效益、声望和市场表现而必须具备的几项关键的技能与资源,这决定了企业拥有的某项资源的优劣性。同时,行业背景还揭示机会与威胁,即当前和未来一段时间内,行业环境中存在的或可能出现的,将对企业和竞争对手都发生重大影响的外界因素。竞争对手决定了行业的竞争程度激烈与否,直接反映企业竞争力的强弱。一个从企业生存环境出发来考察企业竞争实力的 SWOT 分析步骤可以用图 2-3 来表示。

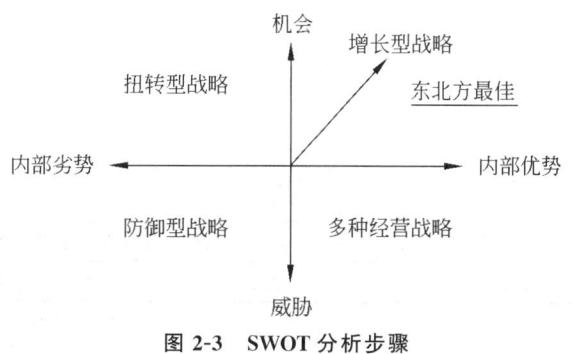

图 2-3 SWOT 分析步骤

3. 制定应对策略

在对企业内外部环境因素进行全面分析和评价的基础上，就可以进一步运用系统分析和综合分析的方法制定企业的经营策略，以更好地促进企业的发展，具体见表2-1。

表2-1 SWOT分析与应对策略

内部优势分析 \ 外部环境分析	机会(O)	威胁(T)
优势(S)	S.O.对策	S.T.对策
劣势(W)	W.O.对策	W.T.对策

制定企业应对策略的基本思路：发挥优势因素，克服劣势因素，利用机会因素，化解威胁因素；考虑过去，立足当前，着眼未来。具体有以下四种对策可供选择。

(1) 最小与最小对策(W.T.对策)，即考虑劣势因素和威胁因素，目的是努力使这两种因素都趋于最小。

(2) 最小与最大对策(W.O.对策)，即着重考虑劣势因素和机会因素，目的是努力使劣势趋于最小，使机会趋于最大。

(3) 最大与最小对策(S.T.对策)，即着重考虑优势因素和威胁因素，目的是努力使优势趋于最大，使威胁趋于最小。

(4) 最大与最大对策(S.O.对策)，即着重考虑优势因素和机会因素，目的在于努力使这两种因素都趋于最大。

2.4.2 PEST分析模型

PEST分析是战略咨询顾问用来帮助企业检阅其外部宏观环境的一种方法。宏观环境又称一般环境，是指影响一切行业和企业的各种宏观力量。在对宏观环境因素进行分析时，不同行业和企业根据自身特点和经营需要，分析的具体内容会有差异，但一般都应对政治(political)、经济(economic)、社会(social)和技术(technological)这四大类影响企业的主要外部环境因素进行分析，简称PEST分析法，如图2-4所示。典型的PEST分析见表2-2。

表2-2 典型的PEST分析

政治(包括法律)	经济	社会	技术
环保制度	经济增长	收入分布	政府研究开支
税收政策	利率与货币政策	人口统计、人口增长率与年龄分布	产业技术关注
国际贸易章程与限制	政府开支	劳动力与社会流动性	新型发明与技术发展
合同执行法、消费者保护法	失业政策	生活方式变革	技术转让率
雇用法律	征税	职业与休闲态度、企业家精神	技术更新速度与生命周期
政府组织/态度	汇率	教育	能源利用与成本
竞争规则	通货膨胀率	潮流与风尚	信息技术变革
政治稳定性	商业周期所处的阶段	健康意识、社会福利及安全感	互联网的变革
安全规定	消费者信心	生活条件	移动技术变革

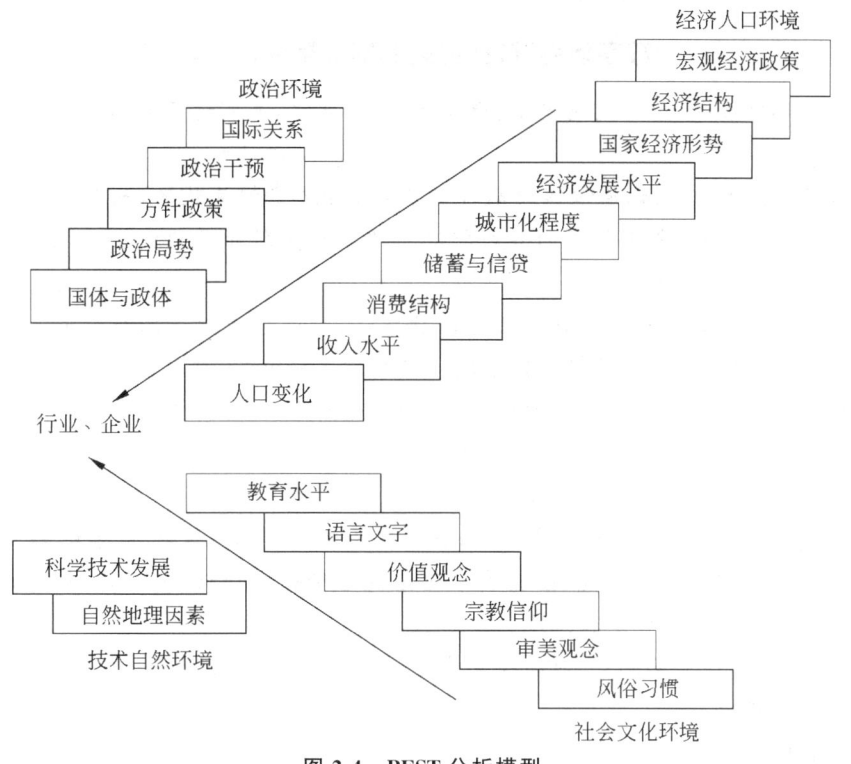

图 2-4　PEST 分析模型

本项目小结

完成本项目的学习,您应该理解和掌握以下内容。

(1) 农产品营销环境指一切影响农产品经营企业营销活动及其目标实现的各种因素和力量,分为宏观环境和微观环境。农产品营销宏观环境实质上是指关系农产品经营企业的生存和发展,影响和制约农产品经营企业营销战略的制定和实施的外部因素的总称,主要包括人口因素、经济因素、社会文化因素、政治法律因素、科学因素、自然因素等。微观环境是指直接影响和制约农产品经营企业经营活动的环境因素,主要包括企业内部环境、供应商、营销中介机构、顾客、竞争者和公众。

(2) 所有环境因素直接或间接、单独或交叉地给企业带来机会或造成威胁,企业趋利避害的基础是对营销环境及其发展变化进行客观认识和分析。要能够不失时机地把潜在的机会变为企业发展的机会,并且能够正确地分析和对待威胁,要结合企业自身优势和弱势采取不同措施,转"危"为"机"。

(3) 市场营销环境是企业营销职能外部的因素和力量,是影响企业营销活动及其目标实现的外部条件。要了解营销环境的基本特点,营销管理者应采取积极、主动的态度能动地适应营销环境。农业经营企业需要通过环境分析来评估环境威胁与环境机会,趋利避害,获取持续的竞争优势。

(4) SWOT 分析与 PEST 分析是农产品营销环境分析的重要方法,应重点掌握。

案例分析

"数字伊利"战略给消费品业带来的思考

伊利集团部署多年,很早就制定了"数字伊利"的战略,并实施了打造全产业链数字化生态系统的实践。

数字牧场:在伊利牧场,通过推动数字化养殖,打造了智慧牧场,奶牛降生即佩戴电子耳标,通过耳标数据严密监测奶牛的各种状况。伊利集团新开发的牧业管理系统将对牧场工作流程进行数据化管理。

数字工厂:伊利工厂实现了全部信息的数字化,打造智能制造的样板间。凭借数字化的应用,依靠计算机就可实时监控运行情况。在制造过程中,各种数字化信息实时反馈给管理者,各项指标自动汇总计算、多维度地进行对比,受益于"智能参谋"。

智慧生产:依托数字化、智能化方面部署,智慧生产既提升了生产效率,又保障了产品品质,在行业内主导了国家乳业"智能制造标准研究"项目。

销售终端:渠道布局与消费洞察方面,数字化的智能终端也发挥了效力,通过伊利自主开发的"浑天仪"地理大数据系统,依靠数字化系统分析精准评估、精细预测市场发展态势,支持终端网点布局的精确规划和落地。

总体来看,伊利在上游供应、内部经营管理、销售几个主要方面都进行了数字化布局,表现出了一定的前瞻性。

【讨论问题】

(1)"数字伊利"战略主要是为了应对哪些环境变化?

(2)伊利已经将"数字伊利"战略落地,但伊利毕竟是传统企业,不是互联网基因企业,没有多少数字基因。我们消费品企业,该如何实现未来可持续的成长?

(3)"数字伊利"给消费品业带来哪些思考?

实训操作

实训项目	乡村振兴政策法规解读
实训目标	了解近年来国家、地方出台的各类乡村振兴政策法规 能够初步分析这些政策法规对农业生产的影响 能够初步分析这些政策法规对农产品经营企业营销策略的影响
实训步骤	(1) 教师提出实训前的准备及注意事项 (2) 学生分为3人一小组;小组成员分工协作 (3) 通过网络、报纸等途径收集乡村振兴政策法规 (4) 重点学习中央一号文件与政府工作报告 (5) 对相关政策法规进行分类整理 (6) 政策解读,撰写报告。小组成员互相评分,教师最后评分
实训环境	市场营销模拟实训室
实训成果	以小组为单位撰写某一类农产品营销形势分析报告

课后练习

一、名词解释

农产品营销环境　宏观营销环境　经济环境　营销机会　营销威胁

二、填空题

1. 微观营销环境大致包括六个方面：_____、_____、_____、_____、_____、_____。
2. 宏观营销环境大致包括六个方面：_____、_____、_____、_____、_____、_____。

三、不定项选择题

1. 根据恩格尔定律，恩格尔系数越低，说明这个国家人们的生活水平（　　）。
   A. 越高　　　B. 越低　　　C. 不一定　　　D. 不变
2. 下列属于市场微观环境因素的是（　　）。
   A. 顾客　　　B. 供应商　　　C. 中间商
   D. 竞争者　　　E. 社会公众
3. 社会经济环境是影响企业营销活动的重要因素，它包括（　　）。
   A. 社会经济发展水平　　　B. 个人可支配收入
   C. 社会消费结构　　　D. 市场供求状况
   E. 银行利率
4. 人口结构包括多种因素。其中，人口的（　　）是最主要的，直接关系到各类商品的市场需求量，以及企业目标市场的选择。
   A. 性别结构　　　B. 教育结构　　　C. 家庭结构　　　D. 收入结构
5. （　　）是构成社会的最基本单位。
   A. 企业　　　B. 家庭　　　C. 个人　　　D. 组织
6. （　　）是高机会和低威胁的业务。
   A. 成熟业务　　　B. 困难业务　　　C. 冒险业务　　　D. 理想业务

四、思考题

1. 农产品营销环境主要有哪些特点？
2. 农产品经营企业在进行经济环境分析时，主要考虑哪些经济因素？
3. 市场营销环境分析有哪几种具体的方法？
4. 农产品经营企业对所面临的环境威胁可以采取的对策有哪些？

项目 3

农产品消费者心理分析

【能力目标】

通过本项目的学习,要求学生了解消费需要的含义和特征;掌握消费者需要的具体内容;熟悉购买动机的类型;掌握消费者购买行为及分类;了解影响农产品购买行为的因素;熟悉农产品营销心理策略。

【课程思政】

通过本项目的学习,使学生了解中国传统文化,能尊重和理解当地的风俗文化;秉持环保绿色的农产品消费观和一定的美学意识来设计和开发农产品;能用数字化的工具剖析消费者的行为特征,从而更好地进行乡村旅游产品的设计,支持乡村振兴,带动共同富裕。

【任务分解】

(1) 掌握农产品需求心理分析。
(2) 掌握农产品购买行为与决策。
(3) 掌握农产品营销心理策略。

3.1 农产品需求心理分析

需求是指人们在欲望驱动下一种有条件的、可行的最优选择,这种选择使欲望达到有限的最大满足,即人们总是选择能负担的最佳物品。从这句话中可以看出,农产品需求心理分析就是了解消费者在购买农产品时,如何在欲望的驱动下寻找可以得到满足的最佳方案的过程。而行为科学认为,人的行为都有一定的动机,而动机又产生于人类本身的内在需要,因此消费者的行为也不例外。所以要开展农产品营销,首先必须了解消费者的需要、购买动机和需求之间的关系。

导入案例:遂昌县民宿、农家乐乡土年味

3.1.1 消费者的需要和需求

1. 消费者的需要和需求的内涵

需要是指人们在个体生活和社会生活中感到某种欠缺而力求获得满足的一种心理状态。而消费者的需要包含在人类一般需要中,它反映了消费者某种生理或心理体验的缺乏状态,并直接表现为消费者对获取以商品或劳务形式存在的消费对象的要求和欲望。例如,消费者感到饥饿时,会产生对食品的需要;感到寒冷时,会产生对御寒衣物的需要;感到孤独寂寞时,会产生对交往、娱乐活动及礼品的需要;感到被人轻视时,会产生对有助于提高身份地位的高档、贵重商品的需要。这些需要是他们从事消费活动的内在原因和根本动力。正是为了满足多种多样的消费需要,消费者才努力实施相应的消费行为。

有时,消费者并未感到生理或心理体验的缺乏,但仍有可能产生对某种商品的需要。例如,面对美味诱人的佳肴,人们可能产生食欲,尽管当时并不感到饥饿;蛋糕店精美的糕点经常引起一些女性消费者的购买冲动。这些能够引起消费者需要的外部刺激(或情境)称作消费诱因。消费诱因按性质可分为正诱因和负诱因两类:凡使消费者趋向或接受某种刺激而获得满足的称为正诱因;使消费者逃避某种满足的称为负诱因。心理学研究表明,诱因对产生需要的刺激作用是有限度的,诱因的强度过大或过小都会导致个体的不满或不适,从而抑制需要的产生。例如,如果处在一个接连不断的广播广告或电视广告宣传的环境中,消费者就可能产生厌倦和抗拒心理,拒绝接受这些广告。需要产生的这一特性,使消费者需要的形成原因更加复杂化,同时也为人为地诱发消费需要提供了可能性,即通过提供特定诱因,刺激或促进消费者某种需要的产生。这也正是现代市场营销活动所倡导的引导消费、创造消费的理论依据。消费者对农产品的需要也会受到诱导因素的影响。

但消费者的这些需要必须在支付一定的货币之后才能得到满足,这就形成了需求。需求是指人们在某一特定的时期内在各种可能的价格下愿意并且能够购买某个具体商品的需要。需求更多地出现在经济学的概念中,强调有能力购买并愿意购买两个条件的达成。在营销中,我们往往不仅要考虑消费者最原始的需要引起的购买动机,也要考虑最终用什么样的方式促成消费者购买行为的达成,因此这两个概念都是非常重要的,但也在很多理论和教材中常常会被混淆使用。本项目中,我们主要关注的是消费行为和动机产生的本质原因,因此使用"需要"这个概念更能准确说明以下的内容。

2. 消费者需要的具体内容

就消费者对农产品的需要而言,其内容大致包括以下几个方面。

(1) 对农产品使用价值的需要。使用价值是商品的基本属性,也是消费者需求的基本内容。无论这种消费属于满足人的物质需要,还是生理需要,都离不开特定的物质载体。农产品的使用价值主要包括农产品的基本功能、质量、外观、品种、规格;农产品的安全性能;农产品供应的数量;同类农产品可供选择的余地等。

(2) 对农产品的审美需要。对美好事物的向往和追求是人类的天性,它体现在人类生活的各个方面。对于消费者来说,所购买的农产品既要有实用性,同时也应有审美价值。在消费者需要中,人们对农产品的审美要求主要表现在农产品的包装、形状、大小、色彩等方面。那些外表匀称、颜色鲜艳的农产品显然更符合消费者的审美需要。

(3) 对农产品时代性的需要。没有一个社会的消费能够不带有时代的烙印,人们所消费的商品总是自觉或不自觉地反映着时代的特征。从某种意义上说,商品的时代性意味着商品的生命。一种商品一旦被时代所淘汰,成为过时的东西,就会滞销,结束生命周期。因此,营销人员要使所经营的农产品适应时代的需要,满足消费者对农产品时代感的要求。而生产者要站在时代的前列,及时生产出具有时代特征的农产品。

(4) 对农产品社会象征性的需要。农产品的社会象征性是人们赋予农产品一定的意义,使人们购买、拥有某种农产品得到某种心理上的满足。例如,有的人想通过消费活动表明自己的社会地位和身份;有的人则想通过某种消费活动表明自己的社会责任感。对营销人员来说,了解消费行为中人们对农产品社会象征性的需求,有助于采取适当的营销策略。

(5) 对提供良好服务的需要。服务不仅是一种交换手段,且已成为商品交换的基本内容和条件,贯穿于商品流通的全过程。美国营销学专家西奥多·李维特(Theodore Leavitt)教授曾断言,未来竞争的关键,不在于工厂能生产什么产品,而在于其产品所提供的附加价值:包装、服务、用户咨询、购物信贷、及时交货和可用价值来衡量的一切东西。因此,农产品企业必须树立以消费者为中心的服务意识。

3. 消费者需要的特点

由于不同的主观原因和客观条件,不同的消费者对农产品有不同的需求,而且这些需要随着人们物质文化生活水平的不断提高而日益多样化。但是,无论消费者需要如何纷繁复杂、千变万化,仍会具有某些共同的特性和规律,具体表现为以下特点。

(1) 差异性和多样性。消费者的需要取决于消费者自身的主观状况和所处消费环境两方面因素。不同消费者在年龄、性别、民族传统、宗教信仰、生活方式、文化水平、经济条件、个性特征和所处地域的社会环境等方面存在不同程度的差异,而每个消费者都按照自身的需要选择、购买和评价商品,由此形成多种多样的消费需要差异。比如在饮食方面,我国人多地广,消费习惯多种多样:处于牧区的蒙古族、哈萨克族、藏族等习惯食奶制品,如奶豆腐、奶干、奶酪、酸奶等,品种十分丰富;回族肉食只食牛、羊、鸡、鸭、鹅等肉食;我国东北地区的居民习惯食豆类、面类;云南有的少数民族喜欢吃生的或半生不熟的肉食。

就同一消费者而言,消费需要也是多元的。每个消费者不仅有生理的、物质的需要,还有心理的、精神的需要;不仅要满足衣、食、住、行方面的基本需要,而且希望得到娱乐、审美、运动健身、文化修养、社会交往等高层次需要的满足。上述各方面需要,要求有多种具有特定功能的商品或劳务与之相适应。不仅如此,消费需要的多元性还表现在同一消费者对特定消费对象常常同时兼有多方面的要求,如对农产品需求方面,既要求质地优良、经济实惠,还要求外观匀称美观,有较高的营养价值。

(2) 层次性和发展性。消费者的消费需要是有层次的。按照不同的方法,可以把消费需要划分为若干个层次。一般来说,消费者需要总是由低层次向高层次逐渐发展和延伸的,即低层次的、最基本的生活需要满足后,就会产生高层次的精神需要,追求人格的自我完善和发展。但是消费者的收入水平、文化修养、信仰观念、生活习惯等方面存在差异,因此,不同消费者的消费层次的发展就会因人而异。比如,在食品的消费中,人们的需求是从低层次向高层次扩展的。作为安全级别最高的食品,有机食品自20世纪90年代初入中国市场,少人问津。虽然政府及各大媒体环保健康的宣传如火如荼,但超市里很少有人毫不犹豫地拿起有机食品。但近几年,随着民众健康、环保意识的增强,有机食品受到热捧。如今,市场中的有机食品琳琅满目,有机大米、有机茶叶、有机蔬果、有机饮料等已占有一席之地。

消费者需要的发展性在市场上主要表现为消费数量的增多和消费质量的提高。例如,粽子是我国居民在端午节必吃的一种食品。前些年,端午节前后人们都会在自家包粽子吃。后来,为了方便人们吃到粽子,市面上出现了各种口味的粽子。同时考虑到消费者心理的需要,又在粽子的包装上不断推陈出新。

扩展阅读 3-1

绿 色 消 费

21世纪是绿色世纪。绿色代表生命、健康和活力,是充满希望的颜色。国际上对"绿色"的理解通常包括生命、节能、环保三个方面。绿色消费包括的内容非常宽泛,不仅包括绿色产品,还包括物资的回收利用、能源的有效使用、对生存环境和物种的保护等,可以说涵盖生产行为、消费行为的方方面面。

绿色消费也称可持续消费,是指一种以适度节制消费,避免或减少对环境的破坏,崇尚自然和保护生态等为特征的新型消费行为与过程。绿色消费不仅包括绿色产品,还包括物资的回收利用,能源的有效使用,对生存环境、物种环境的保护等。

绿色消费的重点是"绿色生活,环保选购"。

具体而言,它有三层含义:一是倡导消费时选择未被污染或有助于公众健康的绿色产品;二是在消费者转变消费观念,崇尚自然、追求健康、追求生活舒适的同时,注重环保,节约资源和能源,实现可持续消费;三是在消费过程中注重对垃圾的处置,不造成环境污染。符合"3E"和"3R",经济实惠(economic),生态效益(ecological),符合平等、人道(equitable),减少(reduce)非必要的消费,重复使用(reuse)和再生利用(recycle)。

国际上公认的绿色消费有三层含义:一是倡导消费者选择未被污染或有助于公众健康的绿色产品;二是在消费过程中注重对废弃物的处置;三是引导消费者转变消费观念,崇尚自然、追求健康,在追求生活舒适的同时,注重环保、节约资源和能源,实现可持续消费。

20世纪80年代后半期,英国掀起的"绿色消费者运动"席卷欧美各国。这项运动主要号召消费者选购有益于环境的产品,从而促使生产者也转向制造有益于环境的产品。这是一项靠消费者带动生产者,靠消费领域影响生产领域的环境保护运动。这项运动主要在发达国家掀起,许多公民表示愿意在同等条件或略贵条件下选择购买有益于环境保护的商品。在英国1987年出版的《绿色消费者指南》中将绿色消费具体定义为避免下列商品消费:①危害到消费者和他人健康的商品;②在生产、使用和丢弃时,造成大量资源消耗的商品;③因过度包装,超过商品本身价值或过短的生命周期而造成不必要消费的商品;④使用出自稀有动物或自然资源的商品;⑤含有对动物残酷或不必要的剥夺而生产的商品;⑥对其他国家尤其是发展中国家有不利影响的商品。

归纳起来,绿色消费主要包括三方面的内容:消费无污染的物品;消费过程中不污染环境;自觉抵制和不消费那些破坏环境或大量浪费资源的商品等。

(3)伸缩性和周期性。伸缩性又称需求弹性,是指消费者对某种商品的需要,会因某些因素如支付能力、价格、储蓄利率等的影响而发生一定限度的变化。影响消费者的外在因素主要包括商品的供应状况、价格、广告宣传、销售方式、售后服务、他人的实践经验等。影响消费者的内在因素主要是指消费者本人的需求欲望的特征、强度、购买力等。在现实生活中,每个消费者都几乎同时具有多种消费需要。但在一定时期内,绝大部分消费者的支付能力是有限的,这就使消费者的需求只能有限地得到满足,并表现出一定的伸缩性,即消费者的需要并非只能增加不能减少;或者只有当低层次(或最紧要)的消费需要全部得到满足之后,才能进入高一级层次(或次要)的消费需要,这就是通常家庭开支中所说的"量入为出""钱花在刀刃上"。一般来说,日常生活必需品的需求弹性较小,而许多非生活必需品,或中、高档消费品的需求弹性较大。

消费者需要还具有周期性特点,一些需要得到满足后,一定时期内不再产生,但随着时间的推移还会重新出现,并显示出明显的周期性。例如,许多季节性商品、节日礼品等。人们对许多消费品的需要都具有周期性重复出现的特点,只不过循环的周期长短不同而已。

(4) 关联性和替代性。消费者的需要多种多样,各种消费需要之间往往具有一定的关联性。例如,消费水平提高后,消费者对肉食需要的增加将带动蔬菜、水果等维生素类食物需要的增加。消费者需要的替代性是指一种需要的增加会导致另一种需要的减少。例如,消费者对肉食类的需要增加,对粮食类的需要相对减少,因为在食品中营养物质产生的热量具有替代性。

4. 需要层次理论

马斯洛的需要层次理论在一定程度上揭示了人类需要的发展规律,它对于我们理解消费者需要结构、购买动机和市场营销策略具有重要的参考价值。

1954年,人本主义心理学家马斯洛在其著作《动机和人格》中提出了需要层次学说理论,他将人的需要分为五个层次,即生理需要、安全需要、归属和爱的需要、尊重需要和自我实现需要。他认为,动机是由各种不同的需要所组成的,各种需要之间有先后顺序与高低层次之分;每一层次的需要与满足,将决定个体人格发展的境界或程度,如图3-1所示。

马斯洛(A.H.Maslow,1908—1970),美国社会心理学家,人格理论家,人本主义心理学的主要发起者。他对人的动机持整体的看法,其动机理论被称为需要层次理论

图3-1 马斯洛需要层次理论

(1) 生理需要。生理需要是个体为维持生存和发展而对基本生活资料的需要,也是人们最原始、最基本的需要,如吃饭、穿衣、住宅、医疗等。若不满足,则生命危险。生理需要是驱使人们产生各种行为的强大动力,在生理需要得到一定程度的满足之后,人们才会产生更高层次的需要。

(2) 安全需要。安全需要是人们希望保护自己的身体和精神不受危害的需要,包括劳动安全、生活稳定、良好的医疗保健、保健滋补品、健康食品、希望免于灾难、希望未来有保障等。安全需要比生理需要更高一级,当生理需要得到一定程度的满足后就要保障这种需要。

(3) 归属和爱的需要。归属和爱的需要是指人要求与他人建立情感联系,以及隶属于某一群体并在群体中享有地位的需要。这一层次的需要包括两个方面:一是友爱的需要,即人人都需要伙伴之间、同事之间的关系融洽或保持友谊和忠诚,人人都希望得到爱情,希望爱别人,也渴望接受别人的爱;二是归属的需要,即人都有一种归属于一个群体的感情,希望成为群体中的一员,并相互关心和照顾。这种需求属于较高层次的需求。

（4）尊重需要。尊重需要包括自我尊重和受人尊重两方面的要求，具体表现为渴望实力、成就、独立与自由，渴望名誉与声望，渴望受到别人的赏识和高度评价等。尊重需要很少能够得到完全的满足，但基本上满足就可产生推动力。

（5）自我实现需要。自我实现需要是最高等级的需要，是指人们希望发挥自己的特长和潜能，实现对理想、信念和抱负的追求，取得事业的成功，使自我价值得到充分体现的需要。在这种需要的驱使下，人们会竭尽所能，使自己趋于完美。

在1970年前后，马斯洛对于他10年前所提出的五个层次的需要做了补充，即认为除了上述五大类的需要以外，在尊重需要和自我实现需要之间还应该有认知需要和审美需要，共计七大类需要。认知需要即人们对于各种事物的好奇、学习，探究事物的哲理，对事物进行实验和尝试欲望的需要。审美需要指希望行动完美的需要，对于事物的对称性、秩序性、闭合性等的形式的欣赏，对于美的结构和规律性的需要等，都是审美需要的表现形式。

马斯洛的需要层次理论同样适用于农产品营销，消费者对农产品的需要也可以分为五个层次，分别为数量的需要、安全的需要、优质的需要、个性的需要、文化的需要，消费者实现了低一层次的需要后也将向高一层次的需要发展。这些需要具体表现为：数量的需要，消费者需要具备数量充足的农产品，满足人的基本生理需要，也就是常说的粮食安全；安全的需要，主要是农产品符合质量安全要求，不能对人体产生急性或慢性危害，也就是常说的食品安全；优质的需要，是指农产品的品质更加优良，营养元素和其他功能成分符合人体健康需要；个性的需要，是指消费者可以根据个人口味和偏好，针对性地挑选自己中意的农产品，不是展示个物本身，而是因为其背后蕴含的人文、历史、情感等难以物化的个人风格和品位；文化的需要，是指消费者已不是消费农产品实物，而是要实现深层次的触动和共鸣。前两个层次的需要侧重基本保障，后三个层次的需要则侧重品质提升，如图3-2所示。

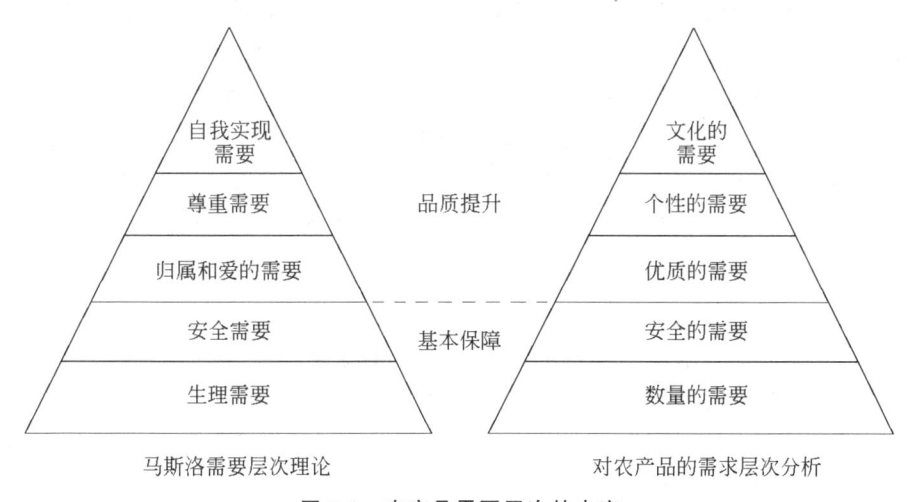

图 3-2 农产品需要层次的内容

3.1.2 消费者的购买动机

购买动机是在消费需要基础上产生的、引发消费者购买行为的直接原因和动力。相对消费者需要而言，动机更为清晰，与消费行为的联系也更加具体。研究消费者的农产品的购买动机可以为把握消费者对农产品购买行为的内在规律提供更具体、更有效的依据。

1. 购买动机的概念

动机是引发和维持个体行为并导向一定目标的心理动力,是激励人们行动的原因。

消费者的购买动机是指消费者为了满足自己一定的需要而引起购买行为的愿望或观念,它能够引起消费者购买某一商品或劳务的内在动力。

2. 购买动机的类型

消费者需要的多样性决定了购买动机的复杂性。据心理学家分析,驱使人们做出某种行为的动机有 600 种之多,这些动机按照不同的方式组合交织在一起,相互联系、相互制约,推动人们沿着一定的方向行动,演奏出丰富多彩的人类社会生活的交响曲。在现实生活中,消费者的购买动机又呈现出一定的共性和规律性,一般可以分为生理性和心理性两大类。

1)生理性购买动机

生理性购买动机是指消费者为保持和延续生命而引起的各种需要所产生的购买动机。生理因素是引起消费者的生理性购买动机的根源,消费者为了使生命得以延续,就必须寻求温饱、安全,能够组织家庭和繁衍后代,同时还包括增强体质和智力的方法。这种购买动机建立在生理需要的基础上,具体可以分为以下四种类型。

(1)维持生命的购买动机是消费者饥时思食、渴时思饮、寒时思衣所产生的对食物、饮料、衣服等的购买动机。

(2)保护生命的购买动机是消费者为保护生命安全的需要而购买商品的动机,如为治病而购买药品、为建住房而购买建筑材料等。

(3)延续生命的购买动机是消费者为了组织家庭、繁衍后代、哺育儿女的需要而购买有关商品的动机。

(4)发展生命的购买动机是消费者为使生活过得舒适、愉快,为了提高文化水平、强身健体而购买有关商品的动机。

2)心理性购买动机

心理性购买动机是指消费者的认知、情感和意志等心理过程引起的购买动机。消费者个体因素是引起心理性购买动机的根源,具体包括感情动机、理智动机和惠顾动机。

(1)感情动机是指由于人的喜、怒、哀、乐等情绪和道德、情操、群体、观念等情感所引起的购买动机。消费者的需要是否得到满足,会引起对事物的好坏态度,从而产生肯定或否定的感情体验,而这些不同的感情体验反映在不同的消费者身上,就会体现出不同的购买动机。感情动机主要表现在求新、求名、求美、好胜等方面。

(2)理智动机是指消费者对某种商品有了清醒的了解和认知,在对这个商品比较熟悉的基础上所进行的理性抉择和做出的购买行为。拥有理智动机的往往是那些具有比较丰富的生活阅历、有一定的文化修养、比较成熟的中年人。他们在生活实践中养成了爱思考的习惯,并把这种习惯转化到商品的购买中。理智动机主要表现为求实、求廉、求便等方面。

(3)惠顾动机又称信任动机,是指基于感情和理智的处理,消费者对特定的商店、厂牌或商品产生特殊的信任和偏好,习惯地、重复地前往购买的一种动机。产生惠顾动机的原因有信誉良好、服务周到、商品完备、价廉物美及方便等诸多因素。

3. 具体的购买动机

从具体的市场表现来看,消费者的生理性购买动机和心理性购买动机的形式如下。

（1）求实用心理动机。求实用心理动机是以追求商品的实际使用价值为主要目的的购买动机，也是消费者最为常见、最普遍的一种购买动机。这类消费者在购买商品时特别重视商品的实际效用、功能质量，讲求经济实惠、经久耐用，不大追求外观的美丽或商品的名气等。他们是中低档和大众商品的主要购买者。产生这种购买动机的原因主要有两个方面：一是受经济条件的限制；二是受传统消费观念和消费习惯的影响，崇尚节俭、精打细算、讲求实用、鄙视奢华等。人们对一些日用商品的消费，以实用性的消费动机为主。

（2）求新、求美、求异心理动机。求新、求美、求异动机倾向是由消费者追求异质、奇特、喜爱新东西及其审美意识所决定的。求美、求新也是人的天然性情感的表现。人是有好奇心的，人的注意和兴趣往往会被新异刺激所吸引。有了好奇心，就产生了探索求知的心理。这类动机的消费者在经济条件较好的青年男女中较为多见。

（3）求便心理动机。求便心理动机倾向的核心是消费者把消费品使用和购买方便与否作为选择消费品、劳务与消费形式的第一标准，以求在消费活动中尽可能节约时间。特别是在购买日常生活用品中，如油、盐、肥皂等，求方便、简便，很少有人顾及品牌和商店等。在日常生活中，袋泡茶叶，小包装奶粉、咖啡、速溶奶茶等均是为了满足人们的求便心理动机。

（4）求廉心理动机。求廉心理动机是以追求物美价廉为主要目的的购买动机。它的核心是"价廉"和"物美"。具有求廉心理动机的消费者在购买商品时较为注重商品价格的变动，喜欢选购处理价、优惠价、特价、折扣商品，对质量、花色、造型、包装等不十分挑剔。超市里散装的话梅、木耳等农产品就是满足具有求廉心理动机的顾客的需求，其价格相对有包装的要低些。

（5）求名心理动机。持有求名心理动机的消费者以追求所购商品能显示自己的地位和名望为主要目标。其核心是"炫耀""显名"。东西要名贵，商标要名牌，产地要正宗，以此来显示自己的经济能力和社会地位，从中获得一种让人羡慕的高贵心理。一般来说，伴随求名心理动机存在的往往是社会攀比心理。

（6）惠顾动机。惠顾动机的消费者以对特定商店或商标产生特殊的信任与偏好，重复地、习惯地前往一定的商店，或反复地、习惯地购买同一厂家、同一品牌的商品。因为这一类商品或商店买起来放心，可信赖，消费具有经常性和习惯性特点。

（7）嗜好心理动机。嗜好心理动机是一种以满足个人特殊偏好为目的的购买动机。如有人喜欢栽花木、养盆景，有人喜爱古董字画，有人喜爱鸟兽鱼虫等。这往往同某种专业特长、专门知识和生活情趣相关。这种动机是建立在消费者对商品的客观认识基础上的，是经过分析后产生的购买动机。因此，这种动机的购买行为比较理智，指向也比较集中和稳定，且具有经常性和持续性的特点。有些消费者宁愿省吃俭用，也要买自己的嗜好物品。

（8）安全心理动机。安全动机倾向的核心是要求消费品或劳务的消费不会给自己的生命和身心健康带来危害。这种动机在消费者对药品、食品、家用电器等用品的选择上表现得更为突出。对于农产品而言，绿色食品、有机食品等具有十分广阔的前景就是适合这一购买动机来促进销售的。

以上列举的仅是现实生活中常见的一些很有限的消费者购买动机。需要指出的是，消费者仅由一种动机而采取行动的情况在现实生活中为数不多，消费者常常是在多种动机共同作用下采取行动的。因此，不能孤立地研究和看待上述各种动机。

3.2 农产品购买行为与决策

3.2.1 农产品购买行为

消费者购买行为是指消费者个人或家庭为了满足自己物质和精神生活的需要，在某种动机的驱使和支配下，用货币换取商品或劳务的实际活动。消费者对农产品的购买行为，总是以购买动机为先导，没有动机就不会产生行为。例如，消费者购买食品这一行为的背后，就存在着消除饥饿这一动机。

市场上提供给人们的消费品琳琅满目，同种功能的不同产品很多，人们最终购买哪一种商品是不能事先确定的，因此在市场上人们将出现常见的购买思考和购买决策，其结果也是多样的。有的人可能逛了一圈后空手而归；有的人可能买回一堆计划外的商品；有的人在市场上受到启发后，决定不购买现成需要的商品，而是购买一些原料进行创造性的消费。可见，消费者的购买行为是在购买动机驱动下，同时在各种因素的作用下，经过内心的甄选和决策导致的购买行为。

消费者需要、动机、行为和需求之间的关系和发展如图 3-3 所示。动机是造成购买行为的原因，而真正完成购买行为才能使需求得到满足。但现实情况中，往往不是购买行为完成就能使消费者完全满足和满意，消费者通常还会对购后行为做出评价。消费者需要确实得到满足后才会产生新的其他需要，消费者需要未得到满足则会产生不同的态度，积极或消极的态度都会导致消费者再次形成原来的需要，但消极的态度就会促使消费者放弃在原来的商家购买农产品甚至出现投诉、传播负面情绪等各种负面行为。因此，在满足消费者需要的过程中，单单促成消费者的购买行为是不够的，还需要使消费者满意，需要关注消费者满意度的提升。

另外，从关系图中可知，相比需要本身，动机更能够预测消费者的行为。营销的成功在于能够利用各种诱因诱发消费者的购买动机。在资源有限的情况下，营销人员更要慎重选择消费者的需要并予以满足。

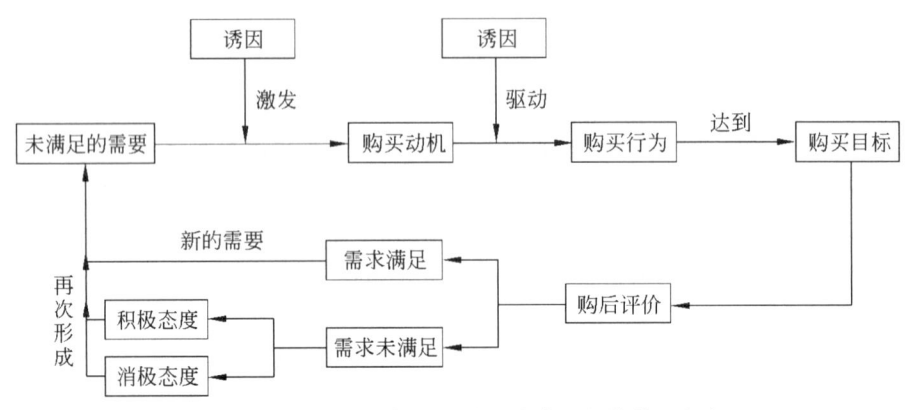

图 3-3　消费者需要、动机、行为和需求之间的关系和发展

3.2.2 影响农产品购买行为的因素

在现实生活中,我们发现具有同样类型需求的消费者,其购买行为也会有所不同。所以,只有认真研究和分析影响消费者的购买行为的诸多因素,才能有效地开展企业的营销活动,真正把握住企业的顾客群体,顺利实现同顾客之间的交换。影响消费者农产品购买行为的因素主要体现在文化、亚文化因素,社会因素,个人因素等方面。

1. 文化、亚文化因素与购买行为

文化像一张无形的网络,笼罩着我们每一个人,渗入生活的各个领域,其对消费者的行为具有最广泛和最深远的影响。

1) 文化

文化指人类社会的文化,它既包括人类生产的物质产品和提供的各种服务,也包括价值观念、伦理道德、风俗习惯、行为规范、宗教信仰等范畴。文化是决定人类欲望和行为的基本因素,几乎存在于人类思想和行为的每一个方面。文化不能支配人们的生理需要,但可以支配人们满足生理需要的方式。比如,文化不能消除人们的饥饿感,但它可以决定在何时何地采用何种方式消除自己的饥饿感。文化的差异引起消费行为的差异主要体现在婚丧嫁娶、饮食起居、礼仪、节日等物质和文化生活各个方面。

2) 亚文化

亚文化是社会文化的组成部分,又称为副文化。它是指仅仅为社会上一部分成员所接受或某一社会群体特有的文化。亚文化包括许多类型,其中对消费者购买行为影响较大的有民族亚文化、宗教亚文化、种族亚文化和地域亚文化。

(1) 民族亚文化。每个民族都在漫长的历史发展过程中形成了独特的风俗习惯和文化传统。我国是一个有 56 个民族的大家庭,各民族都有自己独特的消费行为。

(2) 宗教亚文化。每个宗教都有自己的教规或戒律,不同的宗教有不同的文化倾向和禁忌,影响着教徒的价值观念和行为准则,从而影响消费者的消费需求。

(3) 种族亚文化。一个国家可能有不同的种族,各个种族都有自己独特的生活习惯和文化传统。如世界上有白种人、黄种人、黑种人、棕种人,他们即使生活在同一国家甚至同一城市也会有自己独特的需求、爱好和购买习惯。

(4) 地域亚文化。地域亚文化是由自然地理环境的影响而造成的,与气候条件和地理条件有关。我国地域辽阔,不同区域文化差异较为明显,消费者的生活方式和消费习惯也因此而不同。在饮食方面,有句俗话叫"南甜北咸,东辣西酸",闻名全国的川菜、鲁菜和京菜等八大菜系风格各异,自成一派。在商品的包装上,北方人喜欢大包装,买一次够几次消费,南方人则更偏爱小包装,甚至喜欢拆零出售,满足一次消费。

2. 社会因素与购买行为

1) 参照群体

参照群体是指个体在形成其购买或消费决策时用作参照、比较的个体或群体。参照群体最初是指家庭、朋友等个体与之具有直接互动的群体,现在既包括这些互动的群体,也涵盖与个体没有面对面接触但对个体行为产生影响的个人或群体,如明星、企业家等。影响消费者的主要参照群体包括家庭成员、同学、同事、社区邻居、亲戚朋友、社会团体、名人专家等。

参照群体对消费者的影响体现在以下四个方面。

(1) 名人效应。名人或公众人物,作为参照群体对公众尤其是对崇拜他们的受众具有巨大的感召力。正因为如此,企业愿意花巨额费用聘请名人来促销产品。研究发现,用名人的广告较不用名人的广告评价更正面和积极,这一点在青少年群体中体现得更为明显。运用名人效应的方式多种多样。比如,可以用名人作为产品或公司的代言人,即将名人与产品或公司联系起来,使其在媒体上频频亮相;也可以用名人做证词广告,引述广告产品或服务的优点,或介绍其使用该产品或服务的体验;还可以将名人的名字用于产品或包装上。

(2) 专家效应。专家是指在某一领域受过专门训练,具有专门知识、经验和特长的人,如医生、营养学专家等。在运用专家效应时,应避免公众对专家的公正性和客观性产生怀疑。

(3) "普通人"效应。运用满意顾客的证词证言来宣传企业的产品,是广告中常用的方法之一。由于出现在荧屏上或画面上的证人或代言人是和潜在顾客一样的普通消费者,这会使受众感到亲近,从而更容易引起共鸣。

(4) 经理型代言人。自20世纪70年代以来,越来越多的企业在广告中用公司总裁或总经理做代言人。比如,广西三金药业集团公司,在其生产的桂林西瓜霜上使用总经理和产品发明人邹节明的名字和图案。

2) 家庭

家庭是社会组织的一个基本单位,也是消费者主要的参照群体之一。家庭因素中的家庭人口数量、家庭收入、家庭成员的地位等都会对消费者的购买行为产生重要影响。

家庭购买决策大致可分为五种:丈夫权威型、妻子权威型、合作依赖型、独立支配型和子女权威型。家庭购买决策类型不同,其购买行为也不一样。比如,在妻子权威型的家庭中,家庭的主要商品是根据妻子的眼光、喜好来选的,购买行为带有明显的女性心理特征。

3) 社会阶层

社会阶层是指按照一定的社会标准,如收入、受教育程度、职业、社会地位及名望等,将社会成员划分为若干社会等级。不同社会阶层的人由于价值观、消费观、审美观和生活习惯等的不同,形成不同的消费需求和购买行为。

同一阶层的消费者,其消费心理具有相似性。如富有阶层的消费者求新求异心理突出,追求高档消费;富裕阶层的消费者追求个性化;温饱阶层的消费者存在着一种立即获得满足感的消费心理,追求经济实惠、物美价廉,支持子女教育和储蓄是其主要消费倾向;贫困阶层的消费者几乎将全部收入用于维持基本生活,求廉、求实是其主导性消费动机。

3. 个人因素与购买行为

消费者行为也受其个人特征的影响,特别是受其年龄、性别、职业、经济状况及个性的影响。

(1) 年龄。人们在一生中购买的商品是不断变化的,如在幼年时期需要婴儿食品,而在老年时期需要更多的是保健和延年益寿的食品。另外,处在不同的年龄阶段,消费者的消费心理也不同。儿童时期注重产品在造型、色彩等方面的外观设计;青年时期追求时尚、体现个性和经济实用;中年时期消费经验丰富,较理智,对产品忠诚度高;老年时期追求实用、便利,注重健康。营销人员要根据不同年龄段消费者的消费心理来设计和销售农产品。

(2) 性别。消费行为在性别上也存在差异。男性消费者其购买行为具有以下特征:注重产品质量和实用性,不易受广告、促销手段的影响;喜欢代表权力和地位的产品;购买目的明确,购买行为果断;购买产品力求方便、快捷。女性消费者的购买行为具有以下几个方面的特点:追求时尚与美感,注意商品外观;具有较强的情感特征,喜欢从众与炫耀;情绪化倾向明显,很多时候少了一些理性;购买商品挑剔,注重商品的实惠和便利。

(3) 职业。职业也会影响消费者对农产品的消费行为。一个从事教师职业的消费者,一般在饮食方面讲究清淡以保护嗓子。而时装模特对食品的需求则讲究热量较少。

(4) 经济状况。经济状况包括可支配的收入、储蓄和资产、借款能力以及对消费和储蓄的态度等。从事收入敏感型产品的营销人员应不断注意消费者收入、储蓄和银行利率的变动情况。若经济指标出现明显经济衰退时,营销人员就要采取措施,对产品重新定位,以便继续吸引顾客。对价格较高的农产品的营销应注意此点。

(5) 个性。"人心不同,各如其面"是对每个人个性不同的经典写照。在日常生活中,不同的消费者有不同的个性心理和行为差异。在购买实践中,消费者的目光、挑选商品的表情、讲话的语速、决策的快慢各不相同。消费者在这些方面的差异都是由在兴趣、气质、性格能力、态度、购买动机等个性上的不同所致。营销人员需根据顾客的个性特征,选择恰当的方式来推销农产品。

总之,一个人的购买行为是文化、社会、个人条件之间相互影响的结果,还受到政治、经济因素和消费潮流等方面因素的影响。其中很多因素是营销人员无法改变的,但这些因素对识别那些对产品感兴趣的消费者方面非常有用。销售人员可借助有效的产品、价格、分销和促销策略,引导消费者的购买行为。

3.2.3 消费者对农产品购买行为的决策

1. 购买行为的参与者

消费者的购买行为在许多情况下并不是由一个人单独做出的,而是有其他成员的参与,是一种群体决策的过程。一般来说,参与决策的成员大体可以划分为以下五种角色。

(1) 发起者,首先想到或提议购买某种产品或劳务的人。

(2) 影响者,其看法或建议对最终购买某一产品或服务有影响的人。

(3) 决定者,对是否买、为何买、如何买、何处买等方面的决策做出完全或部分最后决定的人。

(4) 购买者,即实际采购人,比如与卖方商谈交易条件,带上现金去商店选购等。

(5) 使用者,即实际消费或使用产品或服务的人。

这五种角色相辅相成,共同促成了购买行为,是企业的主要营销对象。消费者以个人为单位购买,如购买简单、价格较低的蔬菜、瓜果等日常食用农产品时,五种角色可能同时由一人担任;消费者以企业为单位购买员工年货类农产品时,五种角色往往由企业不同部门的员工来担任,甚至还有企业外部的人员参与进来。

2. 购买行为的类型

根据购买者在购买过程中的介入程度和品牌之间的差异程度不同,消费者购买行为可以划分为四种类型,如表 3-1 所示。

表 3-1　消费者购买行为的类型

	高度介入	低度介入
品牌间差异很大	复杂的购买行为	寻找多样化的购买行为
品牌间差异很小	减少失调的购买行为	习惯性的购买行为

(1) 习惯性的购买行为。习惯性的购买行为是指消费者并未深入收集信息和评估品牌,只是习惯于购买自己熟悉的品牌。对于价格低廉、经常购买、品牌差异小的产品,消费者不需要花很多时间进行选择,也不需要经过收集信息、评价产品特点等复杂过程的简单购买行为。酱油、味精等农产品均属于此类购买行为。这类农产品的营销者可以用价格优惠、电视广告、独特包装、销售促进等方式鼓励消费者试用、购买和续购其产品。

(2) 寻找多样化的购买行为。有些产品品牌差异明显,但消费者购买产品有很大的随意性,并不深入收集信息和评估比较就决定购买某一品牌商品,而是不断变换选购产品的品牌。这样做并不是因为对产品不满意,而是为了寻求多样化。针对这种购买行为类型,营销者可采用销售促进和占据有利货架位置等方法,保障供应,鼓励消费者购买。

(3) 减少失调的购买行为。现实中,由于有些产品品牌差异不大,消费者不经常购买,而购买时又有一定的行动风险,所以消费者一般要比较、看货,只要价格公道、购买方便、机会合适,消费者就会购买。购买之后,消费者也许会感到不协调或不够满意。在使用过程中,会了解更多情况并寻求种种理由来减轻、化解这种不协调,以证明自己的购买决定是正确的。经过由不协调到协调的过程,消费者会有一系列的心理变化。针对这种购买行为类型,营销者要提供完善的售后服务,通过各种途径经常提供有利于本企业和产品的信息。

(4) 复杂的购买行为。如果消费者属于高度参与,并且了解现有各品牌、品种和规格间的明显差异,则会产生复杂的购买行为。当消费者购买一件贵重的、不常买、有风险的而且非常有意义的产品时,由于产品品牌差异大,消费者对产品缺乏了解,因而需要广泛了解产品的性能、特点,从而对产品产生某种看法,最后决定购买。对于这种复杂购买行为,营销者应采取有效措施帮助消费者了解产品性能以及相对重要性,介绍产品优势及其给购买者带来的利益,从而影响购买者的最终选择。

3. 购买决策过程

消费者的购买决策过程是在各种内外因素和主客观因素影响下形成购买动机,导致购买行为的过程。心理学家认为,消费者购买决策的过程是一个动态发展的过程,一般遵循五个阶段的模式,即认知需要、收集信息、比较评价、购买决策和购后行为,如图 3-4 所示。但在现实中,消费者并不是在购买每件物品时都要经过这五个步骤,某些购买决策过程可能非常简单,消费者可能跃过其中的某个环节或倒置某阶段。

认知需要 → 收集信息 → 比较评价 → 购买决策 → 购后行为

图 3-4　消费者购买决策过程

(1) 认知需要。认知需要是消费者决策过程的起点,这个阶段对消费者和营销者都非常重要。消费者对某类商品的需要源于消费者自身的生理或心理需要。当某种需要未得到满足时,满意状态和实际缺乏状态之间的差异会构成一种刺激,促使消费者发现需要所在,进而产生寻求满足需要的方法和途径的动机。引起消费者认知需要的刺激可以来自个体内部的未满足需要,如饥饿、干渴、寒冷等,也可以来自外部环境,如流行时尚、他人购买等。有时需要还源于某种新产品的推介。

(2)收集信息。消费者产生购买动机之后,便会开始进行与购买动机相关联的活动。当所需购买的物品不易购到,或者需求不能马上得到满足时,他便会把这种需求存入记忆,并注意收集与需求相关的信息,以便进行决策。消费者的信息来源主要有个人、商业信息、公共信息、经验信息等,其中商业信息来源最为重要,即广告、推销人员的介绍、商品包装盒、产品说明书等所提供的信息。商业信息具有较强的针对性和可靠性,有助于消费者对产品信息的收集。企业应尽量让消费者通过商业信息的渠道了解本企业的产品。

(3)比较评价。比较评价阶段消费者主要对所收集的各种信息进行整理筛选,权衡各自的长短优劣,确定对某商品应持的态度和购买意向,以便做出最佳选择。一般情况下,消费者对农产品信息比较的标准主要集中在农产品的属性、质量、价格三个方面。

(4)购买决策。消费者在广泛收集信息并对其比较评价的基础上,形成了对某种商品的肯定或否定的态度。肯定态度一旦形成,就会产生购买意图,最终进入购买决策阶段。但是,在形成购买意图和做出购买决策之间仍有一些不确定的因素存在,会使消费者临时改变其购买决策:一是他人的态度,二是未预料到的情况。他人提出反对意见或提出更有吸引力的建议,就有可能使消费者推迟或放弃购买。另外,一些意外因素,如家庭中出现了其他方面的紧迫开支、产品生产企业出现重大的质量问题、市场出现新产品、经济形势出现较大的变化等,都有可能使消费者改变或放弃购买决策。

(5)购后行为。消费者在购买和使用某种农产品之后,会产生某种程度的满意感或不满意感。若消费者感到满意,以后就可能重复购买,并向他人称赞和推荐这种产品,而这种称赞和建议往往比企业为促进产品销售而进行的广告宣传更有效。消费者如果感到不满意,以后就不会再购买这种产品,而且会采取公开或私下的行动来发泄不满。企业应采取有效措施尽量减少购买者对农产品质量、品种、规格等方面的不满意程度。

3.3 农产品营销心理策略

农产品营销心理策略是指农产品经营主体为迎合消费者心理而采取的心理策略。情绪从来没有像今天这样被重视过,情绪价值成为大众消费市场的"硬通货"。情绪营销是以消费者情绪需求为核心,通过激发、调动、满足用户的情感体验,将品牌价值与用户情绪深度绑定,从而驱动消费决策、强化品牌认同的新型营销范式。可以预见的是,中国情绪消费市场正处在高速发展期。

3.3.1 利用求安心理,开发绿色农产品

农产品消费关系到每个人的生存和健康。随着人们生活消费水准的提高,人们对农产品的需求朝着多元化和高度化的方向发展,集中表现为从过去对农产品数量的追求转向对

农产品质量、卫生、安全方面的追求。绿色农产品正适应了人们对农产品安全的需要,所以许多企业纷纷实施绿色农产品营销策略。

企业在实施绿色农产品营销策略时要做好以下三个方面的工作。

1. 持续加强消费者对绿色农产品的认知

一方面,在消费升级力量的推动下,新一代消费者不仅愿意购买高品质的产品,同时也关注生产方式对自然环境的影响。传统的食品、零售企业越来越多地增加绿色农产品的品类,倡导乐活、环保可持续的消费观念。

另一方面,市场上存在假冒、过期使用绿色标志的现象,要辨别其真假需要花费时间和精力,况且消费绿色农产品和普通农产品对消费者身心影响的差别在短期表现不出来,因此,对消费者来说,花费精力、支付高价购买绿色农产品得不偿失。不少假冒有机产品的出现,让消费者对这个市场的信任度不断下降。如果失信于市场和消费者,产业的发展难免会遭遇瓶颈。要解决这个问题,可以从发展会员制、提供社区支持和政策扶持入手,让一部分消费者先买。

2. 合理定价

目前,由于人们绿色意识较为薄弱,同时受到收入水平的制约,主要还是以消费普通农产品为主,尚未将绿色农产品当作生活中迫切需要的商品(即生活必需品)来看待,因此,企业制定绿色农产品价格应考虑生产成本和消费者的接受程度两个方面,不能定得过低或过高。由于绿色农产品生产、加工过程的标准高、成本大,同时绿色食品融入了生态环境保护理念,环境成本计入了价格,以及认证费用的支出等都加大了绿色食品的成本,因此绿色农产品的价格只有比同类普通产品高才能有利可图。另外,从国内市场看,中、低收入家庭是国内消费的主体,常年消费高价格绿色农产品的承受能力还较低,高收入家庭是绿色农产品消费的目标市场,但所占市场份额较小。市场对高质量、高价格的绿色农产品接受能力较低。价格昂贵的同时,又没有人告诉消费者高价和高品质之间的联系,包括如何从来源、品质、过程及体验等方面让消费者放心,因此未来通过宣传树立消费信心很关键。

3. 选择合适的目标群体

选择合适的目标群体对绿色农产品的销售非常重要。消费者个人因素中的年龄,经济状况,对健康、安全的忧虑意识,以及家庭中是否有孩子等因素都会影响其对绿色农产品的消费。以下四个消费群体是我国绿色农产品消费的主要目标群体。

(1)集团。由于绿色农产品价格相对较高,对普通消费者来说尚属高档消费品,个人平时消费较少,许多企业正看重这点,团体采购绿色农产品,作为福利发给员工。

(2)以高级知识分子为主的白领阶层。他们环保意识强,注重自身健康,且有比较强的购买力。

(3)年轻人和部分老年人。据调查,购买有机和绿色食品的人群中,年龄在18~29岁的占31%,他们受回归自然的思想的影响,在消费方面较少考虑价格而更关注食品本身,更加倾向于关心自己的健康、舒适。部分退休金较高的老年人自身健康意识较强,同时存在补偿心理,希望退休后能犒劳自己,愿意花较高的价钱购买安全程度较高的绿色农产品。

(4)孕产妇、婴幼儿为主的特殊消费群体。在国外这个群体就是绿色农产品消费的主要力量,国内普遍对子女的健康十分关心,也舍得投入,但国内专门针对婴幼儿的绿色农产品还比较少,具有巨大的发展潜力。

扩展阅读 3-2

以健康安全为卖点,果泥市场仍有潜力

果泥可以说已经是婴幼儿辅食产品中的一个基本款,是很多宝妈在给宝宝添加辅食时都会选择的产品。国内国外的很多辅食品牌也都已经拥有了相关产品,比如亨氏、小皮、嘉宝、美林、方广、禧贝等,而且这些品牌的果泥产品大多有以下三个特点:第一,基本都采用独立、可吸入的小包装,方便快捷,适合宝宝食用;第二,配料比较丰富,很多都是由几种水果配比而成,比如嘉宝的蓝莓树莓梨苹果果泥、亨氏的苹果草莓果汁泥;第三,大多宣称产品中无不必要添加成分,没有糖、盐、防腐剂、色素、香精等。

当然还有一些品牌也有其他的亮点,小皮主打有机、酸奶果泥,亨氏主打果汁＋果浆含量≥99%,果乐士主打99.9%的水果含量＋0.1%的维生素C,禧贝主打透明包装、有机原料。在婴幼儿辅食市场中,果泥因为口感细腻、营养丰富,既可以单独食用,也可以搭配米粉、粥、面条等辅食,是当下比较受欢迎的一个品类。

年轻的国产乳业品牌北海牧场也将果泥与酸奶集合,推出开年新品——小果泥酸奶。新品主要聚焦两种果泥,配料清洁,只含生牛乳、苹果汁、果泥、丹麦进口乳酸菌四种配料,果泥不加一滴水。新品共两种口味:草莓樱桃味选用红颜草莓与进口蒙特莫伦西酸樱桃,酸甜多汁、果香浓郁;香蕉牛油果味以产地直采香蕉搭配墨西哥哈斯牛油果,入口绵密、细腻。在包装设计上,酸奶以卡通插画为主题,将水果幻化成可爱的考拉与海豹,童心满满,独立吸管设计也更方便吸食,不易倾洒。产品网络旗舰店售价12杯装共79元。

通过对比京东商城上的各类果泥产品发现,国产果泥通常比进口果泥便宜,但总体售价都不低,但受到了年轻人和家长的追捧。由此可见,这和企业对目标市场的明确和对消费者购买农产品的心理的把握是分不开的。

资料来源:母婴时代.果泥市场仍有开发潜力,有整理,https://www.sohu.com/a/414008141_120155877.

3.3.2 利用休闲心理,开发休闲食品

随着人们对休闲生活的渴望,越来越多的消费者开始将休闲食品作为日常消费的一部分。开发休闲食品具有巨大的市场潜力。将农产品加工成休闲食品,能够满足消费者随时随地品尝农产品的愿望,有助于提高农产品的销售量。

1. 休闲食品的概念

休闲食品(俗称"零食")是快速消费品的一类,是人们在主食之外,在闲暇、休息时所吃的食品,整体可以分为谷物休闲食品(烘焙类、膨化类、油炸类)、糖果巧克力、坚果炒货、休闲豆制品、休闲素食蔬果、肉干肉脯、果冻、果脯蜜饯、西式甜点派等大类。食用休闲食品能减轻人的心理压力,帮助食用者缓解自身情绪,保持心情舒畅。休闲食品逐渐成为人们日常消费必不可少的一部分。

2. 休闲食品的主流消费群体

(1) 中、青年女性是消费主力。她们购买的品种、数量和金额较其他消费者多,白领层

的中年女性对品牌的忠诚度很高,对价格不是很敏感,促销与不促销时购买量区别不大,重复消费时很少品尝或问这问那。灰领层中年女性则完全不同,她们对品牌的忠诚度不是很高,对价格很敏感,一般选择简易包装产品,她们喜欢品尝并了解相关问题后才开始选购。

(2) 学生消费者。上海零点公司调查显示,目前成人尤其是年轻女性已成为休闲食品的主流消费人群。高中至大学16~24岁的年轻女性是时尚食品消费的主流群体,她们在购买食品时喜欢更为时尚的品牌。

(3) 儿童。他们虽然没有购买能力,但他们常常是购买行为决策的影响者。儿童消费群体是典型的感性消费者群,在品牌与品质方面的认知度较低,对优劣产品的辨别能力也较差,最注重产品的外观因素,包装设计的风趣、好玩和颜色图案的新奇、鲜艳等都能有效吸引他们的注意力,对价格与内在因素等却不太在乎。

(4) 外来游客和本地经常出差的人员,他们一般作为特产带回或送出,虽然这种销量不是很大,但广告效应很好,且每次购买总额很高。

3. 休闲食品的消费需求特征

(1) 追求流行时尚。零点公司针对城市居民的一项最新调查显示,时尚化已成为休闲食品产业争夺消费者的主要策略。其中口味的时尚是休闲食品之所以时尚的首要元素。糕点小食品为迎合消费者对时尚的追求,其风味流行经历了如下过程:香甜→甜薄脆→咸香→奇味→西方风味→港台风味。休闲食品的时尚要素还包括品牌形象的时尚性和食品的健康营养状况。为迎合这样的消费心理,目前休闲食品的生产厂商纷纷在口味、包装、名称、广告上大做文章,甚至斥巨资请明星代言。

(2) 注重功能特点。如许多蜜饯能够开胃健脾、清凉消暑,不少还有养身安神、清肝明目、舒筋活血的保健功能,因而吸引了各类消费群。再如吸烟危害健康的观念逐渐被中老年知识分子群接受,读书、写作、饮茶、洽谈时就可以用休闲食品取而代之。

(3) 消费水平的多样化。由于收入差距的拉大和消费观念的不同,休闲食品的多样化日益明显。以蜜饯为例,颗粒袋装的中档蜜饯是市场的消费主流,以方瓶为特色的高档蜜饯也不断在专卖店涌现,另外散装蜜饯一直是老年消费者光顾的商品,超市及食品商场近年盆式散装蜜饯的销售更是异军突起。

4. 休闲食品的营销策略

(1) 推出美味产品。这是休闲食品的制胜法宝。之所以形成休闲食品市场,就是因为产品的美味。消费者购买这些东西就是抗拒不了产品"美味"的诱惑。因此,在休闲食品推广中,一定要强调商品的美味、可口。休闲食品的广告主要突出产品的美味,广告中经常会看到这样一个场景,一个人正陶醉地吃着产品,而且广告里的产品看起来似乎色香味俱全。在终端推广上,休闲食品着重于介绍其"美味",通常采用免费品尝的形式做推广。

(2) 提出健康概念。所谓的"健康",就是企业要保证产品质量和良好风味的前提下,减少使用一些不利于消费者健康的原辅料,甚至代替寻找一些不影响消费者健康的原料。虽然人们消费休闲食品总体上来说主要是为了获得愉悦消遣,但如果在此基础上能获得更多的利益,消费者自然是更愿意掏钱购买。如有些休闲食品含有很高的热量,经常食用容易造成肥胖症,后来一些企业采用了其他方法降低了产品的热量,此举受到市场很大的认同。现在的休闲食品生产厂商正在宣传休闲食品可以成为健康平衡膳食的一部分,低热量、低脂肪、低糖的休闲食品是今后新品开发的主流。

(3) 借助娱乐元素。近年来,不少休闲食品品牌在广告中借助娱乐元素和娱乐人物传达健康、温馨的信息,以期引起消费者对品牌的共鸣。美好时光海苔的"吉祥三宝"电视广告,选择了为大家熟知的"吉祥三宝"作为代言人,利用其影响力以及其健康温馨的形象来阐释"美好时光"的品牌形象。广告改编了"吉祥三宝"三口之家对唱的《吉祥三宝》歌曲,通过用父母与孩子的问答对唱形式,带出美好时光海苔让人健康茁壮成长、开心分享的信息。

(4) 方便购买。简单便捷的购买过程将成为消费者的未来追求,从而成为食品工业企业占据市场的一个重要手段。顾客在超市及便利店购买休闲食品,主要是在家或外出时食用;在食品店购买,是逛马路、逛商店时附带的消费或即时消费。另外休闲食品的连锁形式也已出现,还有互联网的应用,给传统销售渠道提出了挑战,也给休闲食品的销售提供了新的机遇。

3.3.3 利用体验心理,开发观光农园

由于经济的发展与城市化进程的加速,我国许多地区居民的收入也随之提高,进而提高了游憩需求量。另外,城市化使人们强化了"逃离"压力的环境和"亲近大自然"的体验消费动机。由于观光农园大多是位于都市边缘地区,以回归田园为号召,因此吸引了许多都市地区的游憩需求者。

1. 观光农园的概念

观光农园是以生产农作物、园艺作物、花卉、茶等为主营项目,让游客享受田园乐趣,并可欣赏、品尝、购买的园区。如北京的朝来农艺园、河南濮阳市的世锦花木公司等,这是观光农业最普遍的一种形式。对生产者来说,观光农园虽然增加了设施的投资,却节省了采摘和运输等费用,使得农产品价格仍然具有竞争力。更重要的是,在获取旅游观光收入的同时又宣传了自己的产品,增强了竞争力。对消费者来说,得到的也是双重收益,不仅可以放心地买到自己亲手采摘的新鲜瓜果或者优质蔬菜等农产品,而且达到了放松身心的休闲效果。观光农园在国内最初于20世纪90年代出现在上海、广东等沿海经济发达地区,目前已推广到全国各地。

2. 观光农园的基本特征

观光农园具有以下几个基本特征。

(1) 距城市较近,交通便捷。观光农园一般位于城市近郊或风景点附近,乘公交车或自驾游可以方便到达。观光农园的服务对象主要是长期生活在都市中的城市人,尤其是对农作物知之甚少的年轻一代,花上半天或一天的时间来采摘碧绿发青的蔬菜、五彩缤纷的鲜花、观看黄灿灿的油菜花、清澈的溪流、品味香喷喷的农家饭……一切都令他们流连忘返。但作为一种新兴的旅游项目,观光农园在选址上非常注意交通便捷,力求通过区位优势和减少花费来开拓市场。

(2) 规模不大,但可集中连片。观光农园一般利用原有的种植地改造而成,不追求规模宏大,只在原来单纯生产经营的基础上,因地制宜增加一些休闲设施,如停车场、观景平台、休息亭、座椅等。多个距离较近、观赏内容不同的观光农园可以集中形成观光农园旅游区,以综合优势吸引游客。例如,南京的江心洲就是瓜、果、菜、茶等观赏内容一应俱全,又有相

应的服务设施和丰富多彩的活动项目,引得游人四时不断。

(3) 特色突出。依据观赏内容的不同,观光农园有多种,名称各异,有观光果园、观光菜园、观光竹园、观光草莓园等。各种农园均有特色,例如,我国台湾省宜兰县的头城和北关观光农园突出传统农村生活情境旅游;雪霸观光农园突出观赏各种花卉和森林自然生态景观旅游;台南县走马濑农场突出以本土农业、樟脑油制作等为主的农业体验旅游;花莲县新光兆丰农场突出以台湾省药草区、苗圃区、果园区、鸟园区、林木区、动物区等为主的观光农园。总之,每个观光农园均有自己的品种品牌特色,以生态主题为发展趋势,通过包装推销,以农业生产项目的每一个过程的观赏、参与、体验、品尝、购物为重要旅游内容。

3. 观光农园的营销策略

(1) 以农业土特产开发为核心。农业土特产是指农作物是某地所独有,而他地完全没有,或是某地所特有,而他地却大为逊色,并在一定区域范围内享有较高的声誉,具有较大的经济和商品价值的农产品。它们具有独特的品质、风味,要求有独特的栽培方法和技术,以及有独特的生长条件和环境,与当地人们的物质和文化生活有联系,在当地发展史中占有重要地位,成为当地优秀文化的重要组成部分。正因为农业土特产具有鲜明而突出的"独特性"和"区域性",因而具有个性鲜明而丰富的旅游内涵和价值。

农业土特产生产具有鲜明的生产区域性差异,这是各区域在自然条件环境、社会经济发展和生产技术等方面存在独特区域性差异的结果。农业土特产这种独特的区域性差异和产品奥妙,为旅游活动提供丰富的内容。例如,广州农业土特产的色、香、味、形千差万别,如增城神秘的挂绿荔枝,罗岗奇特的暗柳橙暗圈,万顷沙红嘴绿鹦哥大蕉神秘的金黄、青绿、紫红等颜色共存,广州著名菜谱中有不少就是利用广州农业土特产产品做成的,如香芋扣肉、泮溪茭笋皇、岭南时汤、姜芽鸭片、泮塘马蹄糕、肾花妃子笑等。

(2) 突出新、奇、特,不断改变园中景观。观光农园是以农作物,饲养的畜禽、鱼、鸟为主要观景对象的具有生产性的景观园,观赏的季节性很强,应不断改变园中的观景效果。自然界中被人们认识栽培和养殖的动植物种类繁多,花草、蔬果、药用植物、观赏植物、珍禽特畜、名鱼虫鸟应有尽有,可以采用各种设施及培养条件,引进国内外的新品种,如在北方引种南方的番木瓜、甘蔗、菠萝、蝴蝶兰,国外的彩色甜椒、异形番茄、水果黄瓜等,使异地他国的动植物在本地安家落户,这就体现了新和特。另外,可以通过不同的栽培方式和农艺技术,赋予植物生长状态的奇特感,如通过无土栽培及环境调控,培养能结几千上万个果实的"番茄树",还可培养出"青椒树""黄瓜树""茄子树"等。通过种间嫁接使一株番茄结出五颜六色、形状各异的果实,从而提高植物的观赏价值。在生产景观布置过程中,采用无土栽培方法,更换布景方便,能实现植物景观的多变,让植物也能"动起来"或随时"搬家"。

(3) 提倡有机农业生产。现在人们已开始崇尚自然、回归自然,传统农业的某些生产方式又回到人们的身边,如现在提倡有机农业和生产AA级绿色食品,就是借鉴传统农业和自然农业的某些做法。有些地方已出现"放养鸡""放养猪"的养殖方式,不喂复合饲料,种植农作物提倡间作和轮作,绿肥、秸秆还田、增施有机肥、用沼液作追肥和预防病虫害等,这些传统农业的做法应在观光农园中得以充分展现,使观光农园成为自然科学和农业的"大学堂"或"博物馆",同时也使消费者体验亲自采摘到优质绿色农产品的无限乐趣。

3.3.4 利用求便、求廉心理，开展数字营销

每天都有很多的人上网，毫无疑问，世界在变——消费者行为也迅速卷入互联网，消费者和产品都在电子化，这是我们从未经历过的。而传统的农产品营销模式至少有以下三大弊端：首先，从农民手中流通到消费者手中的环节太多，价格也因此翻了两三番，因为流通环节太多，生产者和消费者的利润空间越来越小；其次，对于一级商贩而言，风险很大，在一级市场，现场和买主谈交易，由于信息流通慢，不能及时了解信息，经常出现双方交易不甚满意的情况，更有甚者，由于找不到合适的买家，车、马拉着农产品在市场停留几天，产品变质，损失更大；最后，支付方式落后，即使是做再大的生意，也要现金支付，既不方便，又不安全。因此，实施乡村振兴战略，使农业丰收并增收，就必须重视数字化消费行为，开展数字营销，运用电子商务手段建立流通平台，为农产品销售注入新鲜动力。

1. 数字营销的概念

所谓数字营销，是指以计算机信息网络技术为基础，通过现代电子手段和通信网络技术，有效地调动企业资源开展市场营销活动，以实现企业产品和服务有效销售的一系列企业活动过程。其实质就是借助计算机网络技术来实现市场营销，着眼于物流、资金流、信息流的协调和统一，从而通过消费者满意来获取利润。

从数字营销的内涵来看，它包括市场调研和信息收集的数字化、广告和促销的数字化、订单及其处理的数字化、物流的数字化、结算的数字化等一系列内容。从市场营销过程来看，数字营销则涉及包括市场信息收集与分析、产品研制与开发、原材料查询和采购、产品生产与储运、市场开发与推广、产品销售与结算以及售后服务与信息反馈在内的全过程。

2. 数字营销的特点

数字营销的实施具有高效率、低成本、高效益及便于应对全球化的特点。

（1）时间上的全天候特性以及空间上的跨区域特性为企业创造了极大的发展空间。

（2）及时、广泛、全面的市场信息采集随时为企业经营决策提供科学的依据。

（3）交易及结算的数字化有助于加速资金周转，提高资金利用率。

（4）网络销售方式将大大降低销售的人员费用、场地费用并实现零库存。

（5）利用网络来发布企业、产品和服务的信息将促成交易行为的有效实现。

3. 数字营销信息系统的内容

现代企业要做到在市场竞争过程中运筹于帷幄之中，决胜于千里之外，就必须随时掌握市场的动态信息。现代计算机网络技术、通信技术的发展使数字化营销通过数字化手段为依托的数字营销信息系统从技术层面上解决了这一问题。数字营销信息系统包括以下四个方面的内容。

（1）数字化内部报告系统。数字化内部报告系统是以订单—收款为核心，包括报告订单、销售额、价格、存货水平、应收款、应付款等要素的系统，销售人员通过数据分析发现重要的机会和问题。

（2）数字营销情报系统。数字营销情报系统是指通过计算机网络技术，使公司营销部门获得日常的关于营销环境发展变化的有用信息的一整套程序。数字化内部报告系统提供的是结果数据，而数字营销情报系统提供的则是正在发生的数据。

(3)数字营销调研系统。除了日常的信息收集之外,营销人员还需要经常对特定的问题和机会进行研究。为此,他们需要做一个市场调查,或是某个产品偏好实验,或是某个地区的销售预测、公司的效果研究等。数字营销调研系统采用独一无二的图文声并茂的网上调研,调研群规模庞大,并且经济、快捷。

(4)数字营销决策支持系统。数字营销决策支持系统是企业决策支持系统的一部分,它帮助决策者在计算机网络和程序的技术支持下,根据收集到的各种信息,利用各种模型做出各种营销决策。

4. 农产品数字营销策略

(1)提高农产品品质和标准化程度。提高农产品品质和标准化程度是适应新时期市场需求而出现的农业生产新理念。产品的标准化程度是决定农产品数字营销成功与否的关键因素之一。我国农产品品种繁多,生产单位小,配送需求多样,物流技术也难以提高,给农产品的电子商务和网上销售带来了不便。因此,为了便于农产品开展数字营销,农产品的生产应制定生产经营技术规范,把农业生产的产前、产中、产后全过程纳入标准生产和管理,按照统一、简化、选优的原则制定和实施农产品加工标准、检测技术标准、包装规格标准以及品质等级标准等,从而保障农产品的质量与安全,使农产品的商品化过程在标准的监控下,以优良品质和外观形象适应市场竞争,并逐步与国际标准接轨,解决国内农产品"卖难"问题,冲破国际贸易绿色技术壁垒。

(2)实施农产品品牌战略。在数字营销时代,因为需求者不能现场评价和检测农产品的质量,更多的是依靠供应商的信誉和农产品的品牌,所以非品牌化的产品可能无人问津。通过创建和宣传农产品品牌,就可以向需求者传递农产品的质量和特色信息,提高农产品的知名度和需求者对这一品牌的忠诚度,巩固和扩大其市场份额,增强优质农产品的市场竞争力,实施农产品品牌战略。

(3)提高农产品物流配送能力。数字营销最重要的支撑就是物流,农产品的物流配送能力直接影响农产品数字营销的成败。农产品物流环节包括农产品的储送包装、运送配送和装卸检验等各项活动。要加强物流技术建设,一方面,要加强农产品物流基础规划和建设,建立、健全农产品批发市场与农产品流通中心;另一方面,针对农产品易腐、易烂,时间性、季节性强的特点,在物流系统设计中,不仅要考虑农产品的流通渠道建设,而且需考虑农产品销售的物流合理化问题,物流系统设计应包括有保鲜、保管、分割、储藏、流通加工、包装、运输等物流过程,确保农产品新鲜上市。

本项目小结

完成本项目的学习,您应该理解和掌握以下内容。

(1)要开展农产品营销,首先必须了解消费者的需要和购买动机。消费者需要反映了消费者某种生理或心理体验的缺乏状态,并直接表现为消费者对获取以商品或劳务形式存在的消费对象的要求和欲望。消费者需要具有差异性和多样性、层次性和发展性、伸缩性和周期性、关联性和替代性四个特点。

(2)消费者购买动机是指消费者为了满足自己一定的需要而引起购买行为的愿望或观

念,它是引起消费者购买某一商品或劳务的内在动力。相对消费者需要而言,动机更为清晰明显,与消费行为的联系也更加具体。购买动机一般可以分为生理性和心理性两大类。从具体的市场表现来看,消费者购买动机又表现为求实用、求新、求美、求异、求便、求廉、求名、惠顾和嗜好心理动机。

（3）一个人的购买行为是文化、社会、个人条件等因素之间相互影响的结果。在消费者的购买活动中,参与购买决策的成员大体可形成5种主要角色,即发起者、影响者、决定者、购买者和使用者。购买行为的类型可分为4种:习惯性的购买行为、寻找多样化的购买行为、减少失调的购买行为和复杂的购买行为。

（4）如何迎合消费者心理,使农产品能吸引消费者,通常应考虑以下四个策略:利用求安心理,开发绿色农产品;利用休闲心理,开发休闲食品;利用体验心理,开发观光农园;利用求便、求廉心理,开展数字营销。

案例分析
良品铺子:用数字化体系抓住新零售风口

由于消费者越来越高的品质消费、个性化消费需求,"新鲜零食"、网红零食成为休闲零食行业和食品产业发展的新趋势。2020年"6·18"购物节,休闲零食品牌良品铺子全渠道销售额突破5亿元。

2012年之后,休闲零食行业迎来高速增长期,吸引大量资本流入。商务部发布的《消费升级下零食行业发展报告》显示,在2006年至2016年十年中,中国零食行业总产值规模从4 240.36亿元增长至22 156.4亿元,增幅达422.51%。而根据亿欧预测,到2025年零食行业总产业规模将超过4万亿元。小零食的背后,蕴藏着巨大的消费市场。新零售时代,线上与线下的界限被打破,企业开始寻求全渠道增长与运营,重构人、货、场。

全渠道数字化体系,提高品牌运营效率。作为线下起步的企业,良品铺子的信息化布局几乎与企业发展同步。2008年,良品铺子门店数量达到100家时就上线了门店信息化管理系统,实现所有门店在商品、价格、订单上的统一管理,并支撑良品铺子门店数量在接下来10年从100家扩张到2 000多家。2009年,良品铺子上线了仓库信息化管理系统,目前库存变更在小时级别,在行业内处于领先水平。2015年9月,良品铺子上线由IBM和SAP服务建立的大数据后台系统,实现了供应链的数字化。2016年,良品铺子开始构建良品App,通过App将第三方渠道会员向自有渠道进行转移,轻量级会员能够沉淀为重度会员,并为消费者做其他相关内容的传达。2017年,良品铺子与阿里巴巴合作上线了智慧门店体系。公司的上游工厂完全按需生产,电商仓库存18天,门店库存17天,中枢仓库存10天,整个周转速度成为行业最快。2018年6月,良品铺子上线智能导购系统,将线上线下会员打通,实现了用户的无缝触达和全面在线。

通过数字化体系的搭建,良品铺子实现了全渠道会员的精准识别和高效运营,构建了一个全融合、高协同的生态圈。在产品端,能够实时同步库存数据和顾客反馈,洞察消费者偏好,推动产品优化和迭代。在销售端,数字化体系能够精准洞察消费者的行为,为消费者提供个性化服务。在此过程中,商品流通链路上的效率得到进一步提升。

在竞争激烈的零食行业,良品铺子是唯一一家线上和线下销售相对均衡的企业,这得益于其提早布局的全渠道建设。线下渠道包括直营、加盟、大客户团购,2021年财报数据显示,良品铺子主营业务收入为91.44亿元,较同期上升18.97%,线上收入占比为53.13%,线下收入占比为46.87%。各渠道收入均有增长,其中线上收入较同期增长21.42%,线下收入较同期增长16.31%。线下方面,2021年,良品铺子新开门店共计619家,其中直营门店185家,加盟门店434家。2021年,公司进一步在10个省份的19个城市进行新市场开拓布局,其中西南地区全年新开门店139家,华南地区深挖新资源与大业主合作模式,全年新开门店72家。截至报告期末,公司的线下门店数量为2974家,分布于22个省(自治区、直辖市)179个城市。

良品铺子线上渠道包括B2C和B2B,其中以2C为主,2B为辅,前者是良品铺子到天猫、京东开旗舰店以及通过自营App向消费者销售,后者是良品铺子向京东自营、天猫超市、唯品会及其他线上经销商供货。

线上渠道覆盖目的型消费者,充分满足功能性需求,即消费者在网上选品明确,下单时间比线下逛店耗时缩短;而线下渠道触点丰富,店铺设计、产品口味和导购服务都能对消费者的品牌认知产生巨大影响,从而达成购买转化。同时,将线上的需求延伸到线下去,通过线下门店体验增加转化率,又吸引消费者回到线上完成购买,形成线上和线下融合、优势互补、相互加持的全渠道模式,为消费者提供多场景、多触点的购物选择。

借助数字营销工具,良品铺子还可以将用户群体分析精确到单店单客,进而精准地识别和挖掘消费需求,形成自己的核心竞争力。顾客在门店扫码后,就进入了一个店员组建的社群,门店有促销、新品上架、会员活动时,店员便可以根据消费者喜好分别向不同顾客推送"定制"消息。店员在成为顾客的专属顾问后,会更加积极用心地了解顾客的需求,使信息能高效触达,顾客对于品牌的黏性也在不断提升。目前,良品铺子已经形成了"平台电商+社交电商+自营App+本地生活+零售门店"的销售体系。

资料来源:根据媒体号——第四范式天枢的《案例拆解 | 良品铺子:用数字化体系抓住新零售风口》整理,https://www.sohu.com/a/405537596_100250753。

【讨论问题】

(1) 良品铺子营销的成功迎合了消费者对购买农产品的什么心理?

(2) 良品铺子的发展历程给了我们哪些启发?

实训操作

实训项目	挖掘消费动机,制订营销方案
实训目标	通过挖掘消费动机来制订营销方案
实训步骤	(1) 教师提出实训前的准备及注意事项 (2) 学生分为5人一组 (3) 教师指导学生上网收集资料 (4) 各组通过小组讨论,提出烤红薯消费者的消费动机,并据此制订营销方案
实训环境	市场营销模拟实训室
实训成果	PPT汇报

【实训背景材料】

据了解,世界卫生组织(WHO)经过3年的研究和评选,评出了六大最健康食品和十大垃圾食品。人们熟悉的红薯,被列为13种最佳蔬菜的冠军。卖烤红薯不需要固定摊位,推着三轮车往路边一站,就可以开始一天的生意。烤红薯这么好的东西,为什么还是以这种散乱的、个体的方式在销售,而且成为城市的顽疾,城管撵着走,消费者也不愿意接受,一直卖不好呢?之所以受冷落,是因为从价值、规范、情感、习惯和身份出发,烤红薯没有一项能满足消费者的需求。

请你根据所在地区的消费者心理需求和动机,为烤红薯制作一份整体策划方案,让消费者接受这种食品。

课后练习

一、名词解释

消费者需要　购买动机　参照群体　马斯洛的需要层次理论

二、不定项选择题

1. 在购买过程中,由人们的认识、情感、意志等心理过程引起的行为动机是(　　)购买动机。
   A. 生理性　　　B. 心理性　　　C. 社会性　　　D. 群体性

2. 消费者在购买活动中表现出的求实、求廉的心理倾向,属于消费者购买的(　　)。
   A. 感情动机　　B. 理智动机　　C. 惠顾动机　　D. 经济动机

3. 消费者在购买活动中表现出的求美、求新和求荣的心理倾向,属于消费者购买的(　　)。
   A. 时尚动机　　B. 理智动机　　C. 惠顾动机　　D. 感情动机

4. 消费者购买受社会阶层、相关群体、家庭等因素影响,这是影响购买行为的(　　)。
   A. 个人因素　　B. 社会因素　　C. 文化因素　　D. 心理因素

5. 消费者购买决策过程是复杂的过程,购买决策的最后阶段应该是(　　)。
   A. 确认需要　　B. 评估选择　　C. 决定购买　　D. 购后评价

6. 对消费者购买行为影响较大的亚文化有(　　)。
   A. 民族亚文化　B. 宗教亚文化　C. 社会文化　　D. 地域亚文化

7. 消费者对农产品的需要包括(　　)。
   A. 使用价值的需要　　　　　　B. 审美需要
   C. 时代性的需要　　　　　　　D. 社会象征性的需要
   E. 良好服务的需要

8. 马斯洛的需要层次理论将人的需要分为(　　)。
   A. 生理需要　　B. 安全需要　　C. 社交需要
   D. 尊重需要　　E. 自我实现需要

9. 人们由于心理需要而产生的购买动机称为心理性购买动机,包括(　　)。
   A. 感情动机　　B. 需要动机　　C. 理智动机
   D. 经济动机　　E. 惠顾动机

10. 根据购买者在购买过程中的介入程度和品牌之间的差异程度不同,消费者的购买行为可以划分为( )。

  A. 习惯性的购买行为   B. 寻找多样化的购买行为
  C. 减少失调的购买行为   D. 复杂的购买行为
  E. 简单的购买行为

三、判断题

1. "量入为出""钱花在刀刃上"体现了消费需要的多样性。（　　）
2. 具有同样类型需求的消费者，其购买行为也会不同。（　　）
3. 对于价格低廉、经常购买、品牌差异小的产品，习惯于购买自己熟悉的品牌，这种行为属于减少失调的购买行为。（　　）
4. 社会文化对消费心理有影响。（　　）
5. 一般地说，消费者的信息大多数来自大众来源，即从广告、经销商、商店售货员、商品陈列、商品包装等途径得来的信息。（　　）

四、思考题

1. 简述消费者需要的特点和具体内容。
2. 消费者购买动机有哪些类型？
3. 简述消费者的购买决策过程。
4. 农产品营销的心理策略有哪些？

项目 4

农产品市场调查与信息处理

【能力目标】

通过本项目的学习,要求学生能设计市场调查方案和调查问卷;能组织实施市场调查;能撰写市场调查报告;能进行相关市场信息的处理。

【课程思政】

通过本项目的学习,使学生在农产品市场调研实践中强化自身的脚踏实地的精神、实事求是的精神和吃苦耐劳的精神,培养学生脚踏实地做问卷调查、实事求是做信息处理、吃苦耐劳跑市场的综合素质。

【任务分解】

(1) 设计市场调查方案。
(2) 设计市场调查问卷。
(3) 组织实施市场调查。
(4) 撰写市场调查报告。
(5) 掌握相关市场信息的处理。

4.1 拟订调查方案

4.1.1 调查方案的含义

调查方案就是根据调查研究的目的和调查对象的性质,在进行相关项目实际调查之前,对调查工作总任务的各个方面和各个阶段进行的通盘考虑与安排,提出相应的调查实施方案,制定出合理的工作程序。

导入案例:未来十年,中国主要农产品市场形势如何

例如,对某市农业企业竞争能力进行调查,就应将该市所有农业企业的经营品种、质量、价格、服务、信誉等方面作为一个整体,对各种相互区别又有密切联系的调查项目进行整体考虑,避免调查内容上出现重复和遗漏。若要研究某一农业企业生产经营状况,就必须先对该企业生产经营活动过程的性质、特点等有详细的了解,设计出相应的调查指标,收集、整理调查资料的方法,然后再实施市场调查。

4.1.2 调查方案的内容

1. 确定调查目的

确定调查目的,就是要明确在调查中要解决哪些问题,通过调查要取得哪些资料以及取得这些资料的用途等问题。衡量一个调查方案是否科学的标准,主要就是看方案的设计是否体现了调查目的和要求,是否符合客观实际。因此,明确调查目的是调查方案设计的首要问题,只有确定了调查目的,才能确定调查的范围、内容和方法,否则就会列入一些无关紧要的调查项目,而漏掉一些重要的调查项目,无法满足调查的要求。

例如,某市农业科学研究院对冬榨菜市场调查项目的调查就是"为了能使冬榨菜更适合市场的需求,促进冬榨菜产业的健康发展,我们对冬榨菜的市场情况进行调查"。

2. 确定调查对象和单位

调查对象就是根据调查目的、任务确定调查的范围以及所要调查的总体,它是由某些性质上相同的许多调查单位组成的。

调查单位就是所要调查的社会经济现象总体中的个体,即调查对象中的一个一个具体单位,它是调查中要调查登记的各个调查项目的承担者。

例如,为研究某市各榨菜加工公司的经营情况及存在的问题,需全面调查全市榨菜加工公司,那么该市所有的榨菜加工公司就是调查对象,每一个榨菜加工公司就是调查单位。

3. 确定调查项目

调查项目是指对调查单位所要调查的主要内容,确定调查项目就是要明确向被调查者了解些什么问题,调查项目一般就是调查单位的各个标志的名称。例如,在冬榨菜的消费者调查中,调查项目有消费者对冬榨菜的喜好程度、购买频率、购买渠道、心理价位、品牌偏好及消费者的性别、职业、年龄、收入等。

在确定调查项目时,除要考虑调查目的和调查对象的特点外,还要注意以下问题:一是确定的调查项目应是调查任务所需,并能够取得答案,否则不应列入调查项目。二是调查项目的表达必须准确,要使答案具有确定的表示形式,如是否式、数字式或文字式等,否则会增加资料整理的难度。三是调查项目的含义要明确、肯定,不要模棱两可,否则会造成被调查者无法准确理解调查项目而无法完成调查。因此,必要时可以附上相关调查项目的解释。

扩展阅读 4-1

消费者调查项目内容

消费者调查项目的内容主要包括以下几个方面。

(1) 被调查者的信息资料,包括性别、年龄、职业、文化(专业)、收入等。

(2) 目标顾客,包括喜欢购买(或消费)该产品的消费者是谁、有多少。

(3) 购买动机,包括质量保证、价格便宜、安全可靠、服务周到、品牌信誉、新潮时尚、艺术欣赏、陶冶心情、环境舒适等。

(4) 购买行为特点,包括购买什么、购买多少、何时购买、何地购买、采用什么方式购买、购买的频率以及购买的品牌等。

(5) 获得购买信息的渠道,包括产品广告、商业促销、媒体宣传、熟人介绍、个人体验等。

4. 制定调查提纲和调查问卷

当调查项目确定后,可将调查项目科学地分类和排列,构成调查提纲和调查问卷,方便调查登记和汇总。

调查问卷一般由表头、表体和表脚三个部分组成。表头包括调查问卷的名称、调查单位的名称、性质和隶属关系等,其目的是核实单位情况。表体包括调查项目、栏号和计量单位等,它是调查问卷的主要部分。表脚包括调查者或填报人的签名和调查日期等,其目的是明确责任,一旦发现问题,便于查询。

调查问卷拟定后,为便于正确填表、统一规格,还要附填表说明。填表说明内容包括调查问卷中各个项目的解释、有关计算方法以及填表时应注意的事项等。填表说明应力求准确、简明扼要、通俗易懂。

扩展阅读 4-2
问卷星及其使用流程

问卷星是一个专业的在线问卷调查、考试、测评、投票平台,专注于为用户提供功能强大、人性化的在线设计问卷、采集数据、自定义报表、调查结果分析等系列服务。与传统调查方式和其他调查网站或调查系统相比,问卷星具有快捷、易用、低成本的明显优势,已经被大量企业和个人广泛使用,典型应用如下。

企业:客户满意度调查、市场调查、员工满意度调查、企业内训、需求登记、人才测评、培训管理、员工考试。

高校:学术调研、社会调查、在线报名、在线投票、信息采集、在线考试。

个人:讨论投票、公益调查、博客调查、趣味测试。

问卷星使用流程分为下面几个步骤。

(1) 在线设计问卷。问卷星提供了所见即所得的设计问卷界面,支持49种题型以及信息栏和分页栏,并可以给选项设置分数(可用于考试、测评问卷),可以设置关联逻辑、引用逻辑、跳转逻辑,同时还提供了千万份量级专业问卷模板。

(2) 发布问卷并设置属性。问卷设计好后可以直接发布并设置相关属性,如问卷分类、说明、公开级别、访问密码等。

(3) 发送问卷。通过微信、短信、QQ、微博、邮件等方式将问卷链接发给调查对象填写,或者通过发送邀请邮件、嵌入公司网站,还可与企业微信、钉钉、飞书等高度集成。

(4) 查看调查结果。可以通过柱状图、饼状图、圆环图、条形图等查看统计图表,卡片式查看答卷详情,分析答卷来源的时间段、地区和网站。

(5) 创建自定义报表。自定义报表中可以设置一系列筛选条件,不仅可以根据答案来做交叉分析和分类统计(如统计20~30岁女性受访者的数据),还可以根据填写问卷所用时间、来源地区和网站等筛选出符合条件的答卷集合。

(6) 下载调查数据。调查完成后,可以下载统计图表到 Word 文件保存、打印,在线 SPSS 分析或者下载原始数据到 Excel 导入 SPSS 等调查分析软件做进一步的分析。

5. 确定调查时间和工作期限

调查时间是指调查资料所属的时间。如果所要调查的是时期现象,就要明确规定资料所反映的是调查对象从何时起到何时止的资料。如果所要调查的是时点现象,就要明确规定统一的标准调查时点。

调查期限是规定调查工作的开始时间和结束时间,包括从调查方案设计到提交调查报告的整个工作时间,也包括各个阶段的起始时间,其目的是使调查工作能及时开展、按时完成。

6. 确定调查地点

在调查方案中,还要明确规定调查地点。调查地点与调查单位通常是一致的,但也有不一致的情况,当不一致时,尤其有必要规定调查地点。例如,冬榨菜市场调查项目的调查地点主要有各农贸市场、各大超市等。

7. 确定调查方式和方法

收集调查资料的方式有普查、重点调查、典型调查、抽样调查等。具体调查方法有文案法、访问法、观察法和实验法等。在调查时,采用何种方式、方法不是固定和统一的,而是取决于调查对象和调查任务。在市场经济条件下,为准确、及时、全面地取得市场信息,尤其应注意多种调查方式的结合运用。例如,冬榨菜市场调查项目的调查方式可以采取随机抽样调查法、访谈法等调查方法。

8. 确定调查资料整理和分析方法

采用实地调查方法收集的原始资料大多是零散的、不系统的,只能反映事物的表象,无法深入研究事物的本质和规律性,这就要求对大量原始资料进行加工汇总,使之系统化、条理化。目前这种资料处理工作一般已由计算机进行,这在设计中也应予以考虑,包括采用何种操作程序以保证必要的运算速度、计算精度及特殊目的。目前常用的调查统计软件有 SPSS 和 Excel 等。

9. 确定调查经费预算

市场调查的顺利开展需要有相关经费的支持,因此,对调查经费的预算也是拟订市场调查方案的重要内容之一。在进行调查经费预算时,一般需要考虑以下几个方面。

(1) 调查方案设计费。

(2) 调查问卷设计费。

(3) 调查问卷的打印、复印费及装订费。

(4) 调查组织实施费,包括试调查费、调查人员培训费、交通费、调查员和督导员的劳务费、调查礼品费和其他费用等。

(5) 调查问卷数据录入费。

(6) 调查问卷数据统计分析费。

(7) 调查报告撰写费。

(8) 调查报告打印、复印费。

(9) 其他相关调查费。

10. 确定提交报告的方式

提交报告的方式如下。

(1) 报告书的形式和份数。

(2) 报告书的基本内容。

（3）报告书中图表量的大小等。

11. 制订调查的组织计划

调查的组织计划是指为确保实施调查的具体工作计划，主要是指调查的组织领导、调查机构的设置、人员的选择和培训、工作步骤及其善后处理等，必要时还必须明确规定调查的组织方式。

4.1.3 调查方案的评价

市场调查方案设计好后，还需从不同角度对其进行评价：①方案设计是否体现调查目的和要求；②方案设计是否科学、完整和适用；③方案设计能否使调查质量有所提高；④调查实效检验。

4.2 设计调查问卷

4.2.1 调查问卷的概念

调查问卷又称调查表，是指调查者根据调查目的和要求，设计出的由一系列问题、备选答案及说明等组成的向被调查者收集资料的一种工具。它是收集第一手资料的最普遍的工具。调查问卷设计质量的高低，直接关系到所收集到的资料的可靠程度和完善程度，是市场调查成功的基础。

调查问卷设计是根据调查目的，将所需调查的问题具体化，使调查者能顺利地获取必要的信息资料，并便于统计分析。

调查问卷按填答方式不同可以分为自填式问卷和访问式问卷。自填式问卷是由被调查者自行填写的问卷，主要适用于邮寄调查、网上调查和派员发送问卷调查；访问式问卷则是由调查人员根据被调查者的口头回答来填写的问卷，主要适用于电话调查、座谈会调查和访问调查等。

4.2.2 调查问卷的结构

1. 问卷标题

问卷的标题是概括说明调查研究主题，使被调查者对所要回答什么方面的问题有一个大致的了解。问卷标题应简明扼要，易于引起回答者的兴趣。例如，"绿色农产品消费状况调查""城市农产品批发市场食品安全状况调查"等。不要简单采用"问卷调查"这样的标题，容易引起回答者产生不必要的怀疑而拒答。

2. 问卷说明

问卷说明旨在向被调查者说明调查的目的、意义。有些问卷还有填表须知、交表时间、地点及其他事项说明等。问卷说明一般放在问卷开头，通过它可以使被调查者了解调查目的，消除顾虑，并按一定的要求填写问卷。

问卷说明既可采取比较简洁、开门见山的方式，也可在问卷说明中进行一定的宣传，以引起调查对象对问卷的重视。

【例 4-1】

尊敬的女士/先生：

您好！

为了能使冬榨菜的育种更适合市场的需求，促进冬榨菜产业的健康发展，我们对冬榨菜的市场情况进行调查。希望您能在百忙之中抽空配合我们的调查，谢谢！

【例 4-2】

亲爱的农民朋友：

您好！

为促进冬季农业特色产业冬榨菜产业的健康发展，我们对冬榨菜的生产销售情况进行调查。希望您能在百忙之中抽空配合我们的调查，谢谢！

3. 被调查者基本情况

被调查者基本情况是指被调查者的一些主要特征，如在消费者调查中，消费者的性别、年龄、民族、家庭人口、婚姻状况、文化程度、职业、单位、收入、所在地区等。通过这些项目，便于对调查资料进行统计分组、分析。

实际调查中列入哪些项目、列入多少项目，应根据调查目的和要求而定，并非多多益善。

4. 调查主题内容

调查主题内容是调查者所要了解的基本内容，也是调查问卷中最重要的部分。它主要是以提问的形式提供给被调查者，这部分内容设计得好坏直接影响整个调查的价值。

调查主题内容主要包括以下三方面。

（1）对人们的行为进行调查，包括对被调查者本人行为进行了解或通过被调查者了解他人的行为。

（2）对人们的行为后果进行调查。

（3）对人们的态度、意见、感觉、偏好等进行调查。

5. 编码

编码是将问卷中的调查项目变成数字的工作过程，大多数市场调查问卷均需加以编码，以便分类整理，易于进行计算机处理和统计分析。所以，在问卷设计时，应确定每一个调查项目的编号和为相应的编码做准备。通常是在每一个调查项目的最左边按顺序编号。例如：①您的姓名；②您的职业……而在调查项目的最右边，根据每一调查项目允许选择的数目，在其下方画上相应的若干短线，以便编码时填上相应的数字代号。

6. 作业证明的记载

在调查表的最后，应附上调查员的姓名、访问日期、时间等，以明确调查人员完成任务的性质。如有必要，还可写上被调查者的姓名、单位或家庭住址、电话等，以便审核和进一步追踪调查。但对于一些涉及被调查者隐私的问卷，上述内容则不宜列入。

4.2.3 问卷设计的原则

1. 目的性原则

问卷调查是通过向被调查者询问问题来进行调查的，所以，询问的问题必须是与调查主题有密切关联的问题。这就要求在设计问卷时,重点突出,避免可有可无的问题,并把主题分解为更详细的细目,即把它分别做成具体的询问形式供被调查者回答。

2. 可接受性原则

调查问卷的设计要比较容易让被调查者接受。应在问卷说明词中,将调查目的明确告诉被调查者,让对方知道该项调查的意义和自身回答对整个调查结果的重要性。

3. 顺序性原则

顺序性原则是指在设计问卷时,要讲究问卷的排列顺序,使问卷条理清楚、顺理成章,以提高回答问题的效果。问卷中的问题一般可按下列顺序排列。

(1) 容易回答的问题(如行为性问题)放在前面;较难回答的问题(如态度性问题)放在中间;敏感性问题(如动机性、涉及隐私等问题)放在后面;关于个人情况的事实性问题放在末尾。

(2) 封闭性问题放在前面;开放性问题放在后面。

4. 简明性原则

简明性原则主要体现在以下三个方面。

(1) 调查内容要简明。

(2) 调查时间要简短,问题和整个问卷都不宜过长。

(3) 问卷设计的形式要简明易懂,易读。

扩展阅读 4-3

街头调查问卷设计注意事项

(1) 问卷的长度以一页 A4 纸为宜,问题一般不超过 15 个,时间要控制在 3~5 分钟。

(2) 问卷印刷的字号不能太小,这样方便被调查者阅读。

(3) 问题的设计要通俗易懂,不要夹带专业术语,尽量使问题简单易懂,容易回答,切忌让被调查者产生歧义。

(4) 调查问卷中的每一个问题都力求用最通顺、最简洁的话语来陈述。

4.2.4 问卷设计的程序

1. 准备阶段

在准备阶段,设计者根据调查问卷需要确定调查主题的范围和调查项目,将所需问卷资料一一列出,分析哪些是主要资料,哪些是次要资料,哪些是调查的必备资料,哪些是可要可不要的资料,并分析哪些资料需要通过问卷来取得,需要向谁调查等,对必要资料加以收集。在此阶段,应充分征求有关各类人员的意见,以了解问卷中可能出现的问题,力求使问卷切合实际,能够充分满足各方面分析研究的需要。

2. 初步设计

在准备工作基础上,设计者可以根据收集到的资料,按照设计原则设计问卷初稿,主要是确定问卷结构,拟定并编排问题。在初步设计中,首先要标明每项资料需要采用何种方式提问,并尽量详尽地列出各种问题,然后对问题进行检查、筛选、编排,设计每个项目。特别需要注意的是,对提出的每个问题,都要充分考虑是否有必要,能否得到答案。

3. 试答和修改

一般来说,所有设计出来的问卷都存在一些问题,因此,需要将初步设计出来的问卷在小范围内进行试验性调查,以便弄清问卷在初稿中存在的问题,了解被调查者是否乐意回答和能够回答所有的问题,哪些语句不清、多余或遗漏,问题的顺序是否符合逻辑,回答的时间是否过长等。如果发现问题,应做必要的修改,使问卷更加完善。

4. 付印

付印就是将最后定稿的问卷按照调查工作的需要打印复制,制成正式问卷,也可通过问卷星等在线上制作问卷以供填报。

4.2.5 问题的主要类型及询问方式

1. 直接性问题和间接性问题

直接性问题是指在问卷中能够通过直接提问方式得到答案的问题。直接性问题通常给回答者一个明确的范围,所问的是个人基本情况或意见,比如,"您的年龄""您的职业""您最喜欢吃的农产品"等,这些都可获得明确的答案。这种提问对统计分析比较方便,但遇到一些窘迫性问题时,采用这种提问方式,可能无法得到所需要的答案。

间接性问题是指那些不宜直接回答,而采用间接提问方式得到所需答案的问题。间接性问题通常是指那些被调查者因对所需回答的问题产生顾虑,不敢或不愿真实地表达意见的问题。调查者不应为得到直接的结果而强迫被调查者,使他们感到不愉快或难堪。这时,如果采用间接提问方式,使被调查者认为很多意见已被其他调查者提出来了,他所要做的只不过是对这些意见进行评价罢了,这样,就能排除调查者和被调查者之间的某些障碍,使被调查者有可能对已得到的结论提出自己不带掩饰的意见。

2. 开放性问题和封闭性问题

开放性问题是指所提出的问题并不列出所有可能的答案,而是由被调查者自由作答的问题。开放性问题一般提问比较简单,回答比较真实,但结果难以做定量分析,在对其做定量分析时,通常是将回答进行分类。

封闭性问题是指已事先设计了各种可能的答案的问题,被调查者只要或只能从中选定一个或几个现成答案的提问方式。封闭性问题由于答案标准化,不仅回答方便,而且易于进行各种统计处理和分析。其缺点是回答者只能在规定的范围内被迫回答,无法反映其他各种有目的的、真实的想法。

4.2.6 问题的答案设计

1. 二项选择法

二项选择法也称真伪法或二分法,是指提出的问题仅有两种答案,如"是"或"否","有"或"无"等。这两种答案是对立的、排斥的,被调查者的回答非此即彼,不能有更多的选择。

【例 4-3】 您家里现在有榨菜吗? □有　　　□无

您是否喜欢吃榨菜? □是　　　□否

二项选择法的优点是易于理解和可迅速得到明确的答案,便于统计处理,分析也比较容易。但回答者没有进一步阐述的机会,难以反映被调查者意见与程度的差别,了解的情况也不够深入。这种方法适用于互相排斥的两项择一式问题,以及询问较为简单的事实性问题。

2. 多项选择法

多项选择法是指所提出的问题事先预备好两个以上的答案,回答者可任选其中的一项或几项。

【例4-4】 您一般从什么地方购买冬榨菜?
☐菜市场　　☐超市　　☐便利店　　☐小商店　　☐其他_____

又如,您知道哪些榨菜的品牌?
☐乌江·涪陵榨菜　　☐宜宾碎米芽菜　　☐六必居酱腌菜　　☐铜钱桥·余姚榨菜
☐国泰·余姚榨菜　　☐沁香坊·峨眉贼菜　　☐鱼泉榨菜　　☐辣妹子榨菜
☐其他_____

多项选择法的优点是比二项选择法的强制选择有所缓和,答案有一定的范围,也比较便于统计处理。但采用这种方法时,设计者要考虑以下两种情况。

(1) 要考虑到全部可能出现的结果,以及答案可能出现的重复和遗漏。

(2) 要注意根据选择答案的排列顺序。有些回答者常常喜欢选择第一个答案,从而使调查结果发生偏差。此外,答案较多,使回答者无从选择,或产生厌烦。一般这种多项选择答案应控制在8个以内,当样本量有限时,多项选择易使结果分散,缺乏说服力。

3. 顺位法(排序法)

顺位法是列出若干项目,由回答者按重要性决定先后顺序,具体排列顺序,则由回答者根据自己所喜欢的事物和认识事物的程度等进行排序。

【例4-5】 您选购农产品的主要条件是(请将所给答案按重要顺序1,2,3……填写在☐中)。
☐价格便宜　　☐外形美观　　☐新鲜度高　　☐牌子有名　　☐质量好
☐口感佳　　☐其他_____

顺位法便于被调查者对其意见、动机、感觉等做衡量和比较性的表达,也便于对调查结果加以统计。但调查项目不宜过多,过多则容易分散,很难顺位,同时所询问的排列顺序也可能对被调查者产生某种暗示影响。这种方法适用于要求答案有先后顺序的问题。

4. 回忆法

回忆法是指通过回忆,了解被调查者对不同商品质量、牌子等方面印象的强弱。例如:"请您举出最近在电视广告中出现的榨菜品牌"。调查时可根据被调查者所回忆品牌的先后和快慢以及各种品牌被回忆出的频率进行分析研究。

5. 比较法

比较法是采用对比提问方式,要求被调查者做出肯定回答的方法。

【例4-6】 请比较下列不同品牌的榨菜,哪种更好吃?(在各项您认为好吃的牌子方格☐中画√)
☐乌江·涪陵榨菜　　☐宜宾碎米芽菜
☐宜宾碎米芽菜　　☐六必居酱腌菜

☐ 六必居酱腌菜　　　　　☐ 铜钱桥·余姚榨菜
☐ 铜钱桥·余姚榨菜　　　☐ 国泰·余姚榨菜
☐ 国泰·余姚榨菜　　　　☐ 沁香坊·峨眉赋菜
☐ 沁香坊·峨眉赋菜　　　☐ 鱼泉榨菜
☐ 鱼泉榨菜　　　　　　　☐ 辣妹子榨菜
☐ 辣妹子榨菜　　　　　　☐ 乌江·涪陵榨菜

6. 自由回答法

自由回答法是指提问时可自由提出问题，回答者可以自由发表意见，并无已经拟定好的答案。例如，"您对当前农产品的质量、包装、价格等方面有何看法及建议""您认为应该如何解决农产品质量安全问题"。

4.2.7　问卷设计应注意的几个问题

对问卷设计总的要求是问卷中的问句表达要简明、生动，注意概念的准确性，避免提似是而非的问题，具体应注意以下七点。

1. 避免提一般性的问题

一般性问题对实际调查工作并无指导意义。例如，"您对当前农产品的整体印象如何"这样的问题过于笼统，很难达到预期效果，可具体提问"您觉得当前蔬菜的质量和价格是否合理"等。

2. 避免用不确切的词

避免使用"普通""经常""一些"等，以及一些形容词，如"美丽"等。这些词语，各人理解往往不同，在问卷设计中应避免或减少使用。

例如，"您是否经常购买榨菜"，回答者不知"经常"是指一周、一个月还是一年，可以改问"您上个月共购买了多少榨菜"。

3. 避免引导性提问

如果提出的问题是暗示出调查者的观点和见解，力求使回答者跟着这种倾向回答，这种提问就是"引导性提问"。例如，"消费者普遍认为涪陵榨菜比较好吃，您认为呢"。

引导性提问会导致两个不良后果：一是被调查者不加思考就同意所引导问题中暗示的结论；二是由于引导性提问大多是引用权威或大多数人的态度，被调查者考虑到这个结论既然已经是普遍的结论，就会产生心理上的顺向反应。

4. 避免提断定性的问题

例如，"您一天吃多少榨菜"。

这种问题即为断定性问题，被调查者如果根本不吃榨菜，则无法回答该问题。正确的处理办法是此问题可加一条"过滤"性问题。即"您喜欢吃榨菜吗"，如果回答者回答"是"，可继续提问，否则就可终止提问。

5. 避免提令被调查者难堪的问题

例如，涉及被调查者隐私的问题要避免提问，如果有些问题非问不可，也不能只顾自己的需要、穷追不舍，应考虑回答者的自尊心。例如，直接询问女士年龄是不太礼貌的，可列出年龄段：20岁以下、20～30岁、30～40岁、40岁以上，由被调查者挑选。这样被调查者就比较愿意回答该类问题。

6. 问题要具体

一个问题最好只问一个要点，一个问句中如果包含过多询问内容，会使回答者无从答起，给统计处理也带来困难。

例如，"您为何不喜欢吃榨菜而喜欢吃娃娃菜"这个问题包含了"您为何不喜欢吃榨菜""您为何喜欢吃娃娃菜"等。

防止出现此类问题的办法是分离语句中的提问部分，使得一个语句只问一个要点。

7. 要避免问题与答案不一致

所提问题与所设答案应做到一致。

扩展阅读4-4

冬榨菜市场调查问卷

尊敬的女士/先生：

您好！

为了能使冬榨菜的育种更适合市场的需求，促进冬榨菜产业的健康发展，我们对冬榨菜的市场情况进行调查。希望您能在百忙之中抽空配合我们的调查，谢谢！

——××市农业科学研究院冬榨菜课题组

填表说明：

1. 请在您所选择的选项前的"□"内打"√"。
2. 未注明多选的全部为单选题，请不要多选。
3. 请在_____上填写具体内容。
4. 请务必填写您的个人资料，谢谢！

---

1. 您是否喜欢吃冬榨菜？（回答"是"者跳过第2题继续作答，回答"否"者回答完第2题即可停止作答）
   □是　　□否
2. 您不喜欢吃冬榨菜的最主要原因是什么？
   □新鲜榨菜有苦味　　□腌制类榨菜不利于身体健康　　□无营养　　□其他_____
3. 您喜欢吃冬榨菜的最主要原因是什么？
   □冬榨菜鲜度更高，口感更佳　　□经济实惠　　□其他_____
4. 您最喜欢吃哪种类型的冬榨菜？
   □新鲜类冬榨菜　　□腌制类冬榨菜（散称型）　　□腌制类冬榨菜（袋装型）
5. 您最喜欢以哪种方式食用冬榨菜？
   □直接炒着吃　　□腌制后食用　　□其他_____
6. 您一般从什么地方购买冬榨菜？
   □菜市场　　□超市　　□便利店　　□小商店　　□其他_____
7. 您购买冬榨菜的频率如何？

☐经常购买　　☐偶尔购买　　☐几乎不购买

8. 您购买冬榨菜时最重视以下哪个因素？
　　☐新鲜度高　　☐价格经济实惠　　☐质量好,口感佳　　☐其他_____
9. 您对冬榨菜的口感有什么要求？
　　☐松脆　　☐没有芥辣味　　☐芥辣味淡　　☐芥辣味浓　　☐其他_____
10. 您对冬榨菜的色泽有什么要求？_____
11. 您对冬榨菜的形状有什么要求？
　　☐瘤状茎圆浑　　☐瘤状茎突起　　☐长棒型　　☐其他_____
12. 您认为什么样的冬榨菜才是优质榨菜？
　　☐颜色翠绿　　☐外形饱满　　☐芥辣味淡　　☐芥辣味浓　　☐口感松脆
13. 您所能接受的普通新鲜冬榨菜的价格是多少？
　　☐1.5元以下/500克　　☐1.5～2.0元/500克　　☐2.0～2.5元/500克
　　☐2.5元以上/500克
14. 您所能接受的优质新鲜冬榨菜的价格是多少？
　　☐2.0元以下/500克　　☐2.0～2.5元/500克　　☐2.5～3.0元/500克
　　☐3.0元以上/500克
15. 您所能接受的优质腌制冬榨菜(粗加工散装类)的价格是多少？
　　☐2.0元以下/500克　　☐2.0～2.5元/500克　　☐2.5～3.0元/500克
　　☐3.0元以上/500克
16. 您所能接受的优质腌制冬榨菜(精加工袋装类)的价格是多少？(以100克/袋为例)
　　☐1.5元以下/袋　　☐1.5～2.0元/袋　　☐2.0～2.5元/袋　　☐2.5元以上/袋
17. 您对冬榨菜价格变动的敏感程度如何？
　　☐很敏感　　☐较敏感　　☐一般　　☐较不敏感　　☐很不敏感
18. 您最喜欢吃哪个季节的榨菜？
　　☐春季　　☐夏季　　☐秋季　　☐冬季
19. 一年之中您哪个季节食用的榨菜量最多？
　　☐春季　　☐夏季　　☐秋季　　☐冬季
20. 您知道哪些榨菜的品牌？(可多选)
　　☐乌江·涪陵榨菜　　☐宜宾碎米芽菜　　☐六必居酱腌菜　　☐铜钱桥·余姚榨菜
　　☐国泰·余姚榨菜　　☐沁香坊·峨眉贼菜　　☐鱼泉榨菜　　☐辣妹子榨菜
　　☐其他_____
21. 购买榨菜时您会考虑榨菜的品牌吗？(回答"不会"者跳过第22题继续作答)
　　☐会　　☐不会
22. 若您会考虑品牌,您一般都购买哪个品牌的榨菜？
　　☐乌江·涪陵榨菜　　☐宜宾碎米芽菜　　☐六必居酱腌菜　　☐铜钱桥·余姚榨菜
　　☐国泰·余姚榨菜　　☐沁香坊·峨眉贼菜　　☐鱼泉榨菜　　☐辣妹子榨菜
23. 您对所购买的榨菜品牌的忠诚度如何？
　　☐很高　　☐较高　　☐一般　　☐较低　　☐很低
24. 您最喜欢哪种包装规格的榨菜？

☐50 克以下/袋　　　☐50～100 克/袋　　　☐100～150 克/袋　　　☐150～200 克/袋
☐200 克以上/袋

25. 您对冬榨菜的育种、销售等方面有什么宝贵的意见和建议？请写在横线上。

_____

_____

个人资料：(请务必填写,谢谢!)

1. 您的性别：
   ☐男　　☐女

2. 您的年龄：
   ☐18 岁以下　　☐18～25 岁　　☐25～30 岁　　☐30～40 岁　　☐40～50 岁
   ☐50 岁以上

3. 您的职业：
   ☐学生　　☐教师　　☐工人　　☐企业老板　　☐公司职员　　☐其他_____

4. 您的月收入：
   ☐1 500 元以下　　☐1 500～2 000 元　　☐2 000～2 500 元　　☐2 500～3 000 元
   ☐3 000 元以上

再次感谢您的合作,谢谢!

调查地点：_____

调查时间：_____

调查人员：_____

4.3　组织调查实施

4.3.1　组织调查实施队伍

调查的实施即数据采集需要由专门人员来完成,而且其中有很多技巧,直接影响到所收集的数据的真实性和质量,因此,需要成立专门的市场调查队伍,并对其成员进行培训。一般而言,调查队伍由项目主管、实施主管、调查督导和调查员组成。

项目主管负责整个项目的管理,主要是协调各方面的关系,拟订初步计划,制定预算并监督经费使用,以便确保调查项目的目标、预算和计划得以执行。

实施主管负责项目的具体落实,在规模不大的调查机构或不大的调查项目中,实施主管往往就是项目主管。实施主管的主要职责是负责督导队伍的组建和管理,负责调查员的挑选和培训,负责调查实施过程中的管理和质量控制以及对督导和调查员工作进行评价。

调查督导是数据采集过程中的监督人员在实施过程中的检查监督和对实施结果的检查验收。

调查员是调查实施的具体执行者,调查员的自身素质是调查实施能否成功的关键,因此应对调查员进行严格的挑选。一般而言,调查员必须具有优秀的个人品质,能够吃苦耐劳,交流沟通能力强。

4.3.2 培训调查实施队伍

对调查员的培训是调查实施过程中的一项重要工作，培训主要有以下内容。

（1）对调查员进行职业道德方面的教育，主要包括调查员在调查实施过程中要保持健康和积极的心态；调查员应诚实、客观、认真、负责，坚决杜绝弄虚作假的舞弊行为等。

（2）按照调查项目的要求，告诉调查员如何去做调查。例如，怎样确定访问的时间和地点及访问对象；怎样确认合格的被调查者；怎样进行接触（包括仪表、开场白和谈话方式等）；怎样询问和追问；怎样做好记录；怎样结束访问等。

（3）调查项目行业背景介绍。调查项目往往会涉及不同的行业，调查员也不可能对所有行业的情况都了如指掌，因此需要对调查员进行跟调查项目相关的行业知识的培训，有利于他们更好地理解问题的含义，更好地与被调查者沟通。

（4）讲解问卷内容。向调查员讲解问卷中各个问题的含义、设置问题的目的以及各个问题之间的逻辑关系。对于在调查中每个问题可能出现的偏差以及特殊情况进行分析，并给出在这些情况出现时应遵循的原则。

（5）其他要求。如必须完成的样本量，完成的时间期限以及其他相关的要求等。

4.3.3 组织调查实施方法

组织调查实施时一般可以采用以下调查方法。

1. 访问法

访问法又称访谈询问调查法，就是调查人员采访谈询问的方式向被调查者了解市场情况的一种方法，这是市场调查中最常用、最基本的调查方法。根据访问内容传递方式分类，访问法主要分为面谈调查法、电话调查法和网络调查法等。

1）面谈调查法

面谈调查法是调查者根据调查提纲直接访问被调查者，当面询问有关问题，既可以是个别面谈，也可以是群体面谈。

进行面谈访问时可以运用以下技巧。

（1）要营造和睦气氛，主要可以从以下几方面入手。了解受访者，注意满足受访者的心理需要；与受访者建立认同感；利用人们对才华的敬仰心理；营造快乐轻松的气氛；真诚关心受访者；发现受访者的优点；注意发问的技巧。

（2）要注意一般问题的发问技巧，主要有节奏——要缓慢而清楚地谈出问题，给予时间考虑如何回答；把握主题——礼貌地打断受访者回答不相关的问题；问题的措辞——要始终使用问卷上的语句；表现兴趣——要表现出对受访者的回答有兴趣。

（3）要注意开放性问题答案记录的技巧，主要有一字不差地在规定的空白处写出受访者回答的内容；绝不要概括或缩短受访者的答话；记录受访者答话时不用符号或写"同上"；书写要清楚。

在进行面谈访问时，下面几点可能阻碍访问工作的顺利进行。

（1）受访者可能难以用语言表达自己的想法。

(2) 调查人由于过分礼貌或害羞,可能会有意识地阻止受访者表达自己的真实想法。

(3) 受访者可能不愿发表看上去不合逻辑或不合乎自己设想的观点。

离开访问现场前注意检查以下内容。

(1) 已完成的问卷是否填写完整和一致。

(2) 问题答案是否有前后不一致的地方。

(3) 问题的答案处有无空白,确保正确地圈出答案。

(4) 是否有需要受访者澄清的含糊答案。

离开受访者前需注意以下几个事项。

(1) 离开前,给受访者一个事先准备好的礼物。

(2) 离开前,给受访者一个最后提问的机会。

(3) 离开前,必须表示感谢。

(4) 离开现场时,要表现得彬彬有礼,对受访者家人说再见,为受访者关好房门。

扩展阅读 4-5

专访工作要点

① 访问前要对调查的主要目标和所要了解的主要内容有一个十分明确的认识。

② 访问前要对被访者的各方面情况,如年龄、性别、职业、文化程度、兴趣爱好等有一个详细的了解。

③ 正式访问前要预约。见面和访问结束时,一定要向被访问者表示歉意和感谢。

④ 访问时开场白一定要说好。

⑤ 在进入正题之前,应先建立轻松、融洽的访问关系。

⑥ 交谈时,专访员要专心听并认真记好笔记。

⑦ 专访员应掌握一定的追问技巧,如重复提问、重复被访者的回答、利用停顿或沉默、利用客观的或中性的评价、适当鼓励被访者等。

⑧ 掌握正确的记录方法。

2) 电话调查法

电话调查法是通过调查员打电话进行调查的方法。在打电话时要注意以下技巧。

(1) 少讲"我",免得对方认为你自大。

(2) 多说"您",表示对别人的关心。

(3) 他同意,我说"谢谢"。

(4) 他不同意,我说"对不起"。

(5) 我问他,先用"请"。

(6) 他指示,我先说"好的"。

(7) 答应时,要干脆。

(8) 拒绝时,要委婉。

(9) 把握语调。

(10) 说话要有表情。

(11) 需要临时找资料时,先向对方致歉,说明需要离开的理由和所花的时间,并在约定的时间内尽快赶回。

3）网络调查法

网络调查法是指在互联网上针对特定营销环境进行简单调查设计、收集资料和初步分析的活动。网络调查法具有以下特点：及时性和共享性；便捷性和低费用；可靠性和客观性。

当前常用的网络市场调查模式：①通过 E-mail 进行市场调查；②建立市场调查网站，把调查问卷做成网页；③将 E-mail 与网站相结合，建立超链接；④通过手机 App 进行调查。

2．观察法

观察法是调查员凭借自己的感官和各种记录工具，深入调查现场，在被调查者未察觉的情况下，直接观察和记录被调查者行为，以收集市场信息的一种方法。观察法主要应用于：①对市场商品需求情况的观察分析，如现场销售、展销会、试销会；②观察被调查者的行为，如了解顾客行为，观察顾客流量；③对零售企业经营状况的观察分析。

观察技术主要是指观察人员实施观察时所运用的一些技能手段，主要包括观察卡片、符号、速记、记忆（事后追忆）、机械记录。

观察法的优点：一是用途广，技术要求不高，一般调查人员都可采用；二是成本低，见效快；三是客观性强。观察法的缺点是只能观察表面现象，有些行为记录在调查时会受到限制或拒绝。

4.3.4　监督管理调查实施

为确保调查工作的顺利开展和实施，获取高质量的调查数据，还要做好以下三方面的监督管理工作。

1．控制调查质量

督导必须按照一定的比例，采取公开或隐蔽的方法监视调查员每天的工作。具体做法：一是监督访谈过程是否规范，如果发现有问题，应及时纠正解决；二是要检查问卷的填写是否符合要求，督导应该回收当天完成的问卷，并且对每份问卷进行检查，看是否所有该回答的问题都已回答；三是要记录调查员每天所做的工作，及时发现存在的问题并加以解决。

2．控制样本

为保证样本的代表性，督导要保证调查人员严格按照抽样方案去抽取样本，而不是根据方便或接近的难易程度来挑选样本。

3．控制作弊

除了通过培训、监督和检查的方法使作弊行为降至最小外，还可以通过设置问题或确定被访者来检查作弊行为。

4.4　撰写调查报告

4.4.1　整理调查资料

1．整理调查资料的含义

市场调查资料的整理就是根据调研目的和要求，对市场调查中取得的各项资料进行科学的加工汇总,形成能反映现象总体特征的条理化、系统化资料的工作过程。调查资料的整理是市场调查的继续,是市场调查分析的前提,在整个调研工作中起着承前启后的作用。

2. 整理调查资料的步骤

1) 审核市场调研资料

为了保证市场调研资料的质量,在汇总前必须对收集到的各项资料进行严格审核,发现问题需要及时进行修正和补充。审核主要包括审核市场调研资料的完整性、准确性、时效性和适用性,其中准确性是审核的重点。

（1）完整性。检查资料应包括的调查单位是否有遗漏,所有调查项目是否完备齐全。

（2）准确性。检查资料是否可靠,一般采用逻辑检查和计算检查。逻辑检查是从理论上或常识上审查调查资料的内容是否合理,是否反映调查单位的真实情况,各个调研项目之间有无相互矛盾等。计算检查是检查资料中各项数字的计算公式、方法和结果有无差错,计量单位是否符合分析研究要求。

（3）实效性和适用性。检查资料所属的时间是否符合规定,资料的报送是否及时,数据分析资料是否符合分析研究需要。

2) 市场调研资料的编码和录入

必须对原始资料进行整理和录入,使其变成统一的、完整的数据库,以便于计算机的统计分析。此过程可以分为编码、录入、检查和验收。

3) 利用图表描述市场调研资料

市场调研资料通过汇总计算后即可通过统计表或统计图来反映。通过编制统计表或统计图,能生动直观地表达社会经济现象的数量特征和数量关系。

4.4.2 分析调查资料

1. 统计表

1) 统计表的结构

统计表是表达市场调研资料最常用的形式,应根据市场调研资料的具体情况,选择合适的表格形式去描述统计资料。利用统计表反映市场调研资料具有条理清晰、简明扼要的特点,便于人们比较分析市场调研资料。

统计表的结构包括总标题、横行标题、纵栏标题、数字资料。

2) 统计表的编制原则

（1）统计表和各种标题应简明扼要,总标题应反映表中的基本内容及所属的时间、空间范围。

（2）要符合逻辑顺序,进行合理编排。如先列各个项目,再列总计。

（3）如果表中的行数或栏数较多,为了引用方便,需对各栏进行编号。

（4）表中的数字资料填列要整齐,对准位数,同栏数字要用同等的精确度。相同的数字也必须列出,不能用"同上""同左"等字样。不可能有的资料用"-"表示,该有的资料而缺乏时用"……"表示。

（5）表中资料的计量单位必须注明。当全表只有一种计量单位时,可以将其列在表头右上方。若有不同的单位,则应分别列出。

(6)统计表的上下端线用粗线条,其余用细线,表的左右一般不封口。

(7)必要时可在统计表下面加注说明或注解,如资料来源、指标解释、制表人和时间等。

2. 统计图

(1)统计图的概念。统计图是指利用几何图形或具体事物的形象和地图等形式来表现社会经济现象数量特征和数量关系的图形,它是市场调研资料的重要表达形式。

(2)统计图的结构。统计图的结构主要包括:①图题和图号;②图目,纵轴、横轴所代表的类别、时间、地点、单位等文字或数字;③图线,构成统计图的各种线;④图尺,尺度;⑤图形;⑥图注,注解或说明。

(3)统计图的绘制原则。统计图的绘制原则主要有:①根据研究目的和资料的性质选择统计图形;②统计图的内容应简明扼要,重点突出,通俗易懂,标题也要符合统计图的内容;③统计图的形式和排列要有一定的艺术性,图形力求生动活泼、直观醒目。

(4)常用统计图类型。常用的统计图类型主要有:①散点图;②折线图;③柱形图;④线形图;⑤饼图;⑥圆锥图。

4.4.3 调查报告的格式与撰写要求

1. 调查报告的格式

调查报告是市场调查的总结,是市场调查的成果,也是管理者最关注的环节。调查报告实际上是一种信息组合,它把调研结果、重要的意见建议、结论和其他重要信息传递给经营决策者,为经营决策提供重要依据。

调查报告一般包括以下五个部分。

(1)封面。封面主要包括调查报告的标题、调查人员的姓名及所属单位或调查公司、完成和呈报报告的日期等。

(2)目录。如果报告较长,就需要编制目录,也就是报告中各章节内容索引和附录的顺序提要及页码,方便其他人员查看报告内容。目录一般以不超过一页为宜。

(3)摘要。摘要是对本次调查情况的简介,可以简要说明调查的由来和委托调查的原因,简要介绍调查对象和调查内容,简要介绍调查研究的方法,简要说明调查执行结果等。

(4)正文。正文是调查报告中的主要部分,也是调查报告中篇幅最长、内容最多的部分。正文部分包括调查的目的、调查的方法和步骤、样本的分布情况、调查问卷的内容、统计方法及数据、调查结果、结论及意见建议等。

(5)附录。附录主要包括用来论证、说明或进一步阐述正文有关情况的补充或扩充资料。一般应将其顺序编号,排列在正文之后。

2. 调查报告的撰写要求

一份高质量的调查报告,除了需要有规范的格式外,还需要遵循一定的写作要求:①要实事求是,即调查报告要符合客观实际,坚决反对弄虚作假;②要层次分明,重点突出,如每个主题要有明确的标题,除了主标题外还可以用副标题;③要简洁流畅,尽量使用简洁的语句,少用长而晦涩的句子。另外,要使语句尽量活泼流畅,引起读者兴趣。

扩展阅读 4-6

相城农贸市场调查报告

相城区作为苏州市区的北大门,自建区以来,经济保持了较快的发展势头,城市建设日新月异,"水城、花城、商城和最佳生态休闲人居城"的城市建设理念已深入人心,相城区正实现从偏僻农村向现代都市的华丽转变。与人民群众日常生活密切相关的城乡农贸市场也随着经济社会的进步,得到了前所未有的发展。

一、市场建设基本情况

(一)基础设施建设情况

相城区目前有大型农副产品批发市场1个,总面积85 800平方米,摊位600个,门面300间,另有棚顶和室内农贸市场42个,其中棚顶市场9个,占农贸市场总数的21.4%;室内农贸市场33个,占农贸市场总数的78.6%。这些市场中县城以上零售农贸市场1个,镇级零售农贸市场10个,村级(社区)农贸市场31个。这42个农贸市场共计经营面积91 280平方米,共设计摊位数2 422个,共有各类门面房477间。

随着城市发展,人口不断增长,区、镇二级政府加大了对农贸市场的建设投入,特别是自××年以来,相城区加大了对城乡农贸市场升级改造的力度。××年以前完成了对镇级农贸市场的第一轮升级改造,基本解决了镇级农贸市场从棚顶敞开式市场到室内市场的巨大转变,而且各个市场的场内经营面积和摊位布局得到了较大提升与优化。××年起,相城区率先对村级农贸市场进行升级改造,计划用三年时间通过新建和改建的方法升级改造村级农贸市场34个,截至××年8月相城区已完成了32个村级农贸市场的升级改造任务。这些村级农贸市场通过升级改造,硬件条件得到了优化,超过50%的棚顶式市场升级为室内市场,场内摊位布局更趋合理,同时明确了市场主办方的责任,调整了市场管理员队伍,使市场管理水平得到了很大提升,着实方便了城乡群众的日常生活需求。

(二)农贸市场管理情况

由于农贸市场建设资金投入较大,且投入产出回报率低,加上农贸市场作为公众聚集场所,对管理者的管理能力要求较高,导致社会力量不愿意参与农贸市场的建设,因此相城区的农贸市场主办者主要以镇村二级集体为主,43家市场中只有1家是私人投资建设。

通过几年来对城乡农贸市场的升级改造,镇一级农贸市场的消防、食品安全、消费者权益保护和市场突发事件应急预案等各项管理制度得到了完善,尤其是市场信用分类监管工作得到了较好落实。每个镇级农贸市场在建造或改造过程中都按照要求配备了消防栓和灭火器等消防器材,都有专门的食品检测室,配备了食品安全检测仪器,落实了专门的责任人。目前,相城区11家镇级农贸市场都是星级文明诚信市场,陆慕农贸市场还获得了五星级农贸市场的荣誉称号。

二、市场运行基本情况

(一)从业人员

批发市场共有从业人员1 200名,其中农民1 180名,占总数的98.3%。农贸市场内经营户从业人员共有2 295名,其中农民1 767名,下岗工人228名,其他300名,占比分别为77%、10%和13%。农民是农贸市场内从业人员的主体,随着城市化进程的推进,越来越多的失地农民在没有更好生存技能的情况下,在农贸市场内寻找就业谋生机会。乡村农贸市场在方便群众生活的同时,更为一部分失地农民提供了生活保障,起到了为政府解决就业难题、维护社会稳定的作用。

(二) 经营规模

通过多年的不断升级改造,相城区也出现了一批规模型的农贸市场。从市场成交额看,××年相城区年成交额超过亿元的市场有4个,占总数的9.3%,分别是生态园批发市场、陆慕市场、渭塘市场和黄埭市场;年成交额5 000万元至1亿元的市场有5个,占总数的11.6%。从农贸市场经营面积看,经营面积5 000平方米(含)以上的有5个,占总数的11.6%;经营面积在3 000平方米以上5 000平方米以下的市场有5个,占总数的11.6%。从市场经营从业人员看,生态园批发市场有1 200名经营从业人员,农贸市场内从业人员超过100人的市场有6个,占总数的14.2%。

随着城市建设的推进,人口集聚增长效益,还将培育出一批规模型的农贸市场,从而进一步带动市场周边的商业发展。

(三) 肉、菜、鱼重点商品销售情况

××年,猪肉、蔬菜、水产三类重点农产品年成交量情况。××年,生态园批发市场猪肉销售总量为20 700吨,其中产自本省外市的为2 700吨,占总量的13%,产自外省的为18 000吨,占总量的87%;蔬菜年成交量为12 700吨,其中产自本省外市的为3 700吨,占总量的29%,产自外省的为9 000吨,占总量的71%;鱼年成交量为1 200吨,其中产自本市的为100吨,占总量的8.3%,产自本省外市的为200吨,占总量的16.7%,产自外省的为900吨,占总量的75%。

××年,相城区农贸市场共销售猪肉15 829吨,其中从批发市场进货总量为13 407吨,占销售总量的84.7%,通过屠宰场途径进货量为1 387吨,占销售总量的8.8%,其他途径进货量为1 035吨,占销售总量的6.5%;××年,农贸市场蔬菜进货总量为23 639吨,其中从批发市场进货量为18 086吨,占销售总量的76.5%,场地挂钩为1 693吨,占销售总量的7.2%,其他途径进货量为3 860吨,占销售总量的16.3%;鱼进货总量为9 464吨,其中批发市场进货量为6 850吨,占销售总量的72.4%,场地挂钩为1 686吨,占销售总量的17.8%,其他途径进货量为928吨,占销售总量的9.8%。

从数据中我们可以看出,批发市场是农贸市场肉、菜、鱼等重点农产品的主要货源,农贸市场与生产基地直接挂钩的量比重不高,而且随着城市化进程的推进,农民自产自销的情况将更加萎缩。

三、当前市场建设与管理存在的不足

尽管相城区建区以来农贸市场的数量和规模得到了较大发展,在满足人民群众日常生活需要方面发挥了不可替代的作用,但我们应当看到当前农贸市场建设与管理中还存在一些问题,而且有些问题必须引起政府重视。

(一) 缺少农贸市场专项规划

农贸市场建设应当与城市建设规划同步,坚持规划先行。没有经过规划,必然导致建设的无序。相城区目前还没有关于农贸市场建设布局的专题规划方案,一些地方出现了农贸市场总量过剩、发展过快重复建设的情况。就目前场内摊位和门店的经营情况看,居住人口没有多大变化,但市场在成倍增长,加上各类超市、大卖场的急速开设扩张,必然形成僧多粥少的局面,表面上是方便了消费者,但对开设市场的主办方造成了土地资源和经费浪费等诸

多不利因素,社会效益和经济效益不能协调发展。随着摊位和门店的空闲数量增多,管理成本也随之增大,目前有一部分农贸市场存在大而空、中看不中用的情况,市场内摊位空置率达到50%以上,不仅造成极大浪费,群众有意见,还为市场后序运作带来一系列难题。

(二)现有市场布局与城市发展不相协调

(1)农贸市场与居民生活区不配套。在相城区,许多居住区与现有农贸市场距离较远,群众买菜不方便。这一情况导致在一些小区内出现了不少无照经营农副产品的车库店和马路流动摊,不仅影响城市形象,还带来了食品安全隐患。

(2)盲目追求建设规模。近年来建设的一些农贸市场越造越大,市场使用率低,华而不实。农贸市场建设不应过分追求规模,而应充分考虑便民性,坚持规模适中、布局合理、经营项目齐全,倡导市场内适度竞争。

(三)农贸市场企业化登记率不高

相城区42个农贸市场中进行企业化登记的农贸市场共有17个,占总数的40.5%。其中镇级农贸市场都是经过合法审批的,权证手续齐全,因此11个镇级以上农贸市场都有营业执照,但不少村级农贸市场因为历史形成,事前没有取得合法用地审批手续,不具备办理营业执照所必需的产权证明手续,无法办理营业执照,给今后市场管理带来了难题。

(四)村级农贸市场管理不到位

大部分村级农贸市场由于规模较小,无法给市场主办方带来明显的经济效益,甚至是只有投入不见回报,导致一些市场主办方对市场采取放任不管的态度,部分村级农贸市场都没有配备专职市场管理人员,在物业管理、食品安全检测仪器等方面存在空白,整个市场处于脏、差、乱的状况,极易产生食品安全等事故。通过调查发现,相城区各类农贸市场的管理力量不强,42个农贸市场共有管理人员137名,平均每个市场只有3名,管理人员存在"一高"和"二低"的情况,即表现为年龄偏高、文化素质和工资待遇偏低的情况,导致这支管理队伍有人员流动性大的特点。

资料来源:https://www.syfabiao.com/post/188839.html.

【分析提示】

根据以上农贸市场调查分析报告,提出进一步完善农贸市场建设管理的几点建议。

4.5 市场信息处理

4.5.1 市场信息的含义

市场信息是指在一定的时间和条件下,同商品交换以及与之相联系的生产与服务有关的各种消息、情报、数据、资料的总称,是商品流通运行中物流、商流运动变化状态及其相互联系的表征。

狭义的市场信息是指有关市场商品销售的信息,如商品销售情况、消费者情况、销售渠道与销售技术、产品的评价等。广义的市场信息包括多方面反映市场活动的相关信息,如社会环境情况、社会需求情况、流通渠道情况、产品情况、竞争者情况、原材料和能源供应情况、科技研究与应用情况及动向等。

市场是市场信息的发源地,而市场信息是反映市场活动的消息、数据,是对市场上各种经济关系和经营活动的客观描述及真实反映。

4.5.2 市场信息的类型

市场信息的类型多样,主要包括以下四类。

1. 产品信息

产品信息是市场信息的基础,因为一切竞争均源于产品。产品信息不仅包括行业内的,也包括和这些行业相关联的内容,具体来说有产品品名、形状、包装、规格、价格体系、产品特点及独特点、未来发展趋势等。比如涉农企业需要了解的产品信息：市场上主要的农产品有哪些,同类型农产品有多少个品牌,有多少个品种,有多少种包装形式,大体都是什么价位,不同的农产品种类有什么特点,每个品种有什么特点,未来会有什么需求,会出现什么样的农产品,哪些会被淘汰,哪些会成为主流。只有掌握了上述的信息,决策者才能够做出准确判断,制定未来的产品战略。

2. 消费者信息

中国地域广阔,区域及城乡差异大,从而导致了消费者的差异巨大,更多的消费者由于缺乏对农产品的理性认知,而受广告、口碑等方面的影响显著。这就需要企业对各区域消费者构成和购买心理、消费心理及消费行为进行调查和分析。调查方法可分为理性调查和感性调查,一般理性调查需要聘请专门的调查公司通过科学的调查方法进行数据统计与分析,调查结果比较准确,对决策借鉴意义较大,但这种方式耗费时间及资金过大,所以多数企业以感性调查为主,即通过市场人员和销售人员对消费者询问、观察及座谈的方式凭借知识和经验进行消费行为分析。

3. 竞争者信息

竞争者信息,即通过竞争对手的市场行为判断、分析其所运用的市场策略。这适用于"知己知彼,百战不殆"的战争法则,只有深入了解竞争对手的想法和行为,才能制定准确的市场策略。

4. 渠道信息

之所以说渠道信息很重要,是因为国内的农产品市场还不成熟,而且区域差异、城乡差异严重,所以掌握渠道便掌握市场的说法也是有道理的。渠道信息具体包括行业的渠道构成,渠道成员的特点,利益如何分配,如何避免渠道冲突,渠道进入成本等。

4.5.3 市场信息的作用

市场信息对企业营销活动具有重要作用,主要体现在以下四个方面。

1. 市场信息是企业制定经营战略与策略的重要依据

企业内部的各种主观条件、企业外部环境的现状及变化情况都以一定的信息形式出现,企业要制定正确的经营战略与策略,必须依靠这些信息,才能充分发挥主观条件,灵活地适应外部环境,在企业竞争中立于不败之地。

2. 重视市场信息是企业提高经济效益的有效途径

企业通过分析市场信息,可以掌握和利用经营机会,提高企业的经营收益。同时,市场信息作为一种资源,也可以直接用于交换,为企业增加财富。

3. 市场信息是企业发掘经营机会的源泉

经营机会来源于企业主观条件的改变和客观环境的变化。主观优势的发现,市场环境机会的掌握,都以一定的经营信息作为先导。及时收集和分析经营信息,可以发现经营机会。

4. 市场信息是企业生产经营的先导

市场信息可以反映企业竞争的参与状况、市场的变化及其发展趋势;反映产品供应状况、销售渠道,对广告和推销方式的适应情况。企业通过对这些信息的收集、整理、传递、储存、运用来制定本企业的产品销售渠道、促销活动与价格战略和策略,使企业在激烈的市场竞争中求得生存和发展。可见,在市场营销活动中,市场信息是企业的重要资源、无形资产,是企业的市场机会。企业能否在瞬息万变的市场竞争中求得生存和发展,在很大程度上取决于能否掌握市场信息的变化情况。因此,企业只有树立信息观念,才能发挥企业优势,不断开拓市场。

4.5.4 市场信息的来源

市场信息的来源主要有以下五个途径。

(1) 市场人员的市场调查及客户的反馈是信息来源的首要途径,而且市场信息的收集也是市场或销售人员的主要职责,但市场人员的学识、经验在很大程度上左右了其获取信息的真实性及有效性,这里就需要提供相应的培训及信息收集的表格化,尽量不赋予其分析判断职能,产品信息及渠道信息多半是由市场人员所获取的。

(2) 相关报纸、杂志、电视报道、专业的期刊等公共媒体能够最大限度地提供行业内的有效信息,而且由于其接触层次高,更多的是对策略及战略信息的一些传播,多半是宣传性的公共信息,不涉及商业机密。

(3) 权威部门的信息披露。国家主管部门及行业组织披露的信息主要是行业规划、政策约束及相关发展前景展望和数据公布。

(4) 互联网发布。互联网作为新兴媒体的作用不可小觑,而且实效性强,但互联网信息泛滥,要对其真实性进行印证和甄别。

(5) 业内人士的发言及交流、传播,这里更多的是指私下的传播和交流。由于业内人士了解内情,信息往往比较真实,但要防止因个人好恶而带来的信息歪曲。

4.5.5 市场信息的获取方法

在日常的工作中,企业要通过一些方法、手段获取需要的市场信息。这就要企业发挥业务代表的作用,采取相应的方式方法。获取信息的方法主要有以下四种。

1. 表象观察法

表象观察法是根据市场迹象和现象来获取、判断市场信息的方法。这种方法需要业务代表有很强的洞察力,是靠业务代表长期的工作经验、业务技能、用心程度以及预先准备程度来决定成效的。

2. 客户访谈法

客户是业务代表最佳的情报员，往往企业的第一手信息都是客户反映的。无论客户是有心的还是无心的，是恶性的还是良性的，其利害程度依靠自我把握。同时企业不仅要从客户那里获取市场信息，还要通过访谈的方式从非直接客户那里获取一些对手的信息。

3. 业务代表闲聊法

同在一个圈子里，许多业务代表都经常在一起闲聊，谈某客户的情况、某品牌的动作、市场发展形势等，来了解一些市场中形形色色的人、物、事。还可以让一些没有利害关系的朋友帮助留心竞争品牌的状况，避免自己信息获取不及时。

4. 导购汇报法

每个商业售点都有推销的导购和营业员，他（她）们通过商场例会、销售观察、同伴交流等都能够掌握商场的情况、竞品的情况。有自己专职导购的企业，可以作为一项工作安排导购收集、汇报市场信息；没有专职导购的企业，可以通过一些措施通融营业员，这样既可以多销售产品又可以获取市场信息。

4.5.6 市场信息的处理过程

市场信息处理，就是按照一定的程序和方法对收集的各类信息资料进行加工处理，使之成为价值更高的信息加工活动和过程。市场信息处理是市场调查过程的必要环节，因为第一手资料往往是无序的，第二手资料也难以直接运用，处理信息可以使信息统一化、系统化、实用化。市场信息处理可以提高市场信息资料的价值，去粗存精，去伪存真，由此及彼，由表及里。市场信息处理可以产生新的市场信息，还可以产生预测信息，有利于发现市场调查过程中存在的不足，进而采取补救措施。

市场信息处理的过程主要包括现场控制、逻辑处理、数学处理、系统研究和编写。

1. 现场控制

现场控制是指在资料的实际收集过程中的监控工作和对某些信息资料的处理与分析工作。其主要内容包括督导调研工作的进行和对信息（尤指一手资料）进行及时处理。

2. 逻辑处理

逻辑处理是指对信息资料的形式上的某些加工工作。其主要包括以下内容。

（1）鉴别：对信息资料的真实性（真伪）、准确性（精确程度）、系统性（完整态度）、适用性（适用程度与价值大小）等所做的判断和结论。

（2）分类：对信息资料进行整理，并按其性质、特点、用途等进行归类。

（3）编码：将各种类别的市场信息资料用代码表示的过程。

3. 数学处理

数学处理是对市场信息资料所做的定量运算、分析和处理。其主要内容包括数学运算、统计分析和建模与解模。其特点是能形成新的信息，揭示市场内在规律和发展趋势。

4. 系统研究

系统研究即为了得出结论，把所有有关知识、经验和多种信息结合起来分析与综合。

5. 编写

编写是指把经过处理和分析后形成的市场信息资料按要求的格式与规范写作成文。其主要内容包括原文转发、文字压缩、重新改写和对新信息的编写,要求做到简明(图标、数据)、准确、科学、统一。

扩展阅读 4-7

编码的原则和方法

1. 编码的基本原则

(1) 适用性原则:考虑到分类,适应使用者的需求,结构直观。

(2) 预见性原则:预留足够的位置,以适应需求的变化。

(3) 系统性原则:代码要系统化,即代码要适合整个系统的全部功能。

(4) 标准性原则:代码设计要遵循一定的标准。

(5) 兼容性原则:代码具有通用性和兼容性,以便与其他系统相连。

2. 常见的编码方法

(1) 顺序编码法:只按一个标准对信息进行分类,并按照一定的顺序用连续的数字或字母进行编码。如按家庭收入对家庭进行分类。

(2) 分组编码法:根据事物的特性和信息资料分类及其处理的要求,把具有一定位数的代码单元分成若干组,每个组的数字均有一定的意义属性。

(3) 表意式文字编码法(又称助忆编码法):用数字、文字、符号等表明编码对象的属性,并据此进行市场信息资料的编码。

扩展阅读 4-8

DeepSeek 在农产品市场信息处理中的应用

1. 价格预测与行情分析

通过整合历史价格、实时市场交易、气候及政策等多源数据,DeepSeek 运用大模型进行时间序列分析和预测建模,生成短期至中期的农产品价格趋势,帮助生产者和经销商预判市场走势,规避价格波动风险。

2. 供需智能匹配

DeepSeek 分析来自生产端(产量、品种、上市时间)和消费端(采购需求、销售数据)的海量信息,利用大模型的关联匹配能力,精准连接农产品供应商与采购商,优化资源配置,减少信息不对称导致的滞销或短缺。

3. 物流与供应链优化

结合交通路况、仓储位置、农产品保鲜期和成本数据,DeepSeek 运用优化算法为农产品物流规划最高效的运输和配送路径,缩短流通时间,降低损耗,提升供应链整体效率。

4. 生产计划与决策支持

基于对市场需求趋势、价格预测及历史数据的深度分析,DeepSeek 为农户和农场提供科学的种植品种选择、茬口安排及生产规模建议,辅助其制订更符合市场预期的生产计划,提升收益潜力。

5. 市场透明度提升与溯源

利用自然语言处理等技术,DeepSeek自动解析和整合分散的农产品生产、质检、流通信息,生成易于理解的溯源报告和市场动态摘要,增强供应链各环节信息的透明度和可信度,帮助消费者了解产品来源,助力优质农产品获得市场信任与溢价。

本项目小结

完成本项目的学习,您应该理解和掌握以下内容。

(1)如何设计农产品市场调查方案。调查方案,就是根据调查研究的目的和调查对象的性质,在进行相关项目实际调查之前,对调查工作总任务的各个方面和各个阶段进行的通盘考虑和安排,提出相应的调查实施方案,制定出合理的工作程序。调查方案设计完成后要对其进行评价,选取合适的调查方案。

(2)如何设计农产品市场调查问卷。调查问卷又称调查表,是指调查者根据调查目的和要求,设计出的由一系列问题、备选答案及说明等组成的向被调查者收集资料的一种工具。调查问卷的结构包括问卷标题、问卷说明、被调查者基本情况、调查主题内容、编码和作业证明的记载。问卷设计要遵循一定的原则和程序,还要注意提出问题的注意事项。

(3)如何组织实施农产品市场调查。调查的实施即数据采集需要由专门人员来完成,而且其中有很多技巧,直接影响到所收集的数据的真实性和质量,因此,需要成立专门的市场调查队伍,并对其成员进行培训。调查实施的方法主要是访问法和观察法,还要对调查实施进行监督管理。

(4)如何对调查实施后的调查资料进行整理和分析,并撰写调查报告。调查报告的结构主要包括封面、目录、摘要、正文和附录。撰写调查报告要真实、客观、合理、简洁。

(5)如何进行相关市场信息的收集和处理,为企业决策提供良好的信息数据支持。市场信息主要包括产品信息、消费者信息、竞争者信息和渠道信息等。市场信息的获取途径和方法多种多样。能够正确处理市场信息对企业做出正确的经营决策有很大的指导作用。

案例分析

农产品电商高质量发展大有可为

如何实现农产品电商的高质量发展,现在还存在哪些不足,如何解决这些问题,这都是流通行业、电商行业要认真思考的问题。

产业链不完善,供应链缺优化,价值链欠提升,这是高质量发展农产品电商必须解决的问题。

供应链有三个核心。第一个核心是资源整合,其中资源包括物质资源,也包括非物质资源;包括内部资源,也包括外部资源。现在美国把供应链作为一种武器,企图通过扰乱供应链削弱中国的发展速度,其"断链"、工厂迁移、增加关税等针对的都是供应链。流通过程中间,农产品电商运作中一些环节成本仍然比较高,包括交易成本、物流成本、管理成本等,这正说明供应链还并不优化,需要进行更进一步的资源整合。

第二个核心是功能集约。功能包括商流、物流、信息流、资金流。之所以中央提出要加快建设全国统一大市场,是因为当前全国统一大市场建设过程中还存在一些问题,有很多堵点,很多短板并没有完全打通,造成发展比较粗放。

第三个核心是产业融合。电商是第三方服务商,发展平台经济就要考虑如何与实体经济,包括工业品生产、农产品生产紧密融合在一起,形成"你中有我,我中有你"的格局。但目前产业融合度不高,这是农产品电商实现高质量发展必须突破的一个关键问题。

近年来,我国消费互联网应用在全世界影响力越来越大,发展得非常好。下一步,要研究如何把消费互联网和产业互联网深度融合。产业互联网包括生产互联网,生产互联网又包括工业生产、农业生产、服务业生产。把消费互联网和产业互联网深度融合,就需要双向运作,共同发力。要有技术装备部门、金融部门参与,要把创新放在第一位,激发市场主体活力。提升消费互联网和产业互联网的融合度就是提升价值链,开拓更大的发展空间。

下一步,互联网还要继续服务乡村振兴,为巩固农民脱贫,继续做大做强农产品电商。为创造良好的外部环境,国家正在规划建设一批商贸物流枢纽和冷链基地,农产品电商要利用好这些基础设施,把握难得的发展机遇,使农产品流通渠道畅通,农产品电商大有可为。

资料来源:丁俊发.农产品电商高质量发展大有可为[N].经济日报,2022-11-01.

【讨论问题】

如何进一步推进农产品电商高质量发展?

实训操作

实训项目	绿色农产品消费行为现状调查
实训目标	(1) 培养学生敢于进入社会,掌握与企业、与人打交道的能力 (2) 培养学生有意识地运用知识把握社会心理现象的能力 (3) 锻炼学生学会研究现实问题的途径和方法 (4) 学会设计调查方案、调查问卷,实施市场调查并完成调查分析报告
实训步骤	(1) 组织学生进行分组调查,5人一组 (2) 设计绿色农产品消费需求与行为调查方案和调查问卷(问题不少于10个,如年龄、性别、选择的品种、规格、价位、数量、用途等) (3) 自主选择市场进行问卷调查,可以是超市、批发、贸易市场等实训内容与安排 (4) 对调查问卷进行统计、数据整理分析,撰写调查报告 (5) 以小组为单位进行交流、点评 (6) 修改调查报告,并最终提交绿色农产品消费行为现状调查报告
实训环境	各大超市、农贸市场等
实训成果	(1) 绿色农产品消费行为现状调查方案 (2) 绿色农产品消费行为现状调查问卷 (3) 绿色农产品消费行为现状调查报告

课后练习

一、名词解释

调查方案　调查项目　调查问卷　访问法　调查报告　市场信息

二、不定项选择题

1. 调查方案的内容包括（　　）。
   A. 调查目的　　B. 调查项目　　C. 调查提纲　　D. 调查时间
2. 调查方案优劣的评价标准包括（　　）。
   A. 方案设计是否体现调查目的和要求
   B. 方案设计是否科学、完整和适用
   C. 方案设计能否使调查质量有所提高
   D. 调查实效检验
3. 调查问卷的结构包括（　　）。
   A. 问卷标题　　　　　　　　　B. 问卷说明
   C. 被调查者基本情况　　　　　D. 调查主题内容
4. 问卷设计的原则有（　　）。
   A. 目的性原则　B. 可接受性原则　C. 顺序性原则　D. 详细性原则
5. 问卷设计的程序有（　　）。
   A. 准备阶段　　B. 初步设计　　C. 试答和修改　　D. 付印
6. 问题的主要类型有（　　）。
   A. 直接性问题　B. 间接性问题　C. 封闭性问题　D. 开放性问题
7. （　　）是指提出的问题仅有两种答案可以选择。
   A. 二分法　　　B. 多项选择法　　C. 顺序法　　D. 比较法
8. 一般而言，调查队伍由（　　）组成。
   A. 项目主管　　B. 实施主管　　C. 调查督导　　D. 调查员
9. 调查实施的方法有（　　）。
   A. 面谈调查法　B. 电话调查法　C. 网络调查法　D. 观察法
10. 调查报告的结构一般包括（　　）。
    A. 封面　　　　B. 摘要　　　　C. 正文　　　　D. 附录
11. 市场信息的类型包括（　　）。
    A. 产品信息　　B. 消费者信息　C. 竞争者信息　D. 渠道信息

三、判断题

1. 调查对象就是所要调查的社会经济现象总体中的个体，即调查对象中的一个个具体单位，它是调查中要调查登记的各个调查项目的承担者。　　　　　　　　　　（　　）
2. 调查单位就是根据调查目的、任务确定调查的范围以及所要调查的总体，它是由某些性质上相同的调查单位组成的。　　　　　　　　　　　　　　　　　　　（　　）
3. 调查时间是指调查资料所属的时间。　　　　　　　　　　　　　　　　　（　　）

4. 调查方案设计好后可以直接采用,不需要评价。（　　）
5. 根据填答方式不同问卷,可以分为自填式问卷和访问式问卷。（　　）
6. 开放性问题放在前面;封闭性问题放在后面。（　　）
7. 调查问卷里可以用如"普通""经常""一些"等词语。（　　）
8. 要避免提引导性提问。（　　）
9. 观察调查法是调查员凭借自己的感官和各种记录工具,深入调查现场,在被调查者未察觉的情况下,直接观察和记录被调查者行为,以收集市场信息的一种方法。（　　）
10. 正文是调查报告中的主要部分,也是调查报告中篇幅最长、内容最多的部分。（　　）

四、思考题

1. 调查方案包括哪些内容？
2. 设计问卷时应注意什么问题？
3. 调查资料整理的步骤有哪些？
4. 市场信息获取的方法有哪些？

项目 5

农产品市场细分及定位

【能力目标】

通过本项目的学习,学生应该理解农产品市场细分的内涵,熟悉农产品目标市场营销的相关概念,掌握农产品市场定位的策略。

【课程思政】

通过本项目的学习,使学生了解制定农产品营销战略特别是在市场定位时,要具有系统思维和国际视野,考虑中国特色;让学生具备良性竞争意识、团队协作能力和开拓创新精神。

【任务分解】

(1)掌握农产品市场细分的含义、作用、依据、原则和步骤。
(2)掌握农产品目标市场的概念、选择条件、策略和考虑因素。
(3)掌握农产品市场定位的含义、方法和策略。

"谁能告诉我,今年种什么?"这是近年各地农民经常问的一个问题。很多农民面对激烈的市场竞争,对于种什么、种多少、前景如何,心中无数。要解决这个问题就要做好农产品市场细分及定位。广大农民朋友和农业企业应该在充分了解市场供求信息的基础上仔细分析,了解不同消费者的需求特点,并根据自身的条件选择能发挥自己优势的市场作为目标,有针对性地发展生产。从企业营销的角度来看,每个企业都想把自己的产品卖给社会全体消费者。但实际上,任何规模的企业都不可能满足所有消费者的所有需求。

导入案例:休闲农业企业选择目标市场的策略

特别是我国农产品市场供过于求,农产品相对过剩,消费者对农产品的要求越来越高,农产品生产者就更需要集中优势资源,服务于某一类或某几类消费者。因此,必须对农产品市场进行细分,在细分的基础上正确选择目标市场,这个过程就是选择农产品营销的目标市场。目标市场营销又称 STP 营销,S 指 segmenting market,即市场细分;T 指 targeting market,即选择目标市场;P 指 positioning,即定位。STP 营销在营销中占据重要的地位,是营销成败的关键。正因为如此,营销大师菲利普·科特勒认为,当代战略营销的核心可被定义为 STP。

5.1 农产品市场细分

5.1.1 农产品市场细分的含义

1956 年,温德尔·斯密提出了一个重要的概念——市场细分。一个市场的顾客是有差异的,他们有不同的需求,寻求不同的利益。温德尔要求对市场进行细分,而不仅仅是停留在产品差异上。他把市场细分看作一种战略。所谓市场细分,即指企业从市场需求的同质性和异质性出发,根据消费者不同的需求和欲望进行分类的过程。拥有相同或相似需求和欲望的消费者群体属于同一细分市场,也称"子市场"或"亚市场"。市场细分的基础是消费者对同一产品需求的多样性。从需求的角度来看,各种社会产品的市场可以分为两类:同质市场和异质市场。同质市场是指消费者对某一种产品的要求基本相同或极为相似,则该种产品的市场就是同质市场。同质市场不用细分,属于同质市场的产品极少,主要是初级产品,如普通食盐,消费者对普通食盐的要求基本相同。据此,我们可以认定普通食盐的市场是同质市场。异质市场是指消费者对某种产品的要求不尽相同,则该产品的市场就是异质市场。绝大多数的产品市场都是异质市场。实际上,市场细分,就是把一个异质市场划分为若干个同质子市场。同质市场和异质市场在不同时期、不同条件下是可以相互转化的。同质市场可以渐变为异质市场,异质市场也可以向同质市场转化。如在过去,饮用水是同质市场,随着经济的发展、社会的进步,饮用水由过去的同质市场渐渐变成今日的异质市场。所谓农产品市场细分,就是根据农产品总体市场中不同的消费者在需求特点、购买行为和购买习惯等方面的差异性,把农产品总体市场划分为若干个不同类型的消费者群体的过程。农产品市场细分的客观依据是同一农产品消费需求的多样性,即农产品市场细分以消费者的需要、动机、购买习惯等为依据。自改革开放以来,我国农产品极大丰富,消费者行为日趋个性化、多样化,消费者对农产品的需求、欲望、购买行为以及对企业营销策略的反应等表现出巨大的差异性,这种差异性使得某产品市场细分成为可能和必然。

扩展阅读 5-1

市场细分的必要性

(1) 市场细分是由消费者需求的差异性所决定的。在市场上,每个消费者由于各自条件不同,所处客观环境的差异,他们在购买商品时,动机、欲望和需求存在着一定的差异。比如,消费者购买奶粉,在 20 世纪 70 年代,中国广大消费者正在解决温饱问题,对营养饮食的要求处于初级阶段,市场上供应的奶粉种类单一;20 世纪 80 年代末期,人们的生活水平大幅提高,对饮食的需求多样化,特别是年轻的父母力求给独生子女最有营养、最适于婴儿成长的奶粉;老年人也希望通过饮用奶粉补充体内缺乏的钙质,于是市场上涌现出分别适应这些子市场需求的婴儿奶粉、老年奶粉等。

(2) 市场细分还是由于消费者需求的相似性所决定的。每一个细分市场,之所以成为相对独立且又比较稳定的市场,是因为在该群体的消费者中,有着相似的购买行为和购买习惯。例如,在同一社会环境、同一民族文化传统的熏陶下,人民在生活习惯、社会风俗、节日礼仪等方面又总会表现出一定的相似性。这种相似性又使不同消费者需求再次聚集,形成相似的消费群体,从而构成了具有一定个性特征的细分市场。

(3) 市场细分还受各企业的营销能力的限制。任何企业,其经营范围、经营能力总有一定限度,它不可能为市场提供所有消费者需要的全部商品,而只能使自己的营销活动限定在力所能及的范围内,只能生产和经营一方面或几方面的商品,满足某一部分消费者的一个或几个方面的需要,这就要求企业必须将复杂、多变的整体市场进行细分,同中求异、异中求同,以发挥企业的优势,更好地满足消费者的需要。

由此可见,市场需求的差异性和相似性、企业经营能力的局限性是市场细分的客观基础。正是因为有了市场需求的差异性和企业营销能力的局限性这一矛盾,同时,又存在整体市场需求的差异性和细分市场的相似性,才使企业进行市场细分具有必要性和可能性。

5.1.2 农产品市场细分的作用

农产品市场细分的作用可以从以下两方面来描述。

1. 对消费者而言,市场细分能更好地满足消费者的需求

在买方市场条件下,企业营销决策的起点在于发现具有吸引力的市场环境机会。这种环境机会能否发展成为市场机会,取决于两点:①与企业战略目标是否一致;②利用这种环境机会能否比竞争者具有优势并获取显著收益。这些必须以市场细分为起点。要使顾客满意,首先要充分尊重顾客的要求,而消费者的需求是有差异的。我们只有通过市场细分,才能生产出适销对路的产品。例如,北方一些农民把鸡蛋的蛋黄和蛋清分开卖,拆零拆出大市场。爱吃蛋黄的消费者买蛋黄,爱吃蛋清的消费者买蛋清,各有所爱,各得其所。消费者得到了实惠,卖方也赚到了更多的钱。

扩展阅读 5-2

古老名酒"状元红"的走红

古老名酒"状元红"的酿制始于明末清初,河南省上蔡厂生产的"状元红",在1980年被河南省评为优质产品,酒色红润晶莹,质地醇香可口,是一种调血顺气、补中固本的好酒。1981年,"状元红"首进上海市场,原以为该酒是古老名酒,质优价廉,一定畅销,但却没能畅销上海,而且严重滞销。河南省上蔡厂经过市场调查获知,青年是上海瓶酒最大的顾客群,他们经常购买包装美观、质量上乘、价格中档的礼品酒用来做礼物。而上蔡厂生产的"状元红"包装陈旧,酒瓶造型不美观,属于低档酒,并且存在短期褪色、易于沉淀等问题。上蔡厂经过研究,决定以上海青年市场为企业的目标市场,生产中档礼品酒,他们在中国科学院等有关科研单位协助下,采用科学的新工艺改进了酒的质量,更新了"状元红"的包装。

(1)造型更新。500毫升装的选用长口径仿"白兰地"式样,上端细长、下呈圆形,高38厘米,美观大方;一斤装的改用古瓷瓶式,上宽下窄,作为礼物,贵重雅致。

(2)包装更新。由原来光瓶改为盒装,纸盒装潢讲究,橙黄色底上印有浅黄色卧龙小图案,纸盒前后印有金色"状元红"的隶书体牌名,左右两侧还有中文和英文书写的商品介绍。一斤装纸盒,用活络式硬纸拎攀。一斤半装,则配上红色尼龙丝网套,既美观又便于携带。

(3)商标标签更新。选用新的外销商标和内销商标,中间是翠松丹顶鹤图案,象征延年益寿。

更新后的包装符合上海青年的消费偏好。时隔一年,重新包装后的"状元红"二进上海市场,首批4 800瓶,几小时内就被一抢而光,各商店纷纷进货,在上海10个区销售量达100吨,占上蔡厂年产量的20.5%。上蔡厂不满足现状,他们根据上海青年消费送"礼酒"要成双的特点,重新设计了双瓶"状元红",结果销量大增。

2. 对企业而言,市场细分有利于发挥企业优势和开发新产品

(1)进行农产品市场细分,有利于扬长避短,发挥优势。每一个农民的经营能力对整体市场来说,都是极其有限的,所以必须将整体市场细分,确定自己的目标市场,把自己的优势集中到目标市场上。否则,农产品就会丧失优势,在激烈的市场竞争中遭受失败。

(2)进行农产品市场细分,有利于开发新产品。当众多的生产者奉行市场细分战略时,那些尚未满足的消费需求就会逐一成为不同生产者的一个又一个市场机会,新产品层出不穷,市场上产品的种类、花色、品种增多,经营者则通过不断开拓新产品提高自己的竞争能力。例如,某公司出口日本的冻鸡原先主要面向消费者市场,以超级市场、专业食品商店为主要销售渠道。随着市场竞争加剧,销售量呈下降趋势。为此,公司对日本冻鸡市场做了进一步的调查分析,以掌握不同细分市场的需求特点。购买者分为三种类型:一是饮食业用户;二是团队用户;三是家庭主妇。三个细分市场对冻鸡的品种、规格、包装和价格等要求不尽相同。比如,饮食业用户对鸡的品质要求较高,但对价格的敏感度低于零售市场的家庭主妇;家庭主妇对冻鸡的品质、外观、包装均有较高的要求,同时要求价格合理,购买时挑选性较强。根据这些特点,公司重新选择了目标市场,以餐饮业和团队用户为主要顾客,并据此调整了产品、渠道等营销组合策略,此举使其出口量大幅度增加。

5.1.3 农产品市场细分的依据

农产品市场细分的依据是消费者需求的多样性、差异性。消费者对农产品需求与偏好主要受地理因素、人口因素、心理因素、购买行为等多方面因素的影响。因此,这些因素都可以作为农产品市场细分的依据。

1. 地理因素

以消费者居住的地理位置与自然环境不同来进行市场细分,简称地理细分。其具体变量包括国别、城市、乡村、气候、地形地貌等。采用地理因素作为市场细分的依据,是因为处于不同地区的消费者的消费需求和消费行为特征有明显区别。例如,我国东南部地区主食总体上以米类为主,而西北地区以面食为主,因此这两大地区分别对水稻和小麦有不同的生产与生活上的需求。再如,根据我国不同地区对大米的不同需求,可将大米市场细分为东北、华北、华中、华南等子市场。

2. 人口因素

人口是构成市场的最基本、最主要的因素,它与消费者对产品的需求、爱好、购买特点、使用频率等关系密切。年龄、性别、家庭、收入、宗教等人口因素都可作为细分市场的依据。

3. 心理因素

心理状态直接影响消费者的购买趋向。由于心理因素十分复杂,购买者所处的社会阶层、生活方式、受教育程度和职业等的不同,形成个体生活格调、个性、购买动机、价值取向以及对商品销售方式的敏感程度各异。特别是在比较富裕的社会,顾客购买农产品已不限于满足基本生活需要,他们购买时的心理因素的作用更为突出。在追求"吃好"的生活水平较高的地区,人们更有条件关注产品质量、声誉和品牌知名度,所以优质的农产品更容易在高收入阶层中销售。面对低收入阶层的消费者则要利用他们求廉的心理。例如,在农产品市场上,有人把货分为了几堆,每堆前面树了一个牌子,分别写上几元一堆,这种销售就是迎合买主求廉的心理。

4. 购买行为因素

企业可以依据消费者购买行为的不同来细分市场。消费者购买行为的变量很多，如消费者进入市场的难易程度、购买或使用商品的动机、购买的数量规模、对商品品牌的忠诚程度等。如一些企业的调查表明：在啤酒市场上，"不使用者"人数占68％，"少量使用者"和"大量使用者"人数各占16％，而"少量使用者"和"大量使用者"的销售额占总销售额的比重分别为12％和88％，因此啤酒企业就应把主要精力集中在"大量使用者"。

5. 受益细分

根据消费者在购买产品时所追求的利益不同来进行市场细分，称为受益细分。任何产品都有消费者所追求的基本核心功能，同时又具有许多种辅助功能。几乎所有消费者在购买同种产品时，追求的核心功能都是一致的，而对辅助功能受益追求方面有所区别。例如，消费者对苹果有不同的需求，有的追求甜，有的追求香，有的追求脆。果农如果能分辨出消费者对不同苹果品种的消费需求差异性，就可以有针对性地确定自己的苹果生产和销售的品种。如常见的红富士、红星、青香蕉、金冠等苹果品种就各有一定的消费者群体。

5.1.4 农产品市场细分的原则

农业企业可根据单一因素，也可根据多个因素对市场进行细分。选用的细分标准越多，相应的子市场也就越多，每个子市场的容量相应就越小。相反，选用的细分标准越细，子市场就越少，每个子市场的容量则相对较大。如何寻找合适的细分标准，对市场进行有效的细分，在营销实践中并非易事。一般而言，成功、有效的市场细分应遵循以下基本原则。

1. 可衡量性

可衡量性是指细分的市场是可以识别和衡量的，即细分出来的市场不仅范围明确，而且对其容量大小也能大致做出判断。有些细分变量，如具有"依赖心理"的青年人，在实际中是很难测量的，以此为依据细分市场就不一定有意义。

2. 可进入性

可进入性是指细分出来的市场应是企业营销活动能够抵达的，即是企业通过努力能够使产品进入并对顾客施加影响的市场。一方面，有关产品的信息能够通过一定的媒体顺利传递给该市场的大多数消费者；另一方面，企业在一定时期内有可能将产品通过一定的分销渠道运送到该市场。否则，该细分市场的价值就不大。比如，生产冰淇淋的企业，如果将我国中西部农村作为一个细分市场，恐怕在一个较长时期内都难以进入。

3. 有效性

有效性即细分出来的市场的容量或规模要大到足以使企业获利。进行市场细分时，企业必须考虑细分市场上顾客的数量，以及他们的购买能力和购买产品的频率。如果细分市场的规模过小，市场容量太小，细分工作烦琐，成本耗费大，获利小，就不值得去细分。

4. 对营销策略反应的差异性

对营销策略反应的差异性是指各细分市场的消费者对同一市场营销组合方案会有差异性反应，或者说对营销组合方案的变动不同细分市场会有不同的反应。如果不同细分市场顾客对产品需求差异不大，行为上的同质性远大于其异质性，此时，企业就不必费力对市场进行细分。对于细分出来的市场，企业应当分别制订出独立的营销方案。如果无法制订出这样的方案，或其中某几个细分市场对是否采用不同的营销方案不会有大的差异性反应，便不必进行市场细分。

5.1.5 农产品市场细分的步骤

根据国内外市场营销学家的普遍看法，市场营销的一般程序分为七步，又称"细分程序七步法"，农产品市场细分也不例外，如图5-1所示。

```
选择市场进行评估
      ↓
设计并组织调查
      ↓
选择细分标准和具体变量
      ↓
初步市场细分
      ↓
筛选细分市场
      ↓
分析细分市场
      ↓
选择目标市场和设计市场营销策略
```

图 5-1　市场细分程序

5.2 农产品目标市场选择

5.2.1 目标市场的概念

一个企业无论规模多么大，都无法满足所有消费者的全部需求，必须把企业的营销活动规定在一定的市场范围内，才能集中使用企业的人力、物力、财力，保证营销目标的实现，避免资源浪费。所以企业必须在市场细分的基础上选择目标市场，制定相应的营销策略。

所谓目标市场，是指通过市场细分，被企业所选定的，准备以相应的产品和服务去满足其现实的或潜在的消费需求的那一个或几个细分市场。市场细分与目标市场的选择有着密切的关系，它们既有联系，又有区别。市场细分是按不同的消费需求划分消费者群的过程；而目标市场则是企业选择一个或几个作为自己营销对象的细分市场。因此，市场细分是选择目标市场的前提，选择目标市场则是市场细分的目的和归宿。农产品目标市场是指在市场细分的基础上，企业决定进入并为之服务的农产品市场。选择和确定农产品目标市场，是农业企业制定市场营销策略的首要内容和基本出发点。

5.2.2 选择农产品目标市场的条件

一个理想的目标市场必须具备以下三个基本条件。

（1）要有足够的销售容量，即一定要有尚未满足的现实需求和潜在需求。这个问题对一般小型农户来说问题不大，而对规模较大的农产品生产者来说就显得非常重要。

（2）经营者必须有能力满足这个市场需求。这是指公司能有效进入细分市场并为之服务。某些细分市场很容易接近，如女性市场（区隔变数：性别）、学生市场（区隔变数：职业）、年轻人市场（区隔变数：年龄）。但有些市场则很难接近。例如，一家粮食销售企业虽然细分了10个细分市场，但是职工人数太少，无法为每个细分市场制定相应的营销策略。

（3）在这个市场中必须具有竞争的优势。市场竞争可能有多种情况，如品牌、质量、价格、服务方式、人际关系等，但总的来说，可以分为两种基本类型：一种是在同样条件下比竞争者定价低；另一种是提供满足消费者的特种需要的服务，从而抵消价格高的不利影响。农户在与市场同类竞争者的比较中，应分析自己何处为长、何处为短，尽量扬长避短，或以长补短，从而超越竞争者占领目标市场。

5.2.3 农产品目标市场营销策略

为了有效地进入目标市场，企业可以采用不同的目标市场策略，一般有以下三种。

1. 无差异性目标市场营销策略

所谓无差异性目标市场营销策略，是指企业在进行市场细分之后，不考虑各子市场的特性差异，而只注意各市场需求方面的共性，将所有子市场即农产品的总体市场作为一个大的目标市场，只生产一种产品，制定单一的市场营销组合，力求在一定程度上适应尽可能多的顾客需求。例如，美国的可口可乐公司在相当长的时间里，由于拥有世界性的专利，仅生产一种口味、一种大小和形状的瓶装可口可乐，连广告词句都一样。

这种策略的优点是成本的经济性。一方面，可以大批量地生产、储存、运输和销售，因而单位农产品的成本较低；另一方面，因为不用细分市场，经营方式简单，节约营销费用。其缺点是不考虑单个细分市场的需求差异性。随着消费者收入水平和消费水平的提高，消费者之间的需求差异性也随之扩大，无差异性市场策略难以适应这种形式。比如，原来人们对鸡蛋的需求也没有什么特别之处，但随着生活水平的提高，人们越来越重视营养，这对大批量的传统鸡场产出的鸡蛋提出了挑战。如果经营者仍然只考虑人们对鸡蛋的数量需求，而不具体分析消费者群体对鸡蛋的色泽、口感、蛋白质含量等外观及营养品质等的需求差异，那么，在大众化鸡蛋消费市场的竞争将十分激烈，出现供过于求的市场态势。

2. 差异性目标市场营销策略

所谓差异性目标市场营销策略，是指企业针对不同细分市场上消费者对农产品的不同需求，生产不同的农产品，并采用不同的营销组合，以适应不同子市场的需求。这种策略适用于从事多种经营的大型农业企业，小型农业生产者、农户不宜使用这种策略。

这种策略的优点：第一，体现了以消费者为中心的经营思想，能满足不同消费者的需要，有利于扩大农产品销售额；第二，企业同时在几个细分市场上占优势，有利于提高企业声誉，树立良好的企业形象，增进消费者对企业和商品的信任感，从而有利于提高市场占有率。如乌骨鸡、七彩龟、黑小麦、黑玉米等农产品，因为其颜色特别，药用价值较高，不仅市场销路好，而且经济效益高。

这种策略的缺点：第一，企业资源分散于各细分市场，容易失去竞争优势；第二，商品生产成本和营销成本较高,因采取多种营销组合措施,促销费用较多。因此,要权衡一下究竟差异到什么程度才最有利。为了解决这个矛盾,许多企业宁可只经营少数品种,而尽量使每个品种能适应更多消费者的需求。

3. 集中性目标市场营销策略

集中性目标市场营销策略(也称密集性目标市场营销策略)与前两种策略的不同之处,就是不把整个农产品市场作为自己的服务对象,而只是以一个或少数几个细分市场或一个细分市场中的一部分作为目标市场,集中企业营销力量,为该市场开发一种理想的农产品,实行专门化生产和销售。

采取这种目标市场策略的企业,追求的不是在较大市场上占较少的份额,而是在较小的市场上占较大的份额。企业面对若干细分市场并不希望尽量占有市场的大部分乃至全部。明智的农业企业宁可集中全力争取一个或极少数几个细分市场,而不是将有限的人力、物力、财力分散用在广大的市场上。

采取这种策略的优点:营销对象集中,企业能充分发挥优势,深入了解市场需求变化,降低成本,提高赢利水平。例如,四川雅安市雨城区草坝镇的一家农户,在具体细分雅安市民对鸡的需求的基础上,避开了大众性消费群体,选择了特定性消费群体(追求营养品质型消费的群体)为目标市场,专门生产放养的、不喂饲料添加剂的土乌骨鸡,结果绿色无公害的乌骨鸡供不应求。但这种策略也有一定的风险,由于目标市场比较狭窄,一旦市场发生突然变化,比如价格猛涨或猛跌,消费者的兴趣转移,或出现强有力的竞争对手,企业可能会陷入困境。因此,企业选用这种策略时,要谨慎从事,留有回旋余地。

5.2.4 确定农产品目标市场营销策略时应考虑的因素

上述三种目标市场营销策略各有利弊,各自适用于不同的情况。一般来说,在选择战略时,要考虑以下四个方面的因素。

(1) 企业的资源。大型或资源雄厚的企业,可实行无差异或差异营销;而资源有限、实力不强的企业,不能覆盖更多的市场,最好实行集中营销。

(2) 产品的特征。一是产品本身差异性的大小,差异性很小的产品,可实行无差异营销;差异性大的产品则不宜采用。二是产品生命周期的阶段,新上市的产品,通常只介绍一种或少数几种款式,因为在此阶段重点是启发顾客的基本需要,所以最好实行无差异营销,或针对某一特定子市场实行集中营销;当产品达到成熟期时,则可改为差异营销,以维持或扩大销路;当产品进入衰退期时,采取集中营销。

(3) 市场的特点。市场是否"同质"。如果市场上所有顾客在同一时期偏好相同,购买的数量相同,并且对营销刺激的反应相同,则为"同质市场",可实行无差异营销;反之,则应实行差异营销。在农产品市场,普通农产品相对过剩,而优质农产品和特色农产品、绿色农产品则需求旺盛,此时,企业实施差异性营销或集中策略将大有可为。

(4) 竞争者的战略。一般来说,应该同竞争者的战略有所区别,反其道而行之。如果对手是强有力的竞争者,实行的是无差异营销,则本企业实行差异营销往往能取得良好的效果;如果对手已经实行差异营销,本企业却仍实行无差异营销,势必失利。在此情况下,可考虑实行更深一层的差异营销或集中营销。

5.2.5 选择农产品目标市场须走出"多数谬误"误区

1. 多数谬误的含义

选择目标市场的目的是使产品有销路。问题是并非所有有销路的市场都一定能成为企业理想的目标市场，如果出现多数谬误，农户就不可能实现预期的营销目标，还可能导致挫折和失败。多数谬误是指过多的农户都把同一个细分市场作为自己的目标市场，从而造成某一种产品的供给远远超过市场需求。在这种情况下，这些农户共同经营同一种产品，实际上就是共同争夺同一产品有限的消费者群。结果造成社会劳动和资源的浪费，也不能满足本来有条件满足的其他市场需求，大幅提高了农户的机会成本，影响农户的经济效益，甚至造成农户的营销失败。在现实的经济生活中，多数谬误屡屡发生。

2. 多数谬误产生的原因分析

从农户市场营销实践来看，多数谬误产生的原因如下。

（1）农户均将市场容量最大、利润潜量最大的市场作为目标市场。许多农户只盯着市场的需求潜量和诱人的利润，认为只要市场有需求，重视产品质量，价格合理，加上推销工作，就一定能够扩大销售量，提高市场占有率，从而取得最大的利润。结果，竞争者太多，形成同步共振，造成损失。

（2）企业经营者在指导思想上急功近利，只考虑农户的目前利益，避难就易，而看不到长远利益，使经营陷入困境。这种情况是农户把最容易进入的市场作为目标市场。有些农户看到某些农产品畅销，而且投资小、见效快、市场容易进入，便产生了投资冲动。如果一户因育果树苗发了财，就户户育、村村育、乡乡育，最后只能是把果树苗当柴烧。类似事例，不胜枚举。更为严重的是现在仍有许多农户在重蹈覆辙。

（3）抵挡不住外围市场一时走俏的诱惑。市场细分，确定目标消费群，只能在自己的有效市场范围内，绝不能放弃自己的优势，去追求所谓的"热"。俗话说："庄稼活，不用学，人家咋做咱咋做。"这是一种盲从思想，很多农民正是在这种习惯思维的引导下急功近利，盲目发展，看到人家赚了钱也挤同一条赚钱道，自觉不自觉地扩大同类农产品的种植面积，结果谁也赚不了钱。

（4）对已经确定的目标市场缺乏精细的了解。信息不同于情报，它虽是宝贵资源，但却是共有资源。当你从各种渠道得知某地某一种货物奇缺且价格高昂而进行生产时，你将和四面八方获知同一信息采取统一举措的众多农户在市场上发生碰撞，奇缺变为过剩，抢购的紧俏货转眼之间变成卖不出去的滞销货。一哄而上很难称为市场失灵，倒可以称为市场过敏了。

（5）对细分后的目标市场的变化没有足够的把握。市场细分的各项变量随着社会大环境的变化而不断变化，所以就不能用固定不变的观念去看待变化的市场，而应以变应变，具体问题具体分析，及时调整自己的营销策略。

市场细分是一个复杂的问题，不是简单地种什么、养什么的问题，它还涉及资金、市场、人才、技术等诸多因素。因此，进行市场细分必须对多种因素进行综合考虑、科学论证、统筹规划，有计划、有步骤地进行。客观地讲，在商品经济生产中，多数谬误是很难完全避免的，问题是尽可能把多数谬误控制在最小的范围内，要把它造成的损失降到最低。

5.3 农产品市场定位

5.3.1 农产品市场定位的含义

20世纪50年代初,美国人罗瑟·瑞夫斯(Rosser Reeves)提出USP理论,要求向消费者说一个"独特的销售主张"(unique selling proposition),简称USP理论。1969年,A.里斯(A.Ries)和J.屈特(Jack Trout)在美国营销杂志《广告时代》和《工业营销》上发表了一系列文章,首次提出了定位这一概念。20世纪70年代,定位观念日趋成熟,发展成较为完善的理论。1969年,两位大师合作出版了第一本确定定位理论的专著《定位:攻心之战》(中译本名为《广告攻心战略——品牌定位》,中国台湾刘毅志译)。他们在书中宣称提出了一种新的传播沟通方法。他们还声称"'定位'是一种观念,它改变了广告的本质""定位已改变了现今所玩的广告游戏的方法"。到20世纪80年代,经过10年的发展和实践,定位论超越USP理论和品牌形象论,被奉为经典。

市场定位是指企业为某一种产品在市场上树立一个明确的、区别于竞争者产品的、符合消费者需要的地位。农产品定位是对农产品所施行的市场定位行为,即指农产品生产经营者根据竞争者现有产品在市场上所处的位置,针对消费者对该产品某种特征或属性的重视程度,强有力地塑造本企业产品与众不同的鲜明个性或形象,并传递给顾客,从而确定该产品在市场中的适当位置。

市场定位的"位",是产品在消费者感觉中所处的地位,是一个抽象的心理位置的概念。市场上的商品越来越丰富,但与竞争者雷同、毫无个性的产品,很可能淹没在商品的海洋中,无法吸引消费者的注意力。农产品的市场定位是企业通过为自己的产品创造鲜明的特色和个性,从而在顾客心目中塑造出独特的形象和位置来实现的。这种特色和形象既可以从产品实体方面表现出来,如品质、包装等,也可以从消费者心理方面反映出来,如安全、档次等。

扩展阅读 5-3

A.里斯和J.屈特提出的三个时代的观点

要理解定位理论的发源,首先应了解A.里斯和J.屈特提出的三个时代的观点。

1. 产品至上时代

20世纪50年代,市场处于竞争初期,产品品种较为单一,同类同质商品少。市场竞争主要通过产品本身的性质特点及功能利益造成的差异性来实现。受生产力发展和消费水平的限制,消费者注重实效,因而广告以理性诉求为主。罗瑟·瑞夫斯的USP理论迎合这一时代的特征,成为营销理论的主流。USP理论的核心内容在于以下三点。

(1) 必须包含特定的商品利益,即明确告知消费者从产品消费中能得到什么好处。

(2) 必须是独特的,即广告必须说明该商品利益是独一无二的,是其他竞争对手做不到或无法提供的。

(3) 必须与销售相联系,即广告所强调的内容必须能打动消费者,让其前往购买,进而有助于促进销售。

在这一理论指导下,营销人员的主要任务就是不遗余力地找出罗瑟·瑞夫斯所说的独特的销售主张。为此,广告甚至不惜夸大产品的特性和功能。到20世纪50年代末期,随着科技的飞速发展,各种替代品和模仿品不断涌现,寻找USP变得日益困难。

2. 形象至上时代

产品至上时代土崩瓦解后,取而代之的是形象至上时代。这一时期,产品之间差异性缩小,同类同质产品充斥市场,通过产品特性形成区分变得十分困难。随着生活水平的提高,消费者的观念也发生了转变,更重视心理上的满足。20世纪60年代,D.奥格威提出的品牌形象论很快被广泛接受和采纳。该理论的主要观点如下。

(1) 消费者购买时追求的是"实质利益+心理利益",即人们不仅注重产品的特性,也重视产品背后的企业形象和产品声誉。

(2) 对同质性很高产品的形象描绘比对其具体功能特征的强调更为重要。

(3) 每一广告都是企业品牌形象的长期投资,其主要目标在于树立并维持一个品牌的良好形象。

在这一理论指导下,D.奥格威成功地策划了哈撒韦衬衫、劳斯莱斯汽车、舒味思汽水等经典广告。其中他为哈撒韦衬衫策划的带眼罩的男人这一形象广告使这个默默无闻116年的品牌一跃成为美国知名度最高的品牌之一,创造了广告史上的神话。伴随他的成功,广告界刮起"品牌形象论"的旋风。树品牌形象、公司形象仿佛成了占领市场无往而不胜的利器。

3. 定位至上时代

随着竞争的进一步加剧,产品日益同质化,具有高度相似性。信息量也急剧膨胀,各种信息相互干扰。当百家争鸣、各施奇招通过形象来造成差异的时候,没有几家能够成功。品牌形象论这个一度点石成金的魔杖似乎也不能解决所有问题。

A.里斯与J.屈特提出并成熟化了定位理论。他们认为这是一个创造力不再是成功关键的时代,发明或发现了不起的事物并不重要,重要的是要进入潜在消费者的心灵。简言之,定位理论的逻辑是"传播过度的社会+过分简单的头脑→极其简化的信息"。于是出现下面这样一些广告词。

山咖(Sanka)咖啡:"我们在美国是销售量排行第三的咖啡。"

艾维斯(Avis):"艾维斯在租车行业是第二位……"

Schaefer啤酒:"当你要喝一瓶以上啤酒时,这就是你要喝的啤酒。"

通过深入调研从这些诉求中寻找市场位置,这些广告词极富销售力。A.里斯和J.屈特认为消费者头脑中存在一级级小阶梯,他们将产品按一个或多个方面的要求在这些小阶梯上排队。定位就是要找到这些小阶梯,并将产品与某一阶梯联系上。在这一主要思想的基础上,他们进一步提出了定位的理论。

5.3.2 农产品市场定位的方法

市场定位的方法多种多样,但是由于农产品具有与一般产品不同的特点,因而其定位方法有其独特性。一般来说,有以下三种定位方法。

(1) 根据农产品的用途定位。同一种农产品可能有多种用途,如有的农产品既可以供消费者直接食用,又可以用于食品加工,那么就可以分别对它们进行不同的定位。此外,为一种老产品找到新用途时,也可用这种定位方法。

(2) 根据农产品的特性定位。农产品的特性包括其种源、生产技术、生产过程、产地等,这些特征都可作为农产品定位依据。如"绿色农产品""无公害蔬菜"等都是根据农产品的特性进行定位。尤其是当农产品这种特性是竞争者无法提供的时,这种定位更有效。

(3) 根据消费者的习惯定位。这是按照农产品消费者对产品的习惯看法确定产品形象,进行目标市场定位。

5.3.3 农产品市场定位的策略

农产品市场定位的策略是指农产品生产经营者根据目标市场的情况,结合自己的条件确定竞争原则,通常可分为以下三种。

1. "针锋相对"策略

"针锋相对"策略是把产品定在与竞争者相似的位置,与竞争者争夺同一细分市场。例如,有的农户在市场上看别人经营什么,自己也选择经营什么。采用这种定位策略要求经营者具备资源、产品成本、质量等方面的优势,否则,在竞争中会处于劣势,甚至失败。

2. "填空补缺"策略

"填空补缺"策略不是去模仿别人的经营方向,而是寻找新的、尚未被别人占领,但又为消费者所重视的经营项目,以填补市场空白的策略。例如,有的农户发现在肉鸡销售中大企业占有优势,自己就选择饲养"农家鸡""柴鸡",并采取活鸡现场屠宰销售的方式,填补大企业不能经营的市场"空白"。

3. "另辟蹊径"策略

当农产品经营者意识到自己无力与同行业有实力的竞争者抗衡时,可根据自己的条件选择相对优势来竞争。例如,有的生产经营蔬菜的农户既缺乏进入超级市场的批量和资金,又缺乏运输能力,就利用区域集市,或者与企事业单位联系,甚至走街串巷,避开大市场的竞争,将蔬菜销售给不能经常到超级市场购买的消费者。

扩展阅读 5-4

市场定位的策略

广告奇才 D.奥格威对定位所下的定义是"这个产品要做什么,是给谁用的"。而在这个竞争者导向抬头的年代里,我们更应该加入竞争因素的考虑。因此,关于定位,我们应该先问三个问题:什么样的人会来买这个产品(目标消费者)?这些人为什么要来买这个产品(产品差异点)?目标消费者会用这个产品代替什么产品(竞争者是谁)?

1. 目标消费者

目标消费者的描述与掌握,是定位运用的首要因素。我们的描述要尽量明确、完整,以便指出日后进攻的方向。在描述目标消费者时,我们可以把人口统计资料与心理描绘资料一起结合使用。

- 强生婴儿洗发水:关心孩子洗头问题的妈妈。
- 海飞丝洗发水:有头皮屑问题的洗发水使用者。
- 雀巢咖啡:讲求生活品位,力争上游的年轻经理人。
- 雀巢儿童专用奶粉:关心 1~12 岁孩子成长的妈妈。

这些例子对目标消费者的描述还比较粗略,还可以更进一步组合,如年龄、教育程度、居住地区、性别、生活状态以及价值观等。不过,它们至少为我们指出了一个方向,即以明确的字眼、书面的方式详细描述我们的目标消费者。

2. 产品差异点

每一种产品都必须提出有力的差异点,以便说服消费者前来购买,这就是购买原因,不论这个差异点是实质的或心理的,信手拈来就有很多例子。

- 海飞丝洗发水:头屑去无踪,秀发更出众。
- 雀巢儿童专用奶粉:添加钙、铁、维生素,帮助孩子成长得更好。
- 强生婴儿洗发水:别让孩子为洗头而哭泣。
- 娃哈哈儿童可乐:不含咖啡因的可乐。

如果找不到USP,那就要换一种方式,由企业提出一种具有独特吸引力的主张。一旦消费者接受这种主张,则由于它是某厂商率先提出的,其他厂商也无法跟进,因此,它就变成该厂商的宝贵资产。例如,王老吉凉茶因为受到饮食习惯和口味等限制,销售区域一直停留在广州、温州一带,2002年前每年的销量只有1亿多元人民币。2002年年底,王老吉重新定位,从"中药凉茶"重新定位为"预防上火的饮料",克服了广大消费者对王老吉是中药的心理障碍。而且,根据王老吉"预防上火的饮料"这个定位,改变了王老吉的渠道战略,让它开拓了火锅店、湘菜店等渠道。"怕上火,喝王老吉"的广告语深入人心。新定位启动两年后,王老吉成功打开了全国市场,销量在两年内实现了从1亿多元到10亿多元的历史性突破。

3. 竞争者

确定在消费者心目中自己是在哪个市场与谁竞争,有助于了解自己被放在哪个阶梯、哪层梯子,以及敌我之间实力的消长。如果可能,应该尽量避免与市场领导者正面冲突,而应采取迂回战术。最好是先找一个闲置的位置,等基础稳固后,再去渗透已被占有的位置。

本项目小结

完成本项目的学习,您应该理解和掌握以下内容。

(1)掌握农产品市场细分的含义、作用、依据、原则和步骤。所谓农产品市场细分,就是根据农产品总体市场中不同的消费者在需求特点、购买行为和购买习惯等方面的差异性,把农产品总体市场划分为若干个不同类型的消费者群体的过程。对消费者而言,市场细分能更好地满足消费者的需求;对企业而言,农产品市场细分有利于农户扬长避短,发挥优势和有利于开发新产品。农产品市场细分的依据有地理因素、人口因素、心理因素、购买行为因素等。农产品市场细分的原则有可衡量性、可进入性、有效性和对营销策略反应的差异性。农产品市场细分的步骤:选择市场进行评估、设计并组织调查、选择细分标准和具体变量、初步市场细分、筛选细分市场、分析细分市场、选择目标市场和设计市场营销策略。

(2)掌握农产品目标市场概念、选择条件、策略和考虑因素。农产品目标市场是指在市场细分的基础上,企业决定进入并为之服务的农产品市场。选择和确定农产品目标市场,是农业企业制定市场营销策略的首要内容和基本出发点。农产品目标市场的选择条件有三点:要有足够的销售量、经营者必须有能力满足这个市场需求和在这个市场中必须具有竞争的优势。农产品目标市场营销策略有三种:无差异性目标市场营销策略、差异性目标市场营销策略和集中性目标市场营销策略。确定农产品目标市场营销策略要考虑的因素有：企业资源、产品特征、市场特点和竞争者的战略。

(3) 掌握农产品市场定位的含义、方法和策略。农产品定位是对农产品所施行的市场定位行为，即指农产品生产经营者根据竞争者现有产品在市场上所处的位置，针对消费者对该产品某种特征或属性的重视程度，强有力地塑造本企业产品与众不同的鲜明个性或形象，并传递给顾客，从而确定该产品在市场中的适当位置。农产品市场定位的方法：根据农产品的用途定位、农产品的特性定位、消费者的习惯定位。农产品定位的策略："针锋相对"策略、"填空补缺"策略和"另辟蹊径"策略。

案例分析

铁皮石斛市场

人要长寿首先就得肠胃好，而铁皮石斛天生就是调理肠胃专家，这是最大的优势。其实铁皮石斛可以作为礼品，送礼送健康，实用又有面子，价格也不算贵，功效实用，人人需要。特别是老人家，10个老人9个肠胃不好，想想我国有多少60岁以上的老人，光这个市场就足够大了。此类产品属保健品，调理肠胃效果非常好，有纯天然可以直接吃的鲜条，也有加工后用于泡茶或冲粉的枫斗，用起来很方便。

目前石斛主要有两种销售渠道：一种渠道是线上的电商平台，以淘宝和京东为代表。单从这个角度来看，石斛是个高端的细分产品，因为鲜条大多是100元左右的单价，而枫斗都是300~700元/克。高端产品主要是以走礼品市场为主，低端的鲜条或枫斗是自用。另一种渠道是线下，要走超市或药店或一些实体保健品批发市场，这个量不好统计，目前做得好的是浙江，因为石斛在浙江最为久远，深耕的石斛企业有长达十多年的，不过其他城市就没有那么乐观了。起码，从种植地和线下普及度来说，还远远不够，达不到全民皆知。目前普及度比较高的就3个省：浙江、云南、安徽。

铁皮石斛的主要消费群体有三类：第一，餐厅用鲜条榨汁，以健康饮品为卖点，单杯的价格大多为20~30元，很多大餐厅都有，个人消费者自用，在家有保健意识或需要调理身体的，如肠胃或化疗术后调理，这些人群的年龄较大，年轻人较少。第二，送礼，以品牌包装好的枫斗为主，因为枫斗在礼品领域还是稀有产品，档次高，又是保健品，对身体好，以高端为主。第三，药品原材料，卖原材料并不赚钱，这也是很多药材商人都开始包装产品直接面向消费者，而不甘心只做低价配料，争取做高端枫斗产品的原因。

【讨论问题】

1. 铁皮石斛市场可根据什么标准进行市场细分？
2. 铁皮石斛市场该如何进行市场定位？

实训操作

实训项目	农产品市场细分及定位
实训目标	了解当地奶制品的品牌、品种、价格、目标市场以及市场定位情况 分析不同品牌的同类产品在目标市场和市场定位上的区别 掌握农产品在市场细分、目标市场选择、市场定位上的方法和技巧

实施步骤	(1) 教师提出活动前的准备及注意事项 (2) 学生分为 5 人一组,小组成员分工协作 (3) 根据地理、人口、心理、消费者行为等各因素,对某一种类的不同品牌的奶制品进行细分,最终细分出不同品牌的奶制品的目标市场 (4) 罗列出不同品牌的同类奶制品的市场定位,并阐述该产品采取了何种市场定位的方法 (5) 学生观摩互评,教师点评并最后评分
实训环境	校外农贸市场
实训成果	以小组为单位提交分析报告

课后练习

一、名词解释

农产品市场细分　农产品目标市场　农产品市场定位

二、不定项选择题

1. 农产品市场细分的依据主要有(　　)。
   A. 地理因素　　　B. 人口因素　　　C. 心理因素　　　D. 购买行为因素
2. 农产品市场细分的原则有(　　)。
   A. 可衡量性　　　B. 可进入性　　　C. 有效性　　　　D. 长期性
3. 农产品目标市场策略有(　　)。
   A. 无差异策略　　B. 差异策略　　　C. 针锋相对策略　D. 集中策略
4. 影响农产品目标市场策略选择的因素有(　　)。
   A. 企业资源　　　B. 产品特征　　　C. 市场特点　　　D. 竞争者的策略
5. 农产品定位的策略有(　　)。
   A. "针锋相对"策略　　　　　　　　B. "填空补缺"策略
   C. "另辟蹊径"策略

三、判断题

1. 农产品市场细分的客观依据是同一农产品消费需求的多样性。　　　　(　　)
2. 农产品市场细分是农产品目标市场选择的基础和前提。　　　　　　　(　　)
3. 农产品目标市场定位是一种竞争性定位。　　　　　　　　　　　　　(　　)
4. 农产品市场细分得越细越好。　　　　　　　　　　　　　　　　　　(　　)

四、思考题

1. 农产品市场细分有哪些作用?
2. 理想的目标市场应具备哪些条件?
3. 选择目标市场营销策略应考虑哪些因素?
4. 农产品市场定位的方法有哪些?

项目 6

农产品品牌策略

【能力目标】

通过本项目的学习,学生应该掌握农产品品牌策略的选择;能对农产品品牌进行命名;掌握农产品品牌的策略;了解农产品区域公用品牌;理解农产品区域公用品牌的打造。

【课程思政】

通过本项目的学习,使学生将乡村振兴、产业兴旺、共同富裕等思政元素融入农产品品牌打造过程,以培养学生的学农、爱农、兴农情怀。

【任务分解】

(1)掌握农产品品牌的含义和作用。
(2)掌握农产品品牌策略。
(3)掌握农产品包装策略。
(4)掌握农产品区域公用品牌的含义和作用。
(5)掌握农产品区域公用品牌的打造。

6.1 农产品品牌概述

6.1.1 农产品品牌的含义和作用

我国农产品买方市场的形成及农业产业化的发展使农产品的市场竞争日益激烈,竞争形式不断创新,大量外来名牌农产品对我国农产品市场造成强烈的冲击。农产品品牌已经成为农产品取得市场竞争优势的重要手段,也成为我国农业持续发展的关键。

导入案例:
AKOMEYA——
大米中的爱马仕

1. 农产品品牌的含义

品牌是用于识别某个销售者或某群销售者的产品或服务,并使之与竞争对手的产品或服务区别开来的商业名称及其标志,通常由文字、标记、符号、图案和设计等要素或这些要素的组合构成。所谓农产品品牌,就是指用于区别不同农产品的商标等要素的组合,如伊利、蒙牛等。相对于工业产品而言,农产品生产受自然环境因素的影响较大,具有季节性、地域性、周期性、质量不稳定等特征,因此给农产品品牌建设带来一定的困难。

品牌是一个集合概念,一般包含品牌名称、品牌标志和商标等。

(1)品牌名称也称品名,是指品牌中可用语言表达且可读出声的部分,如金龙鱼、完达山等。

(2) 品牌标志也称品标,是指品牌中可以被识别、易于记忆,但却不能用语言表达的特定的视觉标志,包括专门设计的符号、图案、色彩等。

(3) 商标是一个专门的法律术语,品牌或品牌的一部分在政府有关部门依法注册后,称为商标。国际上对商标权的认定,有两个并行的原则,即"注册在先"和"使用在先"。注册在先是指品牌或商标的专用权归属于依法首先申请注册并获准的企业。在这种商标权认定原则下,某一品牌不管谁先使用,法律只保护依法首先申请注册该品牌的企业。中国、日本、法国、德国等国的商标权的认定就采用注册在先的原则。使用在先是指品牌或商标的专用权归属于该品牌的首先使用者。美国、加拿大、英国和澳大利亚等国则采用使用在先的原则对商标专用权进行认定。凡不拥有商标使用权,而是假冒、仿冒或者恶意抢注他人商标等行为,均构成侵权。

2. 农产品品牌的作用

近年来,不少农副产品经过初加工后开始树立品牌,通过经营者在产品质量和销售方式上的不断改进,逐渐成为市场公认的名牌商品。在这个过程中,人们开始认识到,树立农产品品牌的作用是显著的。

(1) 便于消费者识别商品的出处。这是品牌最基本的作用,是生产经营者给自己的产品赋予品牌的出发点。在市场上,特别是在城市的超级市场中有众多的同类农产品,这些农产品又是由不同的生产者生产的,消费者在购买农产品的时候,往往依据不同的品牌加以区别。随着农业科学技术的飞速发展,不同农产品的品质差异相去甚远。即使有两种品牌的农产品都能达到国家相关的质量标准,甚至符合绿色食品标准,仍可能存在很大的品质差异,如风味、质地、口感等。这些差异是消费者无法用肉眼识别的,消费者也不可能在购买之前都亲口尝一尝。所以,消费者就需要有容易识别的标志,这一标志只能是品牌。

(2) 便于宣传推广农产品。商品进入市场有赖于各种媒体进行宣传推广,依赖于商品实体的品牌是其中一种宣传推广的重要媒介,而且它是不用花钱的广告媒介。商品流通到哪里,品牌就在哪里发挥宣传作用。品牌是生产者形象与信誉的表现形式,人们一见到某种商品的商标,就会迅速联想到商品的生产者、质量与特色,从而刺激消费者产生购买欲望。因此,独特的品牌和商标自然而然成为一种有效的广告宣传手段。

(3) 便于建立稳定的顾客群。开展品牌经营生产要承诺产品质量,这有利于建立稳定的顾客群。品牌标记送交管理机关注册成为商标,需要呈报产品质量说明作为监督执法的依据。这样,品牌也就成了产品质量的象征,可以促使生产者坚持按标准生产产品,保证产品质量的稳定,兑现注册商标时的承诺。如生产者降低产品质量,管理机关便可加以监督和制止,以维护消费者的利益。一个成功的品牌实际上代表了一群忠诚的顾客,这批顾客会不断地购买该企业的产品,形成企业稳定的顾客群,从而确保企业销售额的稳定。

(4) 便于维护专用权利。品牌标记经过注册成为商标后,生产者既有上述保证产品质量的义务,也有得到法律保护的权利。商品注册人对其品牌、商标有独占的权利,对擅自制造、使用、销售本企业商标以及在同类、类似商品中模仿本企业注册商标等侵权行为可依法提起诉讼,通过保护商标的专用权,来维护企业的利益。

(5) 便于充当竞争工具。在市场竞争中,名牌产品借助于品牌优势,或以较高的价格获取超额利润,或以相同价格压倒普通品牌的产品,扩大市场占有率。在商品进入目标市场之前,先行宣传品牌和注册商标既可以防止"抢注",又可以攻为守、先声夺人,为商品进入目标市场奠定基础。

扩展阅读 6-1

新时期打造农产品品牌的必要性

打造农产品品牌是推进农业绿色发展的必然要求。当前,我国经济发展进入质量效率型集约增长的新阶段。然而,农业部门资源利用强度持续偏高、农业投入品利用率保持低位的现状并未得到根本性改观,农业面源污染问题依然突出。全力打造农产品品牌,加快推进品牌强农,可以从需求端倒逼农业绿色发展向全要素保护、全区域修复、全链条供给、全方位支撑转变,实现农业投入品减量化、废弃物资源化、产业模式生态化,有利于促进生产要素更合理配置,进而催生新业态、发展新模式、拓展新领域,带动乡村产业兴旺。

打造农产品品牌是改善农业供给结构的现实路径。随着我国经济的快速发展,城乡居民收入大幅增加、消费结构加快升级,农产品消费需求呈现个性化、多元化的特点。打造农产品品牌,可以优化农业生产结构和产品结构,减少低端无效供给,增加绿色优质农产品供应,提高供给质量和效率。同时,品牌打造有利于更好地发挥农业的多功能性,提升农业的多功能价值,使农业供需关系在更高水平上实现新的平衡。

打造农产品品牌是提升农业竞争力的有力举措。当前,我国农业规模小、产业链条短,质量效益偏低,农业品牌杂而不亮,市场竞争力不强。全力打造农产品品牌,有利于提高我国农业产业发展质量,树立我国农产品良好的国际形象,提升对外合作层次与开放水平;品牌打造还可以全产业链拓展增值空间,提升农业质量效益和竞争力,增强我国农业在全球竞争中的市场影响力。

资料来源:https://m.gmw.cn/baijia/2022-06/08/35795312.html,有删减。

6.1.2 农产品品牌策略决策

农产品品牌策略决策是指基于市场洞察与产品特质,制定核心价值主张、目标客群定位及差异化路径的综合性过程。它涵盖品牌命名、形象塑造、价值提炼(如绿色/有机/地域特色)、传播渠道选择与消费者信任建立等关键环节,旨在通过系统规划提升产品认知度、美誉度与溢价能力,实现可持续市场竞争力。

1. 农产品品牌基本策略

1)品牌有无策略

农产品营销者首先要确定生产经营的产品是否应该有品牌。尽管品牌能够给品牌所有者、品牌使用者带来很多好处,但并不是所有的产品都必须有品牌。现在仍旧有许多商品不使用品牌,如大多数未经加工的初级原料,像棉花、大豆等;一些消费者习惯不用品牌的商品,如生肉、蔬菜等;临时性或一次性生产的商品等。在实践中,有的营销者为了节约包装、广告等费用,降低产品价格,吸引低收入购买力,提高市场竞争力,也常采用无品牌策略。如超市里就有无品牌产品,它们多是包装简易且价格便宜的产品。

必须说明的是,农产品无品牌也有对品牌认识不足、缺乏品牌意识等原因。当然,农产品有无品牌不是一成不变的。随着品牌意识的增强,原来未使用品牌的农产品也开始使用品牌,如泰国香米,新奇士橙子、红富士苹果等,品牌的使用也大幅提高了企业的利润率。

2）品牌归属策略

确定在产品上使用品牌的营销者，还面临如何抉择品牌归属的问题。一般有三种可供选择的策略：其一是企业使用属于自己的品牌，这种品牌叫作企业品牌或生产者品牌；其二是企业将其产品售给中间商，由中间商使用他自己的品牌将产品转卖出去，这种品牌叫作中间商品牌；其三是企业对部分产品使用自己的品牌，而对另一部分产品使用中间商的品牌。

一般来讲，在生产者或制造商的市场信誉良好、企业实力较强、产品市场占有率较高的情况下，宜采用生产者品牌；相反，在生产者或制造商资金拮据、市场营销薄弱的情况下，不宜选用生产者品牌，而应以中间商品牌为主，或全部采用中间商品牌。必须指出，若中间商在某目标市场拥有较好的品牌忠诚度及庞大而完善的销售网络，即使生产者或制造商有自营品牌的能力，也应考虑采用中间商品牌。这是在进入海外市场的实践中常用的品牌策略。

3）品牌统分策略

营销者必须决定企业不同种类的产品是使用一个品牌，还是各种产品分别使用不同的品牌。决策此问题，通常有以下四种可供选择的策略。

（1）统一品牌策略。统一品牌是指厂商将自己所生产的全部产品都使用一个统一的品牌名称，也称家庭品牌。例如，江西的三百山脐橙、三百山食用菌、三百山灵芝等。企业采用统一品牌策略，能够显示企业实力，在消费者心目中塑造企业形象；集中广告费用，降低新产品宣传费用；企业可凭借其品牌已赢得的良好市场信誉，使新产品顺利进入目标市场。然而，不可忽视的是，若某一种产品因某种原因（如质量）出现问题，就可能牵连其他种类产品，从而影响整个企业的信誉。另外，统一品牌策略也存在易相互混淆、难以区分产品质量档次等令消费者感到不便的问题。

（2）个别品牌策略。个别品牌是指企业对各种不同的产品分别使用不同的品牌。这种品牌策略可以保证企业的整体信誉不会因某一品牌声誉下降而承担较大的风险；便于消费者识别不同质量、档次的商品；有利于企业的新产品向多个目标市场渗透。显然，个别品牌策略的显著缺点是大幅增加了营销费用。

（3）分类品牌策略。分类品牌是指企业对所有产品在分类的基础上各类产品使用不同的品牌。如企业可以把自己生产经营的产品分为蔬菜类产品、果品类产品等，并分别赋予不同的品牌名称及品牌标志。分类品牌可把需求差异显著和产品类别区分开，但当公司要发展一项原来没有的全新的产品线时，现有品牌可能就不适用了，应当发展新品牌。

（4）复合品牌策略。复合品牌是指企业对其不同的产品分别使用不同的品牌，但需在各种产品的品牌前面冠以企业名称。例如，可口可乐推出"雪碧茶"等。复合品牌的好处在于，可以使新产品与老产品统一化，进而享受企业的整体信誉，节省促销费用。与此同时，各种不同的新产品分别使用不同的品牌名称，又可以使不同的新产品彰显各自的特点和相对的独立性。

4）品牌重新定位策略

品牌重新定位策略也称再定位策略，就是指全部或部分调整或改变品牌原有市场定位的做法。虽然品牌没有市场生命周期，但这绝不意味着品牌设计出来就一定能使品牌持续到永远。为使品牌能持续到永远，在品牌运营实践中还必须适时、适势地做好品牌重新定位工作。如浙江金华市佳乐乳液有限公司的"初道""乐溶""蓝钙""熊猫滚滚""维卡""皇品"都是"佳乐"牛奶新推出的高端乳品，对佳乐品牌进行了重新定位。

企业在进行品牌重新定位时,要综合考虑两方面影响因素。一方面,要考虑再定位成本,包括改变产品品质费用、包装费用和广告费用等。一般认为,产品定位或品牌定位改变越大,所需的成本就越高。另一方面,要考虑品牌重新定位后影响收入的因素,如该目标市场上有多少顾客、平均购买率、竞争者数量、潜在进入者数量、竞争能力如何、顾客愿意接受的价格水平等。

5) 多品牌策略

多品牌策略是指企业同时为一种产品设计两种或两种以上互相竞争的品牌的做法。在中国市场上,可口可乐公司为自己生产的饮料设计了多个品牌,如可口可乐、雪碧、芬达等。其多品牌策略在中国市场上获得了令人瞩目的市场业绩。虽然多个品牌会影响原有单一品牌的销量,但多个品牌的销量之和又会超过单一品牌的市场销量,增强企业在这一市场领域的竞争力。

采用多品牌策略的优点如下。

(1) 多种不同的品牌可以在零售商的货架上占用更大的陈列面积,既吸引消费者更多的注意,同时也增加了零售商对生产企业产品的依赖性。

(2) 提供几种品牌不同的同类产品,可以吸引那些求新好奇的品牌转换者。

(3) 多种品牌可使产品深入多个不同的细分市场,占领更广大的市场。

(4) 有助于企业内部多个产品部门之间的竞争,提高效率,提高总销售额。

采用多品牌策略的主要风险就是使用的品牌数量过多,以致每种品牌产品只有一个较小的市场份额,而且没有一个品牌特别有利可图,这使企业资源分散消耗于众多的品牌,而不能集中到少数几个获利水平较高的品牌上,这是非常不利的局面。解决的办法就是对品牌进行筛选,剔除那些比较疲软的品牌。因此,企业如果采用多品牌策略,则在每推出一个新品牌之前应该考虑:该品牌是否具有新的构想;这种新的构想是否具有说服力;该品牌的出现可能夺走的本企业其他品牌及竞争对手品牌的销售量各有多少;新品牌的销售额能否补偿产品开发和产品促销的费用等。如果这几方面估测的结果是得不偿失,则不宜增加这种新品牌。

2. 农产品品牌延伸策略

品牌延伸是指企业采用现有成功的品牌,将它应用到新产品经营的全过程。企业在激烈的市场竞争中持续地推出新产品是赢得竞争优势的根本途径;把原有品牌资产发扬光大则是事半功倍的谋略。我国的农产品企业虽然在品牌运作方面整体起步较晚,但也有一些品牌已经步入稳定发展阶段,有必要也有条件和能力实施品牌延伸策略。

1) 农产品品牌延伸策略的特殊意义

对农产品企业来说,应用品牌延伸策略有许多积极意义,主要表现在以下四个方面。

(1) 品牌延伸有利于新产品快速地进入市场。利用原有成功品牌的知名度,可以迅速提高消费者对新产品的认知率,减少新产品推出的费用;同时,它可以加快新产品的定位,保证新产品投资决策的快捷准确,从而推动新产品及时进入市场。

尽可能缩短新产品进入市场的时间,对企业来说尤为重要。品牌延伸就是利用"搭乘品牌列车""借船出海",使该产品快速得到消费者的认同、接受并产生品牌联想,促进新产品快速进入市场的捷径。对消费者来讲,一旦认同某品牌,认为其具有较高的社会信誉、较强的亲和力,便很容易将这种亲和力、忠诚度"复制"和"转移"到该品牌的新产品上,产生"爱屋及乌"效应,同时消除消费者对新产品的排斥、生疏和疑虑心理,以最短时间接受新产品。

(2) 满足消费者的不同需求。品牌延伸给现有的品牌带来新鲜感和活力,拓展了经营领域,满足消费者的不同需求,形成优势互补,给消费者提供更多的选择。一般消费者对品牌的忠诚度是有限的,通常消费者对其他同类型的知名品牌都有试一试的心态。要防止消费者的品牌转移,就要研究消费者在该领域的不同需要。

(3) 有利于品牌价值最大化。成功的品牌是企业巨大的无形资产,是企业经过多年奋斗的回报。在珍惜保护品牌的前提下,充分利用这笔资产为企业谋取利益是每个企业的心愿。正确的品牌延伸可以尽量地减少品牌价值的浪费、闲置和损失。品牌延伸能为新产品争取到更多的货架面积,容易获得经销商的认可,增加零售商对生产商的依赖,在销售领域为生产企业赢得竞争优势。

同一品牌的新产品,可为原有的品牌带来新鲜感和成长感,使品牌所蕴含的意义更加规范、丰富,也使消费者对产品的选择越加完整,有利于扩大市场占有率。如可口可乐公司在"可口可乐"基础上推出了"健怡可口可乐""不含咖啡因可口可乐""樱桃可口可乐"等系列产品,为可口可乐家族注入了新的活力,也极大地丰富了消费者的选择。

品牌延伸到新产品后,新产品鲜明的个性、良好的品质等如果得到消费者的认可和接受,必将强化消费者对原有产品的认可,扩大新老产品消费。这样同一品牌下的不同产品相互声援,有助于塑造企业品牌的整体形象,从而获得更大的经济效益,实现品牌价值最大化。

(4) 有利于企业开展多元化业务分散经营风险。企业由原来单一的产品结构、单一的经营领域,向多种产品结构、多种经营领域发展,有利于分散经营风险。一方面,巨大的品牌效应可以使新产品一投放市场就抢占较大的市场份额,反过来又促使企业规模化生产,从而降低企业的生产成本,取得价格优势,这又会进一步扩大市场规模,使企业发展步入良性循环。另一方面,拥有名牌的企业不仅可以使用自身的力量实现品牌延伸,而且可以通过向没有名牌的企业输出品牌,实现品牌延伸策略,迅速达到企业实现多元化经营的战略目标。

2) 农产品品牌延伸的基本策略

(1) 向上延伸策略。向上延伸策略是指企业以低档或中档产品进入市场,之后渐次增加中档或高档产品。这种策略有利于产品以较低的价格进入市场,市场阻碍相对较小,对竞争者的打击也较大。一旦占领部分市场,向中、高档产品延伸,可获得较高的销售增长率和边际贡献率,并逐渐提升企业产品的档次、形象。如"好想你"枣片在原来普通包装的基础上推出礼品装(精装或者豪华包装等)。

(2) 向下延伸策略。这种策略与向上延伸策略正好相反,指企业以高档产品进入市场后逐渐增加一些较低档的产品。此策略有利于公司或产品树立高档次的品牌形象,而适时发展中、低档产品,又可以躲避高档产品市场的竞争威胁,填补自身中、低档产品的空缺,为新竞争者的涉足设置障碍,并以低档、低价吸引更多的消费者,提高市场的占有率。这种策略的优点是有利于占领低端市场,扩大市场占有率;缺点是容易损害核心品牌形象,分散核心品牌的销售量,甚至在核心品牌的消费族群中留下负面印象。

(3) 双向延伸策略。双向延伸策略是指生产中档产品的企业,向高档和低档两个方向延伸。这种策略有利于形成企业的市场领导者地位,而且由中档市场切入,为品牌的未来发展提供了双向的选择余地。这种策略的优点是有助于更大限度地满足不同层次消费者的需求,扩大市场份额;缺点是容易受到来自高、低两端的竞争者的夹击,或者造成企业品牌定位的模糊。

(4) 单一品牌延伸策略。单一品牌延伸策略是指企业在进行品牌延伸时，无论纵向延伸还是横向延伸都采用相同的品牌，品牌名称、商标、标示等品牌要素都不改变。这种做法的好处就是让品牌价值最大化，充分发挥名牌的带动作用，相对节省品牌推广费用，快速占领市场；局限是有些产品不一定适合这个品牌，致命的缺点就是一旦某一产品出了问题会连累其他产品，损害整个品牌形象，造成一损俱损的后果。

(5) 主副品牌策略。主副品牌策略是以一个主品牌涵盖企业的系列产品，同时给各产品打一个副品牌，以副品牌来突出不同产品的个性形象。例如，"康师傅——老火靓汤""乐百氏——健康快车"等。这种主副品牌策略，利用"成名品牌＋专用副品牌"的品牌延伸策略，借助顾客对主品牌的好感、偏好，通过情感迁移，使顾客快速认可和喜欢新产品，达到"一石二鸟"的效果。如此，达到了"既借原品牌之势，又避免连累原品牌"的效果，可谓左右逢源。但需注意的是，副品牌只是主品牌的有效补充，副品牌仅仅处于从属地位，副品牌的宣传必须依附于主品牌，而不能超越主品牌。

(6) 亲族品牌策略。所谓亲族品牌策略，是指企业经营的各项产品市场占有率虽然相对较稳定，但是产品品类差别较大或是跨行业时，原有品牌定位及属性不宜作延伸时，企业往往把经营的产品按类别、属性分为几个大的类别，然后冠之以几个统一的品牌。如中国粮油食品进出口总公司在罐头类产品上使用"梅林"商标，在调味品上使用"红梅"商标，在酒类商品上则使用"长城"商标。

亲族品牌策略的优势是避免了产品线过宽而带来的品牌属性及概念的模糊，且避免了一品一牌策略带来的品牌过多、营销及传播费用无法整合的缺点。亲族品牌策略无明显的劣势，但是相对统一品牌策略而言，如果目标市场利润低、企业营销成本又高，亲族品牌策略营销传播费用分散，无法起到整合的效果。因此，如果企业要实施亲族品牌策略，应考虑行业差别较大、现有品牌不宜延伸的领域。

3) 农产品品牌延伸的弊端

品牌延伸虽然好处很多，但也不是万灵丹药，也存在一定的局限性和一些弊端。

(1) 可能损害原有品牌形象。当某一类产品在市场上取得领导地位后，这一品牌就成为强势品牌，它在消费者心目中就有了特殊的形象定位，甚至成为该类产品的代名词。将这一强势品牌进行延伸后，由于近因效应（即最近的印象对人们的认知影响具有较为深刻的作用），就有可能对强势品牌的形象起到巩固或减弱的作用。如果品牌延伸运用不当，原有强势品牌所代表的形象信息就被弱化。

(2) 有悖消费心理。一个品牌取得成功的过程，就是消费者对企业所制造的这一品牌的特定功用、质量等特性产生特定的心理定位的过程。企业把强势品牌延伸到和原市场不相容或者毫不相干的产品上时，就有悖消费者的心理定位。

(3) 容易造成品牌认知模糊。当一个名称代表两种甚至更多有差异的产品时，必然会导致消费者对产品的认知模糊化。当延伸品牌的产品在市场竞争中处于绝对优势时，消费者就会把原强势品牌的心理定位转移到延伸品牌上，这无形中削弱了原强势品牌的优势。

(4) 容易产生株连效应。将强势品牌名冠于别的产品上，如果不同产品在质量档次上相差悬殊，就容易使原强势品牌产品和延伸品牌产品产生冲突，不仅损害了延伸品牌产品，还会株连原强势品牌。

(5) 淡化品牌特性。一个品牌在市场上取得成功后，在消费者心目中就有了特殊的形象定位，消费者的注意力也集中到该产品的功用、质量等特性上。如果企业用同一品牌推出功用、质量相差无几的同类产品，使消费者晕头转向，该品牌特性就会被淡化。

(6) 产生跷跷板效应。RIES 提出的"跷跷板效应"认为，当延伸品牌的产品在市场竞争中处于绝对优势时，消费者就会把原强势品牌的心理定位转移到延伸品牌上，这样就无形中削弱了原强势品牌的优势。如美国的"Heinz"腌菜曾是市场的主导品牌，而当企业把"Heinz"番茄酱做成市场领导产品后，"Heinz"在腌菜市场的头号地位却被另一品牌"Vlasic"代替，由此产生了此长彼消的"跷跷板效应"。

扩展阅读 6-2
大力拓宽我国农产品品牌打造的路径

当前，我国农产品品牌打造依旧面临诸多瓶颈，如农业生产品牌意识薄弱，不重视农产品品牌建设投入，导致市场竞争力差、产品辨识度较低；品牌层次不高、附加值少；品牌稳定性差、持续建设能力弱，制约了农产品品牌规模化的扩容；知名企业品牌多局限于本地，整体呈现出普通品牌多、知名品牌少，尤其是国际品牌稀缺的局面；品牌文化挖掘、研究和推广不够，使得整体效益没有得到充分发挥等。对此，必须从以下五个方面大力拓宽我国农产品品牌打造的路径，助力农产品品牌打造。

一是以质量为核心，健全品牌标准化生产。品牌的核心是质量。要始终坚持质量第一，进一步扩大绿色、有机、地理标志登记，保证优质农产品认证面积，开展名特优新农产品名录收集登录工作，贯彻落实质量兴农、绿色兴农和品牌强农战略，推进农产品质量全面提升，加快培育地方特色农产品品牌，促进区域优势农业产业发展，为提高品牌化农产品市场占有率奠定基础。

二是以区域品牌为主体，建立品牌联动机制。充分发挥区域品牌领头羊作用，实施品牌提升工程。企业作为品牌建设的主体，要提高品牌、市场、质量和诚信意识，积极开展区域品牌经营管理，探索建立"公用品牌＋企业品牌＋产品品牌"的经营机制，真正形成一批品牌叫得响、市场知名度高、发展潜力大的国内国际知名企业品牌。支持品牌主体之间开展多形式、多内容、多层次合作，实现多主体联合发展。

三是以品牌宣传为引领，提升知名度和影响力。在网络媒体时代，既要充分用好产销对接会、品牌推介会等传统宣介渠道，也要积极借助各类网络媒体，采取新闻发布、专题报道、专栏节目、网上农展等多种形式，加大品牌宣传营销力度，唱响一批品质过硬、产品突出、诚信经营的企业品牌。要加大农产品品牌宣传推介力度，通过品牌推介活动、组织筹办品牌发布会等，鼓励地区、企业开展品牌营销创新。做好特色农产品海外营销，加快"走出去"，不断提升业界美誉度、国际知名度和全球影响力。

四是以市场开拓为导向，构建品牌营销体系。继续巩固拓展特色优质农产品高端市场，加强与大型批发市场、档口、农企等对接，开拓欧美、日韩等国际市场。要线上线下并重发力，大力发展果品电子商务、直销配送、社区新零售等新型营销模式，积极探索线上直播，利用好电商企业，进行经营消费的无缝对接。要推动品牌与二、三产业相融合，鼓励各类新型经营主体向加工产业延伸，支持现有精深加工企业进行技术改造、扩能提升。

五是以授权管理为抓手，构建品牌保护机制。加强品牌授权使用和管理，鼓励和引导市场主体加快商标注册、"两品一标"认证等。组织开展品牌培育、品牌保护等知识培训，让公众充分认识到品牌滥用、假冒所带来的严重后果,提高品牌意识保护和法治意识。加强与工商、质监等部门联系,健全完善打假协调机制,加大品牌打假和维权管理力度,加强举报、曝光和惩戒力度,切实维护品牌声誉和公众影响力。

资料来源:https://m.gmw.cn/baijia/2022-06/08/35795312.html,有删减。

3. 农产品品牌命名策略

随着我国乡村振兴战略的实施,全国各地涌现出了一些农产品品牌,有些已经成为知名品牌。综观这些品牌,不难发现这些品牌名称良莠不齐:有的朗朗上口,易读易记;有的寓意深刻,给人以美好的联想;有的新颖别致,让人过目不忘;有的却拗口冷僻,晦涩难懂;有的地域特征太浓,没有大品牌的气概;有的太过土气,甚至有些俗不可耐。究其原因,是人们对农产品品牌价值的认识不同,有的深谙品牌命名之道,有的则对此一窍不通。

1)农产品品牌命名的基本要求

为农产品起名实际上是选择适当的词或文字来代表商品。对消费者而言,品牌名称是引起其心理活动的刺激信号,它的基本心理功能是帮助消费者识别和记忆商品。品牌名称的好坏给消费者的视觉刺激、感受程度和心理上引起的联想差别很大,从而使消费者对生产企业的认知感也不同。

(1)品牌名称要有助于建立和保持品牌在消费者心目中的形象。品牌名称要清新高雅,不落俗套,充分显示商品的高品位,从而塑造出高档次的企业形象。

(2)品牌名称要有助于使产品区别于同类产品。选择名称时,应避免使用在同类商品上已经使用过的或音义相同、相近的名称。如果不注意这点,难免会使消费者对品牌认识不清和对企业认识模糊,树立鲜明的企业形象更是无从说起。

(3)品牌名称要充分体现产品的属性所能给消费者带来的益处,从而通过视觉的刺激,使消费者产生对产品、对企业认知的需求。这是企业形象深入人心的基础。

(4)品牌名称要符合大众心理,能激发消费者的购买动机,使企业形象的树立有一个立足点。这是品牌最需要注意的问题。如现在的人比较注意身心健康,注意营养元素的合理搭配,所以像富含硒元素的富硒葡萄、养神静目的静宁苹果一度受到消费者的青睐。

(5)品牌名称应注意民族习惯的差异性,这样树立企业形象才更有效、更具针对性。国内外各地区的喜好、禁忌不同,品牌的命名更应慎之又慎。

(6)品牌命名要合法。品牌命名要遵循商标法和知识产权法的有关规定,否则,即使市场运作成功了,也容易为他人作嫁衣。

2)农产品品牌命名的基本策略

(1)以产地命名。一方水土养一方人。许多农产品受水土的影响,其质量、味道、口感差别较大,因而农产品流行的地域性比较强。用产地来命名,有助于了解这些地方的人对产品产生亲近感和信任感,如原阳大米、山西老陈醋、莱阳梨、王屋山猕猴桃、台州的上盘西兰花、三门青蟹、西湖龙井、信阳毛尖、安徽的黄山毛峰、太平猴魁、六安瓜片、祁门红茶、明光绿豆、夹沟香稻、崂山牌苹果、沽河牌蔬菜、顺科牌鸡蛋、马家沟牌芹菜等。

(2)以动物、花卉名称命名。用形象美好的动物、花卉名称命名,可以引起人们对商品的注意与好感,并追求某种象征意义,如台州的"玉麟"西瓜、"仙梅"杨梅、"千叶春"大米、焦作的"铁棍山药"等。

(3)以人名命名。这种名称或以人的信誉吸引消费者,或以历史、传说人物形象引起人们对商品的想象。如"詹氏蜜蜂园"蜂产品、"永福"杜鹃花、"禹王"农机产品、"玉环文旦"等。

(4) 以企业名称命名。这种以企业名称命名的品牌,突出了商品生产者的字号和信誉,能加深消费者对企业的认识,有助于突出品牌形象,以最少的广告投入获得最佳的传播效果,如方欣米业的"方欣"牌大米,三真米业的"三真"富硒米、驻马店"1+1"面业的"1+1"面粉等,都是以企业名称作为品牌名称的典范。

(5) 以商品制作工艺和商品主要成分命名,以引起消费者对其质量产生信赖感,如"山贝"山货特产食品、"其鹏"有机茶、"长园"野生茶油等。

(6) 以具有感情色彩的吉祥词或褒义词命名,以引起人们对商品的好感,如"好想你"枣片、"方欣"(谐音放心)大米、"金玉"牌滁菊等。

(7) 以现代科技为由头来命名。用这种方法命名具有时代感,使人有现代、时髦等感受,如灵宝的"SOD"蜜苹果,"三真"富硒米等。

6.1.3 农产品品牌策略的实施

农产品要想真正建立起自己的品牌,就必须在品质上显现差异性。现推荐七种为自己的农产品办理"个性身份证"的方法。

1. 品种优化

在农产品创品牌的实际活动中,农产品质量的差异主要根据人们的需求和农产品满足消费者的程度来评判。例如水稻,消费者关心其口感、营养和食用安全性,水稻品种之间的品质差异越大,就越容易促使某种水稻以品牌的形式进入市场,并得到消费者认可。

2. 生产区域优化

许多农产品种类及其品种有最佳生产区域。不同区域地理环境、土质、温湿度、日照等自然条件的差异直接影响农产品的品质。即使是同一品种在不同的区域,其品质也相差很大。例如陕西、山西的苹果优于辽宁苹果,辽宁苹果优于山东苹果,山东苹果优于黄河古道的苹果。从种类来说,东北小麦的品质优于江南小麦,新疆西瓜的品质优于沿海西瓜。

3. 生产方式优化

不同的农产品生产方式直接影响农产品品质,如采用有机农业方式生产的农产品品质较差。生产中采用各种不同的农业生产技术也直接影响产品质量,如农药的种类、施用量和方式,这直接决定农药残留量的大小;还有如播种时间、收获时间、灌溉、修剪、嫁接、生物激素等的应用,也会造成农产品品质的差异。

4. 市场营销方式优化

市场营销方式是农产品品牌形成的重要方面,包括从识别目标市场的需求到让消费者感到满意的所有活动,如市场调研、市场细分、市场定位、市场促销、市场服务和品牌保护等。提高农产品营销能力有助于扩大农产品品牌的影响力,提高农产品在市场上的地位和份额。所以,营销方式是农产品发展的基础,而品牌的发展又会进一步提高农产品的竞争力。

5. 农产品商标注册和保护

没有品牌,特色农产品就没有市场竞争力;没有品牌,特色农产品就不能卖出好价钱。商标是农产品的一种无形资产,对提升农产品品牌效益和附加值有着不可估量的作用。因祸得福的"丁当鸡"就是一个鲜活的例子。2003年,隆安县丁当镇作为中国首例对外公开的高致病性禽流感疫区备受世人关注。疫情过后,丁当镇禽类系列产品遭遇销售瓶颈。如何让这个产业重获新生?隆安县巧用丁当镇因禽流感疫情而带来的知名度,注册了"丁当鸡"商标,并在丁当镇及周边地区培育、扶持专业养殖户,带动群众发展家禽养殖。目前,"丁当鸡"不仅销往南宁、桂林、柳州等地,连广州、湛江、茂名等地客商也慕名前来收购。

6. 促进名牌形成

"好酒不怕巷子深"的时代已一去不复返,再好的商品如果不进行强有力的宣传,都难以被社会公众认知,更难成为有口皆碑的名牌。进口的泰国名牌大米如金象、金兔、泰香、金帝舫等,大多包装精致。而我国许多农产品却没有包装,有些即使有包装也较粗糙,这不利于名牌的拓展。包装能够避免运输、储存过程中对产品的各种损害,保护产品质量;精美的包装还是一个优秀的"无声推销员",不仅能引起消费者的注意,还能在一定程度上激发购买欲望,抬高产品的身价。

7. 依靠科技,打造品牌

科技是新时期农业和农村经济发展的重要支撑,也是农产品优质、高效的根本保证。因此,创建农产品品牌,需要在产前、产中、产后的各环节进行全方位的科技攻关,从而不断提高产品的科技含量。

6.2 农产品品牌建设

6.2.1 用产品铸就品牌品质

优良的农产品品质是打造农产品品牌的前提和基础。因为不同的农产品品种,其品质有很大差异,主要表现在色泽、风味、香气、外观和口感上,这些直接影响消费者的需求偏好。当优质品种推出后,得到广大消费者的认知,消费者就会尝试性购买;得到认可,就会重复购买;多次重复,就会形成对品牌的忠诚。质量是农产品的生命线,是农产品创品牌的根本。

好的产品是品牌化成功的首要因素,如果没有质量过硬的产品,营销手段再好也不会被广大消费者认同,所以生产质量很重要。要努力提升农产品的品质,保证外观、新鲜度、口感等方面的优质,相比较同类的农产品有属于自身的特点和优点,能够获得消费者的认可,营造出属于自己的农产品特色。

6.2.2 用文化塑造品牌灵魂

当我们细心观察那些在全球市场广泛风行的强势品牌时不难发现,每一个成功品牌的背后都拥有源于本土文化精神的力量:美国的创新精神及领导意识、日本的团队精神及危机意识、法国的奢华浪漫及艺术时尚、德国的理性专精与韩国的永不言败精神。人们可以通过不同的元素符号来领会其中所表达的文化价值,从而体会到品牌的深刻内涵。

随着《大长今》《我的野蛮女友》等韩剧的热播,韩国泡菜、韩国汽车悄悄走进了中国人的生活,这就是文化在品牌营销上的巨大作用。文化是最独特、最难以代替的东西,是深入一个民族骨髓的东西。因此,做有文化的营销,品牌才容易立得住、走得远,品牌力才深厚持久。

文化是品牌的根基。与农产品品牌有关系的文化资源包括消费者认知资源、消费者消费习惯和饮食习俗资源,比如食品概念、饮食习俗、口味偏好,诸如南甜北咸、东辣西酸就是这种资源;还包括人文历史资源,比如产品传说、名人故事等。

农产品从田间地头来到厨房餐桌,要想卖得多、卖得贵、卖得持久,就一定要披上文化的外衣,使产品增值。因此,创建品牌必须挖掘、打造、提炼和传播与食品相关的文化价值。因此,特产品牌在创建时必须寻找它独特的根与魂,不能凭空杜撰,不可横空出世。做有文化的营销,做有根有魂的特产品牌,品牌才立得住、走得远,品牌力才会深厚持久。

那么,该如何用文化来塑造一个农产品的品牌?主要有以下几个维度。

1. 农产品的产品文化

产品文化就是依附于产品中的文化。农产品发展过程的文献和故事也属于农产品的产品文化。例如兰州永登苦水玫瑰,在20世纪30年代有一家天津酒厂用苦水玫瑰酿成玫瑰酒后,在巴拿马博览会上获得银质奖章,从此苦水玫瑰随着玫瑰酒驰名中外。又如河南嵩县山茱萸,种植历史有300年,最早从南召县铁佛寺引进5株;1951年开始进行山茱萸树的人工移栽;1958年,开始育种;1971年发展到2万余株;1984年,达到400万株,现在已经发展到了7万多亩。而关于种养殖技术的经验和文献也是农产品产品文化的范畴。例如甘肃庆阳黄花菜的栽培技术,就是几百年来不断优化的经验总结。而几乎所有的农产品经过历史的洗礼,都有一整套的种养植技术,有的靠当地老百姓代代相传,有的整理成文献资料以供传承,有的由当地的农业科研机构发扬光大。

2. 农产品的历史文化

历史文化和产品文化不同的是,产品文化是和产品的起源、生产直接相关的人和事件,而历史文化不和农产品的生产直接相关。"金光灿灿黄又黄,个大味鲜甜又香,蜜橙果中第一个,沙田柚子橘中王",这是一首关于广西沙田柚的民谣;万县糖水坝萝卜有关王母娘娘蟠桃宴的神话故事让糖水坝萝卜有"仙萝卜"的美誉;甘肃秦安长把梨治好唐太宗李世民的病的故事,让长把梨成为千年"贡品";山西沁州黄小米因为受到康熙皇帝的青睐,被奉为"皇家贡米",位列"四大名米"之首。因此,福来品牌咨询公司为沁州黄集团提炼出"黄金产区,皇家贡米"的品牌价值诉求,并以"鼎"为载体,把"小米"两字融合进去,设计了全新的企业Logo,大气、厚重,彰显文化品位。一个农产品经历的时间越长,其历史文化就越丰富多彩,农产品的历史文化,不仅仅是产品本身的写照,更是人们生活方式的历史写照,是中国农业社会人们寓情于物、借物托情的精神文明生活的再现。

3. 农产品的饮食文化

例如,山西应县的大蒜,不但是调味的上品,当地人还用来加工成糖蒜、醋蒜,当地人制酱也要加应县紫皮蒜,米醋里也要放这种特色的紫皮蒜,这和南方大蒜一般调味的吃法显然不同。又如,安徽的枞阳大萝卜又脆又甜,当地人大量地直接生吃,如遇感冒、咳嗽,就用半茶杯或者一茶杯生萝卜汁,加冰糖,隔水炖熟,临睡前一次服完,连服3~5次,便可痊愈;"释之叟叟,蒸之浮浮"(《诗经·生民》)描述的就是古代蒸饭的方法;同样的"手抓羊肉",在城里的餐馆和草原的篝火旁,是完全不同的饮食文化方式。

口味也是文化,"红烧牛肉"这一口味是北方人吃面时最喜欢的口味,是深入北方人骨髓的文化。康师傅牢牢占据"红烧牛肉面"这一公共资源,反复诉求"康师傅,就是这个味儿",使康师傅成为方便面"老大"。占据了"红烧牛肉面"这个概念,就相当于占据了方便面中最重要的山头,大力压制了竞争对手。在方便面市场一直处于下风的"统一",直到推出了南方人最喜欢的"老坛酸菜"口味的面,才有了与康师傅叫板的本钱,才在方便面市场真正崛起。也正是中国千万种的农产品,以及这些农产品的各具特色的饮食方式,造就了各地特有的各式各样的风味小吃,本地的人会习以为常,而招待远方的客人时,却可以在农产品的特色风味里述说本地的特色风情和特色故事。

4. 农产品的民俗文化

民俗文化包括当地人的生产习俗、各种农事节庆、当地人的禁忌、各种生活习俗,以及自然崇拜等。例如,北方民间的婚礼有一种"撒帐"习俗,新婚夫妇入洞房前,由一名亲属长辈妇女手执盛满枣栗的盘子,边抓枣栗撒向床上,边唱《撒帐歌》:"一把栗子,一把枣,小的跟着大的跑",用这种方法祝早生贵子、子孙满堂。又如傣族的"尝新米"习俗,先将一部分煮熟的新米饭送去寺院贡佛,再将一部分用于祭祖,然后全家人再共食。

民俗文化是一个区域或者一个民族历史的见证,是优秀历史的传承,不管是否和农产品直接相关,都在农产品的开发过程中起着很重要的作用。民俗不一定真的俗,有时还是一种品位的象征。文化可以让作为人的第一大本能活动的"吃"具有多样的超凡脱俗的意义。如山西著名的沁州黄小米,是中国最好的小米。在福来品牌咨询公司的帮助下,沁州黄集团打历史文化牌,让康熙皇帝做沁州黄小米的形象代言人,"沁州黄"因此身价大增。

我国广袤的地域,五千年的文明发展史,创造了让全世界叹为观止、流连忘返的美食,留下了许许多多与饮食有关的趣味故事和历史名人,沉淀在产品上和消费者心中。让品牌与饮食文化相连,将大幅增强品牌的价值。发现、挖掘和抢占饮食文化,是农产品品牌价值打造的重要方法。

5. 农产品的区域文化

根据和农产品相关程度可以将农产品的区域文化分为三类:直接和农产品相关的区域农产品文化,间接和农产品相关的农业类文化,以及和农产品没有关系的但是能体现区域特色的文化。直接和农产品相关的区域农产品文化,如嵩山少林寺里的1 000多年的银杏树,就是和银杏有关的国家级保护植物。间接和农产品相关的农业类文化,如云南的哈尼梯田,对梯田产的特色米来说,就是直接相关的区域农产品文化,而对哈尼别的农产品如核桃、板栗等来说,就是间接相关的农业类文化。和农产品没有关系的区域文化的范围就很广了,如山东济源的王屋山是愚公移山时住的地方,那么王屋山产的任何农产品就和王屋山愚公移山的区域文化有关系了。

6. 农产品的传统与经典的工艺文化

传统与经典的工艺是一个区域名品的独家绝技,直接影响产品的质量、风味,正宗不正宗全在于此。深入挖掘提炼这个内涵,将其传播出去,以品牌占据这个价值,可让对手措手不及并望尘莫及。

6.2.3 用包装提升品牌价值

包装是产品生产的继续,产品只有经过包装才能进入流通领域,实现其价值和使用价值。产品包装作为重要的营销组合要素,在营销实践中成为市场竞争中的一种重要手段。我国一些农产品及加工品在传统包装上存在许多问题,不符合WTO包装要求。例如,我国农产品传统包装要么采用不透明包装材料,要么是塑料包装加以真空处理以使其与空气隔绝,前者无法使顾客直观挑选,后者则较为复杂且成本相对较高;保鲜包装袋多采用化学杀菌剂和PE薄膜包装,这样不仅用后的废弃物因不能被生物降解而污染环境,水分容易蒸发,而且水果蔬菜中会残留有毒物质。

1. 农产品包装的定义

《包装术语》(GB/T 4122.1—2008)中将包装定义为:为在流通过程中保护产品,方便储运,促进销售,按一定技术方法而采用的容器、材料及辅助物等的总体名称。也指为了达到上述目的而采用容器、材料和辅助物的过程中施加一定技术方法等的操作活动。

农业部2006年10月颁布的《农产品包装和标识管理办法》指出,农产品包装是对农产品实施装箱、装盒、装袋、包裹、捆扎等的活动过程。

也可以说,包装有两方面含义:其一,包装是指为农产品设计、制作包扎物的活动过程;其二,包装即是指包扎物。一般来说,商品包装应该包括商标或品牌、形状、颜色、图案和材料等要素。在现代营销中,以保护产品为主的传统包装观念已被突破,包装被赋予了更多的意义,已成为产品策略的重要因素,有着识别、便利、美化、促销和增值的功能。目前,包装已成为有力的营销工具,有人将包装称作营销组合的第5个"P"。

扩展阅读 6-3

农产品包装特点、方法大全

正确的、合格的包装是保证农产品在运输、储存、装卸、搬运过程中不被损坏或者损坏较少。你知道农产品的包装都有哪些特点和要求吗?你知道怎么包装才最适合农产品顺利流通吗?今天就来介绍农产品都有哪些包装特点和方法。

(1) 鲜果类。果品包装应该遵循"选果要好、装箱要实、确保透气"的原则。在选果上,一定要选优质果,千万不可有坏果,否则会污染其他好果;装箱要实,一定不能晃动,以免磕碰;确保透气,可以用透气棉、设置透气孔等方式。包装一般要有内衬,或者发泡棉、发泡网套、气柱、网格等。包装设计时,还应考虑允许排去产品的田间热,以及运至低温贮藏或运输温度时的迅速制冷和连续排除产品的呼吸热。由于很多产品质地脆嫩,包装应能堆叠并适合大体积操作。如果果品保质期短,还需要考虑进行专业的打冷处理、加放冰袋,以及进行真空处理。

① 鲜果类型:水蜜桃、毛桃、杏、葡萄、草莓等。其特点是果品硬度低,保质期短,需密闭包装或低温保存。

② 鲜果类型:苹果、柠檬、梨、石榴、柑橘等。其特点是果品硬度较高,保质期相对适中或较长。

③ 鲜果类型:芒果等。其特点是果品硬度适中,保质期相对适中或较长。

④ 鲜果类型:青皮核桃、冬枣、桂圆等。其特点是果品硬度适中,保质期相对适中。

⑤ 鲜果类型:猕猴桃、枇杷等。其特点是果品硬度较低,保质期相对适中。

⑥ 鲜果类型:荔枝、樱桃等。其特点是果品保质期较短,需低温保存。

(2) 蛋类。蛋类类型:鸡蛋、松花蛋、咸鸭蛋等。其特点是易碎,应内附填充物、无缝隙包装。

（3）腌腊制品。腌腊制品类型：腌制品、腊肉、火腿、咸鱼、香肠等。其特点是对包装要求较低。

（4）干果、风干品。干果、风干品类型：干果、大豆、白糖、干蔬菜、干燥菌类等。其特点是对包装要求较低。

资料来源：http://www.nkb.com.cn/2022/0816/418492.html，有删减。

2. 农产品包装的作用

（1）保护商品。保护商品是包装最基本和最重要的功能，在产品运输储存过程中，难免会受到一定的冲击、震动及受潮、虫害等外部环境的侵袭，如果包装不好，产品就会在运输过程中受损。农产品的特殊性使其对包装的保护功能要求更为严格，农产品包装还要保护农产品的品质和鲜度。

（2）方便物流。农产品在流通过程中，要经历无数次的运输、装卸、搬运、储存，好的包装可以提高仓库的利用率，提高运输工具的装载能力，还可方便消费者携带、消费。

（3）促进销售。包装是产品的无声推销员，能够促进商品销售。在农产品质量相同的情况下，精致、美观、大方的包装可以激发消费者的购买欲望。农产品包装往往给消费者形成第一印象，当前果蔬产品的包装开始趋向精美化。

3. 农产品包装的设计原则

"人要衣装，佛要金装"，商品也要包装。重视包装设计是企业市场营销活动适应竞争需要的理性选择。一般来说，包装设计应遵循以下几个基本原则。

（1）安全。安全是产品包装最核心的作用之一，也是最基本的设计原则之一。在包装制作过程中，包装材料的选择及包装物的制作必须适合产品的物理、化学、生物性能，以保证产品不损坏、不变质、不变形、不渗漏等。

（2）便于运输、保管、陈列、携带和使用。在保证产品安全的前提下，应尽可能缩小包装体积，以利于节省包装材料和运输、储存费用。销售包装的造型要注意货架陈列的要求。此外，包装的大小、轻重要适当，便于携带和使用。

（3）美观大方，突出特色。包装具有促销作用，主要是因为销售包装具有美感。富有个性、新颖别致的包装更易满足消费者的某种心理要求。

（4）包装与商品价值和质量水平相匹配。包装作为商品的包扎物，尽管有促销作用，但也不可能成为商品价值的主要部分。因此，包装应有一个定位。一般来说，包装应与所包装的商品的价值和质量水平相匹配。经验告诉我们，包装不宜超过商品本身价值的13%~15%。若包装在商品价值中所占的比重过高，容易让消费者产生名不副实之感，使其难以接受；相反，价高质优的商品自然也需要高档包装来烘托商品的高雅和贵重。

（5）尊重消费者的宗教信仰和风俗习惯。由于社会文化环境直接影响消费者对包装的认可程度，所以，为使包装收到促销效果，在包装设计中，应该深入了解消费者特性，区别不同国家或地区的宗教信仰和风俗习惯而设计不同的包装，以适应目标市场的要求。切忌出现有损消费者宗教情感、容易引起消费者忌讳的颜色、图案和文字。

（6）符合法律规定，兼顾社会利益。包装设计作为企业市场营销活动的重要环节，在实践中必须严格依法行事。例如，应按法律规定在包装上注明企业名称及地址；对食品、化妆品等与人民身体健康密切相关的产品,应标明生产日期和保质期等。

(7)绿色环保。包装设计还应兼顾社会利益,坚决避免用有害材料做包装,注意尽量减少包装材料的浪费,节约社会资源,严格控制废弃包装物对环境的污染,实施绿色包装战略。

此外,包装还要与产品价格、销售渠道、广告促销等其他营销要素相配合,并满足不同运输商、不同分销商的特殊要求。

4. 农产品包装的策略

可供企业选择的农产品包装策略主要有以下几种。

(1)类似包装策略。类似包装策略是指企业生产经营的所有产品,在包装外形上都采取相同或相近的图案、色彩等,使消费者通过类似的包装联想起这些商品是同一企业的产品,具有同样的质量水平。类似包装策略不仅可以节省包装设计成本,树立企业整体形象,扩大企业影响,还可以充分利用企业的良好声誉,有助于消除消费者对新产品的不信任感,进而有利于带动新产品销售。其适用于质量水平相近的产品,但由于类似包装策略容易对优质产品产生不良影响,所以大多数不同种类、不同档次的产品一般不宜采用这种包装策略。

(2)等级包装策略。等级包装策略是指企业对自己生产经营的不同质量等级的产品分别设计和使用不同的包装。显然,这种依产品等级来配比设计包装的策略可使包装质量与产品品质等级相匹配,对高档产品采用精致包装、对低档产品采用简略包装以适应不同需求层次消费者的购买心理,便于消费者识别、选购商品,从而有利于全面扩大销售。当然,该策略的实施成本高于类似包装策略也是显而易见的。

(3)分类包装策略。分类包装策略是指根据消费者购买目的的不同,对同一种产品采用不同的包装。例如,购买商品用作礼品赠送亲友,则可精致包装;若购买者自己使用,则简单包装。此种包装策略的优缺点与等级包装策略相同。

(4)配套包装策略。配套包装策略就是指企业将几种有关联性的产品组合在同一包装物内的做法。这种策略能够节约交易时间,便于消费者购买、携带与使用,有利于扩大产品销售,还能够将新旧产品组合在一起时,使新产品顺利进入市场。但在实践中,还需注意市场需求的具体特点、消费者的购买能力和产品本身的关联程度大小,切忌任意配套搭配。

(5)再使用包装策略。再使用包装策略是指包装物在被包装的产品消费完毕后还能移作他用的做法。我们常见的果汁、食用油等的包装即属此种。由于这种包装策略增加了包装的用途,可以刺激消费者的购买欲望,有利于扩大产品销售,同时也可以使带有商品商标的包装物在再使用过程中起到延伸宣传的作用。

(6)附赠品包装策略。附赠品包装策略是指在包装物内附上赠品以诱发消费者重复购买的做法。附赠品既可以是小挂件、图片等实物,也可以是奖券。该包装策略对儿童和青少年以及低收入者比较有效,可吸引顾客的重复购买。这也是一种有效的营销推广方式。

(7)更新包装策略。更新包装就是改变和放弃原来的包装。更新包装策略是指企业包装策略随着市场需求的变化而改变的做法。若一种包装策略无效,依消费者的要求更换包装,实施新的包装策略,可以改变商品在消费者心目中的地位,令人感觉产品有所改进,也可令人感觉企业具有一定的创新能力。

扩展阅读 6-4

农产品包装设计的七大标准

包装已经成为消费者选择产品的重要导向之一,好的包装设计往往能够迅速地形成消费者识别认知,而农产品的包装设计现在仍处于起步阶段,那么农产品包装设计怎样才能更加吸引眼球?需要注意以下七点。

(1) 系统性。以品牌主形象为核心的视觉符号串联起所有的包装。
(2) 醒目性。终端展示中,20米开外即能清楚地辨认出你的包装。
(3) 完整性。每个包装都是一个广告,审视包装是否完整地表达品牌与产品。
(4) 简洁性。能用图就不用字,能用词就不用段,高度凝练,一击即中。
(5) 故事性。农产品背后是深厚的中国传统文化,挖掘产品故事形成差异化优势。
(6) 美观性。美观与否,不是符合企业主的标准,而是符合目标人群的审美。
(7) 实用性。满足物流、仓储的需要,符合高效流水线生产的需要。

资料来源:http://www.hzstad.com/news/details_news_1130.html.

6.3 农产品区域公用品牌

6.3.1 农产品区域公用品牌概述

1. 农产品区域公用品牌的含义

作为农产品品牌的一种重要类型,农产品区域公用品牌指的是在特定区域内相关机构、企业、农户等所共有的,在生产地域范围、品种品质管理、品牌使用许可、品牌行销与传播等方面具有共同诉求与行动,以联合提供区域内外消费者的评价,使区域产品与区域形象共同发展的农产品品牌。

农产品区域公用品牌有其独特的特点:首先,一般须建立在区域内独特自然资源或产业资源的基础上,即借助区域内的农产品资源优势;其次,品牌权益不属于某个企业或集团、个人拥有,而为区域内相关机构、企业、个人等共同所有;最后,具有区域的表征性意义和价值。特定农产品区域公用品牌是特定区域代表,因此,经常被称为一个区域的"金名片",对其区域的形象、美誉度、旅游等都起着积极的作用。

在国际上,采用区域品牌类型创建农产品品牌、发展区域产品销售,提高区域形象的成功例子较多,如美国的艾达荷土豆品牌。在中国,农业部大力支持农产品区域公用品牌的发展,在农业部品牌农业建设的窗口——中国农业信息网品牌农业频道中,开辟区域品牌专栏,同时组织品牌专家、农经专家和信息化专家共同研发出了符合中国国情、具有中国特色的农产品区域公用品牌信息化宣传系统,是我国第一个全国性的、系统的、专业的宣传区域公用品牌的信息化工程。

扩展阅读 6-5

"三问"农产品区域公用品牌——如何闯市场、提销量、促产业

2021年中央一号文件明确提出:开展农业品种培优、品质提升、品牌打造和标准化生产提升行动(简称"三品一标")。"三品一标"中,品牌打造是农业产业链闭环的最后一环,主要重担都落在了"农产品区域公用品牌"上。

事实上,自从2014年原农业部"官宣"农业品牌化的发展路径后,打造农产品区域公用品牌成为各地农口工作的重点和热点。丽水山耕、烟台苹果、大佛龙井……在农产品区域品牌纷纷涌现的同时,如何让品牌快速进入市场、如何提高销量、如何真正带动产业发展等问题也凸显出来。

一问:品牌如何突围

如果全国2834个县域都推出自己的品牌,市场是否会"过于拥挤"?有人做过这样的测算,假设中国消费者平均每个季度接触并购买50种不同品牌的农产品,即使是持续选购新品牌,全年也不过200种,只占上述2800多个品牌的7%,可见"品牌突围"有多难。

如何迅速"出圈"?我们看到了一些借力的"打法"。

2022年2月18日,华润江中集团与浙江省衢州市常山县合作的首款产品"江中牌常山胡柚膏"正式发布,产品刚一上市就销售完首批10万箱。胡柚是常山县传统农业主导产业之一,全县的胡柚种植面积12.5万亩,鲜果年产量15万吨,产业总产值20亿元,带动了全县10余万从业人员。

通过深入调研和市场分析,星探桔团队发现胡柚鲜果价格竞争激烈,产品溢价不足,已影响果农种植意愿。与此同时,虽然常山胡柚的加工率超过30%,深加工产品有8大系列73个之多,但产业仍面临规模化加工不足、行业标准体系不足、研发技术实力不足等问题。

"胡柚最大的差异化价值在于这是一款列入'浙八味'的药用水果,所以我们将胡柚的第一支爆品锁定在'胡柚膏',放大滋补认知,打入健康饮品市场。"星探桔乡村产业事业部负责人朱文征介绍说,安徽"梨花猫"梨膏爆品的成功案例给了团队灵感。

有了目标后,农产品加工的常见难题随之而来:怎么让消费者迅速认可胡柚膏?谁来研发?"我们利用星探桔的'朋友圈',帮助常山县与江中集团进行了对接。"朱文征说,华润江中集团正好在探索"大农业+大品牌+大健康"的战略发展路径,双方需求一拍即合。

于是,江中集团为胡柚膏的加工提供了强有力的研发支持,16斤胡柚1斤膏的产品配方保证了其润肺止咳的功效;星探桔则发挥市场化经验优势,从产品策划到渠道推广提供全流程跟踪服务。

"虽然没有吃过常山胡柚,但是'江中'的品牌我还是比较认可的,这款胡柚膏可以买来尝尝。"游客鲍美珍在常山县乡村振兴产业园三宝文化展示中心,看到胡柚膏具有清肺止咳的功效很心动,决定买几盒。

"区域公用品牌的打造必须要有系统思维,政府的决心、国企的承接、民企的参与,缺一不可。"《小康》杂志社副社长赖惠能对这一模式评价说,单纯依靠政府运营管理农产品区域公用品牌会与市场对接不畅,成本大于效益;单纯依靠企业去运营管理具有"准公共品"性质的农产品区域公用品牌,有可能因企业的逐利行为影响品牌公信力。

常山打造胡柚膏爆品的成功案例充分说明,政府的决心和支持是基础,品牌运营主体常山农投集团是落地保障,星探桔作为政府购买品牌咨询服务的专家是市场信息的传导器,江中集团作为行业龙头是区域品牌出圈的加速器,四方协同才能让品牌更好地突围。

二问:如何提升产品销量

出圈,除了依靠大品牌的信任背书,还有一个绝招就是用产品创新赢得年轻人的"心"。

看江中常山胡柚膏的外包装你就会发现,颜值很高:橘色系的包装上是胡柚的插画图案,清新自然。一盒里除了有三瓶胡柚膏,还配上了"胡柚小报"。

同样由星探桔操盘的临安"天目山宝"区域公用品牌产品——临安山核桃黑芝麻丸,也是通过与江中的合作加上符合年轻人需求的"好吃""便利""有颜值"等特性,实现了日销10万元的好成绩。

作为临安的传统农业产业,山核桃这几年也面临发展瓶颈。"山核桃黑芝麻丸是以年轻消费需求为导向的产品研发。"张铁成说,80后、90后成为消费主力军,而农产品大多形态老化,急需升级。

在星探桔位于杭州市萧山区的办公室里,一场关于"年糕"选品的策略复盘会已经开了两个小时。运营"天目山宝"区域公用品牌后,临安区政府除了有做好山核桃等"临安老三宝"品牌建设和市场营销的需求外,还提出了让更多农产品通过创新来开拓新市场的要求。大米,就是其中一个品类。

"大米的竞争很激烈,临安大米要想占领一定的市场份额,需要时间的沉淀。所以我们朝着大米深加工的方向去思考如何打造产品。"张铁成介绍说,团队选择了包括年糕、米糕、锅巴、米饼、米酒、米粉等12个品种,从产品差异、可持续性、特色产业机会、地方优势、市场规模、销售稳定性、生产难度等方面进行全面评分,最终选择主打年糕。

官方认证、品质把控。只选临安本地当季新米、健康0添加等标签,让年糕满足了年轻消费群体消费升级的品质需求。梭子蟹炒年糕、年糕红豆汤、孜然烤年糕、韩式泡菜年糕……每一份卖出的年糕里都附赠了一张"水磨年糕花式吃法"。用吃法话题的营销方式走进年轻家庭,水磨年糕首场就卖出了两万斤。

三问:如何真正带动产业升级

"用数字化模型统筹产业数据、创造产业爆款,再用爆款成就一个品牌,用品牌成就一方产业。"张铁成在参加第十六届中国全面小康论坛"乡村振兴的理论与实践"时分享说,星探桔通过打造汇聚生产端、种植端信息的数字化供应链,建立云集、小红书、抖音、叮咚、盒马等各类型的数字化销售矩阵等举措,让区域公用品牌的爆款可预测、结果可考核,"所以我们敢于承诺,用销售数据说话"。

在张铁成看来,数字化是贯穿品牌运营全过程的有效工具。以临安山核桃产业的产品产业升级为例,第一个环节是数字化产品开发,也就是需求导向,明确用户的数字画像,哪些地方的人爱吃山核桃、爱吃什么口味等,搜集历史销售数据和一线消费者需求反馈等信息。

第二个环节是数字化供应链,最主要的是建立产品的成本模型,如从山核桃生籽、包装、人工费、能耗费等16个方面精准测算每罐山核桃的成本。同时将每家企业的生产能力、产品现状与成本结构进行了数据统计。

第三个环节是数字化推广,根据不同产品的消费群体和特性,选择抖音、快手、微信、微博等新兴媒体平台工具进行产品宣传、推广,通过"种草"提高转化效率,进行数字化销售。

资料来源:https://baijiahao.baidu.com/s?id=1728161016934156545&wfr=spider&for=pc,有删减。

扩展阅读6-6
我们应该做哪种类型的农产品区域公用品牌

对大众来说,目前最熟悉的莫过于以地理标志认证、证明商标注册为核心的单品类品牌。这类品牌不仅数量多，而且运营相对成熟，也是农业部在力推的。例如，长白山人参、烟台苹果、庆元香菇，其显著特征是地名加品类，这类品牌在国外也十分常见，涉及粮油、牛羊肉、水果等不同领域。它们的运营基本都由非营利性组织，如行业协会、合作社等负责，实行自我服务、自负盈亏、自我发展。

与此同时，一种新的品牌类型在崛起：全区域、全品类、全产业链品牌。它几乎将区域内的农产品，无论种植的还是养殖的，无论是初级产品还是加工品，都一网打尽，纳入麾下。大家耳熟能详的如"丽水山耕"。这类品牌因为迎合了地方政府的某种需要，当前正呈现出旺盛的增长势头。

如果说，单品类品牌的创建是基于农产品的基本特征，即独特的水土、文化、产业、加工工艺决定的独特品质。那么，多品类品牌的崛起，则是由其制度特征作为背景。这就是千家万户分散经营的家庭联产承包责任制，这一制度决定了中国农业不仅主体弱小，而且产业分散。在没有一个产业可以突破，担当起带动全区域农业品牌化进程的情况下，这类综合性的品牌就应运而生，可将其总结概括为"中国特色的农业品牌化之路"。

但实践证明，多品类品牌的运营难度比单品类品牌要大得多，对相关支撑要素的需求、对运营能力的要求也多几倍，因此成功的概率也低得多。那么，我们究竟应该如何选择？我们在选择时应该考虑到哪些问题？

我们总结了几个考量的维度：人文历史、环境因素、产品等是否具有显著的共性特征，产业规模及其影响力如何，运行团队及其运营能力如何。除此之外，单品类和多品类品牌在认知基础、投入大小、见效快慢等问题上都有不同的表现，必须引起足够的重视。

（1）地市一级以多品类品牌为宜，县级以单品类品牌为宜。而且，这个地市必须具备足够鲜明的地域、人文或产业特色，这是品牌的灵魂，也是品牌打造成功的基础。

（2）已经建有地市级多品类品牌的，不要再在县一级构建同类品牌，以免分散资源、相互冲突。

（3）多品类品牌、单品类品牌、企业品牌，应该各展所长，构成比较科学、系统的品牌体系，相互支撑，同步发展。

（4）县一级除非具有独特优势，才能考虑全品类品牌。例如，浙江武义有1 700万人次来访游客，就可以利用新媒体传播的特征，实现农旅融合发展，有效地进行流量转化。总之，我们必须充分调研各地的资源禀赋条件，来确定选择哪一种品牌类型。

大部分的县级政府领导都喜欢全品类品牌，认为自己的产品都很好，一个都不能落下。这种情感认识是可以理解的，但品牌农业是基于比较优势的个性化、差异化农业，我们必须站在全省乃至全国的高度，站在市场的角度，去考量、挖掘自身的独特竞争力，最后才能稳操胜券。农业品牌化并不只是全品类品牌，单品类带动同样是有效的途径，并且胜算更大。例如，陕北横山县原来是做全品类的，调查后发现，其他农产品并没有多大的比较优势，而横山羊肉却很有口碑，于是当地就果断选择做了单品类品牌。

资料来源：中国农业品牌研究网, http://www.brand.zju.edu.cn/.

2. 农产品区域公用品牌的形成原因

农产品区域公用品牌形成的内生原因主要有三个：一是集群中企业发展的需要；二是集群本身和当地经济发展的需要；三是当今产业转移的背景下提升综合国力的需要。农产品区域公用品牌形成的外生原因主要有两个：一是政府等公共部门的引导培育；二是区域品牌是品牌自身发生和延伸的结果。

农产品区域公用品牌一旦形成便会产生农产品区域公用品牌竞争力。农产品区域公用品牌竞争力是某一地域的农产品品牌参与市场竞争时在农产品生长环境、品质、形象、品牌文化等方面所透露出来的区别或领先于其他区域农产品的独有优势。

农产品区域公用品牌竞争力的评价指标主要包括区域要素（区域资源基础、区域组织管理能力、区域农业生态环境、农产品区域品牌的社会价值）、品牌要素（品牌创新能力、品牌定位、品牌价格及质量、品牌知名度与美誉度）、产业要素（农业产业集群发展速度、农业产业化龙头企业、配套中小企业发展、农业产业化水平）、支持要素（农产品质量安全体系、信贷环境、技术状况、行业协会的协调与监管）。

6.3.2 农产品区域公用品牌建设的痛点

近年来，农产品区域公用品牌建设在中国大地如火如荼、蓬勃发展，知名度较高的有五常大米、洛川苹果、西湖龙井、赣南脐橙……这些农产品区域公用品牌如一颗颗明珠。打造公用品牌已被很多地方视为区域经济突围的"撒手锏"。但为什么不少地方对公用品牌赋予了极高热情，投入大量的"人财物"，最终打造的公用品牌却不成功呢？农产品区域公用品牌的痛点在哪里？

痛点一：中国农产品不缺好产品，缺的是好品牌。

例如，猕猴桃原产地是湖北宜昌市。1904年，猕猴桃从宜昌传到新西兰，经培育在新西兰广泛种植，起初新西兰人称它为宜昌醋栗，因名字有左派色彩在市场遇冷，后改名美龙瓜，但新西兰瓜类税收较高，最终改名为奇异果。

如今，我国的猕猴桃种质资源不可谓不丰富，从科研示范到田间种植，红心、黄心、蓝心等，品种应有尽有。但进口的奇异果论个卖，其价格比国产猕猴桃贵10倍，其原因症结就在于品牌。好品牌意味着稳定标准化的品质，拿奇异果来说，讲究单果的重量、硬度，讲究VC含量、酸甜度，符合标准的才叫奇异果。

痛点二：有了好品牌，但没有保护好。

由于区域特点产生的自然和历史原因，许多农产品区域公用品牌在诞生时就具有公用性。由于保护机制不健全，一些企业躺在区域公用品牌的伞下"睡大觉"。结果农产品不管是产区内的还是产区外的，也不管品质达不达标，都来搭车蹭光，知名度较高的公用品牌常被假冒产品困扰。如每年正宗阳澄湖大闸蟹还没开捕，冒牌阳澄湖大闸蟹已开始叫卖，外地蟹、洗澡蟹是正宗蟹的5～10倍，法律手段尚无法堵住对通用地名的滥用。另外，如"天下大米假五常"就道出了五常大米近年受到大量假冒产品冲击的现实。

扩展阅读6-7

破解农产品区域公用品牌建设难题

制定完善的品牌发展战略，实现品牌的可持续发展，当前需破解以下难题。

第一，品牌建设无特色。从区域性特征上看，区域间不同的自然条件和种植技术使农产品具有差异化。农产品区域公用品牌的建设要带有明显地方特色，以此提升农产品溢价能力。另外，在品牌宣传方面缺乏全面宣传理念，导致品牌数量虽多却小而分散，阻碍区域品牌发挥整体实力。

第二，品牌确立门槛低。从公共性特征上看，农产品区域公用品牌产权是一种集体公共产权，不为任一企业或个人所私有。农产品区域品牌也具有非排他性，产权难以界定，容易使品牌被"泛用"和"滥用"。部分区域的品牌确立门槛低，入市企业多，易使地方政府在品牌扶持上分身乏术，导致品牌扶持力度不足，未能实现品牌的健康发展。

第三，品牌标准不统一。个别经济主体生产标准不规范，致使市场上的产品质量参差不齐，对品牌形象造成损害，影响整体品牌效益。在品牌申请方面，部分品牌发展战略不够完善，未能制定统一申请标准。

探明品牌建设的路径和重点是立足实际，做好农产品区域公用品牌建设规划，抓好品牌建设重点，探明品牌建设路径，才能打造够响、过硬的农产品区域公用品牌。

第一，过硬的产品质量是农产品区域公用品牌建设的基础。一方面，要建立统一的农产品生产标准，维护产品信誉，组建品牌治理体系，强化品牌治理能力，实现农产品质量水平有效提升；另一方面，要立足市场需求，全面优化农业产业链各环节，加强质量监管。

第二，抓住区域品牌特点，加大品牌营销。一方面，要树立品牌意识，在品牌建设过程中体现区域个性化差异，彰显区域特色，体现区域优势，以区域发展需要为纲，以政府、农业行业组织、龙头企业和农户为建设主体，集中区域优势资源，凸显品牌的独特性；另一方面，全方位提升品牌宣传深度和广度，加强品牌宣传管理，提高品牌知名度，打开产品销路，实现品牌快速推广。

第三，坚强的组织保障是农产品区域公用品牌建设的重要保障。一方面，要积极组建农业行业组织，保证组织的规模和权威性，鼓励农户加入其中，强化组织约束力，提供强力政策支持，给予品牌金融保障，加大财政补贴力度，监督组织履行相关职能，保证组织运行效率，做好品牌整体监管，打造精品诚信品牌；另一方面，要丰富品牌的文化底蕴，传承黑土文化，提升品牌内涵，加大知识产权保护力度。

资料来源：https://baijiahao.baidu.com/s?id=1745707235465619350&wfr=spider&for=pc，有删减。

6.3.3 农产品区域公用品牌建设的关键

进行农产品区域公用品牌建设，有三大关键环节要做好：一是要打造好，二是要保护好，三是要使用好。

1. 要打造好农产品区域公用品牌

打造好农产品区域公用品牌，就是在一个区域内把品牌做出来，建立起来。为此，需要做好、做大。

做好，就是用各种技术手段，把产品的品质做好。这是最根本的，有了优品，才可能做成名牌。首先，是要种对作物。要根据当地的自然条件特点，种植最适宜的作物，这就是最大限度地发挥区域的自然条件比较优势。其次，是选好品种。没有优质的品种，就没有优质的产品。好品种不光靠选，也要培育。最后，是做好管理。科学的管理，才能让好品种在好条件下产出好产品。

做大，就是要形成一定的规模，没有规模，品牌也难以建立。通过区域内部的专门化，形成区域的规模化，从而克服一家一户小生产与大市场之间的矛盾。在一个县域内，通常自然条件大体相近，包括光热、降雨、土壤、水质等。实行一县一品或一县几品，可以形成较大的区域生产专业化规模。例如,荔浦县砂糖橘种植面积达 30 万亩,恭城县月柿种植面积达 20 万亩。区域连片化种植规模较大,在生产技术普及扩散、产品质量规格标准化、市场销售渠道开拓、产品加工处理和综合利用等方面,都可以取得很好的规模效益。

做好品质,做大规模,品牌就可以建立起来了。

2. 要保护好农产品区域公用品牌

保护好农产品区域公用品牌,就是要确保区域内的所有产品都能够达到均一的高品质。当区域内存在着大小规模不等、数量众多的生产者时,统一的规范化的技术规程要求就显得十分重要。这些技术规程,包括采用的具体品种、种植方式、施肥灌水、收获管理等。例如,黑龙江五常大米的生产地五常市,所种植的水稻品种高度统一,基本上都是稻花香。又如,广西百色市为保证芒果的成熟度,避免无序竞争,每年规定了最早采摘上市的时间。

对于区域内质量差的产品,要采取措施,禁止使用公用品牌。质量差的原因,可能是技术水平方面的问题,也可能是自然条件不合适。例如,在海拔高度差较大的地方,区域内有些地方可能就不适合种植区域公用品牌产品。

在保护好公用品牌方面,还有来自区域外的挑战。这是一个矛盾:如果没有人愿意假冒你的品牌,那说明你的品牌没什么影响,没什么价值;而如果别人都竞相冒用你的品牌,那就说明你的品牌树立起来了,打响了名气,但假冒产品也会直接危害到你的品牌的声誉。比较复杂的是,并不是所有的假冒都是低质量的,比如由于地理标志的申请是按照行政区划,而行政区划外的邻近地区,可能自然条件也同样很好,产品质量也很好,一点也不比区域内的差。在这种情况下,从促进资源利用和优质发展的角度出发,可以扩大地理标志的涵盖范围,把这些邻近区域也包括进来。百色芒果这个地理标志产品就是采用了一个市级区域的名称,把所属四个县的芒果种植优势区都涵盖了。

3. 要使用好农产品区域公用品牌

使用好农产品区域公用品牌,就是让品牌效应最大化,让品牌市场价值最大化。一方面,要让尽可能多的区域内生产者都享受到区域公用品牌的好处。这就需要给农民提出质量要求,提供技术服务。另一方面,要宣传好品牌,让更多的消费者熟悉、认可和推崇该品牌。调研中发现,有的地方满足于产品不愁卖就可以了(收购商到地头收购),而不愿意在广告宣传等方面费力气,让品牌取得更大的影响力。这就是没有让品牌效益实现最大化。

扩展阅读 6-8

丽水山耕——依山傍水打造公用品牌

丽水山耕是浙江丽水的农产品区域公用品牌,成立于 2016 年,品牌位列《2021 年中国区域农业品牌影响力排行榜》第四。以下 5 点值得更多农产品区域公用品牌借鉴。

(1)品牌命名。结合区域名称、区域地貌、农耕文化,浙江丽水将"丽水山耕"作为品牌名,定位为丽水生态精品农业,主打天然、品质两个卖点。

(2)品牌诉求。丽水九山半水半分田,在"好山好水好空气"环境下,以传统生态生产方式"耕作生产农产品",通过"法自然·享淳真"品牌口号,对外传递品牌价值。

(3)产业方面基于区域资源优势,丽水打造 8+3 产业模式,其中 8 大基础产业包括食用菌、茶叶、水干果、高山蔬菜、中药材、畜牧业、笋竹、油茶,3 包括两个特色产业和一个战略产业。其中，以基础产业为基础，加快培育特色产业，稳固发展战略产业。

（4）渠道方面销售渠道重点打造"三商融合"，分别上线网商、微商渠道、上线丽水山耕生活馆微信公众号、微信小程序。线下渠道包括丽水旅游景区售货点、超市销售点、社区智能售货点、城市品牌加盟店等。通过开展双线营销、商超营销、社区营销等，完成"丽水山耕"线下营销网点布局200余个。其中特别值得提及的是通过建立丽水山耕旅游地商品体验中心，一站式实现展销一体化。

（5）品牌传播方面在全媒体传播方面，丽水山耕以自有媒体为基础，充分利用新闻媒体、视频网站等，持续推出系列宣传片、品牌推介活动、美食评选活动，持续放大品牌影响力。

丽水山耕公用品牌案例值得大部分地方政府借鉴。因地制宜往往是最大化区域资源价值的最好方式。要想打造农产品公用品牌，不能只是简单地推出产品，需要从战略高度思考如何产业化、如何借助传播放大公用品牌的独特卖点。

资料来源：https://baijiahao.baidu.com/s?id=17368716178959645328&wfr=spider&for=pc，有删减。

扩展阅读 6-9

打造提升农业品牌助推农业强国建设和乡村振兴

党的二十大报告提出，要加快建设农业强国，扎实推动乡村产业、人才、文化、生态、组织振兴，发展乡村特色产业，拓宽农民增收致富渠道。打造提升农业品牌是建设农业强国和全面振兴乡村的重要力量。2022年6月10日，农业农村部办公厅印发《农业品牌精品培育计划（2022—2025年）》。在此基础上，2022年7月29日，国家发展改革委等部门《关于新时代推进品牌建设的指导意见》中提出，要重点实施农业品牌精品培育计划，聚焦粮食生产功能区、重要农产品保护区、特色农产品优势区和现代农业产业园等，打造一批品质过硬、特色突出、竞争力强的精品区域公用品牌。深入实施农业生产"三品一标"（品种培优、品质提升、品牌打造和标准化生产）提升行动，加强绿色、有机和地理标志农产品培育发展，打造一批绿色优质农产品品牌。开展脱贫地区农业品牌帮扶，聚焦特色产业，支持培育一批特色农产品品牌。加强科技创新、质量管理、市场营销，打造一批产品优、信誉好、产业带动性强、具有核心竞争力的合作社品牌、家庭农场品牌和农业领军企业品牌。发展乡村新产业新业态，围绕休闲农业、乡村服务业等，打造一批新型农业服务品牌。

由上可见，国家规划布局和重点支持的农业品牌主要包括精品区域公用品牌、绿色优质农产品品牌、特色农产品品牌、合作社品牌、家庭农场品牌、农业领军企业品牌、农业服务品牌，以及乡村品牌、乡村发展品牌、乡村建设品牌和乡村治理品牌等。

那么，这些品牌存在的原因和适用条件是什么？这些品牌之间该如何协调发展？为什么很多农产品区域公用品牌的建设效果始终不理想？不同层级区域公用品牌之间的边界该如何划分？由于我国农业品牌理论上的不健全，使全国各地开展的农业品牌建设出现了很多低效、偏差甚至混乱问题。随着全面推进乡村振兴步伐的加快，系统回答上述问题就变得紧迫而重要。

类型一：打造产业龙头企业及农工商品牌

品牌建设案例：如中粮集团、"万企帮万村"行动等。

品牌适用条件：①存在农业龙头企业及农产品品牌、中大型农产品加工企业及食品品牌、商贸流通和餐饮企业集团及商业品牌；②产区农产品品类品种丰富多样、品质优、规模小;③相关村集体经济组织、农业企业、专业合作社、家庭农场资源和能力普遍小、散、弱。为此,可以成立"农工商产业化联合体",通过利用农业龙头企业及农产品品牌、中大型农产品加工企业及食品品牌、商贸流通和餐饮企业集团及商业品牌进行引领带动。

品牌供需匹配:农工商品牌可服务乡村游客以及县城、地级市、省会城市、全国乃至全球消费市场。

品牌覆盖范围:一是农工商产业企业生产或经销的优质农产品;二是农工商产业化联合体内的小微农业企业、专业合作社、家庭农场以及小农经济生产的达标优质农产品(贴牌模式)。

品牌体制机制:弱政府、强市场。

品牌弱化情境:当小微农业企业、专业合作社、家庭农场和小农经济生产的优质农产品通过旅游、直播、直供、订单、四众等形式可以实现稳定畅销和溢价销售时,农工商产业化联合体将完成使命从而解体。

类型二:农业相关方共创农产品品牌

品牌建设案例:如通过共同出资、共创品牌,或成立联合社,或打造合作社品牌和家庭农场品牌等。

品牌适用条件:①缺乏农业龙头企业及农产品品牌;②产区农产品品类品种丰富多样、品质优、规模小;③相关村集体经济组织、农业合作社、家庭农场有一定的资源和能力。

品牌供需匹配:农产品共创品牌可以服务乡村游客以及县城、地级市、省会城市等消费市场。

品牌覆盖范围:相关村集体经济组织、农业专业合作社、家庭农场以及小农经济生产的达标优质农产品,以及辐射和纳入周边乡村生产的达标优质农产品。时机成熟时,也可开展品牌授权使用和贴牌等业务。

品牌体制机制:弱政府、强市场。

品牌弱化情境:当各村庄一二三产业融合发展综合效益明显(如广大游客消费和城乡旅居客长期订单内销等)和可持续高质量发展时,或小微农业企业、专业合作社、家庭农场和小农经济生产的优质农产品通过旅游、直播、直供、订单、四众等形式可以实现稳定畅销和溢价销售时,农产品共创品牌建设和经销开始弱化并转向监管保护状态。

类型三:打造单产业突破类区域公用品牌

品牌建设案例:如新西兰奇异果、韩国高丽参、华盛顿苹果、宁夏枸杞、加州脐橙、神户牛肉、烟台苹果、涪陵榨菜、陕北横山羊肉、永川秀芽、奉节脐橙、容县沙田柚、横县茉莉花、潍县萝卜等(地理标志是一个法律或行政概念,而农产品区域公用品牌是一个市场概念)。

品牌适用条件:①缺乏农业龙头企业及农产品品牌;②产区某一农产品品种产业规模大、特色鲜明、品质优良;③相关农业企业、专业合作社、家庭农场资源和能力普遍小、散、弱。

品牌供需匹配:小国和大省区域公用品牌应主要服务全球消费市场;小省和大市区域公用品牌应主要服务全国和全球消费市场;小市和大县区域公用品牌应主要服务省会城市、部分全国大都市和少数国际消费市场;小县区域公用品牌应主要服务省会城市和全国少数大都市消费市场;乡镇区域公用品牌应主要服务地级城市和少数省会城市消费市场;村庄区域公用品牌应主要服务县城和少数地级或省会城市消费市场。为此,才能彰显出区域公用品牌的差异性优势（产量相对小）和相关性需求（市场足够大）。供需层级匹配失当是此类品牌在建设决策时存在的首要问题。

品牌覆盖范围：虽然产业龙头企业及农工商品牌、农业相关方共创农产品品牌覆盖的范围可以纳入单产业突破类区域公用品牌授权使用的范围（品牌背书效应），但却不能纳入单产业突破类区域公用品牌统一经销的范围（品牌促销效应），以避免产生严重的品牌稀释效应。这一点是很多此品牌在运营管理时经常出错的又一关键问题。

品牌体制机制：强政府、强市场。虽然农产品区域公用品牌的建设主体众多，但最关键的是政府和市场两类主体。目前，一些政府主体推进乏力和不当、市场主体采用关联及违规生产交易"掏空"农产品区域公用品牌资产，已成为很多农产品区域公用品牌面临的另一关键问题。其他区域公用品牌也一样面临这个问题。

品牌弱化情境：当农业龙头企业及农产品品牌培育起来、相关农业企业与专业合作社发展壮大起来、各村庄一二三产业融合发展综合效益明显（如广大游客消费和城乡旅居客长期订单内销等）和可持续高质量发展或小微农业企业、专业合作社、家庭农场和小农经济生产的优质农产品通过旅游、直播、直供、订单、四众等形式可实现稳定畅销和溢价销售时，单产业突破类区域公用品牌建设和经销开始弱化并转向监管保护状态，如涪陵榨菜等。

类型四：打造大产业集群类区域公用品牌

品牌建设案例：如寿光蔬菜等。

品牌适用条件：①缺乏农业龙头企业及农产品品牌；②产区某一农产品品类（如水果、蔬菜、粮油、杂粮、渔业、菌菇、家禽、畜牧、禽蛋、中药材、花卉、苗木等）产业规模大、小品类和品种繁多、特色鲜明、品质优良；③相关农业企业、专业合作社和家庭农场资源和能力普遍小、散、弱。

品牌供需匹配：与路径三此处内容相同。

品牌覆盖范围：虽然产业龙头企业及农工商品牌、农业相关方共创农产品品牌、单产业突破类区域公用品牌覆盖的范围可以纳入大产业集群类区域公用品牌授权使用的范围，但却不能纳入大产业集群类区域公用品牌统一经销的范围，以避免产生严重的品牌稀释效应。这一点是很多此类品牌在运营管理时经常出错的关键问题。此外，大产业集群类区域公用品牌的品质要求一定要高于单产业突破类区域公用品牌。品质要求不协调是引起各层级区域公用品牌之间出现混乱的又一重要原因。

品牌体制机制：强政府、强市场。

品牌弱化情境：当农业龙头企业及农产品品牌培育起来、相关农业企业与专业合作社发展壮大起来、各村庄一二三产业融合发展综合效益明显（如广大游客消费和城乡旅居客长期订单内销等）和可持续高质量发展、各单产业突破类区域公用品牌培育起来或小微农业企业、专业合作社、家庭农场和小农经济生产的优质农产品通过旅游、直播、直供、订单、四众等形式可实现稳定畅销和溢价销售时，单产业突破类区域公用品牌建设和经销开始弱化并转向监管保护状态。

类型五：打造全产业整合类区域公用品牌

品牌建设案例：如巴味渝珍、天府源、丽水山耕、天赋河套、崇耕、聊·胜一筹、天生云阳、原香简阳、隆阳乡耕等。

品牌适用条件：①缺乏农业龙头企业及农产品品牌；②产区农产品品类品种繁多、无法实现更大规模化发展、区域山水和文化特色鲜明、农产品整体品质优良；③相关农业企业、专业合作社和家庭农场资源和能力普遍小、散、弱。

品牌供需匹配：与路径三此处内容相同。

品牌覆盖范围：虽然产业龙头企业及农工商品牌、农业相关方共创农产品品牌、单产业突破类区域公用品牌、大产业集群类区域公用品牌覆盖的范围可以纳入全产业整合类区域公用品牌授权使用的范围，但却不能纳入全产业整合类区域公用品牌统一经销的范围，以避免产生严重的品牌稀释效应。这一点是很多此类品牌在运营管理时经常出错的关键问题。例如，重庆市级农产品区域公用品牌"巴味渝珍"，其品牌授权使用和统一经销的范围已涵盖近1 000个农产品品牌，这是否妥当？值得深思。此外，全产业整合类区域公用品牌的品质要求一定要高于单产业突破类和大产业集群类区域公用品牌。品质要求不协调是引起各层级区域公用品牌之间出现混乱的又一重要原因。

品牌体制机制：强政府、强市场。

品牌弱化情境：当农业龙头企业及农产品品牌培育起来、相关农业企业与专业合作社发展壮大起来、各村庄一二三产业融合发展综合效益明显（如广大游客消费和城乡旅居客长期订单内销等）和可持续高质量发展、各单产业突破类区域公用品牌培育起来、各大产业集群类区域公用品牌培育起来或小微农企、专业合作社、家庭农场和小农经济生产的优质农产品通过旅游、直播、直供、订单、四众等形式可实现稳定畅销和溢价销售时，单产业突破类区域公用品牌建设和经销开始弱化并转向监管保护状态。

类型六：打造全资源融合类区域公用品牌

品牌建设案例：如陕西的袁家村以及浙江的乌村、自在报福、浪漫山川等。袁家村品牌打造与利用案例：袁家村在村域内打造关中印象体验地，以传统老建筑、老作坊、老物件等文化遗产为载体，开发特色民俗体验，挖掘民俗工艺，发展乡村旅游；同时创新引入艺术长廊、咖啡酒吧等新业态。在省域内布局城市体验店，如2015年西安城市体验店开业，优选30家商户，将关中小吃和优质食材融入城市消费场景，村民入股的600万元投资，仅9个月就实现回本；在全国输出文化品牌，村集体成立策划运营公司，用袁家村品牌和模式与地方政府合作，共同开发市场。目前已建成山西忻州古城、青海河湟印象、河南同盟古镇、海南博鳌印象（倪坤晓等，2021）。

品牌适用条件：不局限于村镇农产品，是农商文旅体教养融合发展、特色小镇、田园综合体、休闲农业与乡村旅游等区域品牌的创建模式。此类品牌也称乡村区域品牌和乡村特色产业品牌。不仅促进农产品、加工品、工艺品、劳务、咨询等乡村产品和服务走出去，还吸引城市消费群体到乡村生活或旅游。

品牌供需匹配：村镇类区域公用品牌主要服务周边城市消费市场，以及少数全国乃至国际消费市场。

品牌覆盖范围：村镇内特有的农商文旅体教养产品和服务等。

品牌弱化情境：当乡村经营停止时，全资源融合类区域公用品牌建设和经销开始弱化并转向监管保护状态。

资料来源：张锐，2022-11-17，https://www.163.com/dy/article/HMC3233505560HA1.html。

本项目小结

完成本项目的学习,您应该理解和掌握以下内容。

(1)农产品品牌的含义和作用。所谓农产品品牌,就是指用于区别不同农产品的商标等要素的组合。农产品品牌的建设便于消费者识别商品的出处;便于宣传推广农产品;便于建立稳定的顾客群;便于维护专用权利;便于充当竞争工具。

(2)如何进行农产品品牌策略的决策。农产品品牌基本策略:品牌有无策略、品牌归属策略、品牌统分策略、品牌重新定位策略和多品牌策略。农产品品牌延伸策略:向上延伸策略、向下延伸策略、双向延伸策略、单一品牌延伸策略、主副品牌策略和亲族品牌策略。农产品品牌命名策略:以产地命名,以动物、花卉名称命名,以人名命名,以企业名称命名,以商品制作工艺和商品主要成分命名,以具有感情色彩的吉祥词或褒义词命名,以现代科技为由头来命名。

(3)农产品包装的含义、作用以及策略选择与应用。农产品包装是对农产品实施装箱、装盒、装袋、包裹、捆扎等的活动过程。农产品包装的作用:保护商品、方便物流、促进销售。农产品包装策略:类似包装策略、等级包装策略、分类包装策略、配套包装策略、再使用包装策略、附赠品包装策略和更新包装策略。

(4)农产品区域公用品牌的含义和策略。农产品区域公用品牌指的是特定区域内相关机构、企业、农户等所共有的,在生产地域范围、品种品质管理、品牌使用许可、品牌行销与传播等方面具有共同诉求与行动,以联合提供给区域内外消费者,使区域产品与区域形象共同发展的农产品品牌。农产品区域公用品牌建设有三大关键环节要做好:一是要打造好;二是要保护好;三是要使用好。

案例分析

大米品牌矩阵化打造案例

大米是五谷之首,我国是世界上最大的大米生产国和消费国。我国60%以上的人口以大米为主食,其中,口粮占稻谷消费的82%左右。

说起大米品牌,很多朋友都会想起五常大米、北大荒大米、响水大米、嫩江湾大米等区域性品牌,至少不会低于100个。但你能记得几个大米企业品牌呢?

1. 从国外进口大米的原因

据悉,我国已从大米进出口国变成净进口国,2015年大米进口量超300万吨。这些进口大米大多来自日本、泰国、俄罗斯。我们不仅反思,中国拥有100多种大米品牌,为何要从国外进口大米呢?其原因3个。

(1)国际大米价格低。我国水稻成本高出美国38.6%,由于粮食种植成本较高,我国稻谷最低收购价连续上调,近几年稻谷最低收购价已成为市场最高价。近些年粮食产量虽然在增长,但是生产成本也不断提高,推动了国内粮价逐步上涨,导致更多来自国际市场的粮食进入了中国。由于资源环境压力大,生产成本过高,精深加工能力不足,规模经营制约等因素,我国大米的竞争力还不强。2012年以来,随着国内外大米差价拉大,低价大米进口快速增加,造成国内稻米市场持续低迷,我国已从大米进出口国变成净进口国。

(2) 消费需求升级。我国的消费需求在升级,消费者已经从吃得饱进入吃得好、吃得健康阶段。在淘宝网上,五千克装的日本大米最高可卖到1 499元。尽管价格惊人,但是依然无法阻拦消费者的热情。日本大米已成中国最新潮奢侈品,堪比黄金与珠宝。

(3) 粮食缺口大。我国粮食连年增产,但相对于需求还是有缺口,比如大豆和一些需要品种调剂的大米、小麦和玉米,这部分需求必须通过进口来满足。

2. 我国大米品牌案例

(1) 卖环境的盐城大米。好环境产出好大米!这是盐城大米的品牌口号。环境、口感是当前大米品牌都在做的事情。有报道称:盐城具备气候环境独特、水土资源丰富、良好的空气质量等这些外部环境。同时,盐城市大力推广"稻虾、稻鱼、稻蟹"养殖,不施一粒化肥、不打一滴农药,建立有机稻生产基地。农业科技支持,选优水稻种植品种。根据品质、品相和市场认可度,从现有适宜种植的优质水稻品种中筛选确定以武育粳3号、淮稻5号、南粳9108为主打的盐城大米种植品种。因此,在市场上一直与五常大米、北大荒大米叫板不断。

(2) 卖现代化的北大荒大米。除了环境地理位置优越外,北大荒一直在提倡农业现代化。北大荒农场基本实现全机械化作业。在北大荒,每个农场都有现代农业科技研发中心,为农场农户提供育种、科技、测土配方施肥、防虫灭虫、天气预报等一站式服务。拥有世界上最先进的卫星导航系统,凯斯系列6088、385、195等先进机械,集卫星定位、自动导航、精量播种、变量施肥于一体,深松、浅翻、整地、播种、和墒、镇压6项作业一次完成。如今,北大荒已经成为我国耕地面积最大、机械化程度最高、综合生产能力最强的现代化农业示范区,成为国家重要的商品粮基地,为国家粮食安全作出了重要贡献。

(3) 卖生态的武夷生态大米。武夷山的茶叶世界出名,都源自武夷山的生态环境。同时,为了保护自然生态环境,武夷山地方政府支持发展无公害、绿色、有机农产品,严格控制农药、化肥使用,禁止使用有机磷农药,大力推广应用高效、低毒、无残留的生物农药,推广使用有机无机复合肥、配方肥、生物肥。在这里的环境里种大米,在健康、口感上非常独特。业内人士介绍:经检测,武夷生态大米——"宜优嘉7"与泰国香米的米质不分上下,每100克营养成分比例指标均达到泰国香米指标。

(4) 卖健康的方正大米。作为中国水稻寒地旱育稀植技术发源地、"中国富硒大米之乡"的方正县,其"方正大米"是国家认定的地理标志产品,水稻种植面积已达到100万亩。我们还发现:这品牌100万亩水田基本完成确权和GPS定位,实现了稻米生产的"品种种植优质化、大棚育秧智能化、栽培技术标准化、全程生产机械化、经营管理集约化、产品加工精品化"。方正大米开发胚芽米发芽糙米。其发芽糙米是让糙米进行一定程度的发芽,产生氨基丁酸,适合婴幼儿、孕妇、三高人群、肥胖者等食用。

(5) 卖消费升级的佳北大米。佳北大米拥有五常大米产区得天独厚的自然生长环境。面对市场需求从"吃饱"到"吃好"的转型契机,佳北农业率先在品牌管理层面发力,在借力发挥地域品牌优势的同时,着力打造高端商业品牌,为五常、响水这样的地域品牌背书,形成商业品牌与地域品牌的相互支撑。为确保产品品质,以实现对品牌的有效支撑,佳北农业在生产过程中一直秉持"沃之良田""沃之良法""沃之良种"和"沃之良心"的"匠心四良"法则。2015年,佳北农业正式推出了"沃之稻"高端米产品,希望满足消费升级的中国消费者,乃至世界消费者。

3. 大米品牌打造四个矩阵

加快大米品牌建设需要怎么样的品牌矩阵呢？我们认为可从以下4方面进行打造。

（1）用户。用户是品牌打造的出发点，也是品牌是否高规格的表现。用户是品牌的倾诉对象，对什么样的用户说什么话。比如：城市用户，我们的品牌就要表达出我们的品牌能提升用户的信心与荣誉。但当前很多中国大米品牌只是传达解决吃饭这一用户需求，没有解决购买大米产品的理由。因此，通过把用户确定清楚，之后使用不同的品牌表达，真正走进用户心里。这是品牌操盘者需要着手解决的关键。

（2）产品。品质不好，品牌包装与营销都十分微弱。我们阅览了这么多大米品牌的产品都是好产品，比如没有污染、有机种植、土壤很好、不打农药等，对外宣传与表达的都是好产品。因此，产品是大米当前品牌打造的基础，产品不好，品牌自然不能得到市场的青睐。所以，大米企业一定要在产品端或者供应链端加大投入，做出让市场或者用户喜爱的产品。

（3）故事。大米企业要通过一些关键点来讲述大米品牌故事。健康的故事、安全的故事、生态的故事、高端的故事……大米品牌操盘者到底要如何把这个故事讲出来呢？这里也有几个方法。①用户帮你讲。这就是口碑作用。但口碑有特别复杂，唯一要加强的就是用户体验。通过用户的体验与互动，帮你把品牌的故事讲出来。②自己讲。现在人人都在谈互联网，我们大米品牌操盘者要擅于利用互联网，把品牌故事生动、真切地表达出来。企业的网站、企业的线下实体店面的装修、营销人员的朋友圈。这些都是讲好故事的窗口与平台。③媒体来讲。王婆卖瓜，也需要别人来夸。互联网时代，任何一个品牌都要有开放的姿态。把最真实的自己展示给公众。微博、微信等新媒体的发展将会成为品牌故事传播的阵地；同时有特色的产品与品牌故事，也必将会成为传统媒体聚焦的典型。

（4）思维。你把自己定位为丑小鸭，你永远也成不了白天鹅。其实，这就是思维。中国农产品存在很多固定思维：与身边的比。中国农产品如何跳出农产品的思维，把自己变成商品、把商品变成品牌、把品牌变成人，这个很关键。如果大米品牌只是与大米去争市场，大米永远是大米。现在信息这么发达，跨界越来越普遍。大米操盘者就必须要跳出大米的概念，把大米产品当成活生生的群体来包装，打造出一个群体产品。同时，大米能否与珠宝、快消品、奢侈品进行跨界？这些也需要大米操盘者去思考与探索。

4. 三大攻略

攻略是什么？大米品牌如何在这个人人是中心、人人是焦点的时代快速让自己的大米品牌成为焦点，并快速被用户辨认出来呢？我们给出以下三大攻略。

攻略一：差异化。差异化就是做不同。当人家都在卖环境的时候，你的品牌卖消费升级。这就是差异化。差异化不仅仅是基地、种植方法，更要在用户、品牌、渠道等多个矩阵上进行差异化的定位与突破。

攻略二：流通。当前大米品牌渠道走的是粮油流通渠道，通过厂家到批发市场、再经过商超，最后到消费者手里。当然，现在也有F2C的模式，品牌单独建体验店或者网店，直接从田间送到餐桌。那么，大米流通渠道有没有其他的方式？我们认为是有的，比如直播模式、分销模式、众筹模式。这些模式都是在互联网的基础上建立的。为什么可以采用这些模式来做呢？因为这些模式可以让用户社交性、参与性更强。把之前的流通变成闭环模式，让用户参与种植、生产与品牌建设。这是未来的大米流通的趋势。

攻略三：体验。传统的大米品牌对用户或者消费者来说都是陌生的。怎么样提高用户的体验呢？体验就是把用户拉到田地、让用户参与生产与经营。大米品牌操盘者通过提高用户体验突破用户对品牌的陌生感，增强用户对品牌的信任度和感知度。

资料来源：https://www.jianshu.com/p/99ff2d94551c,有删减

【讨论问题】

根据以上案例思考中国大米品牌成功打造的途径。

实训操作

实训项目	茶叶包装设计综合实训
实训目标	掌握农产品包装的设计原则和策略
实训步骤	(1) 教师提出活动前的准备及注意事项 (2) 学生分为5～6人一组，各组自行选定茶叶包装主题，设计包装方案 (3) 包装方案用文字与图片相结合的方式进行说明 (4) 各组展示设计好的包装方案
实训环境	市场营销模拟实训室
实训成果	(1) 学生观摩评比 (2) 教师讲评

【实训背景资料】

茶叶包装是指根据客户需求对茶叶进行包装，以促进茶叶商品销售。一个好的茶叶包装设计可以让茶叶的身价提高数倍，茶叶包装已经是中国茶叶产业的重要环节。

中国茶叶历史悠久，品茶已成为中国人日常生活中不可缺少的一部分。中国共有六大茶系：绿茶（以黄山毛峰、六安瓜片、龙井茶、碧螺春、都匀毛尖、信阳毛尖为代表）、黄茶（以霍山黄芽、蒙洱银针为代表）、白茶（以白毫银针、白牡丹为代表）、青茶（以安溪铁观音、武夷山大红袍、冻顶乌龙茶为代表）、红茶（以祁门红茶、坦洋功夫红茶为代表）、黑茶（以六堡茶、普洱茶、渠江薄片为代表）。

茶叶是一种干品，极易吸湿受潮而产生质变，它对水分、异味的吸附很强，而香气又极易挥发。当茶叶保管不当时，在水分、温湿度、光、氧等因子的作用下，会引起不良的生化反应和微生物的活动，从而导致茶叶质量的变化，故存放时，用什么盛器，用什么方法，均有一定的要求。因此，茶叶罐就应运而生。

茶叶包装主要有锡制茶叶罐、马口铁制茶叶罐、陶瓷茶叶罐、玻璃茶叶罐、纸制茶叶罐等，马口铁制茶叶罐因其款式多样、印刷精美、不易破损、运费方便，为大众所喜爱。

由于考虑到价格和制作工艺等因素，目前市场上广泛应用的是铁制茶叶罐，其因印刷精美、款式新颖，深受大众喜爱。

茶叶包装主要分小包装和礼盒包装。小包装是为了方便客户泡茶，按照定量克数进行小包装，以泡袋来包装茶叶。

茶叶礼盒包装是茶叶包装的主要方式，通过各种材质（如纸质、木质、塑料、布艺、金属）的包装材料，将茶叶包装成礼品，实现提高茶叶品牌知名度，增加产品附加值的目的。

课后练习

一、名词解释

农产品品牌　农产品包装　农产品区域公用品牌

二、不定项选择题

1. 为建立企业产品品牌优势,保证产品有稳定的市场占有率,(　　)能从本质上解决。
   A. 扩大知名度　　B. 重视形象塑造　　C. 建立品牌忠诚　　D. 增加销售人员数量

2. 品牌中可以被认出但不能用言语称呼的部分(如符号、设计等)叫作(　　)。
   A. 品牌形象　　　B. 标签　　　　　C. 品牌实体　　　　D. 品牌标志

3. 使用统一品牌的好处有(　　)。
   A. 顺利推出新产品　　　　　　　　B. 便于消费者识别不同质量、档次的商品
   C. 促销费用较低　　　　　　　　　D. 显示企业实力,塑造企业形象
   E. 有利于企业的新产品向多个目标市场渗透

4. 有人认为,包装是"无声推销员"。这句话说明包装的最主要功能是(　　)。
   A. 包装可以保护商品,便于运输和保存等
   B. 包装具有促销功能,引起消费者注意,激发其购买欲望等
   C. 包装可以提高商品价值,增加企业利润
   D. 包装会增加产品成本,从而提高商品价格,影响产品销售

5. 对同一种商品采用不同级别的包装,以适应不同的购买力水平,这种包装决策叫作(　　)。
   A. 差异包装决策　B. 复用包装决策　C. 改变包装决策　D. 分等级包装决策

6. 某企业采用环保再生纸包装低档水杯,用进口合成塑料包装高档水杯,并在外包装上附加水杯垫,它所采取的包装策略有(　　)。
   A. 类似包装策略　B. 配套包装策略　C. 再使用包装策略
   D. 等级包装策略　E. 附赠品包装策略

7. 包装策略包括(　　)。
   A. 类似包装策略　B. 等同包装策略　C. 配套包装策略
   D. 等级包装策略　E. 单独包装策略

三、思考题

1. 农产品品牌建设的作用有哪些?
2. 农产品品牌命名的策略有哪些?
3. 农产品包装的作用如何体现?
4. 农产品品牌的基本策略包括哪些?
5. 如何建设好农产品区域公用品牌?

项目 7

农产品定价策略

【能力目标】

通过本项目的学习,学生应该能够了解影响农产品价格的主要因素;分析判断具体农产品的定价方法;能为具体的农产品选择合适的定价策略。

【课程思政】

通过本项目的学习,使学生能深入理解社会主义核心价值观,理解诚信的精神内涵,理解农业丰收与农民增收的辩证关系。

【任务分解】

(1) 熟悉农产品定价的影响因素。
(2) 掌握农产品的定价方法。
(3) 掌握农产品的定价策略。
(4) 掌握农产品价格的调整技巧。

农产品价格是农产品价值的货币表现,其形成与运行的基础是农产品价值。货币的价值、市场供求关系、市场竞争、国家政治与经济政策、人们的消费偏好等是农产品价格形成与波动的重要条件。在我国,农产品价格按流转过程中的环节划分,可分为农产品收购价格、农产品批发价格、农产品调拨价格、农产品零售价格等。

导入案例:猪周期

农产品价格一直是影响农民增收与消费者选购的最主要因素之一,农产品销售对价格更为敏感,价格高低直接关系到农业生产、市场供给与市场需求、农民收入、市场竞争等。价格水平直接影响农业生产经营单位、中间商、消费者及国家利益。

7.1 影响农产品定价的因素

在市场经济条件下,农业生产企业作为独立的生产者和经营者,可以自主地制定价格,因此,价格是营销组合的可控变量之一。但是,这种自由定价并不是随心所欲、不受任何限制的。价格的制定要受一系列内部因素与外部因素的影响和制约,其中,内部因素包括企业的定价目标、营销组合、生产成本等,外部因素包括市场特性、需求特点、竞争者特点、消费者心理特点和宏观环境特点等。

7.1.1 企业定价目标

商品价格不是漫无边际地随意波动的。定价目标就是人们进行商品定价时要达到的主要目的,它是确定定价策略和定价方法的依据。

(1) 以维持生存为目标。在激烈的市场竞争中,如果农户将维持生存作为自己的主要目标,就会选择降低产品价格,即价格只需要能弥补可变成本和部分固定成本。

(2) 以利润最大化为目标。许多经营者都喜欢制定高价格来快速获取市场利润,但这应该是推出新产品的时候,而且这个价格应该让消费者感到物有所值。

(3) 以销售增长率最大化为目标。一般情况下,销售额越大,单位成本就越低,经营者的利润也越高。这样的农户一般可以采取低价格来吸引对价格敏感的顾客。

(4) 以高质量来提高产品价格。现实中农产品经营者可以通过名、优、特、新产品的生产来获得高价格和高赢利。

(5) 以市场份额为目标。在竞争性市场上,农户和生产经营者用保持和增加市场份额作为定价目标,有利于参与竞争。

(6) 以适应竞争为目标。大多数经营者对于竞争者的价格都十分敏感,在定价之前,做认真的比较,并主要以对市场有决定影响的竞争者的价格作为定价基础。

(7) 以稳定价格为目标。在市场竞争和供求关系比较正常的情况下,为了避免不必要的价格竞争,保持生产的稳定,以求稳固地占领市场,经营者常常以保持价格稳定为目标。

7.1.2 生产成本

农产品价值是农产品价格构成的基础,农产品价值可以分为生产资料(C)、劳动者为自己创造的价值(V),以及劳动者创造的剩余价值(M)三部分。农产品价格构成是农产品价值构成各部分的货币形态,由生产成本、流通费用、国家税金和农产品纯收益构成,用公式表示为

$$农产品价格=生产成本+流通费用+国家税金+农产品纯收益$$

其中,生产成本($C+V$)是生产领域中发生的物质消耗支出和劳动报酬支出,它是农产品价格中的最大构成部分;流通费用是指农产品在流通过程中发生的物质消耗支出和劳动报酬支出,也可以用$C+V$来表示;国家税金和农产品纯收益,是指农产品价值构成中劳动者为社会创造剩余价值M的货币形态。

在正常情况下,农产品价格要高于成本,即农产品价格不仅要能够补偿农民的成本消耗,而且能够得到赢利。农产品定价不应低于含税成本。低于含税成本,农业就不能维持简单再生产。如果价格只能补偿含税成本,而不能使农民得到一定的利润,农业扩大再生产就不能正常进行,所以,农产品价格应高于含税成本,使农民能够获得一定数额的利润,农民有利可图,农业生产活动才能正常进行。

7.1.3 供需关系

1. 农产品供给定理

农产品供给定理又称农产品供给规律,其基本内容是:在其他条件不变的情况下,某种

农产品的供给量与其价格呈同方向变化,即在一般情况下,农产品供给量随其价格的上升而增加,随其价格的下降而减少。

(1) 农产品供给数量与价格之间之所以呈同方向变化,是由以下原因引起的。

① 当农产品价格上升时,将带来新的生产者,即在原来价格水平下愿意生产但不能赢利的生产者变成实际的生产者,生产者人数增多,从而使生产和出售的农产品数量增加。

② 当农产品价格上升时,可使原来的生产者增加产量,提高农产品的供给量。

农产品市场价格与农产品供给数量之间的这种同方向变化规律,为农产品市场开发提供了一个基本的理论指导,即提高农产品的价格,有利于增加农产品的生产量和供给量,扩大农产品的供给能力。因此,保持一个适当的农产品价格水平,对于调动农业生产者的生产积极性、增加农产品供给、满足社会对农产品的需求是非常重要的。

(2) 农产品供给定理也有例外的情况。当农产品的价格上升时,其供给量反而减少;当价格降低时,其供给量却增加。产生此类现象的原因主要有以下两点。

① 农业资源的专用性较强,生产用途范围狭窄,不能顺利实现转移和流动。当所生产的农产品价格下跌后,生产者为了维持正常的收入水平,会努力增加产量,形成现实供给。

② 由于农业生产者对商品性农产品价格预期的不确定性,当预计未来某种农产品价格上升时,为了将来获得高额收益,即使当前价格较高,也会减少农产品的供给量;相反,在价格下跌时,若预计未来某种农产品价格会继续下跌,则会把库存农产品全部抛出,从而增加现时的供给量。

2. 需求与供给的弹性

(1) 弹性、弧弹性与点弹性。弹性是用来表示影响因变量 Y 的诸因素(自变量 X)发生变化以后,因变量做出反应(增减变化)程度大小的一个概念。

弧弹性根据两组 X、Y 的值来计算弹性,其公式为 $E = \frac{\Delta Y}{\Delta X} \cdot \frac{X}{Y}$,由此计算出的弹性系数代表曲线上两个点之间的一段弧的弹性。

当这两个点无限接近,即 ΔX 趋近于零时,$\frac{\Delta Y}{\Delta X}$ 的值便趋近于 Y 对 X 的导数 $\frac{dY}{dX}$,此时计算得到的弹性为曲线上一点的弹性,称为点弹性,公式为 $E = \frac{dY}{dX} \cdot \frac{X}{Y}$。

(2) 需求弹性。

需求弹性是用来表示影响需求的诸因素(自变量)发生变化以后,需求数量(因变量)做出反应(增减变化)程度大小的一个概念。需求弹性是描述商品特性、划分商品种类、确定不同商品间关系的重要指标。

需求的三种弹性包括需求的价格弹性、需求的收入弹性和需求的交叉价格弹性等。

① 需求的价格弹性。需求的价格弹性是指某种商品需求数量变动的百分率与价格变动的百分率之比,用于测度商品需求数量变动对商品自身价格变动反应的敏感程度,其表达式为

$$E_d = -\frac{\frac{\Delta Q_d}{Q_d}}{\frac{\Delta P}{P}} = -\frac{\Delta Q_d}{\Delta P} \cdot \frac{P}{Q_d} \quad \text{或} \quad E_d = -\frac{dQ_d}{dP} \cdot \frac{P}{Q_d}$$

根据弹性值的大小,需求的价格弹性可以分为以下几种。
- 若 $E_d=0$,则称该物品的需求为完全无弹性。
- 若 $0<E_d<1$,则称该物品的需求为相当缺乏弹性,如多数生活必需品。
- 若 $E_d=1$,则称该物品的需求为单位弹性。
- 若 $1<E_d<\infty$,则称该物品的需求为富有弹性,多数奢侈品的需求即是如此。
- 若 $E_d=\infty$,则称该物品的需求为完全有弹性。

影响需求价格弹性的因素有该商品的替代品的数目和替代的相近程度;该商品在购买者家庭预算中所占比例的大小;该种商品的用途;考察时期的长短。

② 需求的收入弹性。需求的收入弹性是指在某特定时间内,某商品的需求量变动的百分比与消费者收入变动的百分比的比值。它被用来测度某种商品需求量的变动对于消费者收入的变动反应的敏感程度,其计算公式为

$$E_I = \frac{\Delta Q}{\Delta I} \cdot \frac{I}{Q} \quad \text{或} \quad E_I = \frac{dQ}{dI} \cdot \frac{I}{Q}$$

根据需求收入弹性值的大小,商品可以分为以下几种。
- 若 $E_I>1$,表示某商品消费量增加的百分率超过收入增加的百分率,属于"奢侈品"。
- 若 $0<E_I<1$,表示某商品消费量增加的百分率低于收入增加的百分率,属于"必需品"。
- 若 $E_I<0$,表示收入增加时,消费量反而减少,属于"劣等品"。

③ 需求的交叉价格弹性。需求的交叉价格弹性,是指在某特定时间内,商品需求量变动的百分比与另一种商品的需求量变动的百分比的比值。它被用来测度某种商品需求量的变动对于另一种商品的需求量的变动反应的敏感程度。其计算公式为

$$E_C = \frac{\Delta Q_Y / Q_Y}{\Delta P_X / P_X} = \frac{\Delta Q_Y}{\Delta P_X} \cdot \frac{P_X}{Q_Y} = \frac{Q'_Y - Q_Y}{P'_X - P_X} \cdot \frac{P_X + P'_X}{Q_Y + Q'_Y}$$

式中,E_C 代表 X 代替 Y 的交叉弹性系数,P_X 及 P'_X 分别代表变化前后 X 的价格,Q_Y 及 Q'_Y 分别代表变化前后 Y 的数量。

根据需求交叉价格弹性的符号,商品 X 与 Y 之间的关系可以分为以下几种。
- 当 $E_C>0$ 时,X 与 Y 两种产品间有替代关系。
- 当 $E_C<0$ 时,X 与 Y 两种产品间有互补关系。
- 当 $E_C=0$ 时,X 与 Y 两种产品间无关系。

(3) 供给价格弹性。供给价格弹性指某商品供给量变化的百分率与其价格变化的百分率的比值,它被用来测定该商品供给量变动对于该商品自身价格变动反应的敏感程度。其计算公式为

$$E_S = \frac{\Delta Q}{\Delta P} \cdot \frac{P}{Q} \quad \text{或} \quad E_S = \frac{dQ}{dP} \cdot \frac{P}{Q}$$

根据弹性值的大小,供给的价格弹性又可以分为以下几种。
① 若 $E_S=0$,则称该物品的供给为完全无弹性。
② 若 $0<E_S<1$,则称该物品的供给为相当缺乏弹性,多数农产品的供给均缺乏弹性。
③ 若 $E_S=1$,则称该物品的供给为单位弹性。
④ 若 $1<E_S<\infty$,则称该物品的供给为相当富有弹性,多数工业产品的供给均富有弹性。

⑤ 若 $E_s=\infty$，则称该物品的供给为完全有弹性。

7.1.4　市场竞争因素

农产品成本与市场需求分别决定了农产品价格的最低临界点和最高临界点，而竞争对手多少和竞争强度对农产品确定合适的价格也有着重要的影响。竞争越激烈，对价格的影响就越大。农业经营企业必须采取适当方式，了解竞争对手的价格和产品质量，定价时要与竞争产品比质比价，如果企业的产品与竞争对手的产品大体一样，则所定价格也应大体一致；如果企业的产品比竞争对手的产品质量差，则价格就应低一些；如果企业的产品比竞争对手的产品质量高，则价格也可以定得较高。需要指出的是，竞争对手也可能针对企业的产品价格调整其价格，或不调整价格但调整市场营销组合的其他变量，与企业争夺顾客。农产品经营企业要用动态的观点随时关注竞争对手的价格调整措施，并及时做出反应。

7.1.5　消费者心理和习惯

价格的制定和变动在消费者心理上的反映也是价格策略必须考虑的因素。在现实生活中，很多消费者存在"一分价钱一分货"的观念。面对不太熟悉的商品，消费者常常从价格上判断商品的好坏，从经验上把价格同商品的使用价值挂钩。消费者心理和习惯上的反应是很复杂的，某些情况下会出现完全相反的反应。例如，在一般情况下，涨价会减少购买，但有时涨价会引起抢购，反而会增加购买。因此，在研究消费者心理对定价的影响时，要持谨慎态度，要仔细了解消费者心理及其变化规律。

农产品经营企业定价时必须考虑消费者对农产品价格的反应。价格的数字表示非常明了，但消费者会对其有不同的理解。消费者对价格的反应也会因农产品的种类而异。例如，在食品消费中，对很难看到品质差别的鸡蛋，消费者对价格反应较敏感；对品质和口味差异较大的糖果，消费者首先重视的是其产品是否符合自己的兴趣爱好，而非价格。

消费者心理因素对农产品的定价有时也有着深刻的，甚至是决定性的影响。企业有必要在制定价格时充分了解和掌握消费者对自己产品的购买心理和能接受的价格。

另外，企业或产品的形象因素也影响农产品定价，有时企业根据企业理念和企业形象设计的要求，需要对产品价格作出限制。例如，企业为树立热心公益事业的形象，会将某些有关公益事业的产品价格定得较低；为形成高贵的企业形象，会将某些产品价格定得较高。

7.1.6　政策法规或行业组织干预

由于农产品价格关系到国家、企业和广大农民三者之间的物质利益的大事，涉及各行各业和千家万户，与人们的物质生活息息相关，因此，国家在遵循价值规律的基础上，往往还通过特定物价工作方针和各项政策、法规，对农产品价格进行管理，或利用税收、金融、海关等手段间接地控制农产品价格。

政府为了维护经济秩序，或为了其他目的，可能通过立法或者其他途径对企业的价格策略进行干预。政府的干预包括规定毛利率，规定最高、最低限价，限制价格的浮动幅度或者规定价格变动的审批手续，实行价格补贴等。例如，我国某些地方为反暴利对商业毛利率进行限制。一些贸易协会或行业性垄断组织也会影响企业的价格策略。

扩展阅读 7-1

农产品期货价格形成的理论机制

在农产品价格形成理论研究方面，不少学者从期货价格对现货价格的影响方面进行研究。由凯恩斯和希克斯提出的持有成本理论是价格发现研究理论的基础，其成果在于指出现货价格约等于期货价格去除存储成本，阐述了期货价格对现货价格的重要影响。此理论与 Working 提出的仓储价格理论类似，均认为期货与现货价格的差值即为仓储费用，明确表明期货市场的价格能引导现货市场，期货市场的价格具有发现现货市场价格的功能。我国学者黄方亮、孟祥仲将农产品价格形成理论的含义概括为市场中由于供给方与需求方的相互作用，他们选取不同的产品在交易所达成交易价格，并提出价格发现的三种机理，分别是市场供求机理、市场参与者调整和信息搜寻机理。

在农产品价格形成理论发展中，很多学者把信息与价格联系起来判断期货市场价格发现功能的有效性。Hoffman 首次从新获取的信息是否在期货农产品价格形成理论上得到反映来评判期货市场是否具有价格发现功能。而对于信息得到完全反映的原因，Working 认为期货市场之所以能迅速聚集信息得益于其特殊的微观结构。随后，Muth 提出理性预期理论，假设市场参与者为理性人，他们在利用所获取的农产品价格形成理论信息对未来价格的涨跌进行预测，并做出利己行为。

Parks 和 Richard 的研究表明期货市场之所以能汇集市场价格信息，是因为：第一，期货市场的交易成本低于现货市场，由此大量交易者乐于参与并收集有效信息；第二，获取和处理信息的能力使专业投资者有可能从中获利，这些投资者有助于增加现货价格上的信息量；第三，专业投资者对市场信息的判断能力能够影响公众投资者的行为，促使公众理性投资。

根据 Fama 和 Eugene 的市场有效性理论，如果农产品价格形成理论表现出有效性，表明所有信息在期货价格上得到全面体现。Cox 以农产品为研究对象，将期货价格与不断变化的信息联系起来，根据信息的反馈及时调整预期价格，进而发现现货市场价格。Cox、A.E.Peck、Param Silvapulle、Grossman 认为期货市场优先于现货市场反映新信息是因为其交易成本低，便于买卖和操作等。Albert Ballinger 却对此持不同观点，他认为期货农产品价格形成理论能更快地反映信息是市场机制中参与者争相竞买或竞卖发挥的作用。

扩展阅读 7-2

消费者物价指数

消费者物价指数（consumer price index，CPI）是反映居民家庭一般所购买的消费品和服务项目价格水平变动情况的宏观经济指标。它是在特定时段内度量一组代表性消费商品及服务项目的价格水平随时间而变动的相对数。其基本功能如下。

（1）度量通货膨胀。CPI 是度量通货膨胀的一个重要指标。通货膨胀使物价水平普遍而持续地上升。CPI 的高低可以在一定水平上说明通货膨胀的严重程度。

（2）国民经济核算。在国民经济核算中，需要各种价格指数，如 CPI、生产者价格指数（PPI）以及 GDP 平减指数，从而剔除价格因素的影响。

（3）契约指数化调整。例如，在薪资报酬谈判中，因为雇员希望薪资（名义）增长能相等或高于 CPI，希望名义薪资会随 CPI 的升高自动调整等。其调整之时机通常在通货膨胀发生之后，幅度较实际通货膨胀率低。

（4）反映货币购买力变动。货币购买力是指单位货币能够购买到的消费品和服务的数量。消费者物价指数上涨，货币购买力则下降；反之，则上升。消费者物价指数的倒数就是货币购买力指数。

（5）反映对职工实际工资的影响。消费者物价指数的提高意味着实际工资的减少，消费者物价指数的下降意味着实际工资的提高。因此，可利用消费者物价指数将名义工资转化为实际工资。

（6）CPI对股市产生影响。一般情况下，物价上涨，股价上涨；物价下跌，股价也下跌。
在过去若干年内，CPI的走势在一定程度上的确受到"猪周期"或者食品价格周期的驱动。

7.2 农产品定价方法

定价方法是农产品经营企业为了在目标市场实现定价目标，给农产品制定基本价格和浮动范围所用的方法。在选择定价方法时，企业要考虑产品成本、市场需求和竞争形势，研究价格怎样适应这些因素，但在实际定价中，企业往往只能侧重于考虑某一类因素，选择某种定价方法，并通过一定的定价政策对计算结果进行修订。

7.2.1 成本导向定价法

成本导向定价法即以农产品的成本为中心，制定对企业最有利的价格的一种定价方法。

1. 成本加成定价法

这是一种最简单的定价方法，即在产品单位成本的基础上，加上预期利润作为产品的售价。售价与成本之间的差额就是利润。由于利润的多少是有一定比例的，这种比例就是人们俗称的"几成"，因此这种方法就称为成本加成定价法。

采用这种定价方式，一要准确核算成本；二要确定恰当的利润百分比（即加成率）。其计算公式为

$$P = c \times (1 + r)$$

式中，P 表示商品的销售价格；c 表示商品的单位总成本；r 表示商品的成本加成率。

【例7-1】 某商店购进某中药材，进价为120元/支，该商店按照成本加成率50%计算销售价格，则每支中药材销售价格为

$$120 \times (1 + 50\%) = 180(元)$$

2. 目标利润定价法

目标利润定价法是根据企业总成本和预期销售量，确定一个目标利润率，并以此作为定价的标准。其计算公式为

$$销售价格 = \frac{总成本 + 预期利润}{产(销)量}$$

$$= \frac{固定成本 + 预期利润}{产(销)量} + 单位变动成本$$

【例 7-2】 某企业生产能力为 100 万件,明年预计的销售量是生产能力的 80%,预计总成本为 1 000 万元,其中固定成本 600 万元,单位可变成本 5 元,该企业计划明年获得 200 万元的利润,请问明年商品定价是多少才能实现计划利润?

分析:因预计明年的销售量是生产能力的 80%,企业只应生产 80 万件(100×80%)产品,而不应足量开工。

解法 1:销售价格=(1 000+200)÷80=15(元/件)

解法 2:销售价格=(600+200)÷80+5=15(元/件)

目标利润定价法的特点是,首先确定一个总的目标利润或目标利润率,然后把总利润分摊到每个产品中,与产品的成本相加,就可以确定价格。

目标利润定价法的不足之处在于价格是根据估计的销售量计算的,而实际操作中,价格的高低反过来对销售量有很大影响。销售量的预计是否准确,对最终市场状况有很大影响。企业必须在价格与销售量之间寻求平衡,从而确保用所定价格来实现预期销售量的目标。

7.2.2 需求导向定价法

需求导向定价法是指企业在定价时不再以成本为基础,而是以消费者对产品价值的理解和需求强度为依据。

1. 认知价值定价法

认知价值定价法也称"感受价值定价法""理解价值定价法"。这种定价方法认为,某一产品的性能、质量、服务、品牌、包装和价格等,在消费者心目中都有一定的认识和评价。消费者往往根据他们对产品的认识、感受或理解的价值水平,综合购物经验、对市场行情和同类产品的了解而对价格作出评判。当商品价格水平与消费者对商品价值的理解水平大体一致时,消费者就会接受这种价格;反之,消费者就不会接受这个价格,商品就卖不出去。

认知价值定价法也就是企业按照消费者在主观上对该产品所理解的价值,而不是产品的成本费用水平来定价。企业利用市场营销组合中的非价格变数来影响购买者,在他们的头脑中形成认知价值,然后据此来定价,企业在运用此法时,需要正确估计购买者所承认的价值。这是一种顾客导向的定价方法。

掌握认知价值定价法,需要掌握两个关键:第一,企业应通过市场营销研究,探测消费者对本企业所生产的产品的市场上同类品牌的认知价值;第二,企业还应估计和测量本企业营销组合中的非价格变量在目标市场中将要建立起来的认知期望值,并比较产品差异和认知价值差异(与市场上同类产品其他品牌进行产品的性能、用途、质量、外观的认知比较和认知价值比较),然后给产品制定价格,这种价值要能反映消费者对产品的评价,而不是企业成本,更不是企业主观价值判断。

认知价值定价法的步骤:①确定消费者认知价值,决定商品的初始价格;②预测在初始价格下的商品的销量;③预测目标成本,即由销量算出生产量、投资额及单位成本;④把目标成本与实际成本相比较,计算能否达到预期利润。

2. 需求差异定价法

需求差异定价法又称差别定价法,是指根据销售的对象、时间、地点的不同而产生的需求差异,对相同的产品采用不同价格的定价方法。在这里,同一产品的价格差异并不是因为产品成本的不同而引起的,而主要是由于消费者需求的差异所决定的。这种定价方法,对同一商品在同一市场上制定两个或两个以上的价格,或使不同商品价格之间的差额大于其成本之间的差额。其好处是可以使企业定价最大限度地符合市场需求,促进商品销售,有利于企业获取最佳的经济效益。

事实上,这种价格差异的基础是顾客需求、顾客的购买心理、产品样式、地区差别以及时间差别等,采用这种方法定价,一般是以该产品的历史定价为基础,根据市场需求变化的具体情况,在一定幅度内变动价格。这种方法的具体实施通常有以下五种方式。

(1) 基于顾客差异的差别定价。这是根据不同消费者的消费性质、消费水平和消费习惯等差异,制定不同的价格。如会员制下的会员与非会员的价格差别;学生、教师、军人与其他顾客的价格差别;新、老顾客的价格差别;国外消费者与国内消费者的价格差别等,可以根据不同的消费者群的购买能力、购买目的、购买用途的不同,制定不同的价格。

(2) 基于不同地理位置的差别定价。由于地区间的差异,同一产品在不同地区销售时,可以制定不同的价格。例如,班机与轮船上由于舱位对消费者的效用不同而价格不一样;电影院、戏剧院或赛场由于观看的效果不同而价格不一样。

(3) 基于产品差异的差别定价。质量和规格相同的同种产品,虽然成本不同,但企业在定价时,并不根据成本不同按比例定价,而是按外观和式样不同来定价。这里定价所考虑的真正因素是不同外观和式样对消费者的吸引程度。比如,营养保健品中的礼品装、普通装及特惠装三种不同的包装,虽然产品内涵和质量一样,但价格往往相差很大。

(4) 基于时间差异的差别定价。在实践中往往可以看到,同一产品在不同时间段里的效用是完全不同的,顾客的需求强度也是不同的。在需求旺季时,商品需求价格弹性小,可以提高价格;在需求淡季时,价格需求弹性较高,可以采取降低价格的方法吸引更多顾客。

(5) 基于不同交易平台的差别定价。通常所指的交易平台是买卖双方沟通产品信息的渠道。例如,传统意义上的商店、无店铺销售的直销员、电视购物中心的产品介绍和网络时代的购物网站。因为不同的交易平台,销售费用、产品送达时间、满足顾客需求的程度及购后感受不同,采取不同的价格可吸引更多的消费者购买。以一杯咖啡为例,在超市为5元,在饭店的咖啡厅为15元,送到旅客房间为20元,在更豪华的大饭店里则是35元。因为越后面的地点能使顾客感受到越高的价值。

需求差异定价法是许多企业采用的一种常见的定价方法。这种方法比单一价格销售产品更能增加销量,获得更多的"消费者剩余",即顾客在购买商品时所预料的、情愿付出的价格与市场实际价格之间的差额使企业的赢利达到最大化。通常情况下,一个顾客购买商品实际付出的价格,不会高于他愿意支付的价格,这样,对同一商品,不同顾客愿意支付的价格是不同的,所以商家应针对这种需求差异,采用多种价格,实现顾客的不同满足感,从而将这些"消费者剩余"尽可能多地转化为企业的利润。

实行需求差异定价法必须具备一定的前提条件,具体如下。

第一,符合国家的相关法律法规和地方政府的相关政策。

第二,市场能够细分,且各细分市场有不同的需求弹性。顾客对产品的需求有明显的差异,需求弹性不同,市场能够细分。

第三,不同价格的执行不会导致本企业以外的企业在不同的市场间进行套利。低价市场和高价市场之间是相互独立的,不能进行交易,否则低价市场的购买者将低价购进的商品在高价市场上出售,使企业差异定价不能实现。

第四，顾客在主观上或心理上确实认为产品存在差异。不要引起顾客的反感，使他们产生被歧视的感觉，放弃购买，抵制购买。

7.2.3 竞争导向定价法

竞争导向定价法是企业通过研究竞争对手的生产条件、服务状况、价格水平等因素，依据自身的竞争实力，参考成本和供求状况，以市场上竞争者的类似产品的价格作为本企业产品定价的参照系的一种定价方法。

竞争导向定价主要包括以下几种方法。

1. 随行就市定价法

随行就市定价法又称流行水准定价法，它是指在市场竞争激烈的情况下，企业为保存实力采取按同行竞争者的产品价格定价的方法。这种定价法特别适合于完全竞争市场和寡头垄断市场。

随行就市定价法这种"随大流"的定价方法，主要适用于需求弹性比较小或供求基本平衡的商品，如大米、面粉、食油以及某些日常用品。这种情况下，如果某企业把价格定高了，就会失去顾客；而把价格定低了，需求和利润也不会增加。所以，随行就市是一种较为稳妥的定价方法，也是竞争导向定价方法中广为流行的一种。

企业在竞争中采用这种方法有以下几个原因。①避免竞争激化。②有些产品成本核算较难，随行就市定价是本行业众多企业在长时间内摸索出来的价格，与成本和市场供求情况大体符合，容易得到合理的利润。③如果制定与其他竞争企业不同的价格是希望比其他竞争企业得到更多的利润，但对能否如愿却没有很大的把握，就贸然制定不同的价格，可能会弄巧成拙。④某些产品的特点只适用随行就市定价，如均质产品市场。均质产品指同类商品之间没有很大差异，购买者对产品的要求、对有关销售措施的反应都相似。行业价格是由购买者与销售者共同作用而形成的。对于产品差异比较大的市场，则不存在行业价格，企业定价与自己产品的特色相适应。

随行就市定价法定价的具体形式有两种：一种是随同行业中处领先地位的大企业价格的波动而同水平波动；另一种是随同行业产品平均价格水准的波动而同水平波动。在竞争激烈、市场供求复杂的情况下，单个企业难以了解消费者和竞争者对价格变化的反应，采用随行就市的定价方法能为企业节省调研费用，而且可以避免贸然变价所带来的风险；各行业价格保持一致也易于同行竞争者之间和平共处，避免价格战和竞争者之间的报复，也有利于在和谐的气氛中促进整个行业的稳定发展。

采用这种方法既可以追随市场领先者定价，也可以采用市场的一般价格水平定价。这要视企业产品的特征，及其产品的市场差异性而定。比如，在类似于完全竞争的市场上，企业只能按既定价格出售商品，而毫无控价能力。此时，企业多采用随行就市定价法，即将自己的价格始终与市场价格保持一致水平，并通过数量调整的方式来追逐市场价格的变化，通过降低流通费用来获得必要的利润。

一些小型企业多采取随行就市定价法。它们变动自己的价格，与其说是根据自己的需求变化或成本变化，不如说是依据市场领导者的价格变动。有些企业可以支付一些微小的赠品或微小的折扣，但是它们保持的是适量的差异。

2. 相关产品定价法

相关产品定价法是以某种同类产品为标准品,以它的现行价格为标准,通过成本或质量的比较而制定新品种价格的定价方法。

相关产品定价法是一种简便易行的定价方法,能较好地贯彻执行按质论价的原则,有利于保持同类产品价格水平的基本稳定。但这种定价工作的关键在于选定标准品和确定标准品的合理价格。

(1) 正确选定标准品。标准品是同类产品比质比价的核心,所以企业一般应选择产量大、生产正常、质量稳定、销售面广的产品,而不应选择产量小、质量波动大、无销路的产品。

(2) 确定标准品的价格。标准品的价格是否合理,关系到新产品的价格水平,所以,企业要以成本或质量的标准作为定价依据,认真做好标准品的定价工作,不可随意变动。

相关产品定价法具体的定价方法有以下三种。

(1) 新产品与标准品相比,若成本变动与质量变动的方向和程度大体相似,可按成本差异程度确定新产品价格。其计算公式为

$$新产品价格 = 标准品价格 \times (1 + 新产品成本差异率)$$

该定价方法虽然简便,但不能反映新产品与标准品的质量差异。

(2) 新产品与标准品相比,若质量显著提高而成本增加不大,可按它们的质量差别确定新品种的价格。其计算公式为

$$标准品价格 \times (1 + 新产品成本率)$$
$$新产品价格 \leqslant 标准品价格 \times (1 + 新产品质量差率)$$

(3) 若新产品成本减少不多,而质量明显下降,应实行低质低价。其计算公式为

$$新产品价格 = 标准品价格 \times (1 - 低质产品质量差率)$$

3. 密封投标定价法

密封投标定价法也称为投标竞争定价法,是指在招标竞标的情况下,企业在了解其竞争对手的基础上定价。这种价格是企业根据对其竞争对手报价的估计确定的,其目的在于签订合同,所以它的报价应低于竞争对手的报价。密封投标定价法主要用于投标交易方式。

在国内外,许多大宗农产品、原材料、成套设备和建筑工程项目的买卖和承包,以及出售小型企业等,往往采用发包人招标、承包人投标的方式来选择承包者,确定最终承包价格。一般来说,招标方只有一个,处于相对垄断地位,而投标方有多个,处于相互竞争地位。标的物的价格由参与投标的各个企业在相互独立的条件下来确定。在买方招标的所有投标者中,报价最低的投标者通常中标,它的报价就是承包价格。这种竞争性的定价方法就是密封投标定价法。

密封投标定价法的步骤如下。

1) 招标

招标是由招标者发出公告,征集投标者的活动。在招标阶段,招标者要完成下列工作。

(1) 制定招标书。招标书也称招标文书,是招标人对招标项目成交所提出的全部约束条件,包括招标项目名称、数量;质量要求与工期;开标方式与期限;合同条款与格式等。

(2) 确定底标。底标是招标者内部预定的招标项目的合理价格,它是评价是否中标极为重要的依据。底标一般有两种:一种是明标,是招标者事先公布的底标,供投标者报价

时参考；另一种是暗标，它是招标者在公证人监督下密封保存，开标时才可当众启封的底标。

2）投标

由投标者根据招标书规定提出具有竞争性报价的标书送交招标者，标书一经递送就要承担中标后应尽的职责。在投标中，报价、中标、预期利润三者之间有一定的联系。一般来讲，报价高，利润大，但中标概率低；报价低，预期利润小，但中标概率高。所以，报价既要考虑企业的目标利润，也要结合竞争状况考虑中标概率。

3）开标

招标者在规定时间内召集所有投标者，将报价信函当场启封，选择其中最有利的一家或几家中标者进行交易，并签订合同。

7.3 农产品定价

定价策略是农产品经营企业为实现定价目标，在特定的经营环境下采取的定价方针和价格竞争方式。在市场竞争中，企业要善于根据市场环境和内部条件，正确选择定价策略，以确定产品的最终价格。

农产品定价不仅是一门科学，而且需要一套策略和技巧。定价方法侧重于农产品的基础价格，定价技巧和策略侧重于根据农产品市场的具体情况，从定价目标出发，运用价格手段，使其适应市场的不同情况，实现农产品经营企业的营销目标。

7.3.1 新产品定价策略

新产品定价难度较大，因为没有可供参考的销售资料，无法确切了解顾客对产品价值的判断，如果定得过高，不被顾客认可，新产品难以推广；如果定得过低，则难以收回前期投资，影响企业收益。常见的新产品定价策略有以下三种。

1. 撇脂定价策略

新产品进入市场时，企业有意将产品价格定得相对较高，以便在最短的时间里攫取最大的利润，尽快收回投资，该做法犹如从鲜奶中撇取奶油，因此，被形象地称为撇脂定价策略。这种定价策略常被很多以利润最大化为定价目标的企业所应用，如哈根达斯的撇脂定价策略被证明是成功的。除有专利保护的新商品外，其他的保护形式还包括优质名牌商品的声誉、良好的企业形象、稀缺资源的使用权等，这些保护形式使竞争者很难进入市场。

从市场营销实践看，在以下条件下企业可以采取撇脂定价策略。

（1）市场有足够的购买者，他们的需求缺乏弹性，对价格不敏感。

（2）产品新颖有特色，而且顾客特别看重产品的差异。

（3）竞争者在短期内不易打入该产品市场。

撇脂定价策略的优点：新产品初上市，奇货可居，可抓紧时机迅速收回投资，再用以开发其他新产品；价格开始时定得高一些，有较大回旋余地，可使企业掌握价格上的主动权，根据市场需求随时调价；可以借助价格提高产品身价，树立高档产品形象。其缺点：过高的定价限制了市场开拓。

阶段性撇脂定价策略是撇脂定价策略的变形，是指从一个较高的价格开始，首先吸引对价格最不敏感的购买者,而这个市场是逐渐缩小甚至消失的,为了维持销量,公司将价格降低到一定水平,向下一个最赚钱的细分市场销售产品。公司将这个过程进行下去,直到试尽了所有撇脂的机会。

2. 渗透定价策略

渗透定价策略是指企业为投入市场的新产品制定一个相对较低的价格,吸引大量顾客,迅速打开和扩大市场,提高市场占有率。这种定价策略常被以扩大销量、提高市场占有率为定价目标的企业采用,著名的可口可乐公司就是渗透定价策略的实践者,该公司总是在普通产品中尽可能低地制定其产品的价格,以便赢得市场份额和公众的好感。

从市场营销实践看,企业采取渗透定价策略需具备以下条件。

(1) 市场需求对价格较为敏感,因此,低价会刺激市场需求迅速增长。

(2) 企业的生产成本和经营费用会随着生产经营规模的扩大而下降。

(3) 低价不会引起实际的和潜在的竞争。

渗透定价策略的优点:可促使新产品迅速成长,并迅速占领市场,扩大销量,提高市场占有率,进而大幅度地降低成本,获得成本优势,赚取长期利润,打击缺乏这种优势的新的竞争者。其缺点:利润较低,难以在短期内收回投资。

3. 满意定价策略

当顾客对价格十分敏感时,不能采用撇脂定价策略;当竞争者对市场份额十分敏感时,不能采用渗透定价策略,此时企业应采用满意定价策略,即制定一个不高也不低的适中价格,使企业既能获得一般利润,又能吸引购买,赢得顾客好感,双方满意。从原则上讲,适中价格也可能是市场上的最高或最低价格,因为适中价格也是参考产品的认知价值决定的,当大多数潜在购买者认为产品的价值与价格相当时,即使价格很高也属于适中价格。

满意定价策略的优点:价格较稳定,在正常情况下能实现预期目标。其缺点:定价较保守,不适用于需求复杂多变、竞争激烈的环境。

7.3.2 心理定价策略

心理定价策略是以迎合消费者的不同层次消费需求和不同购买欲望而定价的一种策略。使用这种定价策略,能使消费者感到购买这种产品有合算、实惠、名贵等的心理满足,从而激发其购买欲望,达到扩大产品销售的目的。常用的心理定价策略主要有如下几种。

1. 尾数定价

尾数定价策略是企业在对产品定价时,针对消费者的求廉心理,取尾数价格而不取整数价格的一种定价策略。例如,将产品价格定为 0.98 元,而不定为 1 元;定为 98 元,而不定为 100 元等。采用这种定价策略,虽在核算产品价格和出售价格时比较麻烦,但一般能起到以下三方面的作用。

(1) 给消费者以信任感。若将产品价格定为整数,如 1 元、10 元、100 元,消费者认为是一种概略性的估计;而取尾数,如 0.98 元、9.8 元、98 元,消费者则认为这是企业经过精确计算的价格,从而产生信任感,能较好地激发消费者购买产品的欲望。

(2) 给消费者以价廉感。企业将产品价格分别定为 1 元和 0.98 元,二者虽相差甚微,但前者给消费者的概念是元,后者却是角,能使消费者产生价廉感。

（3）给企业带来好的效益。采用尾数定价策略，价格相差不大，不仅不会因此而减少企业利润，反而会增强产品的竞争力，扩大产品销售，从薄利多销中取得更好的经济效益。

2. 声誉定价

声誉定价策略是将有些高档消费品、奢侈品、有观赏价值的名人字画、古董等的价格，定得比产品的实际成本、一般利润高得多，以吸引少数经济条件较优裕的消费者购买的一种定价方法。企业使用声誉法定价，首先可使企业增加赢利；若是出口产品，还可为国家赚取更多的外汇收入。同时，凡购买高档产品、名贵产品的消费者，大多数是家庭经济条件较好的使用者，当这些产品投入市场时，价格定得高一些，反而会引起这些购买者的购买欲望，有利于产品的销售。

3. 分级定价

分级定价是企业将同一种产品根据质量和外观上的差别分成不同等级，选其中一种作为标准型产品，其余依次排列，定为低、中、高三档，再分别定价的一种策略。低档产品，价格接近产品成本，只要有利就行；高档产品，价格可较大幅度地超过产品成本。

1）分级定价的作用

企业采用分级定价策略，一般可起到以下三方面的作用。

（1）可扩大产品销售。这样定价既可满足一般消费者的要求，又可满足购买力较强的消费者的要求，从而增加市场销售量。

（2）便于定价或调价。产品分级定价既方便企业核算价格，又便于企业对产品价格进行调整。

（3）便于消费者购买产品。产品分级定价，可使消费者根据自己的习惯档次购买产品，不必多花时间去选购、斟酌。

2）分级定价的要求

企业在分级定价时，产品价格的档次不宜分得过多或过少；各档次的价格差别也不宜过大或过小。如果档次价格相差过小，将失去分档的意义；如果档次价格相差太大，则可能失去一部分期望购买中间档次价格产品的消费者。

4. 组合定价

当企业经营两种以上相关的产品时，可将关联产品的价格一个定得高些，一个定得低些，对其进行组合。如大家熟悉的打印机，它的价格很便宜，但是它的墨盒却不便宜。又如对一个既生产剃须刀架又生产刀片的企业来说，可将剃须刀架价格从原来的正常价格10元改为9元，而刀片则从正常价格0.2元提到0.3元。这样，消费者购买刀片和墨盒时，就能弥补企业打印机和剃须刀架的损失，而消费者购买打印机和刀架时还会觉得合算、价廉。在组合定价时要注意的是，作为消耗产品的关联产品必须没有严格的替代品，否则不能用组合定价策略。如果上例的刀片和墨盒有替代品，则消费者就不会选择你的刀片和墨盒，企业便会在刀架和打印机上白白损失。

5. 习惯定价

有些日用品，消费者经常接触、购买，对价格已养成固定习惯，不宜轻易变动。而且，物价越稳定，这种习惯定价的产品也就越多。别的企业如生产相同产品，须按已有的习惯价格定价，否则销路就会受影响。有时，企业的生产因素发生了变化，如原材料涨价等，确实需要提价,企业也要将产品改型,或利用新的牌号、新的包装,使消费者在心理上比较容易接受。

7.3.3 折扣定价策略

折扣就是让利。在产品经销活动中,通过折扣,可以降低一部分产品价格,以达到争取快销和多销的目的。企业经常采用的折扣策略大致有以下八种。

1. 现金折扣

现金折扣是企业对按约定日期付款的用户给予不同优待的一种折扣。例如,付款期限为一个月,立即付现可打5%的折扣,10天内付现可打3%的折扣,20天内付现可打2%的折扣,最后10天内付款则无折扣优待。企业使用现金折扣策略的目的在于鼓励用户早日付款,减少赊销,加快企业的资金周转速度。但在使用这一折扣策略时,企业及其营销人员须严格把握三点:一是折扣率的大小;二是折扣期限的长短;三是付清贷款期限的长短。

2. 数量折扣

数量折扣是企业对购买一定数量和金额的用户,给予大小不同优惠的一种折扣,即购买数量越多、金额较大,给予的折扣越多。例如,某商场在节假日推出购物满400元送100元代价券活动等。数量折扣具体又分为以下两种。

(1) 累计数量折扣。在一定的时期内,企业按照用户累计购货数量和金额的大小给予不同的折扣。时间的长短,可以确定为一周、一月、一季、半年、一年等。使用累计数量折扣,对企业来说,可鼓励用户长期购买,使其成为企业的长期客户,便于安排生产经营活动;对用户来说,也可保证货源,便于掌握进货进度。

(2) 非累计数量折扣。即用户每次购买一种或多种产品,达到一定数量或一定金额时,给予一定的折扣。例如,一次购进100台,可给予10%的折扣;超过100台,给予12%的折扣;达50～100台,给予5%的折扣;不足10台无折扣。

3. 交易折扣

交易折扣是企业根据批发商或零售商在市场经销活动中的不同地位和功能,给予不同优惠的一种折扣。所以,这种折扣又称功能折扣。例如,某种食品的出厂价为100元,给予零售商20%的折扣,即付款80元;给批发商时,在零售商的基础上再给予10%的折扣,即付款72元;给经销商时,在零售商的基础上再给予5%的折扣,即付款76元。给批发商的折扣较大,给中间商的折扣次之,给零售商的折扣较小,这样做,可刺激批发企业大批量购买,并有可能进行批转业务。

4. 季节折扣

季节折扣是生产季节性产品的企业,对在季节内购买产品的用户所给予的优惠折扣。它包括季节生产、全年销售和全年生产、季节销售两种情况。季节折扣主要用于全年生产、季节销售的产品。例如,某产品在正常销售时每件100元,在销售淡季可打10%～15%的折扣。企业使用季节折扣,一方面可鼓励批发商和零售商早购产品,减少企业库存积压,加速资金周转,提高经济效益;另一方面可使企业的生产淡季不淡,实现均衡生产,提高劳动生产率。

5. 拍卖折扣

拍卖折扣是企业为了减少库存积压,加速资金周转,将一些滞销的商品尽快售出所采取的一种折扣。使用这种销售方法时,首先定出打折的销售日期,再定折扣率的大小。例如,某企业折扣的期限为16天,则第一天打九折,第二天打八折,第三、第四天打六折,第五、第六天打五折,最后两天打一折等。企业使用拍卖折扣,能刺激消费者购买,促进商品销售。在多数场合,拍卖折扣是平均以商品原价的五折售出,这时企业虽无多大利润可得,但能出清存货和扩大宣传,效果还是较好的。

6. 经营折扣

经营折扣是企业根据客户在自己的生产经营活动中的不同地位和作用,对出售的产品所采用的一种优惠折扣。例如,某食品总厂出售某一食品时,给一般的农贸市场批发商,按上级有关部门规定的折扣;给松散联营的批发商,则以高出农贸市场批发商2%的折扣出售;给紧密联营的批发商,则以高出松散联营批发商3%的折扣出售。该企业使用经营折扣,起到了以下作用。

(1) 使批发部门感到加入联营有好处,从而使一些未加入联营的单位也积极要求加入联营集团。

(2) 使某食品的销售渠道越来越宽,且日益巩固。

(3) 联营单位与企业为了共同的利益,为企业产品的发展共同出谋划策。

7. 运费折扣

运费折扣是指远距离用户到企业进货时,企业以适当减价的方法弥补其运费负担的一种优待折扣。企业使用运费折扣,目的是吸引远距离用户,特别是国外用户,扩大产品销售范围。

8. 职能折扣

职能折扣是根据中间商在经销活动中的不同职能,由企业给予不同的价格折扣补偿。例如,有的中间商承担着企业产品销售过程中的运输;有的除承担运输外,还承担企业产品的售后服务;有的除承担产品的运输、售后服务外,还能为企业融资。企业给予中间商的折扣大小,主要依据中间商在企业产品销售过程中所起的不同作用。使用职能折扣,可以调动、刺激中间商的积极性,使他们尽力为企业产品销售做好各项服务工作。

7.3.4 地区性定价策略

产品销售给不同地理位置的消费者,当运费在价格中所占比例较大时,企业要决定对不同地区的消费者是分别定价还是制定相同价格,即决定是否制定地区差价,通常有以下五种做法。

(1) 原地交货定价策略。企业按出厂价交货,负责将产品送到产地的某种运输工具上。从产地到目的地的费用则由买方负担。即不同地区不同价格。顾客支付的价格等于商品价格加实际运费。

(2) 统一交货定价策略。与前述相反,不论卖到何处,支付多少运费,都以一个价格交货,即在全国范围内不论远近,运费平均计算,所以又叫邮资定价。顾客支付的价格等于商品价格加平均运费。

(3) 分区定价策略。介于前两者之间,把位于各地的消费者划分为若干价格区,在价格区内实行运费平均计算,即同一价格区同一交货价格。消费者支付的价格等于商品价格加本地区平均运费。

（4）基点定价策略。企业指定一些城市为基点城市，然后，按出厂价加从最近的基点城市到消费者所在地的运费来定价。消费者支付价格等于商品价格加实际所在地到基点城市的运费。

（5）运费减免定价策略。在企业急于和消费者成交且交易量较大、交易额较高的情况下，可以考虑用销售成本的节约部分抵偿运费。这样特别容易加深市场渗透。

7.4 农产品价格调整与价格变化的技巧

农产品经营企业的价格不是一成不变的，尤其是在市场瞬息万变的今天。对于价格的变化，企业可能是主动的，也可能是被动的。不管是主动还是被动变动价格，企业必须有一套处变不惊的对策。

7.4.1 价格变动的原因和对策

1. 主动变动价格

主动变动价格的情形如表 7-1 所示。

表 7-1　主动变动价格的情形

原因和对策	降　低	提　高
原因	该产品供大于求、大量积压 希望夺回市场占有率 成本费用低，希望调价以控制市场	产品成本提高 产品供不应求 通货膨胀
对策	淡季降价比旺季降价有利 同一产品降价次数太多会失去市场占有率 短期内降价不足以阻止新品牌的进入 新品牌降价效果比旧品牌的降价效果好 销量下降时降价效果不理想	要控制提价幅度，不宜太高 及时向消费者说明原因，帮助大宗购买消费者解决提价带来的问题

2. 被动调整价格

被动调整价格的情形如表 7-2 所示。

表 7-2　被动调整价格的情形

情　况	考 虑 因 素
竞争者情况	变价原因 变价期限是临时还是长期的 本企业做出反应后，竞争者和其他企业将采取的措施 经济实力
本企业情况	经济实力 产品的市场生命周期 产品的价格敏感度 跟随调价后，对企业营销的影响

7.4.2 企业应变程序

图 7-1 说明一个企业预先计划如何应对价格变动,并确认非价格竞争在什么情况下比价格竞争更有利,从而提出全部调整或部分调整价格的策略。

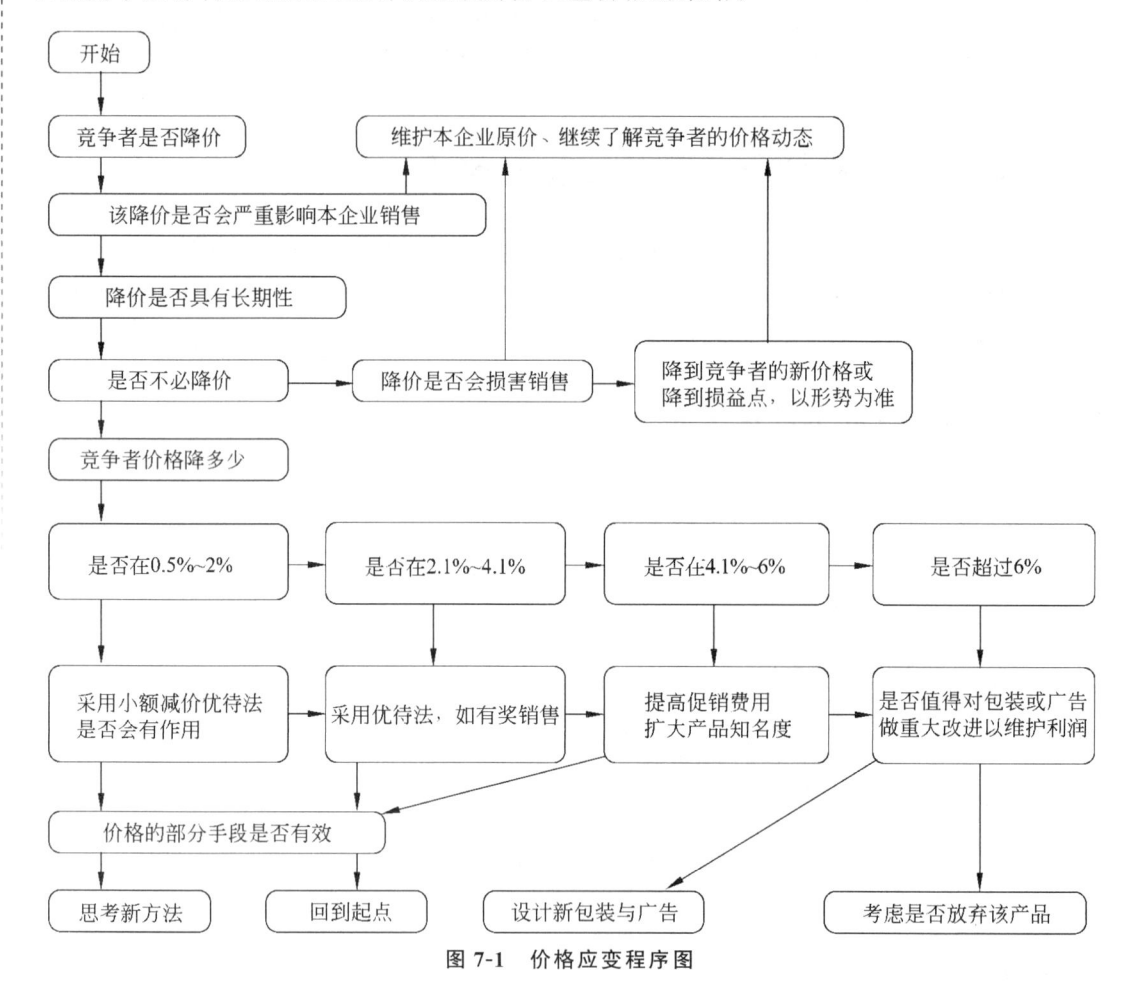

```
开始
 ↓
竞争者是否降价 →→→→ 维护本企业原价、继续了解竞争者的价格动态
 ↓                                    ↑
该降价是否会严重影响本企业销售 →→→→→→→→|
 ↓                                    ↑
降价是否具有长期性                      |
 ↓                                    ↑
是否不必降价 →→ 降价是否会损害销售 →→→→|
 ↓                    ↓
竞争者价格降多少    降到竞争者的新价格或
 ↓                 降到损益点,以形势为准
┌──────┬──────┬──────┬──────┐
是否在  是否在  是否在  是否超过
0.5%~2% 2.1%~4.1% 4.1%~6% 6%
 ↓      ↓       ↓       ↓
采用小额  采用优待法, 提高促销费用  是否值得对包装或
减价优待法 如有奖销售  扩大产品知名度 广告做重大改进以
是否会有作用                      维护利润
 ↓      ↓        ↓        ↓
价格的部分手段是否有效
 ↓      ↓        ↓        ↓
思考新方法 回到起点 设计新包装与广告 考虑是否放弃该产品
```

图 7-1 价格应变程序图

7.4.3 降价技巧

降价技巧就是企业及企业的营销人员,根据企业的生产经营情况,降低产品价格的经销方法。这种方法若使用得当,无论对国家、对企业,还是对广大消费者,均有较大的好处。

1) 降价的意义

产品降价,可以扩大销售,增强竞争能力,促使企业加强管理。一般来说,除产品滞销、陈旧变质等原因外,企业要降价销售,就必须降低产品的成本。为此,企业就要加强管理,降低消耗,提高劳动生产率。否则,一是无法降价;二是减少企业收入。

2) 降价的形式

企业产品降价,多采用如下形式。

(1) 经营性降价。企业为了扩大产品销售,有时甚至将产品售价降到成本以下,以吸引消费者购买。随着产品销量的扩大,单位产品的成本大大下降,利润也就在其中了。这种降价,一般属高明的经营者行为。

(2) 优惠性降价。优惠性降价指企业针对人们的求利心理,对带头购买、经常购买和大量购买的用户,给予优惠待遇(让利),以鼓励他们扩大购买和经常光顾。此种"与人分利,于己得利"的策略,是扩大市场、争取客户的好办法。

(3) 陈旧性降价。陈旧性降价指企业的产品由于长期积压,在外观、式样或性能等方面已发生陈旧或变质,消费者很少问津,企业为了将死物变成活钱,用于进行再生产,可采取削价的形式,促使产品尽快售出。所以,陈旧性降价也称处理性降价。

(4) 竞争性降价。竞争性降价是企业及企业的经销人员在产品的经销过程中为争夺用户所采用的低于竞争对手产品价格的一种策略和手段。

(5) 季节性降价。季节性降价是企业对季节性产品所采用的一种经销手法。一般来说,在产品的销售旺季,可按正常价格售出;到了销售的淡季,便应降低产品价格。

(6) 效益性降价。效益性降价是企业由于改进技术、加强管理、降低消耗,使产品的成本明显下降,从而降低产品的售价。降价后,企业仍能保持较好的经济效益。同时,这种降价形式一旦实施,便可大幅增强竞争能力,扩大产品销售,进一步提高企业的经济效益。

3) 降价的技巧

降价的策略和技巧很多,上述六种降价形式中,每一种均体现一定的策略和技巧。在销售实践中,还常采用如下降价技巧。

(1) "零头"降价技巧。即根据消费者的求廉心理,将产品的整数价格变为尾数价格(见"尾数定价法")。

(2) 弹性降价技巧。即根据购物的不同数量,确定不同降价幅度的一种降价技巧。例如,一次购物在100件以内,产品按原价出售;一次购物100~500件,按原价的95%出售,等等。产品的弹性降价技巧,一般也称产品的折扣定价技巧,它可促使购买者多购商品。

(3) 自动降价技巧。某商店规定,店内出售的商品如12天后卖不掉,就自动降价25%出售;再过6天卖不出,就自动降价50%出售;再过6天卖不出,就自动降价75%出售;再过6天卖不出,就将商品送人或抛弃。该店这样做,开始时亏了本,但时间长了,受到了消费者的普遍欢迎。

(4) 自行降价技巧。一些易腐变质、当天必须售完的商品,如蔬菜、瓜果、鲜鱼等,若上午未售完下午就应自行降价,若下午仍未售完商店即应及时处理。

(5) 赠送降价技巧。例如,在一些出售自行车的商店贴着这样一张告示:"上海永久牌自行车每辆280元,每买一辆,赠送自行车锁一把。"这就是自行车商店对自行车采取的赠送降价技巧。企业为吸引消费者购买商品,一般采用三种赠送降价技巧。

① 搭配奉送。即顾客买一样东西,店方送一个小小的纪念品。

② 配套发奖。即顾客在店里买东西,可凭发票到指定地点领奖。奖品大都是一些实用的或有纪念意义的东西。

③ 减价优惠。即顾客买了东西后,可得到商店所发的优惠券,顾客凭券可在指定柜台买到低价的商品。

(6) 逆反降价技巧。一般情况下,商品降价出售,总是由高到低,如100元降为90元。

但有的企业在对商品进行降价时,却登出"100元可买110元商品"的广告。这种降价技巧,从表面上看,与"100元商品卖90元"没有什么差别,但仔细一想则不然。

① 折扣的大小不同。"100元商品卖90元",折扣价为商品价格的90%;"100元买110元商品",折扣价为商品价格的90.91%。二者相差0.91%,即后者的折扣比前者略低,企业可增加约1%的利润。

② 消费者的心理反应不同。"100元的商品卖90元",消费者的直觉反应是削价求售,而"100元买110元商品",即使消费者产生了货币价值提高的心理反应,产生"与商品降价无直接关系"的错觉。

③ 实现的销售收入不同。在销售情况大致相同的情况下,"100元商品卖90元",一次实现的销售收入为90元;"100元卖110元商品",一次实现的销售收入为100元。显然,后者比前者高出10元。

(7) 部分降价技巧。为吸引消费者购买,可在企业出售的商品中挑选具有代表性的一两种商品进行降价,或者降低消费者敏感性较强的商品的价格。这样,既可直接吸引顾客前来购物,还可起到让顾客在购买降价商品的同时,也购买其他非降价商品的作用。

(8) 全面降价技巧。杭州市解放路百货商店曾在报纸和电视台登出一则广告:"凡本店出售的商品,其价格一律低于杭州市同类商店。如果有顾客的购买价格高于本市同类商店,均可持货物和单据到本店领取高出部分的差价。"在这里,该店就是采用了全面降价技巧。从表面看,商店似乎减少了利润,其实并非如此。该店采用此法后,前来购物的人日渐增加,当月销售量就比上年同期上升45.7%,资金周转加快10.36天,利润增长44.88%。

4) 降价的要求

为使产品降价取得理想的效果,企业必须努力做到如下几点。

(1) 降价的幅度要适宜。企业产品的降价,应根据具体原因、目的和要求进行,降价的幅度既不宜过小也不宜过大。过小,不足以引起购买者的兴趣,达不到降价的目的;过大,既会给企业带来一定的利益损失,又会引起消费者的猜疑。

(2) 降价的时机要恰当。对时尚商品,流行周期一过就应降价;对季节性商品,季末就应降价。一般来说,对时潮商品,在落市前就应降价;对一般商品,应尽可能在陈旧、变质前降价。在市场疲软时,对非紧俏商品可随时降价处理。

(3) 降价的次数应有所控制。总的要求是,企业产品降价的次数不宜太多。一个产品的降价次数多了,会使购买者产生观望等待心理,不利于企业的产品销售,也不利于企业经销工作的正常开展。

(4) 降价的标签应显示出来。商品降价后,应将降价后的价格标签立即显示出来。制作降价后的价格标签,应注意如下两个问题。

① 制作方法。一种是划去原标价,再填写降价后的价格;另一种是换上降价后的新标签。

② 标签颜色。根据我国物价部门1989年年初的规定,国家定价的商品,一律使用红色标签;国家指导价的商品,一律使用蓝色标签;企业定价的商品,一律使用绿色标签。

7.4.4 提价技巧

提价技巧就是企业及企业的经销人员根据企业的生产经营情况,对企业产品实行提高价格的一种经销方法。

1）提价的效应

产品提价,对企业来说,既有有利的一面,又有不利的一面,会产生正、负两种效应。通过提价,可增加效益,改善经营管理。即在产品成本一定的情况下,产品提价可提高企业的赢利水平,增加效益。如果产品的售价不变,成本提高,时间长了,企业就会缺乏足够的承受能力,发生亏损。但提价也会减少销售,削弱产品的竞争力。消费者对提价有一种本能的反感,心理承受能力较弱。所以,产品提价必然会减少(特别是提价开始阶段)销售。同时,根据价值规律,无论产品是供大于求,还是供小于求,在产品质量一定的前提下,谁的产品价格低,谁就会吸引更多的买者。

企业只有在发生下列情况之一时,才能对产品进行提价。

（1）在产品供不应求,又一时难以扩大生产规模时,可考虑在不影响消费者需求的前提下,适当提高价格。

（2）对需求弹性较小的产品,企业为促进单位产品利润的提高和总利润的扩大,在不影响销售量的前提下,可适当提高价格,如食盐等。

（3）产品的主要原材料价格提高,影响企业的经济效益,在大多数同类企业都有提高价格意向的前提下,可适当提高价格。

（4）产品的技术性能有所改进,或功能有所提高,或服务项目有所增加,在加强销售宣传的前提下,可适当提高价格。

（5）与竞争对手相比,企业确信自己的产品在品种、款式等方面更受用户欢迎,在市场上已建立良好的信誉,而原定价格水平偏低,可适当提价。

（6）企业产品的生命周期即将结束,经营同类产品的企业大多转产,经销人员在出售产品时,面对一些具有怀旧心理的消费者,可以使自己的产品"奇货可居",提高价格出售。

（7）在国家统一调价时,企业可在国家规定的幅度内提高价格。

2）提价的要求

无论是按国家规定提价,还是因企业生产费用增加而提价,抑或是经销人员根据市场情况提价,都有一定的风险,甚至会适得其反。因此,企业在提价时,必须遵循以下要求。

（1）提价的幅度要适宜。产品提价的幅度不宜过大,一般应控制在这样的水平上：一是不宜高于企业生产经营费用增加的幅度；二是不宜高于同类产品企业提价的幅度。

（2）提价的形式要灵活。可对产品直接提价,如从 2 元直接提到 2.2 元;可对产品间接提价,如改变结算方法、减少折扣,也可对产品搭配提价,如一种产品提价,可与另一种产品降价相配合。

（3）提价的手法要巧妙。有些产品可通过改变其形状、材质、包装等手法提价,使用户易于接受。有些产品可通过增添附加物、增加服务项目或赠送礼品等方法提价,使用户得到实惠。

（4）选择好提价的时机。对产品性能改进等造成的技术性提价,应在用户需求量最迫切、反感程度较小的时候提价。例如,某种仪器经过改进,功能有所提高,用户又急等使用,则可适当提价。对产品成本提高造成的费用性提价,应向用户广泛宣传解释,取得广大用户谅解后提价。

（5）控制提价的次数。产品提价要尽可能一步到位，不宜分步到位。在一定的时间内（如一年），企业产品提价的次数不宜多于一次，否则容易遭到广大消费者的抵制。

（6）提价后要进行情况跟踪。产品提价后，企业的有关部门，如经销部门或财务部门，要对用户进行跟踪调查。调查的主要内容：第一，用户对产品提价的承受能力，这种能力可称为产品提价的适宜程度；第二，消费需求的转移情况，一种产品提价，往往会使该种产品的相关产品或代用品的销量增加，如肥皂提价会使洗衣粉销量上升。由此可反映出该产品提价与相关产品或代用品价格之间的关系，从中分析产品提价的合理性。

（7）考虑价格回落。随着企业外部环境的改变和内部条件的改善，产品提价后，企业还要适时考虑价格的回落，设法将提高的价格再降下来。要回落价格，就要做好两项工作：一是挖潜，企业只有通过挖潜，大搞技术革新，提高劳动生产率，才能减少消耗，降低成本，使价格回落建立在可靠的基础上；二是慎重，国家定价的产品，其价格也不宜大起大落，否则会损害企业的形象。

本项目小结

完成本项目的学习，您应该理解和掌握以下内容。

（1）农产品价格的基础是农产品价值。农产品价格一直是影响农民增收与消费者选购的最主要因素之一，农产品销售对价格更为敏感，价格高低直接关系到农业生产、市场供给与市场需求、农民收入、市场竞争等。

（2）在市场经济条件下，大部分产品的价格已经放开，但是定价并不是一项随意的工作，它必须考虑定价目标、成本、市场需求、消费者意识、竞争、政策法规等因素的影响。实际上，定价是这些因素共同作用的结果。

（3）农产品定价有三种基本方法：成本导向定价、需求导向定价和竞争导向定价。不同企业视具体情况确定采取适合自身发展的方法和策略。

（4）农产品定价是一门科学，定价需要一定的策略和技巧，即从定价目标出发，运用价格手段实现营销目标。农产品定价策略主要有新产品定价、心理定价、折扣定价、地区性定价等。企业面对的是复杂多变的环境，因此要根据目标市场状况和定价环境的变化，采用适当的策略，保持价格与环境的适应性。

案例分析

小草莓玩出大智慧——亚洲最"高大上"草莓园

海升集团的草莓星球，不仅集中了最好吃、最漂亮的草莓，而且拥有号称亚洲最大、全球顶尖高科技的草莓大棚！有多大？单体50 000平方米的玻璃温室，亚洲最大，没有之一。

草莓星球拥有世界最新型文洛型玻璃温室、荷兰PB滴灌系统、智能升降温管理系统、物联网中控系统、基质吊架立体栽培，堪称国内最"土豪"的智能草莓园。从荷兰进口的文洛型玻璃温室，透光率高达97%，比传统玻璃温室提高12%，能够为植物全面提供"温光水气肥"最舒适的生长环境。荷兰PB滴灌系统，每两棵草莓中间有一根PB滴管，精准施肥，确保植物的营养获得一致性达到95%以上。能够节约用肥60%、用水90%，灌溉排出的水肥经过消毒分解处理后再次循环利用。小草莓喝的水是经过27层净化的"饮用标准"水源，可以直达每株草莓的根部。智能升降温管理系统，通过传感器及时将温、湿度反馈到中控系统，准确调节温、湿度，使温室内立体温差不超过1%。还有全球顶尖中控系统供应商荷兰Priva公司的物联网中控系统，实现环控、物流及人工智能管理技术的100%智能化管控。也就是说，海升玻璃温室里的每一颗草莓都有自己的成长日志，草莓的生长、采摘、储运等全程记录。营养状态、生长环境指数、水肥供给情况，甚至可以追溯到生长温度、光照数据（光合作用指数）等。传统草莓生长季节是2—5月，而草莓星球里的草莓们生长季节是每年11月至次年6月。所以寒冬腊月里，Priva系统可以在48小时内从草莓包装、采摘、水分、肥力等环节中发现可能存在的问题。全天候日光浴SPA，这里的所有草莓均无土栽培。出生在草莓星球的小草莓，自带"王室贵族血统"，全部采用基质吊架立体栽培，不是种在地上，既节省空间，也能避免直接和土地接触的病虫害。

为了每一颗草莓的食用安全，在草莓生长的全过程中确保不违反自然规律，生物防治包括悬挂黄板、蓝板、杀虫灯，放捕食螨和赤小蜂等。培养基中"椰糠"由椰壳磨制而成的，是纯天然又富含营养栽培介质，杜绝果实中含有重金属的可能。

每颗免洗即食的草莓背后，都有强大的"护花使者"——来自荷兰、日本的农科专家，以及熟悉国内气候和铜川当地气候条件的国内种植专家，共同组成草莓星球种植团队。

草莓星球基地分布着来自世界不同地区的顶尖品种：白雪公主、桃熏、隋珠和京郊小白……色泽鲜红的"枝纯"脱胎于日本著名的冬季草莓"红颜"，是当之无愧的星球女王；而星球公主"白桃熏"通体纯白，一看还以为是没有熟的草莓，然而它是来自日本的珍贵品种，口感如水蜜桃，清冽淡然。

这些优质的草莓，采摘后通过冷链运输，销往商超、新零售平台，盒马、山姆超市等。

玩转草莓星球：草莓DIY、草莓研学课程

草莓星球不只是生产草莓的农业基地，这里还成为铜川及西安市民必不可少的周末绿色旅行线，一个大型高科技草莓实验室，又是休闲娱乐的好去处。

（1）参观草莓基地，每人都要佩戴专用手环，全副武装穿上防尘服。

（2）开设草莓课堂，例如熊蜂的观察、草莓宝宝如何看医生及认领草莓苗等。

（3）开设亲子DIY制作课程，利用草莓为原材料制作蛋糕、饼干。

（4）开设售卖简餐的草莓餐厅。

（5）温室外面增加了宇宙飞船和各个小星球雕塑，孩子们特别喜欢。

资料来源：新农堂公众号 2019-3-15.

【讨论问题】

该草莓园提供的各类产品和服务分别可以采取哪些定价策略？请说明理由。

实训操作

实训项目	农贸市场部分主要农产品价格调查
实训目标	了解当地农贸粮食、蔬菜、水果、猪肉、水产品等的价格行情 分析不同时间、不同产地、不同品牌农产品价格差别 掌握农产品定价的一般方法、技巧及农产品价格调整

实施步骤	(1) 教师提出实训前的准备及注意事项 (2) 学生分为3人一小组。小组成员分工协作 (3) 设计农产品价格调查表(调查表应包括调查日期、农产品大类及具体名称、品牌、产地、产品单零售单价及其他必要说明) (4) 利用课余时间,选择不同大类不低于十种农产品,在不同时间对同一市场同类产品进行价格行情收集 (5) 各组通过小组讨论,分析该类农产品的营销环境,并提出营销对策 (6) 进行数据统计、分析 (7) 小组成员互相评分,教师最后评分
实训环境	校外农贸市场、市场营销模拟实训室
实训成果	以小组为单位提交市场价格调查分析报告

课后练习

一、名词解释

成本加成定价法　目标利润定价法　认知价值定价法　职能折扣定价　撇脂定价法　渗透定价法

二、不定项选择题

1. 企业采用撇脂定价策略作为其新产品定价策略的优点是(　　)。
   A. 能达到短期最大利润目标　　　　B. 能达到长期最大利润目标
   C. 容易得到渠道成员的支持　　　　D. 有利于迅速提高市场占有率

2. (　　)策略是企业把创新产品的价格定得较低,以吸引大量顾客,提高市场占有率。
   A. 撇脂定价　　　　　　　　　　　B. 渗透定价
   C. 目标利润定价　　　　　　　　　D. 成本加成定价

3. 准确计算产品所提供的全部市场认知价值是(　　)的关键。
   A. 认知价值定价法　　　　　　　　B. 反向定价法
   C. 需求差异定价法　　　　　　　　D. 成本导向定价法

4. 为鼓励顾客购买更多的物品,企业给那些大量购买产品的顾客的减价称为(　　)。
   A. 功能折扣　　B. 数量折扣　　C. 季节折扣　　D. 现金折扣

5. 按照单位成本加上一定百分比的加成来制定产品销售价格的定价方法称为(　　)定价法。
   A. 成本加成　　B. 目标利润　　C. 认知价值　　D. 随行就市

6. 在企业定价方法中,差别定价法属于(　　)。
   A. 成本导向定价　B. 需求导向定价　C. 竞争导向定价　D. 市场导向定价

7. (　　)是制造商给某些批发商或零售商的一种额外折扣,促使他们愿意执行某种市场营销职能(如推销、储存、服务)。
   A. 现金折扣　　B. 数量折扣　　C. 职能折扣　　D. 季节折扣

8. 企业提高价格的原因是(　　)。
   A. 企业生产能力过剩　　　　　　　B. 成本膨胀
   C. 企业市场占有率下降　　　　　　D. 库存积压

9.（　　）是指企业对按预定日期付款或现金购买的顾客的一种折扣。

　　A. 现金折扣　　　B. 数量折扣　　　C. 职能折扣　　　D. 季节性折扣

三、思考题

1. 简述撇脂定价策略的优缺点。
2. 简述渗透定价策略的优缺点。
3. 需求导向定价法有哪几种？各有什么利弊？
4. 成本导向定价法有哪几种？各有什么利弊？
5. 竞争导向定价法有哪几种？各有什么利弊？
6. 随行就市定价法有哪几种？各有什么利弊？
7. 举例说明农产品价格调整策略。

项目 8

农产品渠道策略

【能力目标】

通过本项目的学习,学生应该能够理解农产品渠道策略的含义,掌握农产品社区营销、社群营销和新零售思路,能够设计正确的渠道方式并加以实际运用。

【课程思政】

通过本项目的学习,使学生理论联系实际,重视国情民情,塑造正确的价值观。在案例的选择上,本项目较多地使用我国农业企业的渠道案例,结合民族品牌战略需要,从我国国情和文化传统切入进行理解和分析,寻找适合我国国情民情的营销渠道解决方案。

【任务分解】

(1) 掌握农产品渠道策略的含义。
(2) 掌握农产品社区营销。
(3) 掌握农产品社群营销。
(4) 掌握农产品新零售思路。

8.1 农产品渠道策略概述

农产品渠道是指农产品从生产领域向消费领域转移过程中,由具有交易职能的商业中间人链接的通道。在多数情况下,这种转移活动需要经过各种批发商、零售商、商业服务机构在内的中间环节。在这一过程中,营销渠道包括实体、所有权、付款、信息和促销五个方面。农产品由生产者转移到消费者的方式可以是直接实现,也可以是间接实现。

导入案例:名品极选品牌直供营销模式,成为有效避"坑"的创业新赛道

8.1.1 农产品直接销售

1. 直销的定义

按世界直销联盟的定义,直销(direct selling)是指以面对面且非定点的方式销售商品和服务,直销者绕过传统批发商或零售通路,直接从顾客那里接收订单。直销起源于中国的清末民初。有史料记载,早在1929年中国的王星记扇庄的第二代当家人王子清就曾用一种类似直销的方式招揽生意:无论什么人,只要给王星记介绍业务,均可得到成交额5%~10%的佣金。这是世界上最早的、有史料记载的直销,也是直销的起源。现代直销起源于美国,直销最早的萌芽始于20世纪40年代,由犹太人卡撒贝创立。

我国农产品传统销售方式一直是"萝卜白菜，拔地就卖"。农产品采用直接销售的方式很多，较为突出的是鲜活农产品的销售，比如，蔬菜种植户把生产的新鲜蔬菜直接销售给客户，养殖户在农贸市场上出售自己养殖的鸡、鸡蛋、猪肉、羊肉等；农产品加工企业直接向生产者订购产品，一些客户直接到产地选购自己需要的农产品，比如有人到田间地头采摘或向农民购买水果、蔬菜等也是直销；生产者把农产品直接送到客户（旅馆、饭店）手中，或者农产品生产者利用网络直接与客户达成交易等都是直销形式。常用的直销方式有农产品订单直销、休闲农业采摘直销、农产品零售直销等。

2. 农产品直销特征

农产品直销是一种面对面的直接销售方式，而且这种方式不受渠道、空间、时间的影响，其具体特征表现在如下四个方面。

（1）减少中间环节。直销的最大特点就是产品销售实现了从生产厂家直接到顾客，中间没有经销商、代理商、批发商等环节。直接销售减少了中间环节，有利于对产品从生产到销售环节的过程管理，有利于信息的流通，使公司政策更利于实施，使公司更容易了解市场信息，同时中间环节的减少，还有利于节省传统渠道中进口、代理、批发、零售等环节的费用。

（2）面对面销售。通常情况下，农产品在进行销售之前，可以安排农产品讲解和示范，尤其是那些高附加值的产品。产品讲解包括产品的主要成分、功能、效用等，产品示范则采取当场使用产品，以显示产品的效果。直接销售员往往会通过现身说法，讲解自己亲身使用的体验，传递给消费者更多的信息。产品讲解和示范增加了消费者对产品的了解，增强了消费者购买产品的欲望和信心。

（3）无固定场所限制。直销是无店铺销售形式的一种，直销的销售地点一般不固定，往往是直销员选择场所，比如在家中，或在工作场所等，送货上门是其销售的主要形式。

（4）集生产、销售、管理三角色于一身。农产品生产者往往集农产品生产、销售、管理于一身，消费商品所有权仅一次性转移就能完成流通，即农产品从生产者手中直接转移到消费者或最终用户手中。

3. 选择采用直销方式的条件

直销具有内在的优势，是其他销售形式不可替代的。但并不是说任何企业在任何条件下，采用直销方式都是最佳的选择。一般来说，企业考虑是否进行直销，取决于生产与消费在时间、空间、数量上矛盾的大小与企业解决上述矛盾的能力。如果产销矛盾不大，企业能够自行解决，或者自行解决上述矛盾所需花费的费用不太大，可考虑采用直销方式来完成商品销售。但是，如果不是这样，采用直销方式则可能带来负面影响。因此，有必要具体分析农产品采用直销方式的条件。

1）农产品的条件

（1）农产品的体积和重量。对体积大、笨重的农产品，为减少装卸、运输和储存费用，减少运输的麻烦，选择销售方式时，可以考虑采用直销。

（2）农产品的易损性。农产品的特性是影响销售方式选择的重要因素。对于那些容易损坏或容易腐烂的鲜活农产品，为了避免或减少中转过程中的损失和耗费，应尽量采用直销的形式，如水果、蔬菜、畜产品等。

（3）对观光旅游农业的产品及服务适用直销形式提供给游客的。

2）生产者的条件

能否采用直销方式销售农产品,要认真地考虑生产者的条件,具体包括以下几方面的分析。

(1) 生产者是否具有将产品售予最终用户所需的人力、物力和财力。生产者除了经营管理生产外,还有相当的精力能放在产品的销售上,而且有能力承担市场的风险时,才可以选择直销。

(2) 直销较高的毛利率是否能弥补因交易次数增多和成本增多带来的损失。产品直销比出售给中间商的价格要高,因此销售的毛利率较高。直销中生产者也要增加许多支出,比如谈判交易费用、市场信息咨询费等,要做个比较,在所得大于支出时才能选择直销。

(3) 是否能有效覆盖目标市场。各种农产品的销售都有其不同的目标市场,选择销售方式时,要考虑这种方式是否能有效覆盖目标市场,因为只有占领了目标市场,并不断扩大产品的市场份额,才能以销促产。

3）其他条件

在分析农产品本身的条件和生产者的具体条件的同时,还应分析其他条件,以决定是否用直销方式出售农产品。其他条件主要有以下三个。

(1) 竞争商品的销售渠道。一般来说,生产者采用与竞争产品同样的销售方式,比较容易占领市场。因为一种商品的销售方式和渠道,往往是经过长期实践形成的,潜移默化地使消费者形成了较固定的购买习惯或购买场所的偏好,因此选择是否用直销方式出售农产品时,应考虑竞争产品的销售渠道。

(2) 空间便利。有些农产品在产地可就近出售给消费者,或者在交通便利的地方如十字路口或附近的集贸市场,都可选择直销方式。许多菜农在就近的农贸市场出售蔬菜,就是利用了空间的便利条件选择了直销方式。

(3) 潜在购买者的性质。潜在购买者数量、地理分布、购买习惯、购买力水平等,也是在选择是否用直销方式时必须考虑的条件。一般来说,潜在购买者购买数量较大,地理分布又较集中或狭窄时,可采用直销方式。

4. 直销方式的评述

直销是一体化发展战略的一种实现,可更好地建立企业形象,有效地提高服务效率。直销更贴近消费者,减少路程,且符合居民的消费习惯。

1）直销具有内在的优势

直销是其他销售形式不可代替的,它是生产与消费紧密结合的分销手段。具体来说,直销有以下优势。

(1) 它免去了层层加价、多次倒手、多次搬运等环节,有利于降低营销成本和销售价格,提高产品的竞争力。

(2) 生产者与使用者、消费者直接接触,有利于产品生产和服务的不断改进,有利于控制产品价格。

(3) 返款迅速,加快生产者资金周转。农产品直接销售给加工企业或用户,回收资金,可用于再生产,避免三角债现象的发生或资金长期留存在流通环节中,提高资金周转率。

(4) 为人们的特殊购物,以及谋求获得技术性很强的售后服务提供可能。例如,观光旅游农业就是为满足消费者回归自然、休闲度假、旅游观光的需要,充分利用农业资源提供各种服务。还有许多农产品是新、优、特品种,其直销时生产者可以做一些产品的详细介绍,使消费者对产品的性能有一个全面的了解,逐步得到消费者的认可,不断扩大产品的销路。

(5) 可以安排更多的人员就业。直销这种人员销售方式,可以容纳非常巨大的再就业队伍。发展农产品直销,需要有大批的直销员,从已有的实践来看,直销员几乎不受年龄、学历、性别、投资能力等方面的限制,大多数下岗失业人员或农村的许多剩余劳动力,经过培训就可以胜任。这样通过直销使一部分劳动力从生产领域进入流通领域,可以就地解决一部分剩余劳动力的就业问题。

2) 直销的局限性

概括起来,直销的局限性有以下几点。

(1) 一切流通职能均由生产者承担,增加流通费用。生产者除了承担生产费用外,有关销售的费用,比如谈判费、咨询费、摊位费以及直销人员的费用等都要生产者承担。

(2) 生产者承担全部市场风险。激烈的市场竞争导致价格在较短时间内有大幅度的波动,供求相关的风险、潜在的价格风险是市场经济所固有的,而农产品生产周期长,市场瞬息万变又使农产品市场波动更难掌握,采用直销形式时,市场风险只能由生产者承担。

(3) 消费者居住分散,直销员无法使产品接触到更广大的消费者,市场占有率提高受影响,或者有时由于直销员销售方式不当而导致销路不畅。当然随着网上直销的运用,这个问题会逐渐有所改善。

可以看出,直销这种方式要选择得当,可以充分发挥其优势,但任何销售方式都不是十全十美的,因此实际中只有多种销售方式并用,才能获得较好的效益。

8.1.2 农产品间接销售

1. 农产品间接销售的含义

农产品间接销售是指农产品生产经营者通过中间商环节把产品传送到消费者手中。连接农产品生产者与消费者的中间商包括分销渠道的代理商和分销商;从是否具有经营权来区分的独立的中间经营供应商或代销商;根据属于消费市场还是产业市场区分,前者分为批发商和零售商,后者分为销售代理商和批发代理商。

2. 农产品间接销售的特点

(1) 高效性。一种产品的生产者如果直接找到消费者,需要在每一个时间或空间去寻找到消费对象,当然可能是下家制造商,达到批量加工。例如,种植玫瑰花的农民,玫瑰花加工后可以提取玫瑰精油,这是高级的香精,这样农民就可以完成销售任务、实现利润。但是,如果生产者的玫瑰只是小批量的,是提供给直接的鲜花消费者的,联络每个消费者就非常困难。于是必须借助专门人员来完成工作。中间专门的营销者,利用与消费者联系的空间形式和特殊的方式,因此更加节省时间和空间,效率更高。

(2) 灵活性。间接销售可以将产品与市场紧密结合,由于是由专门的经营者进行,他们了解市场需求变化,了解市场产品变化,可以调整进货、出货的渠道、时间,根据市场调整货物的品种,改变销售方式和策略等。

(3) 主动性。相对生产者来说,间接销售农产品有了更多的主动权,可以根据与市场直接联系的优势,要求生产者生产什么,不能再生产什么,生产多少,生产产品的档次,以及生产的数量、形式、规格等,可以掌握市场,也掌握生产者。

(4) 规模效益。中间商可以根据自己的实力或与他人合作,组成大规模的集团,进出大批量的、多品种的农产品,获得规模效益。相对来说,生产者专门的生产项目反而可以形成规模效益,而多样化对生产者来说是相当困难的,需要具备各种条件。如山东大蒜基地,如果为多样化生产,绝不会有今天的成就。

(5) 专业化。中间商由于大批量的经营,必须具备专业素质,对经营的农产品有深入科学的了解和掌握相应的技术。如海产品的经营,必须掌握大批货物的储藏、运输技术和操作要领;蔬菜水果的批量经营,必须掌握收获、包装、储藏、运输等专业技术。这对于生产者是另一领域的知识,由于农产品特有的周期性、季节性,单一的农产品是没有必要进行专门市场经营的,将面临专门的经营人员、设备、流程、对象等资源困扰。

3. 农产品间接销售的流程

(1) 实体流程:指农产品从生产者手中转移到消费者手中的过程。

(2) 所有权流程:中间商通过购买农产品将农产品从生产者手中转移至自己手中,并在一个个中间商转卖中发生所有权转移的过程。

(3) 付款流程:随着所有权转移,农产品出售后的货款在中间商之间一个个转移流动的过程。如顾客通过银行或其他金融机构向代理商支付账单,代理商扣除佣金后再付给加工厂,再由加工厂支付给供应商,还有可能再支付给运输企业、仓库保管企业,再支付给农民;或经过中间商购买支付给生产者。当然在农民卖出产品时已将流程最初的形式完成了。

(4) 信息流程:在各市场营销渠道中,通过各机构相互传递市场需求信息、供给信息、竞争信息等流动过程。各个渠道对农产品的市场行情、需求情况、未来走势的信息都是双向交流,即使没有发生交易行为,信息的沟通会通过经营批量的多少、品种的变化等将信息传导到邻近的经营者或上下行的经营者。

(5) 促销流程:为了将手中的商品传递出去,中间商必须做好各种促销的工作,如广告、人员推销、宣传、促销等活动,包括中间商向生产者推销品牌及产品,使生产者改革,生产出更好的产品;或向最终用户推销自己的产品;也可以反向流动,生产者向中间商推销自己的产品特别是新开发的,人们还不知道这种产品。说服中间商就等于说服市场。消费者也可以向中间商请求所需农产品,促使他进货。这些都可产生促销的效果。

4. 选择采用农产品间接销售的条件

(1) 规模化生产。农产品生产规模越大,越需要专门的中间商在最短的时间内以最高的价格购买订单的所有产品,即使要将一部分利润转移到中间商手中也是值得的,比自己再设部门或人员单独跑销售更合算。对中间商来说,小批量的产品难统一规格、稳定货源、稳定进货时间、稳定价格。在生产者与中间商之间要有价格协商的过程,生产者越多,花费在协商上的时间越多,但进货很少,这对中间商来说支出多、收益少,不合算,也不利于管理。

(2) 生产科学化。农产品生产技术、管理方法手段越趋于科学,就越有利于市场的管理,如产品规格统一。设想没有经过科学化、规范化生产的农产品,品种不定,大小不一,只能成筐进货,无法挑选归类,就无法提高产品价格,产品也不容易分类、保存管理。通过科学生产,产品标准化,有利于进货时的识别、分类、定价,有利于储藏管理,有利于提高市场价格,获得更高的收益。

（3）必要的设备和技术手段。农产品不同于一般的工业产品，由于其自身的特殊性，要求在包装、运输、入库、出库、摆放上市等各个环节都具有一定设备支持或技术手段。仅以包装来说，蔬菜或水果收获后，生物的过程还没有停止，还要继续呼吸、与外界交换信息、具有温度变化等特殊性，如果一味地堆积起来，不加以科学的管理，这些产品就会升温、霉变、腐烂。因此，实现农产品间接营销，必须首先创造管理、保护产品的条件。

（4）专业经营管理人才。实现独立的农产品营销过程是一门科学，必须由掌握一定农产品营销经验、知识的专业人才管理、经营。专业经营管理人才应具有较强的市场预测能力、科学的市场决策能力、较丰富的市场竞争经验和较多的农产品经营经验。

（5）建立运行良好的组织体系。中间商既可以是个人也可以是组织，但是面对日益科学化的农业生产技术的普及，越来越多的产品趋向科学化、规范化，因此客观上建立运行良好的组织体系更适合农产品的市场销售与竞争。这包括企业经营策略、企业发展目标、企业经营手段、企业经营文化、经营管理技术措施、企业货源体系销售体系等一系列方面。单独的个体经营者只能小打小闹，无法形成规模。

（6）建立规范化的市场管理体系。农产品离开产地进入流通领域，必须具有规范的市场体系。19世纪美国的中间商衰落的关键原因是市场管理体系不健全，经营者霸占市场，与生产者矛盾日益激化，代理制度不完善，中间商的经营水平局限，最终导致中间商衰落。如今多个国家建立健全法律制度，对农产品市场管理严格，为农产品市场发展创造了良好的社会法律条件，也为规范中间商的经营行为、保证消费者的利益创造了良好的条件。

8.1.3 农产品渠道发展趋势

随着农产品市场营销的发展，从以农产品生产为中心的营销观念，到以农产品为中心的营销观念，发展到顾客需求导向和关系营销的观念，农产品渠道发展呈现出新的趋势。

1. 农产品渠道结构短化

在新经济背景下，顾客的需求日益个性化，顾客对农产品营销渠道过程参与程度越来越高，信息技术为异地交易提供了物质基础，便利的运输大幅提高了农产品物流的速度。顾客可以在市场上根据自己的需要购买农产品。如美国，78.5%的农产品通过"生产地—配送中心—超市、连锁店—消费者"的渠道通路完成其分销过程。只有20%的农产品通过"生产者—批发市场—销售渠道"的传统农产品营销渠道。集贸市场只占1.5%。这种环节少、物流快、成本低、效率高的渠道结构已在全球形成发展趋势。

2. 渠道系统的一体化

渠道系统的一体化分为垂直一体化、水平一体化和渠道集成化。垂直一体化(vertical marketing system)是由生产者和中间商组成的一种合体。以生产为中心的垂直一体化称为向上垂直一体化，以中间商为中心的垂直一体化称为向下垂直一体化。如在我国，"公司+基地+农户"是一种典型以生产者为中心的垂直一体化。水平一体化(horizontal marketing system)是由两个或两个以上渠道成员利用各自优势联合开拓农产品市场机会。如可口可乐公司与雀巢公司共同成功开发出国际饮料——咖啡。渠道集成化也称多渠道化(multi channel marketing)，是指同时运用两个或两个以上的营销渠道通路进入某一细分市场，如农业综合商社等。

3. 渠道内部关系从交易关系向合作联盟发展

传统的农产品营销渠道成员间,因目标不同而在运作过程上也具有差异性,造成不一致的痛苦关系。目标不同而操作过程相同,又易产生误解。目标相同,过程不同,从而造成一种在管理过程中的错误关系。随着农产品市场营销竞争的激烈,这种矛盾关系必然会危害各成员的共同利益,从20世纪80年代开始,各主体逐渐建立起在交易关系基础上的合作关系、在合作关系基础上的伙伴关系和在伙伴关系基础上的联盟关系。

扩展阅读 8-1

农产品营销创新模式

1. 农产品＋网络直播

前阵子,一则"村红玩直播,5秒卖出4万枚土鸡蛋,你怎么看"的新闻刷爆了各大网络平台。现在食品安全问题日益凸显,无论是种植还是养殖,各种负面消息层出不穷。而网络直播方式,恰恰解决了消费者的信任问题,直播鸡的生长环境、鸡每天的生活状态及所吃食物,甚至连蛋的生产过程都全程给消费者直播,这就解决了消费者对食品的信任问题。

在科技发达的今天,移动支付问题得以解决,消费者不再担心付钱收不到货,农民有好货得以快速卖给消费者。但这种模式有个弊端:不是所有人都能玩转直播,对直播人的知名度要求较高。

此外,后期服务要跟上,客户下完单要保证物流快递能及时将农产品送到客户手中。

2. 农产品＋可视农业

现在,各行各业都要求产品生产过程透明化,特别是农产品,催熟剂、抗生素的滥用,都在不同程度上对消费者产生不利影响。

可视农业的横空出世,无疑解决了消费者的后顾之忧。可视农业主要是指依靠互联网、物联网、云计算、雷达技术及现代视频技术将农作物或牲畜生长过程的模式、手段和方法呈现在公众面前,包括饲料、生长环境、生长过程等,这种模式可让消费者放心购买优质产品。

众多的可视农业消费者或投资者,通过网络平台进行远程观察并下达订单,他们在任何地方都可以通过可视平台跟踪消除生产者与消费者之间的信任危机。

近年来,随着电子商务下乡,商店对接餐饮的升级,可视农业平台改造升级传统农业力度越来越大,有效解决传统农业市场通路、资金短缺和食品安全三大疑难问题,将低价格的好产品输送到各市场终端。可视农业模式的缺点是投资大,所需运营设备和人才相对较多。

3. 认养模式

现在,环保部门加大了监管力度,在城市已经没有养殖场,农场可增设一些动物面向广大消费者,增设一种认养模式,如猪牛羊等,通过认养的方式,让客户参与到养殖中,一方面减少人工养殖成本,另一方面提前将产品销售出去,长大后直接就有客户过来带走,很大程度上解决了农产品滞销的问题。

模式虽好,但认养人不固定天天来喂养,因此要做好服务工作,有情况要及时与消费者沟通,避免产生矛盾。

4. 农产品＋直销店

为减少农产品在运输、销售、配送等环节的损耗,不少农庄推出了直销店模式。该模式解决的是产地到餐桌的问题,可减少中间渠道,降低农产品的价格,提高农产品的质量及与用户的互动。

但直销店要求农产品的质量相对较高,品牌优势明显的农庄才得以运营。

5. 农产品＋社群

现在最受追捧的社交软件非微信莫属,作为农场主,千万不能忽视社群营销的模式。如今,人手一部手机,每天遇到朋友都会聊聊生活,吃的玩的,并分享给邻里邻居。社群就是将一群爱好相同、兴趣一致的人集合在一起。

例如,榴梿吃货群、有机樱桃群、水果之王等,这些都是精准客户,都是对某一产品有需求的忠实粉丝,若产品足够好,客户不但不会流失,相反他们还会拉更多的客户进来消费。

总之,农产品营销想要做得好,必须要有好的平台,再结合好的技巧,才会取得良好的效果,吸引客户进来消费。

8.2 社区营销

8.2.1 社区营销的内涵

从我国近几年的商业发展来看,企业的销售渠道正在急剧细分化。仓储型超市、连锁超市、便利店、网吧、火车站、机场等渠道的出现,正是渠道细分化的结果。目前在市场中,企业对渠道资源的争夺往往最直接地表现在对零售终端的支出上。为了有效地掌控渠道,众多企业在终端的促销、产品陈列、宣传费用都在以几何级数递增。除了这些常规支出外,企业还要向终端缴纳品类进场费、店庆费、DM宣传费、促销人员管理费等各种名目的附加费用,让厂家苦不堪言。

1. 社区营销的含义

社区营销是营销的一种,与"网络营销""数据库营销""视觉营销""信用卡营销"等一样,是营销的一个分支。它可以是营销沟通组合的一部分,但是它同时又整合了其他4P,即产品、价格、渠道、广告宣传。因为它直接接触顾客,所以说社区营销是直销的一种。在通俗的称法中,有的叫"社区推广",有的叫"社区营销"。社区营销是以住宅社区作为主要销售区域,以家庭用户作为销售对象的一种全方位的营销活动。社区营销不等于一般的"小区推广",社区推广重点在于社区的宣传、广告促销活动等。社区营销也不是一般的在社区中销售,因为社区营销是一种全方位的营销活动,它包括产品选择、人员组织、宣传广告、公关等,是营销的子系统。不是所有企业的所有产品都需要社区营销,如产业用品因销售对象为企业,一般就不需要社区营销。一般来说,家庭和居民日常的消费用品,这些以大众为销售对象的产品,社区营销则大有可为。

社区的兴起使企业注意到这一个投入小、见效快的新型销售渠道。因为在社区内营销,只需向物业公司缴纳少许的费用(有些情况下甚至无须缴纳费用)即可产生不错的销售效果。作为销售渠道,社区更多地承载了促销的渠道功能,也就是说"社区营销"可以帮助企业在短期内提升产品销量。但随着认可社区企业数量的增加,更多的企业不断进入社区,在这一渠道的竞争也更加激烈。在这时,社区消费者面对进入社区企业日益同质化的产品和促销,将很难表现出购买的热情。在今天,如果社区渠道的职能还仅仅停留在销售层面,企业在社区的竞争优势将极难体现。此时,企业若想保持原有的竞争优势,首先就要在社区渠道的功能上进行创新,即把社区从企业的销售渠道重新定义为传播渠道。二者之间在功能上有着本质的区别,销售渠道解决的是企业"产品陈列、引导购买"方面的问题,而传播渠道解决的则是"产品认知和品牌形象"的问题。如果说"实效"是企业对销售渠道的首要要求,"精准"就应该是企业对传播渠道的第一要求。随着社区时代的来临,社区作为企业的传播渠道将会把"分众传播"的功能淋漓尽致地体现出来。社区"分众传播"与"大众传播"最大的不同之处在于,社区内居住着不同层次、不同特征的受众群体,而这些群体对于实施"社区营销"的企业来说又是易于接触到的,因此企业实际上掌握着大量的受众资源。而在这种锁定的社区中,企业可以借助各种社区媒体或社区活动来实施传播策略,其效果自然比"大众传播"更易与受众进行精准的、更有助于统计分析的传播互动。

近年来,随着企业营销中心的下移,传播资源的细分化已经开始呈现,"大众传播"一枝独秀的时代正在面临严峻的挑战,从大众传播向"分众传播"过渡是一个必然趋势。而此时传播的核心工作就应该是如何围绕渠道规划,管理沟通信息,整合有效的传播资源,锁定企业的目标受众群,使传播更精准,并将传播的功能发挥到极致。因此,对于作为企业的渠道成员的社区来说,从销售渠道转变为传播渠道,是企业"社区营销"创新的第一个转变。

2. 社区营销的主要特点

（1）直接面对消费人群,目标人群集中,宣传比较直接,可信度高,更有利于口碑宣传。
（2）社区氛围可以促进销售,投入少,见效快,利于资金迅速回笼。
（3）可以作为普遍宣传手段使用,也可以针对特定目标,组织特殊人群进行重点宣传。
（4）直接掌握消费者反馈的信息,针对消费者需求及时调整宣传方向和宣传战术。

3. 如何进入社区

社区管理以安全为重,诸如社区居委会或物业管理公司等单位遵循"不求有功,但求无过"的管理思路,很抵制厂家进驻社区做推广活动,一旦管理失控就会引发各种治安问题,厂家的活动对他们而言,是百害而无一利的。因此往往会索取很高的管理费,实则是间接拒厂家于门外。而且,居民也常对这种纯商业活动抱有抵触情绪,因为他们对这些陌生的"游击队"不大放心,害怕上当受骗,而且一旦有什么问题也是欲告无门。

如果以常规的营销模式进入社区,无疑是自讨没趣,而走"上兵伐谋"的路线,站在更高的位置上来整合社区各方资源,以社区管理单位作为切入点,分析它的实际工作目标或所期望的更高目标,然后站在它的立场上做SWOT分析,找到它的现实情况距达到目标所缺少的资源,然后看哪些是在我们的活动中现有资源可与之耦合,优势互补,相得益彰,从而找到双赢合作的机会点。

更重要的是要借此机会促进各方面的联系,处理好与社区管理单位的关系,制造机会多跟居委会联系,争取找到跟居委会建立好长期合作关系的切入点,为将来组织推广活动铺平道路。

一般而言,我们可以通过等待机会、挖掘机会或主动创造机会等方法进入社区。等待机会即厂家也可"搭车"进入社区,如当居委会在开展社区活动时,厂家可通过支援的方式,给社区居委会补充人力、物力,顺势而为,巧妙宣传产品。挖掘机会指的是厂家主动与社区居委会联系,共同协商联合举办传统节日活动或社区特有活动,以社区人力、物力资源不足的问题作为切入点,并借此机会与社区取得长期合作关系。而主动创造机会是指厂家主动创造双赢的条件,以占据主动地位,获得社区管理单位的支持与协助。

例如,为解决"进社区"的问题,企业的策略是先联系电影公司,让他们出面,以联合社区居委会开展"丰富小区生活,活跃小区氛围"为主题的公益性文化活动,厂家扮演提供赞助的角色。一方面,居委会确实想为居民做点实事,给他们创造了为居民谋福利的大好机会;另一方面,厂家不仅顺利打入小区,而且能得到小区居委会的鼎力支持。在活动前期准备期间,可利用居委会资源,做好前期宣传,可大幅消除居民的疑虑,进一步保证活动的效果。在活动开展时,此举成功地将厂家的纯商业行为,转化为对群众行使公共社会责任的公益社会性活动,并能整合多方资源,提升了公司的企业形象。

扩展阅读8-2

百果园如何成功逆袭做成社群老大

现在全国有4 800+门店、线上+线下7 000万会员,以1个线下门店2~3个微信群,平均单群300人左右估算,百果园在全国拥有将近500万私域社群用户,抖音会员130多万,微信公众号粉丝1 360万。近年来,很多实体水果店由于客流量减少纷纷倒闭。但同样是水果店,百果园为什么能够扭亏为盈,年入120亿元呢?

首先,引导用户添加微信。以门店作为入口加人,客户只要去百果园购物,导购人员就会利用一元购、优惠券等作为福利,吸引客户入群。百果园在做社群运营前,是先通过微信生态做用户的管理体系。导购人员在引导用户入群之前,会邀请用户注册会员,实现用户的数字化管理。在这个过程中就能够通过微信生态获取用户的信息,并根据用户的购物行为获取用户画像,实现标签化运营。

其次,打造微信生态商业闭环。门店有了用户画像,就能实现门店+社群+小程序+公众号的商业闭环。其中,门店的功能主要是为消费者提供线下体验及获客入口。社群的作用是通过活动增加与粉丝的黏性,为粉丝提供持续的产品及服务。店主(社群管理员)则可以根据社群人群需求,在社群推荐新品、活动、优惠等内容,驱动老客户复购。在小程序+社群的基础上,也能用微信视频号、公众号做内容种草,然后把内容分享到社群驱动老用户变现及裂变。变现是老用户会通过内容种草去购物;裂变是老用户会分享内容到自己的社交空间,打通社交关系链。百果园通过线上+线下的玩法,几乎垄断了附近三千米的市场。

最后,用户精细化运营。单靠一个小程序与社群,不断给客户推销商品是不够的,还需要精细化运营用户。通过用户画像,还可以用以下方法来运营好用户。

(1)给购买过水果的用户打上"爱水果"的标签,新鲜水果上市或者是做水果促销活动时,会定向通知"爱水果"的用户前来购买。

(2)购买次数在3次以上,最近购买时间在30~60天,累计消费金额500元以上,此类客户为重要客户,并且即将流失,给此类客户发放优惠券来挽留。

(3)通过不同渠道进到系统的用户,要打不同的标签。制定的运营策略就是不同渠道进来的用户要推送不同的商品,甚至促销价格上也会有所不同。

(4)给贡献价值高的用户打上标签,然后找出这些用户的属性,进行用户分析,这样可以反向地让广告投放渠道更加精准。

通过了解用户需求,做到千人千面、精细化、减少成本、提高复购率、增加营收,同时不过度骚扰用户。总之,在线下流量枯竭、市场严重同质化竞争的今天,实体门店想要生存,必须要根据用户的需求,打造属于自己的商业闭环。

8.2.2 社区营销的意义

1. 社区活动可以直接带来销量的提升

社区距离我们的目标客户群最近,社区活动实现了与广大消费者直接面对面的沟通,增加了产品的曝光率,有利于顾客更深入地了解产品,从而促进意向客户的直接购买,同时又能有效地促进社区所在地零售终端的销售。

2. 社区活动已成为一个重要的销售渠道

社区活动作为渠道延伸的一种形式,它和专卖店、专业市场、商超商场等卖场一样承载着重要的销售职能。在专卖店分布不广泛的情况下,社区活动无疑可以帮助人们更方便地接触和了解产品。

3. 社区已成为终端竞争对手的主战场、情报网

随着市场的逐步成熟,厂家日益增多,竞争日益激烈,它们不拘于原有的销售方式,开始把目光集中在社区及人员上门推广上。几十个品牌同时进驻一个社区进行竞争的现象,已经不是奇闻。社区活动实现了与广大消费者面对面的沟通,可以直接从消费者的口中获得他们对竞争对手的评价,同时如果竞争对手也在搞活动,可以直接看到他们的促销方式、宣传资料等,从而适当调整自己的销售方法。

4. 社区推广费用相对低廉

社区活动绕开了商场、超市的场地狭窄、竞争激烈和各种"苛捐杂税",又避免了专卖店高额的运转费,同时目标客户群集中,人际传播效率高,也适合开展多种形式的推广活动,相对来说,是低投入和高效益的。

扩展阅读 8-3
社区团购为什么会这么火

在线上流量成本越来越高的今天,综合成本低、有流量红利、基于邻里之间相互信任的"社区团购"模式正在兴起。社区团购的主流模式:以社区为节点,线上建立社群、线下完成交付,平台提供供应链、物流仓储及售后支持。微信群、微信支付、小程序等这类微信内的交易技术成熟之后,社区拼团的技术条件准备完成。生鲜是社区团购非常关键的品类。目前,社区团购发展的重点是在三四线城市,但是从长远看,未必是最好的选择。社区团购的门槛并不高,未来"百团大战"不可避免。普遍完成 A 轮的社区团购企业只是初步证明了模式的可行性,但能否符合预期,还要看接下来的发展。

目前,全国有数百家社区团购,玩法上基本趋同,"宝妈+社群"发展社区团购业务,在拓城市速度、跨区域管理能力、供应链能力、商品体系、技术能力、品牌力等方面各有长短。

"宝妈+社群"的普遍玩法:①寻找社区 KOL,即团长,这类人群往往是赋闲在家的宝妈;②团长组织微信群,也即虚拟店,"店"里成员是小区的妈妈们;③平台提供品牌、技术、产品、物流、客服等相关服务,团长收集订单后,平台将货物从城市仓统一送至"团长"家里,社区消费者自取,通常订单物流时间为 3~4 天。

社区团购公司十大痛点：整体利润率普遍较低,运营成本较高;很难持续提供非常好的产品;因为不压库存,物流时间难以掌控,而压库存又担忧压货压资金;团长管理没有经验,团长招募困难;团长管理比较混乱时有跳团现象或者一拖三的情况;很多社区团购的团长有自己的货源就会在群里夹带私货,直接影响平台声誉;末端用户服务的体验难以管控,宝妈的服务质量存在很多不稳定的因素;用户流失,群内活跃度有明显的下滑趋势;和用户的联系始终偏弱,如何触发和唤醒用户,是更深一层的交互问题;对社区团购没有太远的未来期望,只希望乘着风口赚钱然后打包出售。

社区团购面临的选择是做自营还是做平台。前者需要做深供应链,盈利主要来源于商品毛利;后者需要整合商家,收取佣金。相较于自营模式,做平台无须自己整合供应链,速度更快,但风险在于产品由商家提供,品控无法做到非常严格,拼多多接连爆出的假货问题即前车之鉴。

自营模式：一般是有强势资本支持的大型电商、供应链企业、生产商等转型来经营的平台。

纯平台模式：平台需为商家和客户提供较全面的对接、推广、组织、物流、售后等服务,以拥有社区资源、商户资源、有一定技术及运营策划和服务能力的团队为佳,对平台及团队要求较高。

社区团购目前正处于野蛮生长和粗放式发展的时期,但也将是电商深耕线下的一个重要的端口,一旦形成头部效应,整个存量市场会逐渐缩小。因此,未来争夺战已经蓄势待发。

资料来源：http://www.1mkt.net/html/zhanlue/1983002937D32EGDA4B034122J7KA1.htm。

8.2.3 社区营销的演变

1. 渠道角色：从企业的销售渠道向传播渠道转变

社区的兴起使企业清醒地认识到这一个投入小、见效快的新型销售渠道。因为在社区内营销,只需向物业公司缴纳少许的费用(有些情况下甚至无须缴纳费用),却会产生不错的销售效果。作为销售渠道,社区更多地承载了促销的渠道功能,也就是说"社区营销"可以帮助企业在短期内提升产品销量。但随着认识社区企业数量的增加,更多的企业不断进入社区,在这一渠道的竞争也更加激烈。在这时,社区消费者面对进入社区企业日益同质化的产品和促销,将很难表现出购买的热情。在今天,如果社区渠道的职能还仅仅停留在销售层面,企业在社区的竞争优势将很难体现。此时,企业若想保持原有的竞争优势,首先就要在社区渠道的功能上进行创新,即把社区从企业的销售渠道重新定义为传播渠道,二者之间在功能上有着本质的区别,销售渠道解决的是企业"产品陈列、引导购买"方面的问题,而传播渠道解决的则是"产品认知和品牌形象"的问题。如果说"实效"是企业对销售渠道的首要要求,"精准"就应该是企业对传播渠道的第一要求。随着社区时代的来临,社区作为企业的传播渠道将会把"分众传播"的功能淋漓尽致地体现出来。社区"分众传播"与"大众传播"最大的不同之处在于,社区内居住着不同层次、不同特征的受众群体,而这些群体对于实施"社区营销"的企业来说又是易于接触到的,因此企业实际上掌握着大量的受众资源。而在这种锁定的社区中,企业可以借助各种社区媒体或社区活动来实施传播策略,其效果自然比"大众传播"更易与受众进行精准的、更有助于统计分析的传播互动。

2. 社区广告媒体：从产品/品牌信息的通道向产品/品牌信息的最佳接触点转变

营销需要传播，而传播则要通过媒体。社区广告媒体是企业"社区营销"所必须涉猎的传播工具。社区广告媒体主要包括社区电梯、社区户外广告牌、社区直投广告，有些社区还装有楼宇液晶电视，以及诸如果皮箱、园区座椅等一些其他形式的广告媒体。

随着企业对社区广告媒体的逐渐认知，很多企业已经可以越来越成熟地运用社区广告媒体来为传播锦上添花了。"从产品/品牌信息的通道向产品/品牌信息的最佳接触点转变"是社区营销创新的另一个趋势。

3. 社区活动：从企业独立操作向与社区物业公司共同策划转变

社区活动是企业社区营销的重要组成部分，社区活动本身就是传播企业信息的绝佳载体。在社区举办提升产品及品牌形象的各种公关和促销活动，可以有效地缩短与现实及潜在目标消费群的距离，让消费者更直接地认识企业、了解产品。

以往在传统"社区营销"模式下，企业为了占领社区，抢占社区消费者，对社区营销基本是采取粗放式运作。随着涌入社区的企业越来越多，社区空白点则越来越少。这时，社区营销成功的关键在于对目标消费群进行精细化管理。直效营销恰恰是精细化营销模式下的一种有效工具。同时，社区的封闭性和住户的集中性为直效营销在社区的发展奠定了坚实的基础。企业可以通过以下方法开展社区直效营销。

（1）收集住户资料。企业可以通过社区广告媒体，以及其他一系列的社区活动来收集社区住户的基本资料。这些资料主要包括住户姓名、性别、电话号码、通信地址、年龄、职业、收入、爱好、教育情况及住宅结构等信息。

（2）建立数据库。将所收集的社区住户资料录入数据库作为原始信息，数据库一旦建成，将成为企业最宝贵的财富，是任何竞争者都不具备的资源。这样的社区住户数据库如果能够有效地运转起来，将会给企业带来巨大的利益。

（3）推广。以社区住户数据库为依据，通过电话、直邮广告、互联网等方式将信息有选择、有针对性地传递给目标消费者，并通过自身的配送体系把消费者选购的商品送到其手中。

4. 从传统社区到现场，与网络社区营销相结合转变

目前，社区业主论坛空前发达，业主QQ群，各个地区、各个行业的团购网站也风起云涌，光靠社区现场销售已经无法取胜。现代社区营销中，营销者必须掌握网络工具，熟练地运用网络语言将社区营销与网络社区结合起来。

Web 2.0时代来临，网络社区无疑成为继门户和搜索之后中国互联网未来发展的又一个热点；而基于其独特的用户群和黏性服务，网络社区强大的营销价值也正日益被发掘。

通过网络社区这一平台的搭建，企业可以更大范围地搜索消费者和传播对象，将分散的目标顾客和受众精准地聚集在一起，利用新的网络手段扩大口碑传播，获得更为精准的营销推广效果，真正网罗受众、汇聚目标群体、演绎精准营销。

可以说，虽然社区营销的运作模式、价值认可度、市场价格体系等诸多方面内容还有待业界进一步探索，但社区营销"钱景"一片光明。

扩展阅读 8-4

大米的社区营销

关键点 1：中高端大米的社区营销是以体验赢得信任

这是最重要的一点，往往也会被很多大米企业忽略。大米的社区营销，尤其对中高端大米而言，想抓住顾客的心，就要先抓住顾客的胃，通过体验解决消费者对新品牌、新产品的信任问题。俗话说："说一千道一万，不如让顾客先吃上一口来得有效。"尤其像大米这种每天必吃的主食，体验更是不可缺少。

像付家大院五常大米南京社区店开业时，便在店内开展免费试吃活动，当天便吸引了很多家庭主妇的积极参与；天景大米每逢大型节假日都会在超市做免费试吃体验活动，现场吸引众多顾客参与试吃。

关键点 2：大米的社区营销的终极目的是实现完整的销售闭环

对新的大米品牌而言，首要目的不是品牌传播，而是在销售中逐渐提升品牌在消费者心中的认知度，即消费者吃得多了，买得多了，品牌自然就建立了。在社区里，我们经常能看见粮油企业投放电梯、灯箱广告，以及做社区产品展示活动等。

例如，金龙鱼黄金比例调和油社区展销活动，现场不仅有互动，还有卖赠优惠活动。

不论是社区广告，还是社区活动，关键是如何通过这些动作直指销售。所以，大米企业在规划社区营销方案时，要清晰地向社区居民发出购买大米的指令，促进销售的临门一脚，实现完整的销售闭环，这一点非常重要。

关键点 3：增强顾客黏性，培养固定的消费人群

把握了以上两大关键点，大米的社区营销已成功了 60%。接下来的关键点，就是建立消费者忠诚度，增强顾客黏性。因为只有在产品与顾客之间建立起有序的、持续性的关系，才能有助于社区营销的良性发展。企业可通过建立相应的顾客管理模式，如会员制，增加与顾客发生关系的频次，也可以定期举办以大米为主题的美食茶话会，建立产品、品牌与顾客的情感链接。这些不仅可以增强顾客黏性，强化情感链接，也可以逐步培养顾客的忠诚度。

最后，大米企业只有真正理解社区营销的本质，紧紧把握社区营销的三大关键点，才能围绕精准目标人群，在产品销售中逐步打造强势大米品牌。

8.3 农产品社群营销

在品牌引导消费的今天，社群营销也需要"由单一的促进销售向系统地建设品牌转变"。因为只有这样才会提升品牌的知名度、赢得品牌的美誉度、建立品牌的忠诚度，并形成有益的品牌联想，从而形成良性的销售循环。企业在开展社群营销时，如果能够有效地利用社群广告媒体，并开展一系列的公益活动，就很容易建立起良好的品牌形象。

8.3.1 社群营销的内涵

农产品＋社群，就是让生产者与消费者联系起来，让消费者为农产品的种植生产提供资金和智慧，参与农产品种植过程，在互动中生产出优质的农产品的一种营销模式。

1. 社群营销的概念

社群营销是指基于相同或相似爱好，通过某种载体聚集人气，通过产品或服务满足群体需求而产生的商业形态。社群营销的载体不局限于微信等平台，线下的平台和社区也可以做社群营销。

做社群营销的关键是有一个意见领袖，也就是某一领域的专家或者权威，这样比较容易建立信任感和传递价值。通过社群营销可以提供实体的产品满足社群个体的需求，也可以提供某种服务。各种自媒体最普遍的是提供服务，比如招收会员得到某种服务，或者进某个群得到某种专家提供的咨询服务等。

社群是现下很多商业都在追求的终极目标，但只有到了移动互联网时代，有了微信这样的高效率工具后，社群才是可能的。社群也是有着共同关注点的一群人在一起找到了解决痛点的方案。一个有社群的品牌和没有社群的品牌，其竞争力是完全不同的。

2. 社群构建模式

企业可与社区、物业和银行合作共建社群。通过共建社群，可以提高政务服务能力，为民生幸福指数提供客观翔实的数据参考，也将在提升和改善政府服务和社会治理能力、智慧惠民规划立项等方面发挥重要作用。物业和银行作为服务型商业机构，通过共建社群的方式提供优良的服务和获得相应的报酬。

智慧社区服务平台，以服务社区居民家庭生活为目的，提供社群银行卡，并对社区周边资源展开的线上线下整合互动的商业运作模式，创建智能社区，提升物业服务，建设软硬件集成运营策略，提供一站式优质服务体验。

3. 建立社群的目的

（1）聚拢具有相同价值主张、兴趣、特质的人群，在群里进行学习分享。

（2）了解社群中成员的需求，从中获得更多的商机。

（3）随着精准营销时代的到来，尝试使用社群方式运营卖家，精准找到人群。

（4）挖掘提炼核心群管理员的核心成员，并给予培养。

（5）提供有态度的内容，聚集起人气，引发共鸣。

8.3.2 社群运营 KPI

关键绩效指标（key performance indicator，KPI）是通过对组织内部流程的输入端、输出端的关键参数进行设置、取样、计算、分析，衡量流程绩效的一种目标式量化管理指标。

KPI 法符合一个重要的管理原理——"二八原理"。在一个企业的价值创造过程中，存在着"80/20"的规律，即 20% 的骨干人员创造企业 80% 的价值；而且在每一位员工身上，"二八原理"同样适用，即 80% 的工作任务是由 20% 的关键行为完成的。因此，必须抓住 20% 的关键行为，对之进行分析和衡量，这样就能抓住业绩评价的重心。

常见的社群运营 KPI 分为结果导向型和过程导向型两类。作为结果导向型 KPI，评价指标有用户新增量、转化率、复购率、活动参与度、朋友圈点赞数等。作为过程导向型 KPI，评价指标有群活跃度、群活动频次等。

1. 用户新增量

用户新增量包括社群用户增长量和平台用户增长量。这是社群运营的一个基础指标，如果一个社群没有新增用户,这个社群其实已经无效了。

有的社群过于在意用户新增量,采取积极手段拉粉,导致大量无效粉、僵尸粉关注,这并没有意义,只会让一些用户失望,不但不能吸引粉丝,还会产生很多负面口碑。

2. 群活动频次

社群要保持群员对社群的认可度,最常见的做法是组织一些活动,是否按节奏安排群活动、保持适当的频率,是评估一个社群运营规范化的方式。

某些社群为了不让群里死气沉沉,没话找话,做一些没有营养的话题讨论,社群成员参与度不高,不但没有活跃气氛,甚至还让社群成员产生厌烦,会屏蔽或者退出社群。

3. 活动参与度

有了活动还不够,还得评估群员是否积极参与活动,在活动中是否保持一定的活跃度,这是评估一个社群运营质量的方式。

如很多活动设置朋友圈点赞数指标,但并不推荐把点赞数作为考核指标,这会导致朋友圈信任被透支。你一定收到过"请你给我的朋友圈第一条点赞吧"这样的信息,勉强点完赞后,你会对朋友产生好感吗?一段时间后你还会对点赞内容有印象吗?不见得。这是在骚扰潜在用户。

4. 转化率和复购率

如果社群有商业化产品,就可以考虑转化率和复购率指标,这是健康社群最愿意看到的运营指标,转化率高意味着有回报,复购率高意味着能获得稳定的回报。

有的领导在社群还没有建立与用户的黏性,也没有想好该用什么产品怎么去转化的时候,就盲目推出产品要求导购,最终结果只能是不尽如人意,或者社群成员因为难以完成指标而丧失信心。

另外,需要提醒社群运营者,KPI指标是对社群运营关键质量的衡量,而不是对社群运营过程的管理。在群里每个职位的工作内容都涉及不同的方面,核心管理人员的工作任务更复杂,但KPI只能帮助评估社群整体战略目标实现的进展,而不能评估日常工作运营的工作量和效率。

与企业不同的是,KPI不能由社群团队的上级强行确定下发。在社群内,不能搞一言堂,不能搞以上压下,更不能搞普遍化的绩效考核(建议对运营核心团队、有利益回报的人进行绩效约束),社群KPI最好是社群团队内部经过讨论达成的共识。

8.3.3 农产品社群营销技巧

1. 要有主题

大家是不是经常莫名其妙地被拉进群,然后一群人问这个群是干什么的,不知道干什么的我退了,要么忘记了这个群,要么群里进了一批批微商,各种广告扑面而来,最后你无法忍受退了或者屏蔽了这个群。

如果你要建立一个群,主题很重要,要让大家明白建立这个群的目的是什么,并且让大家知道进来这个群会获得什么,大家发现原来这个群是有福利的,是能够长见识的,还有那么多后期好玩的东西可以涨"姿势",自然不会那么轻易地退群(设置好群昵称和群公告)。

2. 要有明确的群规,做好角色扮演

(1) 要有明确的群规。一个群如果想长久地发展下去,就必须要有明确的群规,要严格但是不失关爱之心地执行下去,不能让粉丝觉得这是个没有规矩、没有管理的社群。

(2) 做好角色扮演(以美肤福利群为例),群主(福利君)、分享知识(美肤达人)、执行群规(行刑官)、回答问题(小美老师)等,有了这些职位,明确角色扮演者所要做的事,同时也是责任到人,是有条理地去运营社群的基础保障。

3. 要有互动

比如这是一个美肤群,每天准时会分享美肤护肤知识,或者每天睡前由"小美老师"分享爱肤知识,每周五会有大咖授课,每天不定时群内发放体验券,每月设有主题活动等,总之要有互动。没有互动,没有了粉丝黏性,即使前面做得再好,群内是没有发广告的也没有扯皮的,但是慢慢也会变成死群。时机成熟的时候,可以组织线下活动,会更好地增加粉丝的黏性,同时扩大品牌的宣传力度。

不能单单是微信群,我们也可以创建专属的QQ群和贴吧实现引流,不断注入新鲜血液,这也是一个长久的信息储存地。

扩展阅读 8-5

农产品如何做社群

近年来,社群营销的声势越来越大,不断有化腐朽为神奇的案例传到大众的耳朵里。越来越多的产品加入其中,其中不乏品牌农产品。

社群营销是基于相同或相似的兴趣爱好,通过某种载体聚集人气,通过产品或服务满足群体需求而产生的商业形态。其载体有微信、论坛、微博、QQ群等多种平台。

在这里要提醒大家,不要盲目跟风,并不是所有的产品都适合做社群营销。社群营销一定要注意以下几点。

(1) 品质好、价值高、颜值高。不是所有的产品都适合社群营销,也不是所有的产品都必须做社群营销。做好社群营销应该选择什么样的产品?一般来说,如果选择价格太高的产品,消费者接受速度慢,培育期过长。但如果推广低端产品,利润空间又太低。所以,一般来说,社群营销可以选择中档产品。

此外,也可回归价值的新机遇,选择真正的高性价比产品。随着消费的不断升级,消费者在用自己的主权思想选择适合自我的产品。因此,产品要回归本质,要凸显价值,要用产品说话,让消费者对产品首先有感觉。

(2) 后台硬、前端精、地方强。首先,要对产品营销进行顶层设计,要站在产业的高度,运用系统思维,对产品营销的点、线、面及各要素进行统筹规划,以便集中优势资源。其次,要具备可操作性,实践性强,简单、有效、具体化。一个优秀的社群组织要形成后台硬、前端精、地方强的组织架构。

(3) 步骤:卖货、聚粉、建平台。社群营销要围绕12个字操作,即认知盈余、价值范式、扭曲立场。认知盈余是指给消费者购买的理由,由消费产生认知,由认知产生广泛口碑。价值范式是指形成一整套推广标准的方法。让消费者能通过推广方式识别出品牌。扭曲立场是指消费者在认可产品和推广方法之后,转变原有立场转而消费自己的产品。

"卖货"必须做到销量与发展粉丝并重,从具体分类来说,可以将粉丝分成四类,即投资型、传播型、迭代型和反向型。投资型粉丝有势能、高消费、传播具有一定威信,可以相应地给更多政策和红利;传播型粉丝有圈层、传播速度快且积极,是主要的中层消费者;迭代型粉丝懂常识、消费稳定,这类粉丝一旦被说服,忠诚度会比较高;反向型粉丝有圈层,这类消费者的传统思想比较严重,比较好面子、认品牌,但一旦突破,将有意想不到的效果。

卖货、聚粉十分重要,是打响社群营销战役的关键,但建平台则是社群营销做大的重点。

在平台的运作中,要注意五点:第一,确定统一的领袖人物及社群价值观;第二,建立完善的组织架构;第三,适时进行产品的升级迭代;第四,做到头号传播权占领;第五,借用互联网的力量,推广五大圈层,引爆区域市场。

社群推广要审时度势,在碎片化时代,要形成对圈层的突破力量。

(1) 新势力圈。此圈层是当地最为活跃而且最具健康消费理念的圈层,他们富有个性却不张扬,具备实力,同情弱小,思想新潮,观念领先,既认同品牌又有自己的判断力,价值性与实用性兼顾。

(2) 亲友圈。亲友圈属于比较亲密的关系,在粉丝运营中属于铁粉,因为信任度高,即使没有利益,也会基于亲友关系极力推动,所以亲友圈转化率比较高,既是消费者又是推广者,是产品短期冲量的最佳选择圈层。

(3) 传播圈。传播圈一般是指从事传统媒体和新媒体的从业者。这个圈子虽然不是单一品牌的消费力量,但是他们接触人脉广、圈内传播快,是口碑放大的助推圈层。借用新媒体圈层的快速传播制造流行,从而在区域市场放大传播价值。

(4) 大众圈。无论是大众品牌还是奢侈品牌,群众基础尤为重要。在大众圈的主要工作是制造流行、保持超值、与时俱进、回报大众。

(5) 商业圈。社群要与当地的粉丝、合伙人及经营者建立起牢固的合作基础,做到合作共赢、利益共享,从而让每个经营者都成为其品牌的区域代言人,形成一荣俱荣、一损俱损的利益共同体。

8.3.4 农产品IP打造

新营销的四个关键词:IP、场景、社群、传播。

如今,IP已经成为一个时髦词汇,流行程度甚至超越了前两年的互联网思维。那么,到底什么才是IP,它和我们通常所讲的品牌究竟有何关系?其实,如果我们搞懂了这个关系,就会发现,打造农产品品牌最有效的捷径是打造一个巨大的IP。

1. IP的内涵

品牌是物,IP是人。

在讨论如何打造IP前,我们有必要先弄清楚什么是品牌,什么是IP。仔细探究我们讨论了数百年的"品牌"概念,就会发现,其实品牌是关于"物"的符号。它的逻辑是:因为我喜欢你的产品,所以我喜欢你。比如,小到一元钱的矿泉水,大到几十万元甚至上百万元的豪车、名表,它们都是从产品本身出发,通过产品的功能、属性,找到契合的消费人群,然后在这个基础上叠加出品牌文化。

但是IP则不同,它直接从人出发。它的逻辑是,因为我喜欢你,所以你的东西、你推荐的东西,我都会去消费。比如同样是卖橙子,如果按照品牌的思路,一定会按照从原产地、老农、辛苦、传承、甜如初恋等角度沉淀出品牌认知。但是按照IP的思路,则要先给橙子一个鲜明的价值观,像褚橙的推出,先是在媒体上讲述创始人褚时健老人的坎坷人生路,让用户对褚老种植橙子创业的辛苦感同身受,对这个励志故事热血沸腾。当用户对褚老的励志故事产生了认同,接下来了解品质、信任品质、转化购买,就顺理成章。甚至说,我们卖的已经不是橙子,而是励志精神。所以,我们发现,在物质大丰富时代的情感营销中,IP打造已经逐渐超越品牌塑造,成为一种全新的与用户沟通的方式。

其实,当下火爆和刷屏的农产品品牌,很多时候就是人格化IP打造的产物。比如,很多品牌在宣传时首先要讲述一段或甜美的爱情故事,或催人泪下的亲子心切,最不济也要像淘宝上拿着身份证卖大米的这种最简单的IP打造。

在这种"人本人格"故事的代入下,后面的所有硬件产品,都能被赋予一系列暖性色彩,进而增加传播穿透力。其实,如果农业也有让消费者追逐的人格化IP,那一定能让品牌的选择成本更低、变现速度更快、流量来得更多。

2. IP的特征

(1)天然的聚合力。不需要给它过多的东西,不需要给它投入更多的广告,它有天然的自发力,像网红在网上晒他的生活状态,本身就形成了天然的聚合力,能够自然而然吸引大量的粉丝。

(2)感染力。IP必须具有某个情感层面的感染力。科比有一句话:"你见过凌晨四点的洛杉矶吗?我每天都见。"这句话特别有情感触动,他都这么好了还这么努力,牵动的是内心的情感。

(3)价值观。你要倡导新的生活状态,倡导一种特立独行的态度,只有在这个前提下,那些工具才能用好,否则工具只能是工具。

(4)革命者。革命者能够创造时代革命性的思考,能颠覆某种东西,能够带动思潮的产生。有一个词叫社群经济,就是互联网把很多人划分成很多群体,不要期望所有人都是你这个品牌的信众,这是不可能的,只要有其中一部分人,你就能够很好地生存下去。

(5)话题性。好玩的东西能够推动话题的传播,比如泸小二的粉丝节,本身就是很好的传播方式,因为他们想到了用户可能喜欢的东西,所以能够引发自我传播。不是模仿和抄袭别人,而是去挖掘,把价值最大化。

3. 打造优质IP的条件

(1)有一定的市场需求(用户)。只有有一定的需求(用户),才会有追随者。比如《盗墓笔记》其实是很早就有的一本小说,我相信在看2015年《盗墓笔记》网剧时,有成千上万的人都看过《盗墓笔记》这本小说。因此,《盗墓笔记》被拍成网剧之后,才调动了成千上万的读者或者粉丝追捧。

(2)独特与唯一。你的产品一定要与同类产品有差别,并且有很高的识别度,而不是人云亦云。还是拿《盗墓笔记》举例,之前从来没有人把《盗墓笔记》拍成电影或者电视剧,因此在电影或者电视剧上有强烈的市场、拍成电影就可以满足粉丝们的好奇心。

(3)能商业变现。这个可能是IP最核心的价值。不能商业变现的IP不是好IP。这里的IP变现就是IP产业链。2016年,湖南卫视的《花千骨》电视剧也是IP影视剧,除了《花千骨》电视剧外,一款《花千骨》手游也同样受到粉丝的青睐,投资方未来还要拍《花千骨》续集,《花千骨》电影也在筹划中。

扩展阅读 8-6
品牌≠IP,品牌与 IP 之间的联系

互联网的迅速发展催生了一批与互联网相关的品牌,打开手机,俨然就是一个欢乐的"动物园"。不知从什么时候开始,品牌 IP 化被炒得风生水起,很多企业都试图打造自家品牌 IP,让品牌在市场上更具声量和辨识度。

品牌 IP 具有高辨识度、互动性和娱乐性等多种特性,同时作为一个凸显品牌个性和社会价值的 iocn,可以让品牌具备持续的传播力,精准触达消费群体。

很多时候我们并不明白什么是 IP,总是把品牌和 IP 等同起来,或者当作同一概念来对待。其实,品牌和 IP 两者之间有着明显的区别,运营人若想打造品牌 IP,一定要对两者有清晰的认识。

1. IP 和品牌的概念

品牌是人们对一个企业及其产品、服务、文化价值的一种评价和认知,是一种市场信任。品牌是商品综合品质的体现,是企业长期努力经营的结果,也是企业形象的无形载体。品牌简单来说是指消费者对产品和服务的认知程度。

IP 是 Intellectual Property 的缩写,即知识产权,通常指智力创造性劳动所取得的成果,并且是由智力劳动者对成果依法享有的专有权利。可以这样理解,IP 可以承载图片、文字、音视频等多种文化创意形态,它最终折射的是人们在文化与情感上的共鸣。

2. 品牌≠IP,深入认识 IP 与品牌

了解了品牌和 IP 的概念,发现二者之间的差异非常明显,运营人理解一个事物不能单纯地从概念和表象上去区别,要尝试着理解其背后的思维逻辑。

狭义上的 IP 是一个网域的合集,一个链接渠道,它的背后是流量逻辑的存在,可以聚集更多的人去访问、关注。所以,从这个角度去理解品牌 IP 就简单很多,一个专属的品牌 IP 可以带来自己的流量集合。IP 承载的是信息,信息是一种虚拟的事物,可以随时随地变化。

品牌则不同于 IP,它本质上是一种信任机制,它可以降低用户的选择成本。品牌与用户之间发生的良性互动越多,品牌在无形之间积累的资产价值就越大。所以,品牌承载的是产品,是人与企业之间的一种良性互动。

理解了 IP 和品牌背后的承载内容,二者达成目的的路径也有所区别。企业之所以打造品牌,从根本上讲还是为了实现产品销售,好的品牌可以达成可持续的、带来超额利润的销售目的。IP 提供给消费者的不是产品的功能属性,而是一种情感寄托,它可以实现与用户的交互和价值认同。

可以这样说,用户喜欢一个品牌是在理性选择上的感性移情,而喜欢一个 IP 则是单纯地"走心",是一种感性的投入。实际生活中,品牌方往往是"花钱"的主儿,品牌要不断地拉新用户、讨好用户;而 IP 就像"宝藏",通过不断输出内容吸引众多金主掏钱、合作,吸引越来越多的粉丝。

写到这里想必你对品牌和 IP 的区别有了更深入的理解。IP 本质上是通过持续不断地输出人格化的相关内容,维持其传播力和影响力。因此,内容尤其是原创内容就成为 IP 的

发展基石。所以,IP 的强大可以支持甚至创建品牌,还要得益于源源不断的内容输出维持了 IP 强大的流量效应。

就像迪士尼旗下诸多有代表性的 IP,持续不断地推出新作品,成就了迪士尼品牌的长久生命力。可以说,IP 能够决定品牌的走势!

品牌方可以尝试打造专属的品牌 IP 或者利用知名度较高的 IP 为品牌服务。通过突破消费者心智,提高用户对品牌的忠诚度,就要综合品牌和 IP 的特性,做好产品服务的同时,利用品牌 IP 化赋予品牌更多的"内容",让消费者更好地接受品牌和产品,实现更多的产品销售。

3. 品牌 IP 化运营思考

随着越来越多企业尝到了 IP 的甜头,各种"IP 化"的企业品牌也如雨后春笋,关于品牌与 IP 的争议也甚嚣尘上。

提起品牌 IP 化,很多人的第一反应就是"Logo 动物化"或者"品牌拟人化",以至于我们手机屏幕上简直成了"动物园",有很多可爱的卡通形象,单击一个 App 进去都是各种亲切的"小×"等以"萌"为特色的"品牌 IP 化"。

萌宠化、动物化也无可厚非,这样做也确实讨巧,如果能成功建立起自己的 IP 文化,确实能事半功倍。因为 IP 化很适合碎片化传播,具备辨识度高、认同感高、场景代入感强等特性,这些都是传统品牌形象工作无法胜任的。可以预见,未来品牌 IP 化将成为更大范围的发展趋势。

IP 品牌的关键点在于内容,内容的持续创造力是构成品牌 IP 化的重中之重。做好这一点要紧跟时代发展,互联网时代的信息碎片化很容易削弱一个产品的 IP 特性,这就需要品牌运营人多维度地输出内容,既要多样化,也要创新化。

4. 如何打造农产品 IP

(1) 打造被人议论的"点"。网红为什么会成为网红?很多明星为什么会自造绯闻?就是因为他们身上需要一些被人关注的话题。比如杨坤的 32 场演唱会、萧敬腾的雨神称号等。让品牌有被人议论的潮点、亮点,甚至"黑点",给自己贴上标签,让大家提起这个品牌都会立刻想到一个词,这就是品牌的传播势能。很多人会问:"我没有褚时健的故事,怎么打造点?"其实一个标志性的大门、一系列文创的造型、一张奇特的餐桌等,都可以成为这个"点"。

(2) 明晰你的主题。在几乎大品类都是红海的情况下,要想打造农产品 IP,一个捷径就是做细分品类中出众的一个,让用户在想到大品类时,能很快联想到你。

(3) 给你的产品一个高辨识度的宣传口号。产品的名字很重要,它能够寄托出定位及情怀。但是名字毕竟字数有限,要想传递更多的信息,并形成记忆符号,还需要一个宣传口号。其实现在各行各业,制定和定位相关的宣传口号已是通例。比如,王老吉——怕上火喝王老吉;米小范——有菜有汤才有范……还有的宣传口号,以趣味性引发目标群体关注,提高辨识度、增强记忆点。比如,农夫果园的"喝前摇一摇",彩虹糖的"碰上彩虹,吃定彩虹",奥利奥的"扭一扭,舔一舔,泡一泡"都达到了极好的效果。

扩展阅读 8-7

元宇宙农场

多年前,QQ 农场曾风靡全国,每个人心里都有一个田园牧歌式的生活梦。不过因为一些原因，这款游戏逐渐没落，我们也逐渐长大了。

随着社会的进步，我们的生活压力也逐渐变大，线上社交、娱乐的需求开始进一步蔓延。2021年是元宇宙元年，元宇宙游戏开始爆发，其刺激因素可以概括为两个重大事件节点：一个是2021年上半年Axie的爆发，引得无数项目方开始投身于链游市场；另一个是FaceBook更名为MATA，使越来越多传统主流公司关注元宇宙市场。同时，随着近段时间链游爆发出来的吸金效应，越来越多生存艰难的传统游戏公司也对链游赛道跃跃欲试。

但我们不能忽视链游市场现存的问题，用户被引导起来的情绪，使一些粗制滥造的链游受到了大量的追捧，特别是近期的市场，相当多的游戏项目仅仅将目标停留在早期的发Token、卖盲盒，待早期收割之后，并未将回笼的资金运用在游戏的制作上。有人说，因为用户太愚昧，才使这些上不了台面的链游横行，但很多时候，一个行业的向前发展并不能归罪于用户的品位，用户的阈值就在那里，当他们只吃过糟糠野菜的时候，根本无法想象山珍海味的滋味。

众所周知，当下元宇宙主题的火热绕不开的一个重要因素便是Plato Farm，其在短时间内打造了一个以农场为主题的、面向Web 3的元宇宙生态，目前生态整体在发展上取得了不错的成绩，比如Plato Farm现总用户总注册人数为220 000人，日活突破了15 000人且集中在东亚、东南亚、东欧、北美等地区。Plato Farm，一个真正模拟农场经营的元宇宙游戏，让你找回当初的那个自己，在去中心化世界里，过上乌托邦式田园牧歌生活。

QQ农场放到现在能火吗？那显然是不能的，不具备娱乐性与经济学属性，短时间内就会被玩腻，而Plato Farm做出了根本性改变，加入了更好玩的元素。

在游戏核心玩法上，Plato Farm提供了种植、养殖两种基础生产经济模型，以此为基础还包含一个加工厂经济，加工厂除了能够加工畜牧养殖所需的必需品比如饲料外，还能够加工果酱、面包等，整体构成了一个供需关系较强的经济模型。

传统的农场风让玩家有一种回到童年的感觉，只不过游戏玩法的丰富才是让玩家静下心来玩这款游戏的根本。Plato Farm保留了传统的等级，玩家刚进入游戏仅为1级，初级玩家通常从种植开始，需购买NFT土地并仅能在土地中种植小麦，种植、收割的操作步骤较为简单，也会增加相应的经验。

随着玩家经验等级的攀升，拥有可种植土地的数量将增加，能够种植的作物种类也有所增加，玩家可以依次用于种植的作物有小麦、黄瓜、胡萝卜、玉米、甘蔗、豌豆、辣椒、番茄、生菜、土豆、棉花、南瓜、薰衣草，每个原材料都能对应生产商品。

各类商品对应不同的用途，Plato Farm丰富的游戏模式让玩家需要一些思考，怎样的种植经济模型才能让自身利益最大化。

所以玩家如何选择种植的作物，如何出售以及以何种比例出售生产的作物来实现MARK通证最大化收益，都是玩家经营策略的体现。

在游戏中的农场规模将会随着种植、养殖规模的扩大而整体扩大，当然在这个过程中玩家也需要进一步对农场进行扩建，比如斧头、拉锯、炸药桶、小推车、铁锹这类扩建工具也是十分必要的消耗资产。

玩家除了能够种植外，还能够在农场内购买NFT鸡舍、牛圈、羊圈，来进一步构建畜牧业，并能够得到牛奶、羊毛、鸡蛋等NFT资产的收益。对于一些种植、养殖大户或者贸易大户，或许能够左右相应的农产品市场。

8.4 农产品营销与新零售

8.4.1 新零售理念的由来及内涵

1. 新零售的由来

新零售作为一个全新的概念首次出现于 2016 年 10 月的杭州云栖大会上。新零售理念并非空穴来风，实际上是传统零售在网络零售发展过后的又一轮革新。传统零售是以线下经营为主的产品销售活动，1999 年，电子商务网络零售平台创立发展，零售出现了依托互联网为媒介的网络零售模式。网络零售模式自 1999—2002 年爆发性地增长；在 2003—2007 年持续高速增长，主要以 B2C、C2C 发展为主；从 2008—2012 年进入深化发展时期，除销售之外开始更多地注重全链式的服务；2012 年至今，网络零售模式开始进入瓶颈，发展速度下降，自身缺点逐渐暴露。根据艾瑞咨询发布的我国网络零售报告可以看出，2016 年，网络零售开始进入发展瓶颈，寻求新的突破。新零售理念的提出不仅源于行业、科技的发展，更是对各行业发展的思考与前期探索的总结。阿里巴巴自 2014 年起开始尝试线上线下的全渠道融合，并取得了初步成果。同样地，京东也在 2015—2017 年进行了线上线下的新零售发展，实现了对京东物流的强化与改进。此外，苏宁、国美等大型企业均对线上与线下的融合进行了探索和布局。新零售的出现源于传统零售与网络零售各自的优缺点。传统零售受空间位置限制，销售覆盖面积小，整体的销售经营缺乏灵活性，成本也相对较高；而网络零售具有极大的灵活性与较大的覆盖面积，整体经营更加灵活，成本低廉。但是网络零售也存在购物体验不足、场景化缺失的问题，两者的优缺点成为两者融合的基础，而促成两者深度结合的关键在于物流运输系统。

2. 新零售的内涵

新零售是借助新科技与新思想，对传统零售业与网络零售业进行改良、创新、融合来服务消费者的活动，是依托大数据、云计算等多种先进技术进行的全渠道、无边界、全方位的服务方式。2017 年 3 月的《C 时代"新零售"——阿里研究院新零售研究报告》对新零售概念进行了明确的定义：以消费者体验为中心的数据驱动泛零售形态，核心是重构，核心价值是最大限度地提升流通效率。其中，对新零售的特征进行了概括，主要包括三方面：首先是以消费者体验为中心，以消费者的需求为主要目的，对人、货物、场地的重新构建；其次是零售的双重性特征，从物理化与数据化的角度对零售进行全新的思考；最后是零售种类的全面开发，包括社交、娱乐、购物等全面的一体化综合零售。

新零售创新性地让线上线下相互融合并达成交易，在物流配送、结算方式上也形成了一体化的模式。将线上线下的渠道融合在一起的模式对全行业而言，都是十分值得借鉴的。

8.4.2 新零售理念下农产品营销创新的必然性

1. 消费升级促进农产品品牌化进程

由于农产品销售渠道长期受阻，导致农产品的供求矛盾十分激烈。进入 21 世纪，消费需求发生了重大变化，消费主体逐渐转为 80 后和 90 后；消费结构不再局限于传统的衣食住行,而是更加注重服务型消费,同时享受型消费、发展型消费成为主要消费方向;消费观念和消费心理发生变化,高品质、定制化、个性化的消费成为主流。消费需求的各种变化对农产品的零售形成了巨大的冲击,促使农产品的营销顺应消费者的需求进行变革。在未来,更多个性化、品牌化、可追溯的小而美的农产品品牌将在市场上占据一席之地。

2. 农产品销售竞争环境加剧

农产品的销售竞争从传统零售的竞争逐渐进入传统零售、网络零售的竞争。在传统零售时期,农产品主要是价格竞争,而网络零售由于进入与退出十分简单,因此涌入大量竞争者,造成网络零售内部的竞争,以及线下与线上之间的竞争。新零售理念下,线上与线下销售都将进行新一轮的变革,原有的竞争环境将更加激烈,彼此间的合作关系也将提升,产品的销售将在全渠道的特征下进入无边界化发展,平台型运营、全链式服务将为行业的业态发展提供有效保障。

3. 信息技术与数据技术的驱动

近年来,信息技术发展迅速,从"互联网+"战略开始,信息技术成功覆盖大部分地区,包括智能手机、Wi-Fi 技术在内的信息技术被广泛使用,而以此为基础的云计算、大数据等技术的持续开发使用,促使信息技术跨入数据技术的时代。新零售的一大特征就是以数据为导向,促进相关系统与体系的建立和完善,进一步引发商业与消费方式的改变,以消费者为中心,以数据为导向,生产制造、销售流通、服务体系互相融合、线上与线下的互相融合将成为开展新零售的驱动力。农产品营销在经历网络零售的冲击下,已经打破了传统的营销方式,这为农产品的营销创新打下了基础。随着信息技术与数据技术的发展,农产品的市场定位、消费者定位将更加精准,保鲜冷冻技术的普及、线下仓储服务的提升等将成为农产品营销创新的巨大推动力。

8.4.3 新零售理念下农产品营销的创新

1. 线上线下同步发展,深化融合

网络零售的进入门槛较低且方便快捷,在农产品行业内部建立统一的网络零售平台,能更好地进行网络销售并开发线下渠道。线下销售具备不可取代的特性,可以为消费者提供良好的购买体验与售后服务,农产品线下销售采用传统零售的模式,即农户+农户、公司+农户、市场+农户、公司+基地四种基本形式,后三种形式均可开辟为线下发展渠道,可以设立线下体验、线下直营,通过打造品牌化的特色农产品,供消费者进行农产品的互动体验。

单独的线下渠道往往存在成本高、风险高的特征,线上平台通过参股入股的方式与线下渠道进行战略合作,可以达到资源共享的目的。线上平台可以降低线下渠道的风险,同时获取更丰富的资源;线下渠道可以为线上平台提供消费者体验、合作推广、仓储运输等服务,保障线上平台的全面发展。

传统的线下零售往往将线上平台作为销售的补充或是辅助,线上平台往往将线下零售作为简单的体验方式,但是在新零售理念下,简单的补充或是辅助只是表面的合作,而非全渠道的销售打造。表面的合作对于农产品的销售并无推动作用,反而会因为线上线下均需顾及而造成成本的激增,因此在网络经济时代,单一的线上零售或是单一的线下零售都无法获得最大化的营销效果,必须深化两者的融合,建立更加全面的营销模式。

在各行业不断融合的前提下,农产品的线上线下发展可与其他相对完善的平台进行合作,如与经营系统相对成熟的网络平台、线下超市等进行合作,依托现有的渠道进行农产品的线上线下同步发展和互相融合,彻底打开线上与线下的通路,全方位深度拓展虚拟与实体的融合。

2. 以消费者为中心,提供全方位服务式营销

首先,提升农产品质量,生产绿色健康的农产品。在保证农产品质量的前提下,开发特色农产品同时树立品牌,转变传统的农产品营销意识,以服务为主进行营销,满足消费者购物、娱乐等多维度的需求,包括进行特色农产品的介绍、宣传、消费者的亲身体验、品尝、生产过程的观光游览等。

其次,推广复合式的营销模式。这包括推广文化营销、关联营销、口碑营销、体验营销等多种不同的营销方式,对消费者的感官、思维、行为进行刺激。文化营销是赋予农产品丰富的文化内涵,如将产地、人文、历史地理等与农产品本身相结合,进行品牌文化、产品文化的打造,文化营销可以带来立体的消费感受,同时提升品牌的形象。关联营销是指在不同品牌、不同种类的特色产品、产地,以及不同的农产品销售渠道间进行有关联性的营销引导,使双方在互利互惠的基础上进行潜在的消费者引导,通过共享资源,拓宽受众群体的营销模式。口碑营销是指通过互联网、社交媒体、网络平台的口碑进行宣传分享,达到推广农产品品牌、扩大营销的目的。体验营销有着极大的刺激消费的作用,在当下各种美化手段、虚假广告泛滥的情况下,消费者更加注重实际的体验,对于亲身体验之后形成的产品信赖度更高,对消费到售后整个过程更加关注,因此体验销售成为线下零售重要的组成部分。

最后,增加农产品营销的相关服务。当前消费者的消费需求不仅仅是满足基本生活需求,更多的存在享受、娱乐等服务性需求,因此农业的观光、旅游等也应当纳入农产品营销服务范畴。农产品作为生鲜类产品,运输要求高、售后要求也相对较高,因此必须加强与物流的相互合作,加大对仓储的配备和对保鲜冷冻技术的投入运用,保证农产品的新鲜度。物流配送问题可通过线下渠道进行弥补,来保证流转环节的高效,提升消费者的满意度,同时建立完善的售后服务体系,通过线上及线下售后服务的结合,切实做到全方位的服务式营销。

扩展阅读 8-8

新零售的几种商业模式

1. 网站商业模式(京东到家)

京东到家、饿了么商超频道、美团外卖商超频道都是网站商业模式,区域内有很多商家加盟网站,可以称之为 C2C 商业模式。

京东到家与连锁便利店合作中有三笔收入属于京东到家:一是每年6 000元的网站运营费和6万元的押金;二是3%~10%的销售扣点;三是向客户收取的送货费,一般2~8元。

如果京东到家与连锁便利店合作,扣点7%,收取配送费4元,如果综合配送投入9元,单价应达到71元。目前京东到家的平均单价很难达到70元,因此京东到家的平均单价仍在补贴中,但补贴金额在可控范围内。

如果京东到家增加配送费用,在模型上是有利可图的,但目前京东到家的订单密度相对较低。计算了几个区域 3 公里范围内京东到家的订单数量,约为 1 万～3 万单/月。京东到家需要控制订单数量和投资之间的平衡。

2. 单店赋能商业模式(永辉生活 App)

单店赋能的商业模式的典型有永辉生活 App、多点、大润发优鲜。打开 App,直接进入实体店的网店,而不是先选实体店再选商品。

永辉生活 App 的配送条件是 18 元免配送费,多点为 79 元免配送费,毛利率为 20%,履单投资为 9～13 元,每笔单价必须达到 60 元,毛利才足以支持履单投资。

考虑到流量投资和运营投入,多点满 79 元以上 9 元免配送费,这个单价可以平衡整体盈亏。永辉生活 App 的单价应该比较低,每个订单都在补贴,永辉生活 App 的 18 元免配送费的政策可能不会长期持续。

根据 2017 年财务报告,永辉云超亏损 2.67 亿元。到 2017 年年底,永辉云超共有 227 家实体店,其中一半在第四季度开业。每家实体店每年损失 200 多万元,这一损失的大部分来自永辉生活应用程序的建设和运营投资。

3. 新业态便利店(盒马鲜生)

根据以上信息,便利店快递从模型中获利的关键在于单价。新业态便利店的一大价值点是筛选客户。通过实体店定位和商品结构,筛选出高价值客户,也可以在不收运费、不设定发货金额的情况下提高单价。

新业态便利店有线下部分和线上部分:线下部分的投资取决于线下销售和利润支持,线上部分的投资取决于线上订单的利润支持。线下便利店本身就是一个成熟的商业模式。只要选址和内功足够强,就可以依靠线下收入养活实体店。

新零售是线上线下的结合,组合的价值主要是线下线上引流,减少引流投入,线下成为线上体验店,改善转型回购,线上线下双渠道共同提高周转率和效率。虽然线上线下各自计算收入和投入,但可以相互促进。

本项目小结

完成本项目的学习,您应该理解和掌握以下内容。

(1) 理解农产品直接销售和间接销售的定义、特点及使用条件。

(2) 社区营销是以住宅社区作为主要销售区域,以家庭用户作为销售对象的一种全方位的营销活动。社区营销不等于一般的"小区推广",社区推广重点在于社区的宣传、广告促销活动等。社区营销也不是一般的在社区中销售,因为社区营销是一种全方位的营销活动,它包括产品选择、人员组织、宣传广告、公关等,是营销的子系统。不是所有企业的所有产品均需要社区营销,如产业用品因销售对象为企业,一般就不需要社区营销。一般来说,家庭和居民日常的消费用品,这些以大众为销售对象的产品,社区营销则大有可为。

(3) 农产品+社群,就是让生产者与消费者联系起来,让消费者为农产品的种植生产提供资金和智慧,并参与农产品种植的过程,在互动中生产出优质的农产品的一种农产品营销模式,如社区农场、农业众筹等。

(4) 新零售是以消费者体验为中心的数据驱动泛零售形态,核心是重构,核心价值是最大限度地提升流通效率。其中,对新零售的特征进行了概括,主要包括三方面,首先是以消费者体验为中心,以消费者的需求为主要目的,对人、货物、场地的重新构建;其次是零售的双重性特征,从物理化与数据化的角度对零售进行全新的思考;最后是零售种类的全面开发,包括社交、娱乐、购物等全面的一体化综合零售。

案例分析

知味的社群营销

知味葡萄酒杂志是一家专注于为葡萄酒爱好者提供轻松的葡萄酒文化、专业的品酒知识、实用的买酒建议和精彩的品鉴体验的创业公司。自创业以来,知味的推广与内容始终以社群为核心。通过知味专业、垂直的葡萄酒媒体内容和线下的葡萄酒教育体系,知味已然成为国内最火的葡萄酒媒体,超过50万规模的葡萄酒爱好者聚集到了知味周围的葡萄酒文化社群里。社群已经建立,运营应该怎么做?知味并不希望依靠传统的方式,单纯地搜集所有会员的联系方式做成通讯录,或者是在社群内部群发广告。知味认为,社群营销依赖个人偏好及消费行特征所构建的社群,在增值服务这方面,应适度规避"商业激励"而采用"情感维系"来升华客户与厂家和品牌的关系。

知味能够通过用户数据采集功能内容标签的方式收集所有社群用户与知味的交互行为与内容偏好。用户不管是看了一篇特定内容的微信图文、参加一场特定主题的品酒活动还是购买了知味所推荐的葡萄酒或周边产品,知味都能记录下来。通过足够长时间的数据收集,知味可以通过结构化获取的用户信息对他们进行分类,并通过不同主题的话题社群将用户组织到一起。比如阅读过较多次数关于意大利葡萄酒文章的用户,或者参加过知味组织的意大利葡萄酒品鉴会的用户,都会被邀请加入到"知味意粉"小组。在这样的情况下,葡萄酒爱好者用户会陆续被不同主题的社群以网状的形式加入至少一个社群小组中。

这样一来,精准的分组使社群活跃度非常高,而且为精准定向地向用户发送他们感兴趣的内容信息和产品营销内容提供了有效通路。同时,基于对庞大的粉丝数据系统进行挖掘,知味可以据此为其粉丝发送完全个性化的促销信息。

例如:知味可以设定自动流程规则,让系统自动向在过往的一个月内参加过入门级葡萄酒培训课程的客户发送中级葡萄酒培训课程的培训信息。这样一来,个性化、差异化的优惠大幅提高了粉丝购买的可能性,也降低了信息推送的成本。

知味还使用了平台活跃度打分的功能,交互频繁的用户的活跃分数会上升。对于不够活跃的用户,定向推送一些"召回"目的的内容以降低用户流失。3个月内,粉丝的活跃度上升了55%。

通过使用多样的营销功能与分析工具,知味做到了全方位精准化的社群营销。

客户与知味社群平台的黏性非常高,长期形成的情感维系要远比"满500积分抵5元消费"这样的商业折扣要受用得多。新时代,社群营销应该怎么做?基于数据挖掘的个性化、精准化营销能让你的社群与众不同,并以最高投资回报率(ROI)达到用户与企业的双赢。

【讨论问题】

请结合案例谈谈如何理解"精准营销",知味的社群营销策略还可以怎么完善?

实训操作

实训项目	农产品营销渠道设计
实训目标	掌握农产品营销渠道的设计方法
实训步骤	(1) 教师提出实训前的准备及注意事项 (2) 学生分为5人一组 (3) 教师指导学生上网收集二手资料,实地调研 (4) 各组通过小组讨论,结合某一种农产品,设计合理的营销渠道
实训环境	市场营销模拟实训室
实训成果	分析报告

课后练习

一、名词解释

社区营销　社群营销　新零售　农产品营销渠道

二、不定项选择题

1. 新零售概念第一次出现于(　　)杭州云栖大会上。
　　A. 2014年1月　　B. 2015年1月　　C. 2016年1月　　D. 2017年1月
2. 新零售是借助新科技与新思想,对传统零售业与网络零售业进行改良、创新、融合来服务消费者的活动,是(　　)等多种先进技术进行的全渠道、无边界、全方位的服务方式。
　　A. 依托信息化、技术计算　　　　B. 依托大数据、云计算
　　C. 统计信息　　　　　　　　　　D. 数据处理
3. 进入21世纪,消费需求发生了重大变化,消费主体逐渐转为(　　);消费结构不再局限于传统的衣食住行,而是更加注重服务型消费,同时享受型消费、发展型消费成为主要消费方向。
　　A. 60后和70后　　　　　　　　B. 70后和80后
　　C. 80后和90后　　　　　　　　D. 90后和00后
4. 在保证农产品质量的前提下,建设特色农产品同时(　　),转变传统的农产品营销意识,以服务为主进行营销,满足消费者购物、娱乐等多维度的需求,包括进行特色农产品的介绍、宣传、消费者的亲身体验、品尝、生产过程的观光游览等。
　　A. 树立品牌　　B. 展示形象　　C. 扩大规模　　D. 提升品质
5. 许多企业近年来高举"环保""健康"旗帜,纷纷推出诸如由棉、麻和丝等天然纤维制成的"生态服装",使用可降解的塑料包装材料,他们所奉行的市场营销观念是(　　)。
　　A. 推销观念　　B. 生产观念　　C. 绿色营销观念　　D. 社会营销观念

三、判断题

1. 寻找机会的由头与方式是非常关键的,就社区来讲,机会主要在小区内部,现在的小区基本上是封闭式管理的,一般直接进入越来越困难了,也容易引起一些误会,小区一定会

有一些业主代表与管理机构,可以采用简单的叠加办法,联系建立互相的因果关系,确定目标,这是一种合作基础。（　　）

2. 小区有一些活动需要展开,时间非常紧,需要外力的帮助时,就要有我们的联络员或者联络机制的出现,可以发出一些联系卡片,无论是否有效,都可以是建立关系的纽带。（　　）

3. 从2008—2012年进入深化发展时期,除销售之外开始更多地注重全链式的服务;2012年至今,网络零售模式开始进入瓶颈期,发展速度下降,自身缺点逐渐暴露。（　　）

4. 新零售的出现源于传统零售与网络零售各自的优缺点。传统零售受空间位置限制,销售覆盖面积小,整体的销售经营缺乏灵活性,成本也相对较高,而网络零售具有极大的灵活性与较大的覆盖面积,整体经营更加灵活,成本低廉。（　　）

5. 农产品的销售竞争从传统零售的竞争逐渐进入传统零售、网络零售的竞争。在传统零售时期,农产品主要是价格竞争,而网络零售由于进入与退出十分简单,因此涌入大量竞争者,造成实体零售内部的竞争,以及行业与行业之间的竞争。（　　）

四、思考题

1. 简述社区营销的演变。
2. 试述传统社区到现场,与网络营销相结合的转变。
3. 试述农产品社区营销的意义。
4. 试述农产品社区新营销的意义。
5. 试述农产品社区营销的思路。

项目 9

农产品促销策略

【能力目标】

通过本项目的学习,学生应该掌握农产品促销方式的选择;掌握网络营销在农产品营销中的应用;学会农产品促销方案设计。

【课程思政】

通过本项目的学习,使学生在农产品促销实践中培养创新创业意识、良好的沟通能力和协调能力,学会良好倾听,培养学生的自我反思能力和团队精神。

【任务分解】

(1) 掌握农产品促销步骤。
(2) 掌握农产品营销中的人员推销策略。
(3) 掌握农产品营销中的广告促销策略。
(4) 掌握农产品营销中的公共关系策略。
(5) 掌握农产品营销中的营业推广策略。
(6) 掌握农产品网络营销促销策略。
(7) 掌握农产品促销方案设计。

9.1 农产品促销方式

9.1.1 农产品促销及其步骤

农产品促销是现代农产品营销的关键。在现代营销环境中,农业生产经营者仅有优质的产品、合理的价格、畅通的销售渠道是远远不够的,还需要有合适的农产品促销策略。农产品市场竞争是产品的竞争、价格的竞争,更是促销的竞争!生产经营者的营销能力特别体现在企业的农产品促销能力上。

导入案例:敲开KA卖场的门

1. 农产品促销的实质

促销(promotion)是指企业通过人员和非人员的方式把产品与服务的有关信息传递给顾客,以激起顾客的购买欲望,影响和促成顾客购买行为的全部活动的总称。

农产品促销(promotion of agricultural products)是指农业生产经营者运用各种方式方法,传递产品信息,帮助与说服顾客购买本企业或本产地的产品,或使顾客对该品牌产品产生好感和信任,以激发消费者的购买欲望,促进消费者的消费行为,从而有利于扩大农产品的销售等一系列活动。

在市场经济中,社会化的商品生产和商品流通决定了生产者、经营者与消费者之间存在信息上的分离,企业生产和经营的商品与服务信息常常不为消费者所了解或熟悉,或者尽管消费者知晓商品的有关信息,但缺少购买的激情和冲动。这就需要企业通过对商品信息的专门设计,再通过一定的媒体形式传递给顾客,以增进顾客对商品的注意和了解,并激发起购买欲望,为顾客最终购买提供决策依据。因此,农产品促销从本质上讲是一种信息的传播和沟通活动。

2. 农产品促销的步骤

为了成功地把生产经营者的有关信息传递给目标受众,企业需要有步骤、分阶段地进行农产品促销活动。

(1) 确定农产品促销对象。通过生产经营者目标市场的研究与市场调研,界定其产品的销售对象是现实购买者还是潜在购买者,是消费者个人、家庭还是社会团体。明确了产品的销售对象,也就确定了农产品促销的目标对象。

(2) 确定农产品促销目标。不同时期和不同的市场环境下,农业生产经营者开展的农产品促销活动都有着特定的促销目标。实现短期农产品促销目标,宜采用广告促销和营业推广相结合的方式。实现长期农产品促销目标,公关促销具有决定性意义。需注意,农业生产经营者农产品促销目标的选择必须服从企业营销的总体目标。

(3) 设计农产品促销信息。这需重点研究信息内容的设计。农业生产经营者的农产品促销要明确目标对象所要表达的诉求,并以此刺激其反应。诉求一般分为理性诉求、感性诉求和道德诉求三种。

(4) 选择沟通渠道。传递农产品促销信息的沟通渠道主要有人员沟通渠道与非人员沟通渠道。人员沟通渠道向目标购买者当面推荐,能得到反馈,可利用良好的口碑来扩大企业及产品的知名度与美誉度。非人员沟通渠道主要指大众媒体沟通。大众媒体沟通与人员沟通的有机结合才能发挥更好的效果。

(5) 确定农产品促销方式的具体组合。根据不同的情况,将人员推销、广告、营业推广和公共关系四种农产品促销方式进行适当组合,使其发挥整体的农产品促销效果,应考虑的因素包括产品的属性、价格、寿命周期、目标市场特点、"推"或"拉"策略。

企业把这四种农产品促销形式有机结合起来,综合运用,形成一种组合策略或技巧,即为农产品促销组合。

企业在确定了农产品促销总费用后,面临的重要问题就是如何将农产品促销费用合理地分配于四种促销方式的促销活动中。四种促销方式各有优势和不足,既可以相互代替,又可以相互促进、相互补充。所以,许多企业都综合运用四种方式达到既定目标。这使农业生产经营者的农产品促销活动更具有生动性和艺术性,当然也增加了企业设计营销组合的难度。企业在这四种促销方式的选择上各有侧重。

9.1.2 人员推销

人员推销是指农业生产经营者通过派出营销人员与一个或一个以上可能成为购买者的

人交谈,作口头陈述,以推销商品,促进和扩大销售。人员推销有助于生产者和消费者的双向交流。农产品由于其质量信息无法从外观直接观察,所以不应该单纯以广告或其他单向交流的形式去培养消费者的品牌意识和顾客的忠诚度,而应以双向交流的形式达到目的。

1. 农产品人员推销的特点

相对于其他促销形式,农产品人员推销具有以下特点。

(1) 销售的针对性。与顾客的直接沟通是人员推销的主要特征。由于是双方直接接触,相互间在态度、气氛、情感等方面都能捕捉和把握,有利于销售人员有针对性地做好沟通工作,解除各种疑虑,引导购买欲望。

(2) 销售的有效性。人员推销的又一特点是提供产品实证,销售人员通过展示产品、解答质疑、指导产品使用方法,使目标顾客能当面接触产品,从而确信产品的性能和特点,易于引发消费者的购买行为。

(3) 密切买卖双方关系。销售人员与顾客直接打交道,交往中会逐渐产生信任和理解,加深双方感情,建立起良好的关系,容易培育出忠诚顾客,稳定企业销售业务。

(4) 信息传递的双向性。在推销过程中,销售人员一方面把企业信息及时、准确地传递给目标顾客;另一方面把市场信息、顾客(客户)的要求、意见、建议反馈给企业,为企业调整营销方针和政策提供依据。

人员推销的不足之处在于以下两点。

(1) 费用支出较大。由于人员推销直接接触的顾客有限,销售面窄,人员推销的开支较多,增大了产品销售成本。

(2) 对推销人员要求较高。人员推销的成效直接取决于推销人员素质的高低。尤其随着科技的发展,新产品层出不穷,对推销人员的要求也越来越高。

2. 农产品人员推销的步骤

农产品人员推销一般经过以下七个步骤。

(1) 寻找潜在顾客。潜在顾客是一个 MAN,即具有购买力(money)、购买决策权(authority)和购买欲望(need)的人。寻找潜在顾客的方法主要有:①向现有顾客打听潜在顾客的信息;②培养其他能提供潜在顾客线索的来源,如供应商、经销商等;③加入潜在顾客所在的组织;④从事能引起人们注意的演讲与写作活动;⑤查找各种资料来源(工商企业名录、电话号码黄页等);⑥用电话或信件追踪线索;等等。

(2) 访问准备。在拜访潜在顾客之前,推销员必须做好必要的准备,具体包括了解顾客、了解和熟悉推销品、了解竞争者及其产品、确定推销目标、制订推销的具体方案等方面。不打无准备之仗,充分的准备是推销成功的必要前提。

(3) 接近顾客。接近顾客是推销员征求顾客同意接见洽谈的过程。成功接近顾客是推销成功的先决条件。推销接近要达到三个目标:给潜在顾客一个良好的印象;验证在准备阶段所得到的信息;为推销洽谈打下基础。

(4) 洽谈沟通。这是推销过程的中心。推销员向准客户介绍商品,不能仅限于让客户了解你的商品,最重要的是要激起客户的需求,产生购买的行为。养成JEB的商品说明习惯,能使推销事半功倍。

简而言之,JEB就是首先说明商品的事实状况(just fact),其次将这些状况中具有的性质加以解释说明（explanation），最后阐述它的利益（benefit）及带给客户的利益。熟练掌握商品推销的三段论法，能让推销变得非常有说服力。

营销人员在向潜在顾客展示介绍商品时可采用五种策略：①正统法，主要强调企业的声望和经验；②专门知识，主要表明对农产品和对方的情况有深刻了解；③影响力，可逐步扩大自己与对方共有的特性、利益和心得体会；④迎合，可向对方提供个人的善意表示，以加强感情；⑤树立印象，在对方心目中建立良好的形象。

（5）应付异议。推销员应随时准备应付不同意见。顾客异议表现在多个方面，如价格异议、功能异议、服务异议、购买时机异议等。有效地排除顾客异议是达成交易的必要条件。一个有经验的推销员面对顾客争议，既要采取不蔑视、不回避、注意倾听的态度，又要灵活运用有利于排除顾客异议的各种技巧。

（6）达成交易。达成交易是推销过程的成果和目的。在推销过程中，推销员要注意观察潜在顾客的各种变化。当发现对方有购买的意思表示时，要及时抓住时机，促成交易。为了达成交易，推销员可提供一些优惠条件。

（7）事后跟踪。现代推销认为，成交是推销过程的开始。推销员必须做好售后的跟踪工作，如退换、顾客访问等。对于 VIP 客户，推销员特别要注意与其建立长期的合作关系，实行关系营销。

3. 农产品人员推销的策略

1）推销策略

农产品人员推销策略主要有以下几种。

（1）试探性策略也称刺激—反应策略，就是在不了解客户需要的情况下，事先准备好要说的话，对客户进行试探。同时密切注意对方的反应，然后根据反应进行说明或宣传。

（2）针对性策略也称配合—成交策略。这种策略的特点是事先基本了解客户的某些方面的需要，然后有针对性地进行"说服"，引起客户共鸣时就有可能促成交易。

（3）诱导性策略也称诱发—满足策略。这是一种创造性推销策略，即首先设法引起客户需要，再说明我所推销的这种服务产品能较好地满足这种需要。这种策略要求推销人员有较高的推销技术。

2）销售路线

根据产品的特点与推销途径，农产品人员推销可遵循以下销售路线。

（1）对批发商的推销。农产品批发商是我国农产品流通组织的主要力量，而且普通推销员可以通过各个农产品批发市场方便地联系到这些批发商，一旦与批发商建立良好的合作关系，便可给地方农产品销售带来巨大利益。对批发商来说，差价与利润是他们主要关心的因素，因此推销的产品应该能够满足其市场利润较高的要求。

（2）对代理商、经纪商、佣金商的推销。对于一些品牌知名度较高的、销售前景较好的产品，可以通过销售人员与这些代理建立合作关系，促进产品的销售。对代理商来说，产品的市场前景是他们关心的问题，因此推销员应该重点介绍产品的功能、质量、品牌知名度等内容，以引起代理商的兴趣。

（3）对企业界的推销。企业需求的是成本低、性能强的原料性农产品，因此推销员应该能够掌握并阐述相关产品加工转化率的指标及其相对应的性价比。此外，企业往往非常关心农产品生产方对质量的控制能力，因此整个推销过程需要农业企业的相关配合。

（4）对机构团体的推销。这主要是指对于高等院校、中小学、医院、孤儿院、旅馆、俱乐部、饭店及其他实行集体食膳的机构，通常都由专掌服务的主管负责购买。这些机构团体需要的是足够的产品安全性能保证，所以，推销员应该找准负责人，并重点表达产品的安全、营养质量及其质量控制能力。

（5）对超市、农产品连锁商店的推销。由于这些顾客关心的往往是产品的质量、安全问题，以及相关（如"净菜"等）的服务功能，因此，推销员也应该针对这些特点做好相应的准备，组织交谈的内容。

人员推销虽然是一项基础性工作，但也有许多技巧与策略，能否熟练地运用这些技巧与策略是农产品人员推销能否取得良好效果的关键。

4. 农产品人员推销的技巧

1）上门推销技巧

（1）找好上门对象。可以通过商业性资料手册或公共广告媒体寻找重要线索，也可以到商场、门市部等商业网点寻找客户名称、地址、电话、产品和商标。

（2）做好上门推销前的准备工作，尤其要充分了解并牢记市场需求状况和产品、服务的内容材料，以便推销时有问必答；同时对客户的基本情况和要求应有一定的了解。

（3）掌握"开门"的方法，即要选好上门时间，以免吃"闭门羹"，可以采用电话、传真、电子邮件等手段事先交谈或传送文字资料给对方，并预约面谈的时间、地点。陌生拜访难度要大些，也可以采用请熟人引荐、名片开道、与对方有关人员交朋友等策略，赢得客户的欢迎。转介绍的作用不可忽视。

（4）把握适当的成交时机。应善于体察顾客的情绪，在给客户留下好感和信任时，抓住时机发起"进攻"，争取签约成交。

（5）学会推销的谈话艺术。

2）洽谈艺术

首先注意自己的仪表和服饰打扮，给客户一个良好的印象；同时，言行举止要文明、懂礼貌、有修养，做到稳重而不呆板、活泼而不轻浮、谦逊而不自卑、直率而不鲁莽、敏捷而不冒失。在开始洽谈时，推销人员应巧妙地把谈话转入正题，做到自然、轻松、适时，可采取以关心、赞誉、请教、探讨等方式入题，顺利地提出洽谈的内容，以引起客户的注意和兴趣。在洽谈过程中，推销人员应谦虚谨言，注意让客户多说话，认真倾听，表示关注与兴趣，并做出积极的反应。遇到障碍时，要细心分析，耐心说服，排除疑虑，争取推销成功。在交谈中，语言要客观、全面，既要说明优点所在，也要如实反映缺点，切忌高谈阔论、"王婆卖瓜"，让客户反感或不信任。洽谈成功后，推销人员切忌匆忙离去，这样做会让对方误以为上当受骗了，从而使客户反悔违约。应该用友好的态度和巧妙的方法祝贺客户做了笔好生意，并指导对方做好合约中的重要细节和其他一些注意事项。

3）排除推销障碍的技巧

（1）排除客户异议障碍。若发现客户欲言又止，自方应主动少说话，直截了当地请对方充分发表意见，以自由问答的方式真诚地与客户交换意见。对一时难以纠正的偏见，可将话题转移。对恶意的反对意见，可以"装聋扮哑"。

（2）排除价格障碍。当客户认为价格偏高时，应充分介绍和展示产品、服务的特色与价值，使客户感到"一分钱一分货"；当客户认为价格偏低时，应介绍定价低的原因，让客户感到物美价廉。

(3) 排除习惯势力障碍。实事求是地介绍客户不熟悉的产品或服务，并将其与他们已熟悉的产品或服务相比较，让客户乐于接受新的消费观念。

5. 农产品人员推销的组织与管理

人员推销以人为主力，但个人的能力是有限的，人的活动也总是与组织存在利益矛盾，所以对人员推销的组织与管理是人员推销取得显著效果的重要条件。近年来，为解决农产品销售难的问题，全国各地都涌现了一批农产品中介推销组织。然而，由于对农产品人员推销组织与管理程度不高，在农产品销售过程出现了许多问题，突出表现为成员变化大、对推销员控制力不高、管理松散、无书面协议、矛盾和纠纷时常发生等一系列问题，因此加强农产品人员推销的组织与管理已经成为现阶段农产品促销工作的重点。

1) 农产品经纪人队伍建设

农产品经纪人是指从事农产品收购、储运、销售及销售代理、信息传递、服务等中介活动而获取佣金或利润的人员。以下三个条件是农产品经纪人成功的基础：专业知识、市场信息和经营理念。专业知识和市场信息是形成经营理念的前提。专业知识和市场信息是不能很快掌握的，需要平时大量积累并加以钻研。专业知识获取的途径主要有网络、书籍及市场。各地政府都要重视农产品经纪人队伍建设工作，把农产品经纪人纳入农村实用人才队伍的范畴，加大培训力度，加强有效管理，强化服务功能，建立农产品经纪人协会，提高农产品经纪人进入市场的组织化程度。

2) 销售目标管理

销售目标通常是按全年度的营业目标额设定，但是业务代表的个人销售目标则不能由主管强制设定，通常是相互协商，与员工面谈同意后决定；销售目标的设定还必须考虑市场的需求状况，否则目标过高可能会使推销人员失去推销产品的信心。此外，销售目标应当根据士气的高低、人员的多寡、经历的长短及业务代表的个性调整实际的销售目标。例如，某农业企业有 30 个推销人员，标准业绩每人每月为 8 万元，目标为 240 万元，但因人员士气高、销售力强，可以将 300 万元作为刺激性挑战目标；反之，另一企业仅有 10 位推销人员，但正值低潮且人员新进者多，故可以将 80 万元作为鼓励性目标。

3) 推销人员的绩效评估

对推销人员的绩效进行认真、公正的评价，既可以了解企业的营销效率，又可以反映推销人员的实际工作状况。评估的信息来源主要是销售人员的工作报告，上级观察的结果，顾客调查结果和抱怨、意见等。评估的方法一般有如下三个方面。

(1) 横向比较，即对所有推销人员的工作绩效进行比较和排队。这种方法结果明确，但往往有失公允，因为每个推销人员面临的市场状况、产品状况不太一致。

(2) 纵向比较，即将每个推销人员现在的工作绩效与过去进行比较。这种方法可以看到推销人员的工作努力程度，但有时因市场的波动，会使比较的结果没有意义。比如，有的产品原属国家控制产品，难以销售，现在取消限制后，销售增长率可能增长几十倍。

(3) 定性评估，即对销售人员关心企业、顾客、竞争者的了解程度进行评估，同时可以对销售人员的个人性格、风度、仪表、言谈举止和气质等进行评估。

9.1.3 广告促销

农产品广告促销就是通过媒体向用户和消费者传递有关商品和劳务信息,达到促进销售目的的一种农产品促销手段。发展现代农业,农产品市场化是关键。影响农产品市场竞争力的因素很多,其中关键因素是成本(价格)、质量和营销能力。对农产品而言,成本和质量在一定程度上是短期内难以调节的变量。由于信息、市场需求、竞争、交通等因素的影响,具有成本和质量优势的农产品也不一定能顺利地销售出去。其中,农产品生产经营者的营销能力在决定其农产品市场地位和市场份额的竞争中的作用将越来越突出,广告等现代促销手段对提高农产品竞争力也越来越重要。国外农业发达国家的实践也表明了广告等相关促销活动对于促进农产品销售方面的良好效果。因此,如何搞活农产品流通,如何运用广告等现代营销手段促进农产品销售,提高农产品竞争力已成为国内理论界和实际工作者需要关注的重要课题。

1. 农产品广告的形式

根据媒体不同,可以将农产品广告分为以下主要形式。

1) 报纸广告

报纸广告是指刊登在报纸上的广告。报纸是一种印刷媒介,它的特点是发行频率高、发行量大、信息传递快,因此报纸广告可及时、广泛地发布。报纸广告以文字和图画为主要视觉刺激,不像其他广告媒介,如电视、广告等受到时间的限制,而且报纸可以反复阅读,便于保存。鉴于报纸纸质及印制工艺上的原因,报纸广告中的商品外观形象和款式、色彩不能理想地反映出来。

2) 杂志广告

杂志是视觉媒介中比较重要的媒介。杂志可以按其内容分为综合性杂志、专业性杂志和生活杂志;按其出版周期则可分为周刊、半月刊、月刊、双月刊、季刊及年度报告等;而按其发行范围又可分为国际性杂志、全国性杂志、地区性杂志等。

最早的杂志广告出于何时,由于史料缺乏,目前尚难肯定。1710年,英国《观察家》杂志曾经刊登过茶叶、咖啡、巧克力的广告和拍卖物品、房产、书刊及成药的广告。美国的杂志多出版于18世纪初叶,这些早年出版的杂志只是一些小册子,多数不刊登广告。直到19世纪中叶,美国经济开始走向繁荣,杂志广告才逐步发展。

杂志的功能特点同报纸一样,作为印刷广告媒介,杂志也具有许多优点。

(1) 杂志具有比报纸优越得多的可保存性,因而有效时间长,没有阅读时间的限制。这样,杂志广告的时效性也就很长。同时,杂志的传阅率也比报纸高。

(2) 杂志的发行量大,发行面广。许多杂志具有全国性影响,有的甚至有世界性影响,经常在大范围内发行和销售。运用这一优势,可对全国性的商品或服务进行广告宣传。

(3) 杂志的编辑精细,印刷精美。杂志广告的编辑极少不规则地划分面积,力求整齐统一,这样可以争取读者的阅读,提高其阅读兴趣。同时,由于杂志应用优良的印刷技术进行印刷,用纸也讲究,一般为高级道林纸,因此,杂志广告具有精良、高级的特色。精美的印刷品无疑可以使读者在阅读时感到是一种高尚的艺术享受。它还具有较好的形象表示手段来表现商品的色彩、质感等。

(4)杂志可利用的篇幅多,没有限制,可供广告主选择,并施展广告设计技巧。封页、内页及插页都可做广告之用,而且,对广告的位置可机动安排,可以突出广告内容,激发读者的阅读兴趣。同时,对广告内容的安排,可做多种技巧性变化,如折页、插页、连页、变形等,吸引读者的注意。

(5)专业性杂志由于具有固定的读者群,可以使广告宣传深入某一专业行业。目前,杂志的专业化倾向也发展得很快,如医学杂志、科普杂志、各种技术杂志等,其发行对象是特定的社会阶层或群体。因此,对特定消费阶层的商品而言,在专业杂志上做广告具有突出的针对性,适于广告对象的理解力,能产生深入的宣传效果,而很少有广告浪费。

杂志具有可同报纸广告相比的优越性,但在实际中,杂志广告的刊发量远远小于报纸,主要是因为杂志存在许多缺陷。

(1)杂志的时效性不强。因为其出版周期长,少则七八天,多则半年,因此,不能刊载具有时间性要求的广告。同时,杂志在编辑方面具有截稿日期早的特点,大多数杂志的截稿日期大约要提前一个月,即使是周刊,截稿日期也要提前一两个星期,因此,杂志不能像报纸那样争取有时间性要求的广告。

(2)现代商业服务越来越地方化和区域化,产品的地方分片销售机会远比全国性销售机会多。尤其对于不发达地区,商业消费相对集中,这在一定程度上限制了杂志广告的发展。因为在这种情况下,杂志广告的全国性发行会造成广告浪费,而且具有全国性销售力的产品相对较少。

(3)不少综合性杂志由于缺少专业化特色,又缺乏广泛的影响力,因而为广告主所忽视。由于具有广泛影响力的杂志为数过少,而一般水平杂志偏多,因此,广告宣传的效果不是很突出。与其他广告媒介相比,杂志缺乏竞争力,难以揽到广告客户。

(4)专业杂志的专业性强,读者群相对固定,广告刊登选择面小。比如食品广告登在机械杂志上,效果一定不会好。

3)广播广告

广播广告是指利用无线电或有线广播为媒体播送传导的广告。由于广播广告传收同步,听众容易收听到最快最新的商品信息,而且它每天重播频率高,收播对象层次广泛,速度快,空间大,广告制作费也低。广播广告的局限性是只有信息的听觉刺激,而没有视觉刺激,而据估计,人的信息来源60%以上来自视觉,而且广播广告的频段频道相对不太固定,需要经常调寻,也妨碍了商品信息的传播。喜马拉雅等音频分享平台也可播送广告。

4)电视广告

电视广告是指利用电视为媒体传播放映的广告。电视广告可以说是所有广告媒体中的"大哥大",它起源较晚,但发展迅速。电视广告从声音和图像两个方面向观众传播信息,时效性强,直观性强,宣传效果好,可以在短时期内迅速提高企业和产品的知名度。电视广告的优点是:收视率高,传播面广;声像兼备,诉求力强,能够以感人的形象、优美的音乐、独特的技巧给观众留下强烈的印象;传递迅速,不受空间限制,并有娱乐性。它的缺点在于传播稍纵即逝,广告信息不易保存,对商品的性能、特点、规格等不可能作详细的说明,另外电视广告费用高,时间限制大。

5)网络广告

网络广告是指运用专业的广告横幅、文本链接、多媒体的方法,在互联网刊登或发布广告,通过网络传递到互联网用户的一种高科技广告运作方式。网络广告是主要的网络营销方法之一,在网络营销方法体系中具有举足轻重的地位,事实上多种网络营销方法也都可以理解为网络广告的具体表现形式,并不仅仅限于放置在网页上的各种规格的广告,如电子邮件广告、搜索引擎关键词广告、搜索固定排名等都可以理解为网络广告的表现形式。无论以什么形式出现,网络广告所具有的本质特征是相同的:向互联网用户传递营销信息的一种手段,是对用户注意力资源的合理利用。

扩展阅读 9-1

网络广告的主要形式

网络广告采用先进的多媒体技术,拥有灵活多样的广告投放形式。当前网络广告主要有以下几种投放形式。

横幅式广告(banner)又名"旗帜广告",是最常用的广告形式。通常以 Flash、GIF、JPG 等格式定位在网页中,同时还可使用 Java 等语言使其产生交互性,用 shockwave 等插件工具增强表现力。

按钮式广告(buttons)是以按钮形式定位在网页中,比横幅式广告尺寸小,表现手法也较简单。

邮件列表广告(direct marketing)又名"直邮广告",利用网站电子刊物服务中的电子邮件列表,将广告加在每天读者所订阅的刊物中发放给相应的邮箱所属人。

电子邮件式广告(E-mail)是以电子邮件的方式免费发送给用户,一般在拥有免费电子邮件服务的网站上常用。

竞赛和推广式广告(contests & promotions)是广告主可以与网站一起合办他们认为感兴趣的网上竞赛或网上推广活动。

插页式广告(interstitial ads)又名"弹跳广告",广告主选择自己喜欢的网站或栏目,在该网站或栏目出现之前插入一个新窗口显示广告。

互动游戏式广告(interactive games)是在一段页面游戏开始、中间、结束时,广告都可随时出现,并且可以根据广告主的产品要求为其量身定做一个属于自己产品的互动游戏广告。

6) 新媒体广告

新媒体是相对于传统媒体而言的,新媒体是一个不断变化的概念。只有媒体构成的基本要素有别于传统媒体,才能称得上是新媒体。否则,最多也就是在原来的基础上的变形或改进提高。新媒体广告常用的投放形式主要有以下几种。

(1) 电子菜谱新媒体。以中高档餐厅里的平板电脑电子菜谱为媒体,通过高清大图、3D 效果、视频效果、音频效果、超链接效果、电视节目效果来增加品牌的公众认知度。

(2) 户外新媒体。目前,户外新媒体的广告投放包括户外视频、户外投影、户外触摸等,这些户外新媒体都包含一些户外互动因素,以此来达到吸引人气、提升媒体价值的目的。

(3) 移动新媒体。移动新媒体以移动电视、车载电视、地铁电视等为主要表现形式,通过移动电视节目的包装设计增加受众黏性,便于广告投放。

(4) 手机新媒体。手机新媒体是到目前为止所有媒体形式中最具普及性、最快捷、最方便并具有一定强制性的平台,它的发展空间将非常巨大。

2. 农产品广告促销方案的制订

农业生产经营者的广告决策一般包括以下五个重要的步骤,简称"5M"。

1) 确定广告目标(mission)

企业广告决策的第一步是确定广告目标。广告目标是企业通过广告活动要达到的目的,其实质就是要在特定的时间对特定的目标受众完成特定内容的信息传播,并获得目标受众的预期反应。

企业的广告目标取决于企业的整体营销目标。由于企业营销任务的多样性和复杂性,企业的广告目标也是多元化的。

根据农产品生命周期不同阶段中广告的作用和目标的不同,一般可以把广告的目标大致分为告知、劝说和提示三大类。

(1) 告知性广告(information advertising)。告知性广告主要用于向市场推销新产品,介绍产品的新用途和新功能,宣传产品的价格变动,推广企业新增的服务,以及新企业开张等。告知性广告的主要目标是促使消费者产生初始需求(primary demand)。

(2) 劝说性广告(persuasive advertising)。在产品进入成长期、市场竞争比较激烈时,消费者的需求是选择性需求(selective demand)。此时,企业广告的主要目标是促使消费者对本企业的产品产生"偏好"。具体包括劝说顾客购买自己的产品,鼓励竞争对手的顾客转向自己,改变消费者对产品属性的认识,以及使顾客有心理准备乐于接受人员推销等。劝说性广告一般通过现身说法、权威证明、比较等手法说服消费者。

(3) 提示性广告(reminder advertising)。这是在产品的成熟期和衰退期使用的主要广告形式,其目的是提示顾客购买。比如,提醒消费者购买本产品的地点,提醒人们在淡季时不要忘记该产品,提醒人们在面对众多新产品时不要忘了继续购买本产品等。

2) 确定广告预算(money)

广告目标确定后,农业生产经营者必须确定广告预算。广告预算是否合理对农业生产经营者来说是一个至关重要的问题。预算太少,广告目标不能实现;预算太多,又造成浪费,广告预算有时甚至决定企业的命运。

确定广告预算的方法有量力支出法、销售额百分比法、目标任务法和竞争对等法。基本操作如前所述,但企业在确定广告预算时必须充分考虑以下因素。

(1) 产品生命周期。农产品在投放期和成长期前期的广告预算应该一般较高,在成熟期和衰退期的广告预算一般较低。

(2) 市场占有率。市场占有率越高,广告预算的绝对额越高,但面向广大消费者的产品的人均广告费用却比较低;反之,市场占有率越低的产品,广告预算的绝对额也较低,但人均广告费并不低。

(3) 竞争的激烈程度。广告预算的多少与竞争激烈程度的强弱成正比。

(4) 广告频率。广告频率的高低与广告预算的多少成正比。

(5) 产品的差异性。高度同质性的农产品,广告的效果不明显,广告预算低;高度差异性的农产品,因为具有一定的垄断性,不做广告也会取得较好的销售效果;具有一定的差异性但又不足以达到垄断地位的产品,因为市场竞争激烈,广告预算应该比较高。

3) 确定广告信息(message)

广告的效果并不主要取决于农业生产经营者投入的广告经费,关键在于广告的主题和创意:广告主题决定广告表现的内容;广告创意决定广告表现的形式和风格。只有广告内容迎合目标受众的需求,广告表现具有独特性,广告才能引人注意,给目标受众带来美好的联想,并促进销售。

广告的信息决策一般包括以下3个步骤。

(1)确定广告的主题。广告的主题是广告所要表达的中心思想。广告的主题应当显示产品的主要优点和用途以吸引消费者。对于同一类商品,可以从不同角度提炼不同的广告主题,以满足不同消费者的需要和同一消费者的不同需要。

广告信息的产生可以通过对顾客、中间商、有关专家甚至竞争对手的调查获得创意。西方的营销专家认为,消费者购买商品时期望从中获得四种不同的利益:理性的、感性的、社会的和自我实现的。产品使用者从用后效果的感受、使用中的感受和附加效用的感受三种途径实现这些满足。将上述四种利益和三种途径结合起来,就产生了12种不同的广告信息,从每一种广告信息中可以获得一个广告主题。

扩展阅读 9-2

广告中的 3B 原则

广告中的3B原则即各种广告中最容易用到的三个元素美女(beauty)、婴儿(baby)和野兽(beast)的英文首字母组合。这在广告创意中已成为一条不成文的法则,也有人称之为广告创意的 ABC 原则,ABC 分别代表动物(animal)、美女(beauty)和小孩子(child)。毫无疑问,这三种形象在广告中能常用不衰,一定有其深厚的人性基础。

"爱美之心,人皆有之",喜欢美几乎是人的天性,而美女正是集所有美丽的元素于一身的最佳载体。不单是男性喜欢欣赏美女,女性的眼球也都容易被其吸引,愿意模仿她们。所以,漂亮的女性几乎可以出现在任何一种产品的广告上,用她们的容貌、姿态频频向人们推荐各种广告商品,从化妆品到家电、从手机到卫浴产品等,都成为现代广告的一道风景。

喜欢小孩子也是人的本能之一。尤其是对成年女性而言,每当有可爱的小孩子出现在广告画面中,她们就会瞳孔放大、情不自禁地发出尖叫。小孩子几乎可以成为征服她们的"撒手锏"。小孩子天真、可爱、稚嫩的言语与行为,极容易激发成年女性的怜爱之心,尤其是成年女性的母性情怀。这种心情能牢牢抓住观众的目光,顺便把产品的信息告诉给消费者。因此,利用儿童推销产品,也是广告主频繁使用的方法之一。

至于喜欢动物,也是很多人表达情感的方式之一,这么多人喜欢饲养宠物就是一个证明。大多数人即使不养动物,也喜欢多看几眼这些大自然的好朋友,电视台的动物类节目深受欢迎也是一个例子。广告中的动物经常被拟人化,让它们扮演一些角色,或者跟人类发生某些故事,以情节来传达产品信息。不过,即使这些动物的行为在广告中经过了改造,但是动物自然表现出来的可爱、聪明、与人的亲近等场面还是会吸引人或打动人。有时候,用动物形象做广告,还能增加广告的幽默感。

3B原则其实就是广告中的"庸俗元素法则",它虽然被人用了无数次,依然效果斐然。了解了广告中的"撒手锏",下一次创意"难产"的时候不妨试用一下。

(2)广告信息的评估与选择。一个好的广告总是集中于一个中心的促销主题,而不必涉及太多的产品信息。"农夫山泉有点甜"就以异常简洁的信息在受众中留下深刻的印象。如果广告信息过多过杂,消费者往往不知所云。

广告信息的载体就是广告文案。对广告文案的评价标准有许多，但一般要符合三点要求：第一，具有吸引力，即广告信息首先要使人感兴趣，引人入胜；第二，具有独特性，即广告信息要与众不同，独具特色，而不要人云亦云；第三，具有可靠性，广告信息必须从实际出发，实事求是，而不要以偏概全，夸大其词，甚至无中生有。只有全面、客观的广告传播，才能增加广告的可信度，才能持久地建立企业和产品的信誉。

（3）信息的表达。广告信息的效果不仅取决于"说什么"，更在于"怎么说"，即广告信息的表达。广告信息的表达的手段包括语言手段和非语言手段。

语言手段在广告中的作用是其他任何手段所不及的，因为语言可以准确、精练、完整、扼要地传达广告信息。如铁达时手表的"不在乎天长地久，只在乎曾经拥有"、统一润滑油的"多一份润滑，少一份摩擦"、中国移动通信公司的"我的地盘听我的"等，既简明扼要，又朗朗上口，都取得了很好的效果。

非语言手段就是语言以外的、可以传递信息的一切手段，主要包括构图、色彩、音响、体语等。

进行广告表现要做到图文并茂，善于根据不同产品的不同广告定位，把语言手段和非语言手段有机地结合起来。

扩展阅读 9-3

几种媒体种类的选择

几种常用媒体的优点与局限如表 9-1 所示。

表 9-1　常用媒体及其优点与局限

媒体	优　点	局　限
报纸	灵活及时,市场覆盖面良好,接受广泛,可信度高	制作质量差,时效短
电视	市场覆盖率高,平均费用低,能结合视听	绝对费用高,内容繁杂,宣传短暂,观众可选择性差
邮件	受众选择性强,灵活性好,同一媒体内没有竞争,可个性化	相对费用高,广告形象差
广播	地区和人口选择性强,费用低	只有听觉效果,宣传短暂,注意力差,受众分散
杂志	地理及人口选择性强,可信度好,制作质量好,读者阅读时间长	版面费用高,位置无保证
户外广告	灵活性好,复现率高,费用低,媒体竞争少,位置选择灵活	观众选择性差,创造性差

4）选择广告媒体（media）

广告表现的结果就是广告作品。广告作品只有通过恰当的广告媒体投放才能实现广告传播的目标。

广播、电视、报纸和杂志是传统的四大大众传播媒体，因特网被称为第五大大众媒体。除大众传播媒体以外，还有招牌、墙体等户外媒体，车身、车站等交通媒体，信函、传单类直接媒体等众多种类。

5）评估广告效果（measurement）

广告的效果主要体现在三方面，即广告的经济效果、广告的社会效果和广告的心理效果。广告的心理效果是前提和基础，广告的经济效果是广告效果的核心和关键，企业的广告活动也不能忽视对社会风气和价值观念的影响。

（1）广告的经济效果评价。广告的经济效果评价，就是测定在投入一定广告费及广告刊播之后，所引起的产品销售额与利润的变化状况。广告的经济效果评价是对广告农产品促销效果的直接衡量，因此也是广告效果评价最重要的标准。广告的经济效果评价指标主要有以下几种。

① 广告费用率。广告费用率是指每百元销售额所支付的广告费用的比率，它表明广告费支出与销售额之间的对比关系。

$$广告费用率 = \frac{本季广告费用总额}{本季广告后销售总额} \times 100\%$$

由于农产品生产与广告投放都具有明显的季节性，因此其广告的经济效果评价指标都应该以每季节为时间单位。

② 单位广告费用销售率，测定单位广告费用产生的销售效果。

$$单位广告费用销售率 = \frac{本季广告后销售总额}{本季广告费用总额} \times 100\%$$

③ 广告销售效果比率，测定每增加单位广告费用带来的销售增加额。

$$广告销售效果比率 = \frac{本季广告后销售总额增长}{本季广告费用增长} \times 100\%$$

除了可以用销售额的变动与广告费用的关系来评价农产品广告效果外，还可以用利润、市场占有率的变动与广告费用的关系来评价广告的经济效果。

（2）广告的社会效果评价。广告的社会效果是指广告刊播以后对社会某些方面的影响。广告的社会效果主要评定广告的合法性及广告对社会文化价值观念的影响，一般可以通过专家意见法和消费者评判法进行。由于农产品广告在很大程度上由政府组织或参与，因此提高广告的社会效果也是农产品促销广告的重要内容。农产品广告的社会效果至少体现在以下三个方面。

① 提高人们的消费意识。由于农产品是一种大众产品，因此消费者在选择农产品时具有较大的随机性，导致一些假冒产品冲击市场。通过广告宣传，能够提高广大消费者对农产品品牌的重视。此外，通过广告宣传绿色观念也能够提高人们的绿色消费意识。

② 提高人们的生态环保意识。农产品广告在宣传自身绿色生产的同时，也在一定程度上唤起和加深人们保护大自然、可持续发展的意识。

③ 提高人们的营养保健意识。农产品广告通过强调产品的营养保健功能，使观众理解与产品有关的一些营养保健常识，从而有利于人们进一步提高自身的营养保健意识。

（3）广告的心理效果评价。广告的心理效果评价是对广告在知晓度、认知和偏好等方面的效果测试。其评价方法以下几种。

① 广告知晓度。广告知晓度是指媒体受众通过多种媒体了解某则广告的比率和程度。

$$广告知晓度 = \frac{被调查中知道广告的人数}{被调查者总人数} \times 100\%$$

② 广告回忆状况。对广告回忆状况的测定是指借助一定的方法，评估媒体受众能否重述或复制出其所接触广告的内容的一种方法。根据本产品的广告市场投放量，可以将回忆测定分为无辅助回忆和辅助回忆两种。辅助回忆测定是指调查人员在调查时，适当地给被调查者某种提示，观察被调查者能否回忆广告内容。

③ 偏好状况。对一些品牌影响力较强的农产品,消费者一般具有固定购买该品牌产品的心理特征。对偏好状况的测定是指测定广告带来的消费者对该产品的选择偏好程度。

9.1.4 公共关系

"公共关系"首次出现是在1807年美国总统托马斯·杰斐逊的国会演说中。根据爱德华·伯尼斯(Edward Bernays)的定义,公共关系是一项管理功能,制定政策及程序来获得公众的谅解和接纳。公共关系又名机构传讯(public relations,多简称PR或公关),主要从事组织机构信息传播,关系协调与形象管理事务的咨询、策划、实施和服务的管理职能。

1. 公共关系的特点

作为一种促销手段,与前述其他手段相比,公共关系具有自己的特点。

(1) 以公众为对象。公共关系是一定的社会组织与其相关的社会公众之间的相互关系。社会组织必须着眼于自己的公众,才能生存和发展。公共关系活动的策划者和实施者必须始终坚持以公众利益为导向。

(2) 以美誉为目标。塑造形象是公共关系的核心问题。组织形象的基本目标有两个,即知名度和美誉度。知名度是指一个组织被公众知道、了解的程度,以及社会影响的广度和深度。美誉度是指一个组织获得公众信任、赞美的程度,以及社会影响的美、丑、好、坏。在公众中树立组织的美好形象是公共关系活动的根本目的。

(3) 以互惠为原则。公共关系是以一定的利益关系为基础的。一个社会组织在发展过程中要得到相关组织和公众的长久支持与合作,就要奉行互惠原则,既要实现本组织的目标,又要让公众得益。

(4) 以长远为方针。一个社会组织必须经过长期的、有计划、有目的的艰苦努力才能给公众留下不可磨灭的组织形象。

(5) 以真诚为信条。以事实为基础是公共关系活动必须切实遵循的基本原则之一。社会组织必须为自己塑造一个诚实的形象,才能取信于公众。精诚所至,金石为开;至诚可以移山;真诚能成万事;真诚能产生最大的说服力。唯有真诚,才能赢得合作。

(6) 以沟通为手段。没有沟通,主客体之间的关系就不会存在,社会组织的良好形象也无从产生,互惠互利也不可能实现。要将公共关系目标和计划付诸实施,只有双向沟通的过程,才是公共关系的完整过程。

2. 公共关系的实施

公共关系的实施需要经历以下五个步骤。

1) 确定公关目标

进行公共关系活动要有明确的目标。目标的确定是公共关系活动取得良好效果的前提条件。企业的公关目标因企业面临的环境和任务的不同而不同。一般来说,企业的公关目标主要有以下七类。

(1) 新产品、新技术开发中,要让公众有足够的了解。

(2) 开辟新市场之前,要在新市场所在地的公众中宣传组织的声誉。

(3) 转产其他产品时,要树立组织的新形象,使之与新产品相适应。

(4) 参加社会公益活动,增加公众对组织的了解和好感。

(5) 开展社区公关,与组织所在地的公众沟通。

(6) 本组织的产品或服务在社会上造成不良影响后,进行公共关系活动以挽回影响。

(7) 创造一个良好的消费环境,在公众中普及同本组织有关的产品或服务的消费方式。

2) 确定公关对象

公关对象的选择就是公众的选择。公关的对象决定于公关目标,不同的公关目标决定了公关传播对象的侧重点的不同。如果公关目标是提高消费者对本企业的信任度,毫无疑问,公关活动应该重点根据消费者的权利和利益要求进行。如果企业与社区关系出现摩擦,公关活动就应该主要针对社区公众进行。选择公关对象要注意两点:一是侧重点是相对的,企业在针对某类对象进行公关活动时不能忽视与其他公众的沟通;二是在某些时候(如企业出现重大危机等),企业必须加强与各类公关对象的沟通,以赢得各方面的理解和支持。

3) 选择公关方式

公共关系的方式是公共关系工作的方法系统。在不同的公关状态和公关目标下,企业必须选择不同的公关方式,以便有效地实现公共关系目标。一般来说,供企业选择的公关方式主要有以下两类。

(1) 战略性公关方式。下列五种公关方式,主要针对企业面临的不同环境和公关的不同任务,从整体上影响企业形象,属于战略性公关方式。

① 建设性公关,主要适用于企业初创时期或新产品、新服务首次推出时,主要功能是扩大知名度,树立良好的第一印象。

② 维系性公关,适用于企业稳定发展之际,用以巩固良好企业形象的公关方式。

③ 进攻性公关,是企业与环境发生摩擦冲突时所采用的一种公关方式,主要特点是主动。

④ 防御性公关,是企业为防止自身公共关系失调而采取的一种公关方式,适用于企业与外部环境出现不协调或摩擦苗头时,主要特点是防御与引导相结合。

⑤ 矫正性公关,是企业遇到风险时所采用的一种公关方式,适用于企业公共关系严重失调、企业形象严重受损时,主要特点是及时。

(2) 策略性公关方式。下列五种公关方式属于公共关系的业务类型,主要是公共关系的策略技巧,属于策略性公关方式。

① 宣传性公关,是运用大众传播媒介和内部沟通方式开展宣传工作,树立良好企业形象的公共关系方式,分为内部宣传和外部宣传。

② 交际性公关,是通过人际交往开展公共关系的方式,其目的是通过人与人的直接接触进行感情上的联络,其方式是开展团体交际和个人交往。

③ 服务性公关,是以提供优质服务为主要手段的公共关系活动方式,其目的是以实际行动获得社会公众的了解和好评。这种方式最显著的特征在于实际的行动。

④ 社会性公关,利用举办各种社会性、公益性、赞助性活动开展公关,带有战略性特点,着眼于整体形象和长远利益。其方式有3种:一是以企业本身为中心开展的活动,如周年纪念等;二是以赞助社会福利事业为中心开展的活动;三是资助大众传播媒介举办的各种活动。

⑤ 征询性公关,是以提供信息服务为主的公关方式,如市场调查、咨询业务、设立监督电话等。

4）实施公关方案

实施公共关系方案的过程,就是把公关方案确定的内容变为现实的过程,是企业利用各种方式与各类公众进行沟通的过程。实施公关方案是企业公关活动的关键环节。再好的公关方案,如果没有实施,都只能是镜花水月,没有任何价值。

实施公关方案,需要做好以下工作。

（1）做好实施前的准备工作。任何公共关系活动实施之前,都要做好充分的准备工作,这是保证公共关系实施成功的关键。公关准备工作主要包括公关实施人员的培训、公关实施的资源配备等。

（2）消除沟通障碍,提高沟通的有效性。公关传播中存在方案本身的目标障碍,实施过程中语言、风俗习惯、观念和信仰的差异及传播时机不当、组织机构臃肿等多方面形成的沟通障碍和突发事件的干扰等影响因素。消除不良影响因素是提高沟通效果的重要条件。

（3）加强公关实施的控制。企业的公关实施如果没有得到有效的控制,就会产生偏差,从而影响公关目标的实现。公关实施中的控制主要包括对人力、物力、财力、时机、进程、质量、阶段性目标及突发事件等方面的控制。公关实施中的控制一般包括制定控制标准、衡量实际绩效、将实际绩效与既定标准进行比较和采取纠偏措施四个环节。

5）评估公关效果

公共关系评估就是根据特定的标准,对公共关系计划、实施及效果进行衡量、检查、评价和估计,以判断其成效。需要说明的是,公共关系评估并不是在公关实施后才评估公关效果,而是贯穿于整个公关活动中。

公共关系评估的内容如下。

（1）公共关系程序的评估,即对公共关系的调研过程、公关计划的制订过程和公关实施过程的合理性与效益性做出客观的评价。

（2）专项公共关系活动的评估,主要包括对企业日常公共关系活动、企业单项公共关系活动（如联谊活动、庆典活动等）、企业年度公共关系活动效果的评估等方面。

（3）公共关系状态的评估。企业的公共关系状态包括舆论状态和关系状态两个方面。企业需要从企业内部与企业外部两个角度对企业的舆论状态和关系状态进行评估。

9.1.5 营业推广

营业推广是指除了人员推销、广告和公共关系之外的,在短期内用以刺激顾客或其他中间机构（如零售商）迅速和大量地购买某种特定产品或服务的活动。

1. 营业推广的类型

根据推广对象不同,营业推广可以分为以下三种类型。

1）对消费者的营业推广

对消费者的营业推广主要有以下三种形式。

（1）赠品推广。一方面,农业生产者在农产品生产过程中可以收获多种主副产品；另一方面,消费者对农产品也有多方面的需求,实际上表现为不同产品需求的组合,所以对产品进行组合或赠送农产品促销是一种可行的办法。

（2）快捷服务。随着人们生活节奏的加快,对农产品的需求也增加了送货、去净等快捷服务。比如,佳膳送菜服务有限公司市场配送中心服务承诺书上写明:我公司根据客户所订书面订单上的"货物、时间、送货指定地点",将客户完全满意为工作服务的终极目标,尽最大能力为客户提供优质、方便、快捷、超值的服务,以兑现本公司的服务承诺。本公司以最快捷的运输方式,以专车专人为客户服务,跟踪确保客户的需求能及时得到解决,服务社会团体来实现本公司的服务承诺。

(3) 免费品尝。农产品的口感质量是无法通过外观质量完全得以体现的,免费品尝的农产品促销活动是传递产品"美味"信息的最好途径。

2) 对组织用户的营业推广

从推广途径上看,对组织用户的营业推广主要有以下两种形式。

(1) 农产品交易会。农产品交易会是指在一定场所和期间,集中展示产品及有关信息,组织当事人洽谈、签约的产品交易活动。交易会的具体形式包括农产品促销会、展销会、博览会等。农业经营者通过交易会宣传本企业的产品,展示新品种,通过营业推广结识更多的朋友,获取所需的信息,吸引客户前来购买,有利于扩大销售。

(2) 农产品拍卖会。农产品拍卖就是在公开、公平的环境下,拍卖师将供货商委托拍卖的农产品当众叫价,展示产品信息,由承销商出价竞购的农产品促销方式。农产品本身的性质是鲜活易用、不易久存等,需要快速便捷的流通以到达消费者手中。拍卖农产品促销可以减少流通环节,降低交易费用,有效地提高交易效率和物流效率。在荷兰,有80%以上的水果、蔬菜等农产品和95%的花卉是通过拍卖行促销的。拍卖不仅推动了荷兰农业的发展,也推动了荷兰农产品特别是花卉的出口,使荷兰成为欧盟重要的农产品出口国和全球最大的花卉出口国。在拍卖行里,大型农产品和花卉批发商、出口商可以购买到新鲜而且价格低廉的商品,再将它们销往国外市场或分销给小批发商和小商店。

3) 对推销员的营业推广

近年来,农村流通中介人发展非常迅速,对推销员的营业推广将成为农产品促销的重要内容。广大农户可以对推销员实行折扣鼓励,配套优惠等促销手段。而农业龙头企业则可根据推销员的工作业绩,给予适当奖励,如给予一定数量的奖金,或提供免费旅游,或提供培训学习机会,也可根据推销人员推销的数量或金额,给予一定比例提成等。除了物质激励外,精神激励也非常重要。

2. 营业推广的设计

1) 确定推广目标

确定营业推广目标就是要明确推广的对象是谁,要达到的目的是什么。只有知道推广的对象是谁,才能有针对性地制订具体的推广方案。

2) 选择推广工具

营业推广的方式方法很多,但如果使用不当,则适得其反。因此,选择合适的推广工具是取得营业推广效果的关键因素。企业一般要根据目标对象的接受习惯、产品特点和目标市场状况等综合分析选择推广工具,操作方式可分为以下两步。

(1) 营造适宜的商业氛围。商业氛围对激发消费者的购买欲望具有极其重要的作用。因此,商店布局必须精心构思,营造适宜目标消费者的商业氛围,使消费者乐于购买。

① 营业场所设计。在当代,消费者购物的过程越来越成为一种休闲的过程。人们在忙碌之余逛逛商场,享受五光十色的商品所形成的色彩斑斓的世界,可以使疲惫的身心得到松

弛和愉悦。因此,购物环境的好坏已经成为消费者是否光顾的重要条件。

② 商品陈列设计。商品陈列既可以将商品的外观、性能、特征等信息迅速地传递给顾客,又能起到改善店容店貌、美化购物环境、刺激购买欲望的作用。

(2) 选择恰当的销售推广工具。企业可以根据市场类型、销售促进目标、竞争情况、国家政策及各种推广工具的特点灵活选择推广工具。

3) 推广的配合安排

营业推广要与营销沟通的其他方式如广告、人员销售等整合起来,相互配合,共同使用,从而在营销推广期间形成更大的声势,取得单项推广活动达不到的效果。

4) 确定推广时机

营业推广的市场时机选择很重要,如季节性产品、节日、礼仪产品,必须在季前节前做营业推广,否则就会错过时机。

5) 确定推广期限

推广期限即营业推广活动持续时间的长短。推广期限要恰当,过长,消费者丧失新鲜感,产生不信任感;过短,一些消费者还来不及接受营业推广的实惠。

6) 确定促销预算

确定预算一般有两种方式:一种是全面分析法,即营销者对各个推广方式进行选择,然后估算它们的总费用;另一种是总促销预算百分比法,这种比例经常按经验确定,如奶粉的推广预算占总预算的30%左右,咖啡的推广预算占总预算的40%左右等。

7) 测试销售促进方案

为了保证营业推广的效果,企业在正式实施推广方案之前,必须对推广方案进行测试。测试的内容主要是推广诱因对消费者的效力、所选用的工具是否恰当、媒体选择是否恰当、顾客反应是否足够等。发现不恰当的部分,要及时进行调整。

8) 执行和控制销售促进方案

企业必须制订具体的实施方案。实施方案中应明确规定准备时间和实施时间。准备时间是指推出方案之前所需的时间,实施时间是从推广活动开始到95%的推广商品已到达消费者手中的时间。

9) 评估销售促进的效果

营业推广的效果体现了营业推广的目的,企业必须高度重视对推广效果的评价。评价推广效果一般可以采用比较法(比较推广前后销售额的变动情况)、顾客调查法和实验法等。

9.1.6 农产品促销方式的选择

农业生产经营企业的农产品促销方式的选择应考虑以下五个因素。

(1) 农产品的类型。一般按照农产品促销效果由高到低的顺序,休闲食品企业的促销方式为广告、营业推广、人员推销和公共关系;保健品则为人员推销、营业推广、广告和公共关系。

(2) 农产品促销总策略。农业生产经营者的农产品促销总策略有"推动策略(push strategy)"和"拉引策略(pull strategy)"之分。推动策略是企业把农产品由生产者"推"到批发商,批发商再"推"到零售商,零售商再"推"到消费者。显然,企业采取推动策略,人员推销的作用最大。拉引策略是以最终消费者为主要促销对象。企业首先设法引起购买者对产品的需求和兴趣,购买者对中间商产生购买需求,中间商受利润驱动向厂商进货。可见,农业生产经营者采用拉引策略时,广告是最重要的促销手段。

（3）农产品购买者所处的阶段。顾客的购买过程一般分6个阶段,即知晓、认识、喜欢、偏好、确信和行动。在知晓阶段,广告和公关的作用较大;在认识和喜欢阶段,广告作用较大,其次是人员推销和公共关系;在偏好和确信阶段,人员推销和公共关系的作用较大,广告次之;在行动阶段,人员推销和销售促进的作用最大,广告和公共关系的作用相对较小。

（4）农产品所处的生命周期阶段。产品所处的生命周期阶段不同,农产品促销的重点不同,所采用的促销方式也就不同。一般来说,当产品处于投放期时,农产品促销的主要目标是提高产品的知名度,因而广告和公共关系的效果最好,营业推广也可鼓励顾客试用;在成长期,农产品促销的任务是增进受众对农产品的认识和好感,广告和公共关系需加强,营业推广可相对减少;到成熟期,企业可适度削减广告,应增加营业推广,以巩固消费者对产品的忠诚度;到衰退期,企业的农产品促销任务是使一些老用户继续信任本企业的产品,因此,农产品促销应以营业推广为主,辅以公共关系和人员推销。

（5）农产品促销费用。4种农产品促销方式的费用各不相同。总的来说,广告宣传的费用较大,人员推销次之,营业推广花费较少,公共关系的费用最少。企业在选择农产品促销方式时,要综合考虑促销目标、各种农产品促销方式的适应性和企业的资金状况进行合理的选择,符合经济效益原则。

农产品促销组合就是综合运用上面的4种主要农产品促销方式,形成一个系统性的农产品促销策略,以达到促进农产品销售的目的。

扩展阅读 9-4

SP 策 划

销售促进(sales promotion,SP)是市场竞争过程中的一把利剑。

SP策划的主要内容:①确定促销形式,为确定实现促销目标应该采用何种促销形式;②确定促销范围,即确定产品范围,对于哪种规格哪一种型号的产品进行促销,还包括确定市场范围,即活动进行的地理区域;③确定促销策略,指确定何时进行,何时宣布,持续多长时间,确定折扣形式,是直接折扣还是间接折扣,确定销售条款。

SP设计要素包括产品范围和服务范围、市场范围、SP整合、折扣率的确定、SP时间安排、SP促销条款、竞争性防御。任何一项促销的持续时间都应该和目标顾客购买产品的过程相符合,并与提供优惠的多少相符合,即购买间隔期越长,促销持续时间就越长,以保证所有的目标顾客都能接触到该项信息。促销频率的确定也必须考虑竞争压力及典型消费者的消费过程等因素,服务营销人员应避免产生"促销活动是在一年中的每一个季度进行"的观念。

扩展阅读 9-5

交易营销与关系营销的比较

交易营销与关系营销的比较如表9-2所示。

表 9-2　交易营销与关系营销

交　易　营　销	关　系　营　销
关注一次性交易	关注保持顾客
较少强调顾客服务	高度重视顾客服务
有限的顾客承诺	高度的顾客承诺
适度的顾客联系	高度的顾客联系
质量是生产部门所关心的事	质量是所有部门所关心的事

9.2　农产品网络促销策略

9.2.1　农产品网络促销策略概述

网络促销是以国际互联网络为基础，利用数字化的信息和网络媒体的交互性辅助营销目标实现的一种新型的市场营销方式，常见方法有搜索引擎营销、博客营销、微博营销、病毒营销、百科营销、视频营销、IM 营销、社会化网络营销等。

1. 农产品网络促销策略的内涵

农产品网络促销策略是通过因特网促进农产品销售的简称，是指涉农经营者应用各种因特网技术与手段，向网络目标市场传递企业及其农产品或服务的相关信息，通过相关信息的披露及与网上顾客之间的沟通，使网上目标顾客对企业及农产品或服务产生兴趣，建立好感与信任，进而做出购买决策，产生购买行为，促进农产品销售的一系列活动的总和。

2. 网络促销的特点

（1）技术性。网络促销是通过网络技术传递产品和服务的存在、性能、效果及特征等信息的。它建立在现代计算机与通信技术的基础上，并且随着计算机和网络技术的不断改进而改进。

（2）虚拟性。网络促销是在互联网虚拟市场上进行的。互联网是一个媒体，是一个连接国内外各国的大网络，它在虚拟的网络社会中聚集了广泛的人口，融合了多种文化。

（3）全球性。互联网虚拟市场的出现，将所有的企业，不论是大企业还是中小企业，都推向了一个国内外统一的市场。传统的区域性市场的小圈子正在被一步步打破。

3. 网络促销与传统促销的区别

虽然传统促销和网络促销都是让消费者认识产品，引导消费者的注意和兴趣，激发他们的购买欲望，并最终产生购买行为，但由于互联网强大的通信能力和覆盖面积，网络促销在时间和空间观念上、在信息传播模式上及在顾客参与程度上都与传统促销有较大的不同。

（1）时空观念的变化。以产品流通为例，传统的产品销售和消费者群体都有一个地理半径的限制，网络营销大幅地突破了这个原有的半径，使之成为国内外范围的竞争；传统的产品订货都有一个时间的限制，而在网络上，订货和购买可能在任何时间进行。这就是现代新的电子时空观。时间和空间观念的变化要求网络营销者随之调整自己的促销策略和具体实施方案。

（2）信息沟通方式的变化。多媒体信息处理技术提供了近似于现实交易过程中的产品表现形式；双向的、快捷的、互不见面的信息传播模式，将买卖双方的意愿表达得淋漓尽致，也留给对方充分思考的时间。在这种环境下，传统的促销方法显得有些无力。

（3）消费群体和消费行为的变化。在网络环境下，消费者的概念和客户的消费行为都发生了很大的变化。上网购物者是一个特殊的消费群体，具有不同于消费大众的消费需求。这些消费者直接参与生产和商业流通的循环，他们普遍大范围地选择和理性地购买。这些变化对传统的促销理论和模式产生了重要的影响。

（4）对网络促销的新理解。网络促销虽然与传统促销在促销观念和手段上有较大差别，但由于它们促销产品的目的是相同的，因此，整个促销过程的设计具有很多相似之处。所以，对于网络促销的理解，一方面，应当站在全新的角度去认识这一新型的促销方式，理解这种依赖现代网络技术、与顾客不见面、完全通过电子邮件交流思想和意愿的产品推销形式；另一方面，则应当通过与传统促销的比较去体会两者之间的差别，吸收传统促销方式的整体设计思想和行之有效的促销技巧，打开网络促销的新局面。

9.2.2 农产品网络促销的形式和策略

1. 农产品网络促销的形式

（1）搜索引擎营销。搜索引擎营销分两种：SEO 与 PPC。

SEO 即搜索引擎优化，是通过对网站结构（内部链接结构、网站物理结构、网站逻辑结构）、高质量的网站主题内容、丰富而有价值的相关性外部链接进行优化而使网站为用户及搜索引擎更加友好，以获得在搜索引擎上的优势排名，为网站引入流量。

PPC 是指购买搜索结果页上的广告位来实现营销目的，各大搜索引擎都推出了自己的广告体系，相互之间只是形式不同而已。搜索引擎广告的优势是相关性，由于广告只出现在相关搜索结果或相关主题网页中，因此，搜索引擎广告比传统广告更加有效，客户转化率更高。

扩展阅读 9-6

火爆全网的 ChatGPT 是什么

2022 年 11 月 30 日，ChatGPT 横空出世，5 天注册用户超 100 万，月活破亿用时仅两个多月。

ChatGPT 的爆火毋庸置疑，投行瑞银集团发布研报称之为"史上增长最快的消费者应用"。根据 Sensor Tower 数据，TikTok 达到 1 亿用户用了 9 个月，Instagram 则为两年半。此外，Worldof Engineering 整理的一份达到全球 1 亿用户所用时间排名显示，iTunes 用了 6 年半、Twitter 用了 5 年、Meta(Facebook)用了 4 年半、WhatsApp 用了 3 年半。

AIGC 指人工智能(AI)自动生成内容，可用于绘画、写作、视频等多种类型的内容创作。ChatGPT 是美国人工智能研究实验室 OpenAI 新推出的一种人工智能技术驱动的自然语言处理工具，使用了 Transformer 神经网络架构，也是 GPT-3.5 架构，这是一种用于处理序列数据的模型，拥有语言理解和文本生成能力，尤其是它会通过连接大量的语料库来训练模型，这些语料库包含了真实世界中的对话，使 ChatGPT 具备上知天文下知地理，还有根据聊天的上下文进行互动的能力，做到与真正人类几乎无异的交流。ChatGPT 不单是聊天机器人,还能进行撰写邮件、视频脚本、文案、翻译、代码等任务。

ChatGPT 是基于 GPT-3 模型构建的,可以说是新一代搜索引擎,被认为是一场划时代的变革。Chat 是"聊天",GPT 是一种预训练语言模型的缩写,即 Generative Pretrained Transformer(生成预训练变换器)的缩写,它是 OpenAI 推出的一种用于处理自然语言文本的大型神经网络模型,GPT-3 是它的最新版本。这是个会说话的人工智能。

2025 年 8 月 8 日,OpenAI 举行了线上发布会,正式推出 GPT-5,该模型适用于编码和写作,并免费提供给 ChatGPT 用户。GPT-5 是 OpenAI 首次将 o 系列模型的推理能力与 GPT 系列模型的快速响应能力相结合的产物。在编码能力方面,GPT-5 在 SWE-bench Verified 基准测试中准确率达到 74.9%,GPT-5 的"幻觉"问题大幅改善。

(2)电子邮件营销。电子邮件营销是以订阅的方式将行业及产品信息通过电子邮件提供给所需要的用户,以此建立与用户之间的信任与信赖关系。

邮件是互联网基础应用服务之一,大多数公司及网站都可利用电子邮件营销方式。开展邮件营销需要解决三个基本问题:向哪些用户发送电子邮件、发送什么内容的电子邮件、如何发送这些电子邮件。电子邮件营销的优势是精准直效、个性化定制、信息丰富、全面、具备追踪分析能力。

(3)即时通信营销。顾名思义,即时通信营销即利用互联网即时聊天工具进行推广宣传的营销方式。品牌建设中,非正常方式营销也许获得了不小的流量,可用户不但没有认可该品牌名称,甚至已经将其拉进了黑名单,所以,有效地开展营销策略要求我们考虑为用户提供对其个体有价值的信息。

(4)病毒式营销。病毒式营销来自网络营销,利用用户口碑相传的原理,是通过用户之间自发进行的、费用低的营销手段。病毒式营销并非利用病毒或流氓插件来进行推广宣传,而是通过一套合理有效的积分制度引导并刺激用户主动进行宣传,是建立在有益于用户基础之上的营销模式。病毒式营销的前提是拥有具备一定规模的、具有同样爱好和交流平台的用户群体。病毒式营销实际是一种信息传递战略,低成本,没有固定模式,最直接有效的方法就是许以利益。

(5)论坛营销。论坛是互联网诞生之初就存在的形式,历经多年洗礼,论坛作为一种网络平台,不仅没有消失,反而越来越焕发出它巨大的活力。其实人们早就开始利用论坛进行各种各样的企业营销活动,当论坛成为新鲜媒体的论坛出现时,就有企业在论坛里发布企业产品的一些信息了,其实这也是论坛营销的一种简单的方法。

论坛营销可以成为支持整个网站推广的主要渠道,尤其是在网站刚开始的时候,是个很好的推广方法。利用论坛的超高人气,可以有效地为企业提供营销传播服务。而由于论坛话题的开放性,几乎企业所有的营销诉求都可以通过论坛传播得到有效的实现。论坛营销是以论坛为媒介,参与论坛讨论,建立自己的知名度和权威度,并顺便推广自己的产品或服务。如果运用得好,论坛营销可以是非常有效果的网络营销手段。

论坛营销的主旨无疑是讨论营销之道,论坛营销应在多样化的基础上,逐渐培养和形成自己的主流文化或文风。比如,设一些专栏,聘请或培养自己的专栏作家和专栏评论家,就网友广泛关心的话题发言。不是为了说服别人或强行灌输什么,而是引导论坛逐渐形成自己的主流风格。

(6)微信营销。微信营销是网络经济时代的一种企业或个人营销模式,是伴随着微信的火热而兴起的一种网络营销方式。微信不存在距离的限制,用户注册微信后,可与周围同样注册的"朋友"形成一种联系,用户订阅自己所需的信息,商家通过提供用户需要的信息推广自己的产品,从而实现点对点的营销。

微信营销主要体现在以安卓系统、苹果系统的手机或者平板电脑中的移动客户端进行的区域定位营销,商家通过微信公众平台,结合转介率微信会员管理系统展示商家微官网、微会员、微推送、微支付、微活动,已经形成了一种主流的线上线下微信互动营销方式。

注册公众账号时首先得有一个QQ号码,然后登录公众平台网站注册即可。申请了公众账号之后在设置页面对公众账号的头像进行更换,建议更换为店铺的招牌或者Logo,大小以不变形可正常辨认为准。此外,填写微信用户信息店铺的相关介绍。回复设置的添加分为被添加自动回复、用户消息回复、自定义回复三种,商家可以根据自身的需要进行添加。同时,建议商家对每天群发的信息做一个安排表,准备好文字素材和图片素材。粉丝的分类管理可以针对新老顾客推送不同的信息,同时也方便回复新老顾客的提问。一旦这种人性化的贴心服务受到顾客的欢迎,触发顾客使用微信分享自己的消费体验进而形成口碑效应,对提升商家品牌的知名度和美誉度效果极佳。

(7) 播客营销。播客营销是通过在广泛传播的个性视频中植入广告或在播客网站进行创意广告征集等方式来进行品牌宣传与推广。如前段时间"百事我创,网事我创"的广告创意征集活动。国外目前最流行的视频播客网站,知名公司通过发布创意视频广告延伸品牌概念,使品牌效应不断地被深化。

(8) RSS营销。RSS营销是一种相对不成熟的营销方式,即使在美国这样的发达国家仍然有大量用户对此一无所知。使用RSS的以互联网业内人士居多,以订阅日志及资讯为主,而能够让用户来订阅广告信息的可能性更微乎其微。

(9) SN营销。SN(social network)即社会化网络,是互联网Web 2.0的一个特质之一。SN营销是基于圈子、人脉、六度空间这样的概念而产生的,即主题明确的圈子、俱乐部等进行自我扩充的营销策略,一般以成员推荐机制为主要形式,为精准营销提供了可能,而且实际销售的转化率偏好。

(10) 创意广告营销。对于创意广告营销,也许看完"好房网热门房地产营销分析"后你会受到一些启发。企业创意型广告可以深化品牌影响力及品牌诉求。

(11) 在B2B网站上发布信息或进行企业注册。B2B是英文Business to Business的缩写。B2B网站是借助网络的便利条件,在买方和卖方之间搭起一座沟通的桥梁,买卖双方可以同时在上面发布和查找供求信息。在如今网络界一片倒闭声中,B2B网站的地位似乎还算比较稳定。国内B2B网站中具代表性的有阿里巴巴、美商网等。阿里巴巴基本上还是商务中介,允许企业免费发布供求信息,并提供企业登记注册服务。而美商网则发展了外商集团采购招标的新模式。国外的B2B网站很多,如Yahoo,B2B Marketplace等。以上这些网站都是面向全球客户的,所以在上面发布商品服务信息或进行企业登记效果也很好。

(12) 事件营销。事件营销是指通过有价值的新闻点或突发事件在平台内或平台外进行宣传的方式来提高影响力。例如,好房网刚被黑客攻击几分钟本人就发现了,于是在最短时间内写出一篇文章简单介绍事件,并发给了几个经常活动的QQ群及论坛,当然,如果能根据该事件写出一篇深度报道会更好,会使更多的人注意到我的博客。

(13) 口碑营销。口碑营销虽然并非2.0时代才有的,但是在2.0时代表现得更为明显、更为重要。如今的口碑网、360口碑资讯网在这些方面都做得很出色。

(14) 在新闻组和论坛上发布网站信息。互联网上有大量的新闻组和论坛,人们经常就某个特定的话题在上面展开讨论和发布消息,其中当然也包括商业信息。实际上,专门的商业新闻组和论坛数量也很多,不少人利用它们来宣传自己的产品。但是,由于多数新闻组和论坛是开放性的,几乎任何人都能在上面随意发布消息,所以其信息质量比起搜索引擎来要逊色一些。而且在将信息提交到这些网站时,一般都被要求提供电子邮件地址,这往往会给垃圾邮件提供可乘之机。当然,在确定能够有效控制垃圾邮件的前提下,企业也可以考虑利用新闻组和论坛来扩大宣传面。

(15) 形象营销。企业形象是企业针对市场形势变化,在确定其经营策略应保持的理性态度,即现在口语化的称谓"CI"。在企业经营过程中,企业形象要求企业进一步个性化、与众不同,才能保持持续的经营目标、方针、手段和策略。企业形象不是一朝一夕建立起来的,它需要的是一个有始有终、自始至终的过程,企业形象不但要在观念上引入,而且要将企业的市场营销行为导入"CI"的轨道。

(16) 网络整合营销。网络整合营销传播是20世纪90年代以来在西方风行的营销理念和方法。它与传统营销"以产品为中心"相比,更强调"以客户为中心";它强调营销即传播,和客户多渠道沟通,和客户建立起品牌关系。

其实,它就是利用互联网上网各种媒体资源(如门户网站、电子商务平台、行业网站、搜索引擎、分类信息平台、论坛社区、视频网站、虚拟社区等),精确分析各种网络媒体资源的定位、用户行为和投入成本,根据企业的客观实际情况(如企业规模、发展战略、广告预算等)为企业提供最具性价比的一种或者多种个性化网络营销解决方案。百度推广、白羊网络等大公司都是这方面的佼佼者。

(17) 网络视频营销。通过数码技术将产品营销现场的实时视频图像信号和企业形象视频信号传输至因特网上。客户只需上网登录该公司网站就能看到对该公司产品和企业形象进行展示的电视现场直播。这是在网站建设和网站推广中,为加强浏览者对网站内容的可信性、可靠性而独家创造的。在这以前,所有的网站建设和网站推广方式所能起的作用只是让网民从浩如瀚海的互联网世界找到你,而网络视频营销是使找到你的网民相信你!

企业或者组织机构利用各种网络视频,比如科学视频、教育视频、企业视频等网络视频发布企业的信息、企业产品的展示、企业的各种营销活动,各种组织机构利用网络视频把最需要传达给最终目标客户的信息通过各种网络媒体发布出去,最终达到宣传企业产品和服务,在消费者心中树立良好的品牌形象,从而达到企业的营销目的,这就是网络视频营销。

(18) 网络图片营销。网络图片营销现在已经成为人们常用的网络营销方式之一,我们时常会在QQ上接收到朋友发过来的创意图片,在各大论坛上看到以图片为主线索的帖子,这些图片中多少也有一些广告信息,如图片右下角带有网址等。这其实就是图片营销的一种方式。目前,国内的图片营销方式不胜枚举,你如果很有创意,你也可以很好地掌握图片营销方法。

(19) 效益型网络营销。效益型网络营销的核心是基于效益型网站,包含网络营销策划、综合网络推广、效益型网站建设及优化、营销效果跟踪管理等综合顾问式网络营销,针对的是目前大部分中小企业需要开展互联网网络推广且对网络营销效果较为迫切的情况。

(20) 交换链接/广告互换。网站之间互相交换链接和旗帜广告有助于增加双方的访问量,但这是对个人主页或非商业性的以提供信息为主的网站而言的。企业网站如借鉴这种方式则可能是搬起石头砸自己的脚,搞不好会将自己好不容易吸引过来的客户拱手让给别人!这里我们不是不鼓励宽大的胸怀和高尚的情操,但商业的根本就是为了追求利润的最大化,以竞争对手利益的最大化为代价,求得自身道德的升华,这个代价是否值得,需要商榷。所以,企业在链接竞争者的网站之前,一定要慎重权衡其利弊。然而,如果你的网站提供的是某种服务,而其他网站的内容刚好和你形成互补,这时不妨考虑与其建立链接或交换广告,一来增加了双方的访问量,二来可以给客户提供更加周全的服务,同时也避免了直接的竞争。此外,还可考虑与门户或专业站点建立链接,不过这项工作负担很重。首先要逐一确定链接对象的影响力,其次要征得对方的同意。现实情况往往是,小网站迫切希望与你做链接,而大网站却常常不太情愿,除非在经济上或信息内容上你确实能给它带来好处。

(21) 直播营销。以直播平台为载体,通过实时节目制作与传播实现品牌推广或销量增长的营销方式,其核心在于利用即时互动性将内容传播与用户参与深度融合,形成区别于传统营销的创新模式。2023 年 11 月 27 日,国际标准化组织(ISO)正式发布国际标准《直播营销服务指南》(ISO/IWA 41),这是全球首个直播营销国际标准。

(22) App 营销。App 营销是指应用程序营销,是英文 Application 的简称。App 营销通过特制手机、社区、SNS 等平台上运行的应用程序来开展营销活动。

由于 iPhone 等智能手机的流行,App 指智能手机的第三方应用程序。比较著名的 App 商店有 Apple 的 iTunes 商店,Android 的 Android Market,诺基亚的 Ovi Store,还有 BlackBerry 用户的 BlackBerry App World,以及微软的应用商城等。

一开始,App 只是作为一种第三方应用的合作形式参与互联网商业活动。随着互联网越来越开放化,App 的盈利模式开始被更多的互联网商业大亨看重,如淘宝开放平台、腾讯的微博开发平台、百度的百度应用平台都是 App 思想的具体表现,一方面,可以积聚各种不同类型的网络受众;另一方面,借助 App 平台获取流量,其中包括大众流量和定向流量。

随着时代的发展,企业的营销方式也慢慢开始发生了新的变化。特别是随着移动互联网的兴起,传统的营销方式因其性价比太低而越发不受企业的重视。事实上,在这样一个移动互联网的时代,以 App 作为企业的主要营销方式已经成为各大企业营销的常态。那么,用 App 来进行企业营销的优势何在呢?

① 通过 App 营销,可以精准传递客户。在传统推广上,企业都面临着"传播贵""传播难""传播无法测量"等困扰,而 App 却能很好地解决这些难题。它不仅入驻成本很低,而且其嵌入式 App 正吞噬着与人们生活息息相关的各行业,它的推广效应深入人心,无须大规模广告,无须大规模行销人员,就能获得很高的曝光率、转化率和成交率。

② App 营销还能够贴身黏住顾客。与传统营销模式不同的是,App 营销不再受时间、地点的限制,也不再只是信息的单向流通。更大的不同在于,从接触顾客、吸引顾客、黏住顾客,到管理顾客、发起促销,再到最终的达成销售,整个营销过程都可以只在 App 这一个小小的端口内发生。

需要关注的是:用户用这些 App 需要下载、安装、注册,还要时不时更新,比较麻烦。而微信公众平台、小程序会更加方便,冲击传统 App 领域。

2. 农产品网络促销的策略

农产品网络促销的策略主要有以下五种。

1)网上折价促销

折价也称打折、折扣,是目前网上最常用的一种促销方式。因为目前网民在网上购物的热情远低于商场超市等传统购物场所,因此网上商品的价格一般都要比传统方式销售时低,以吸引人们购买。由于网上销售商品不能给人全面、直观的印象,也不可试用、触摸等原因,再加上配送成本和付款方式的复杂性,造成网上购物和订货的积极性下降。而幅度比较大的折扣可以促使消费者进行网上购物的尝试。目前,大部分网上销售商品都有不同程度的价格折扣。

2)网上赠品促销

赠品促销目前在网上的应用不算太多,在新产品推出试用、产品更新、对抗竞争品牌、开辟新市场情况下,利用赠品促销可以达到比较好的促销效果。赠品促销的优点:可以提升品牌和网站的知名度;鼓励人们经常访问网站以获得更多的优惠信息;能根据消费者索取赠品的热情程度来总结分析营销效果和产品本身的反应情况等。

3)网上抽奖促销

抽奖促销是网上应用较广泛的促销形式之一,是大部分网站乐意采用的促销方式。抽奖促销是以一个人或数人获得超出参加活动成本的奖品为手段进行商品或服务的促销,网上抽奖活动主要附加调查、产品销售、扩大用户群、庆典、推广某项活动等。消费者或访问者通过填写问卷、注册、购买产品或参加网上活动等方式获得抽奖机会。

4)积分促销

积分促销在网络上的应用比起传统营销方式要更简单和易操作。网上积分活动很容易通过编程和数据库等来实现,并且结果可信度很高,操作起来相对较为简便。积分促销一般设置价值较高的奖品,消费者通过多次购买或多次参加某项活动来增加积分以获得奖品。积分促销可以增加上网者访问网站和参加某项活动的次数;可以增加上网者对网站的忠诚度;可以提高活动的知名度等。

5)网上联合促销

联合促销是指两个以上的企业或品牌合作开展促销活动。

(1)网上联合促销的优点如下。

① 联合促销的产品或服务可以起到一定的优势互补、互相提升自身价值等效应。如果应用得当,联合促销可起到相当好的促销效果。

② 费用分摊,降低营销成本。

③ 消费融合,实现品牌互动。

④ 资源共享,提高规模效应。

⑤ 风险共担,抵御市场冲击。

(2)网上联合促销的缺点如下。

① 联合各方所承担的费用难以商定,利益冲突较难平衡,相互关系较难处理。

② 促销活动的时间、地点、内容和方式较难统一,各方都希望选取对自己最有利的促销时间、地点、内容和方式。

③ 促销活动开始后,各方为了把顾客吸引到自己周围,或提高自己产品的销量,有可能互相拆台,使合作伙伴成为竞争对手。

④ 在联合促销活动中,要突出本企业或本企业产品的特色,有一定困难。

3. 农产品网络促销的技巧

1) 增加潜在客户数据库

浏览网站的人多,直接购买的人少,忽视了非常多的潜在客户。所以,一定要用一些技巧,让登录企业网站的大部分用户都心甘情愿地先留下联系方式。这样,只要企业不断地开展让潜在客户乐于接受的数据库营销策略,他们都会逐步成为企业的客户。

2) 利用客户评价影响潜在客户的决策

绝大部分的人都有从众心理,所以购买一个产品时,其他购买过的人对产品的评论会对潜在客户的购买决策影响非常大。所以,每个产品下面都要合理地放上六七个以上客户从各个角度对这个产品的好评。

3) 提高客户重复购买的小技巧

(1) 优惠券策略。客户订购成功之后,可以赠送客户一张优惠券,然后在一定期限内购买产品时,优惠券可以充减一定的金额,但是过期作废。这样,客户就会想办法把这张优惠券花掉或者赠送给有需要的朋友。

(2) 数据库营销。定期向客户推送有价值的信息,同时合理地附带产品促销广告。因为国内大部分电子商务网站只会生硬地向客户推送广告,这样效果很差,一定要向客户发送他们喜欢的信息。

9.3 农产品促销方案设计

9.3.1 农产品促销方案设计的原则

在农产品的整个营销环节中,卖场是最后一环。产品进入卖场,摆上货架,只是从商业单位转移到下游而已,只有把产品销售出去,才完成了整个销售过程。在产品、营销手段同质化日趋严重的情况下,如何让你的产品脱颖而出,抓住顾客的眼球,就需要不定期地有针对性地开展一些农产品促销活动。设计一份切实有效的促销方案应遵循以下四个原则。

(1) 创意要新。现在终端的竞争已进入白热化状态,每个农业生产经营者都把"决胜终端"奉为"天条",在终端投入了大量的人力、财力、物力,而促销活动对于抢占市场份额、拉动销量是最直接、最有效的,因此非常频繁,真正是"你方唱罢我登场",但大多都是采用一些日用品作为赠品,如洗衣粉、香皂等,缺乏新意。当然,这些方法并非无用,既然大家都在用,"存在即合理"。只是假如你能够设计一个有创意的促销方案,既能拉动销量,又能提升品牌形象,一箭双雕,相得益彰,何乐而不为呢?创意要新、奇、特,就需要走出既定的思维模式,大胆设想、小心求证,不能闭门造车,经常到终端走走看看,贴近卖场经营者和顾客,他们对你的产品最有发言权,因此,他们也知道自己最需要什么。

(2) 关联性要强。促销的设计要与产品本身有一定的关联,不能"风马牛不相及",否则,就是败笔。如一家治疗糖尿病的中药材企业曾设计过一个"捆绑销售"方案,买"××药材"赠"尿糖试纸"。该方案所采用的赠品是糖尿病患者控制尿糖的一种经济实惠的有效检测方法,关联性既强,赠品的价格又低,每盒约1元,而一盒药的零售价都要十几元,投入产出非常合理,在实际操作中取得了较好的效果。

(3) 可操作性要强。例如，一家企业推出一个治疗乳腺病药的促销方案，买一个疗程的药赠文胸一个。此方案创意、关联性都不错，但可操作性不强。因为文胸的尺寸有好几个，而实际送出时，又不知道哪个型号需要多少，采购时就需要各个尺寸的都打宽一些。如果活动周期较短，活动结束后还能够及时退换，但如果活动周期较长，而且赠品是由药店控制，实际操作起来就非常麻烦，所以只能忍痛割爱，放弃这个方案。

(4) 促销成本控制有效。成本控制直接关系到农产品促销活动的投入产出比，同时，如果赠品的受关注度高于产品本身，会起到喧宾夺主的反面效果，就像是戏台上面"跑龙套"的抢了"角儿"的戏，本末倒置了。

9.3.2 农产品促销方案设计的主要内容

农产品促销方案设计没有固定的格式，但一般需包含以下五方面的内容。

1. 确定促销目标

促销目标概括来说有两大类：短线速销和长期效果。

(1) 短线速销。一般可通过以下三个途径达到此目的。

① 扩大购买的人数。常用方法：POP 推广、竞赛、减价优惠、免费试用等。

② 提高人均购买次数。常用方法：赠品、折价券、减价优惠、酬谢包装等。

③ 增加人均购买量。常用方法：折价券、减价优待、赠品、酬谢包装等。

(2) 长期效果。常用方法：竞赛和赠品。

2. 选择促销工具

在选择促销工具时要考虑以下六个因素。

(1) 促销目标。特定的促销目标往往对促销工具的选择有着较为明确的条件制约和要求，从而决定着促销工具选择的可能范围。

(2) 产品特性。

(3) 消费者的消费心理及消费习惯。

(4) 促销对象（消费者、经销商、零售商）。

(5) 竞争对手的情况。

(6) 促销预算。

3. 设计促销方案

(1) 选择促销形式。

(2) 划定促销范围。促销范围分为两项内容：产品范围和市场范围。

(3) 确定折扣率。要对以往的促销实践进行分析和总结，力求引起最大的销售反应，并结合新的环境条件确定适合的刺激程度。

(4) 选择促销对象。

(5) 促销媒介的选择。

(6) 促销时间的选择。促销时间的选择包括何时促销、何时宣布、持续时间及频率等。

(7) 促销预算的分配。

(8) 确定促销的期限和条件。

4. 试验、实施和控制方案

通过试验来确定促销工具的选择是否适当,刺激程度是否理想,现有的途径是否有效。可采用询问消费者或填调查表的方法。经试验后与预期相近,便可进入实施阶段。在实施中要精心注意和监测市场反应,并及时调整促销方案,保持良好的实施控制,以顺利实现预期的方案和效果。

5. 促销策划中的注意事项

(1) 在确定促销目标和预算后,才推出促销计划。

(2) 只有选好正确的促销工具,才能实现目标。

(3) 促销对象必须针对促销商品的目标消费人群。

(4) 促销活动文案要简单易懂。

(5) 参与促销活动的条件要求不要过多。

(6) 注意与其他营销沟通工具的整合运用,如广告、人员推销、公关等。

(7) 新产品的促销活动必须先试销后实施。

(8) 促销计划要在活动实施前两个月制订出。

(9) 促销活动前要合理备货。

(10) 促销活动实施期限要适宜。

9.3.3 适合新产品上市的促销计划要点

适合营销公司新产品上市的促销方法及实施要点如下。

1. 包装外赠品

包装外赠品的实施难点及注意事项如下。

(1) 赠品的选择。选择赠品必须符合以下原则条件:①易于了解,赠品是什么,值多少钱,须让顾客一看便知;②具有购买吸引力;③尽可能挑选有品牌的赠品;④要选择与产品有关联的赠品;⑤紧密结合促销主题;⑥赠品要力求突出,最好不要挑零售店正在销售的商品作为赠品。如果所选的赠品相当普通,最好在赠品上印上公司品牌、商标或标志图案,以突出赠品的独特性。

(2) 赠品活动不可过度滥用。假如经常举办附赠品的促销活动,会误导消费者认为该产品只会送东西,而忽略产品本身的特性及优点。

2. 免费样品派发

(1) 免费样品派发实施的主要方法:①随 DM 信函直接邮寄目标消费者;②入户派送;③在目标消费者聚集的公共场所内派送;④媒体分送;⑤零售点派送;⑥选择非竞争性商品来附送免费样品;⑦工会派送。

(2) 免费样品派发的优点:①创造高试用率及惊人的品牌转变率,促使试用者成为现实购买者的可能性高;②将产品信息直接展现在消费者面前,变被动接受为主动了解信息;③口碑效应明显;④有利于树立企业形象;⑤有关产品的信息是全真的。

(3) 免费样品派发的实施要点如下。

① 适合产品。大众化的日用品,产品成本应较低或可制成小容量的试用包装,有独立

品牌,并有一定的知名度。
　　② 设置监察制度,监督派送效果。
　　③ 根据企业营销策略确定具体的派送区域。
　　④ 在产品旺销季节派发。
　　⑤ 一个月内,派发若覆盖目标区域80%左右的家庭便较为理想。
　　⑥ 在新产品上市前3~5周且零售终端铺货率达到50%时,才可执行免费派送。
　　⑦ 要防止漏派、重派、偷窃、偷卖派送品的现象。
　　⑧ 派送品的规格大小,通常以让消费者能体验出商品利益的分量就可以了。包装应与原产品包装色彩统一,便于消费者去零售点指定购买。
　　⑨ 注意派送人员的形象及语言美,统一标识,并培训产品知识。

3. 折价券

　　折价券一般分为两种形式:针对消费者的折价券和针对经销商的折价券。在此我们只讲针对消费者的折价券。其主要散发方式:直接送予消费者、媒体发放、随商品发放、促销宣传单发放。

　　折价券的实施要点如下。
　　(1) 折价券通常按照纸币的大小形状来印制。折价券的信息传达应清晰,以引人注目。折价券应用简单的文字——描述其使用方法、限制范围、有效期限、说明文案。如果能加上一段极具销售力的文案诉求以鼓励消费者使用,效果更佳。
　　(2) 选择好兑换率高的递送方式。报纸虽然是目前最常使用的递送工具,但包装内、包装上折价券的兑换率却是报纸的6~10倍。
　　(3) 充分考虑折价券的到达率。消费者对商品的需要度、对品牌的认知度、对品牌的忠诚度、品牌的经销能力、折价券的折价条件、使用地区范围、竞争品牌的活动内容、促销广告的设计与表现等均影响兑换率,应制定相应的措施。
　　(4) 折价券的面值。通过大多数研究获悉,零售价的10%~30%是理想的折价券面值,也能获得最好的兑换率。
　　(5) 尽量避免发生误兑。

4. 减价优惠

　　减价优惠的实施要点如下。
　　(1) 减价优惠要有15%~20%的折扣,并要有充分的理由,才能吸引消费者购买。如果是低市场占有率的产品,应对领导品牌付出更高的减价优惠,才能增加销售效果。此外,新品牌的运用效果要优于旧品牌,当减价只有6%~7%时,只能吸引某些老顾客的注意。
　　(2) 减价标示的设计,要把原价及减价后的现价同时标注出来,形成明显的对比,标示牌讲求美观、清晰,但要不影响消费者对商品的观察。
　　(3) 减价优惠不易过度频繁使用,否则会有损品牌形象。
　　(4) 消费者的购物心理有时候是"买涨不买落",要把握时机,利用消费者的心理来促销产品。
　　(5) 特别注意现场的安全管理。

5. 自助获赠

　　自助获赠是指顾客将购买某种商品的证明附上少量的金钱换取赠品的形式。其优点有：①不受季节限制,全年任何时间都适合,也可根据各种不同的市场状况灵活变化；②花费低,易处理；③可提高品牌形象；④用以强化广告主题；⑤用以回馈目前使用者并维护品牌忠诚度。

自助获赠的实施要点如下。

(1) 需要媒体广告配合。

(2) 赠品通常选择低价品。选择赠品时必须考虑赠送是否适当、促销的支持是否充足、是否符合消费者所需。

(3) 最理想的兑换赠品付费,应是比赠品市面零售价低30%~50%,大部分的付费赠品以10~80元为主要范围。

(4) 效果反应。一般兑换率不会超过此活动的总媒体广告发布率的1%。影响兑换率的最主要因素在于赠品的好坏、顾客阶层、商品的售价和促销优待价值的认同等。

(5) 出色的自助获赠促销活动,关键在于所提供的赠品只能从此次赠送中获得,决无法从别处寻到。

(6) 限制兑换地点。

6. 退款优惠

退款优惠是指消费者提供了购买商品的某种证明之后,参与摸彩,根据摸彩的奖额退还其购买商品的全部或部分金额。

7. 合作广告

合作广告是指通过合作和协助方式,赢得经销商的好感和支持,促使他们更好地推销本公司的产品。

8. 联合促销

联合促销的优点：①可消除或缓解销售竞争,使不同行业的企业联合建立起强有力的市场地位；②让新产品可以搭已被大众接受的产品的便车,直奔消费者的意识。

9. 针对批零商的促销方法

1) 价格折扣

价格折扣的主要形式如下。

(1) 现金折扣。提高公司资金周转率,对现期付款的客户给予的优惠。一般为付款金额的2%。

(2) 数量折扣。需根据产品在不同阶段的目的灵活运用,使商家与公司在市场各个阶段达到占有率与利润的一致性,同时也适合市场的变化。数量折扣主要有累计性数量折扣和一次性数量折扣。

(3) 季节折扣。季节折扣是均衡产品淡旺季利益的方式,最大40%,通常只有百分之几。实施时间以两个月为宜。时间过长易造成心理惯性,上去下不来。

(4) 销售折扣补贴。补贴分为针对衰退期的产品的补贴、完成销售目标的折扣。

(5) 功能折扣。根据通路中的不同功能,给予不同的折扣。

(6) 协作力度折扣。分为陈列展示折扣和按指定价格出售。

2) 开展促销活动,给予支持配合

(1) 销售竞赛。销售竞赛是指采用现金、实物或旅游奖励等形式来刺激批零商扩大进货量,加快商品到达消费者手中的速度。此方法也可用于对公司业务人员的激励。

(2) 合作广告。合作广告是指通过合作或协助的方式,与经销商合作广告,向经销商提供详细的产品技术宣传资料,帮助经销商培训销售人员,帮助经销商建立管理制度,以及协助经销商进行店面装潢设计等。

(3) 现场演示。

(4) 业务会议。

(5) 文化奖励。一张贺卡、一面锦旗有时就可激励批零商,满足其更深层的心理需求。

对批零商的促销活动应注意的事项如下。

(1) 一旦停止,往往会受到批零商种种不法行为的报复。

(2) 竞争厂商都开始采用时,很难发挥激励作用。

(3) 有时候成为批零商选择订货单位的标准。

(4) 提货量少的经销商更喜欢直接的返扣。

(5) 在产品上市设计与通路操作上,切忌一让到底,一定要预留价格空间与促销手段,为市场调节作准备。

(6) 对经销商的阶段性促进,最好能用促销品的方式搭赠,而不是现金和货物搭赠,以免变相降价。另外,操作时间一定要短,要有针对性。

(7) 奖励要及时。准确送达经销商,防止奖励流失。

(8) 一旦作出承诺,就一定要兑现。

对于批零商的促销活动,一定要根据自己对公司的理解、对操作对象的理解、对客观市场的理解,掌握时机与节奏,把握一个"度",巧用资源,以成功操作。

扩展阅读 9-7

"××"普洱茶品牌市场推广方案

当下普洱茶市场正处于群雄逐鹿的局面,普洱茶的真正原产地——云南普洱,出现了一家强势的经营普洱茶的企业——云南××茶叶集团有限公司,很高兴看到有一家本土的企业致力于打造云南特色资源——普洱茶品牌,使云南不仅成为资源输出地,也是品牌输出地,并使云南特色资源真正能立足云南,普及中国,冲出国门。

一、市场及竞争概况

一方面,近年来,普洱茶在国外逐渐风靡,导致国内市场对普洱茶的需求也逐渐兴旺,诸多企业与商家不断进入普洱茶市场,形成群雄逐鹿的局面。虽然就目前来说,市场尚处于上升趋势,各方诸侯依靠传统的价格、渠道优势仍有生存的空间,但从长远来看,普洱茶市场必将在三五年之内重新洗牌。可以预料,那些不具备足够的竞争实力、没有品牌意识的竞争者必将被清扫出局,能够存活下来的,必将是一批具有品牌意识,并塑造出自身特色的强势品牌。

另一方面,国际品牌"立顿""囯宁"已经进驻中国市场,其规范化的市场运作、强烈的品牌意识、迎合消费者心理需求的营销模式,必将不断蚕食中国的茶叶市场,也将培养消费者茶叶消费的品牌意识。中国本土企业要参与竞争,必须跟上国际品牌的步伐,否则就将落到为国际品牌提供原材料的尴尬境地,如同当下云南咖啡的现状。

当今茶叶市场,真可谓"群雄逐鹿,外强肆虐,烽烟四起。但问英雄何处"。

初次危机时,消费者对茶叶带有中国传统的情节,对本土品牌情有独钟。同时,云南及思茅政府为本土普洱茶企业提供了利好条件。云南省政府及思茅市政府积极关注本土茶叶市场及企业的发展，为本土茶叶企业提供了良好的发展平台。作为云南农业产业化龙头企业的××茶叶集团，必须抓住这个机会，为普洱茶生产及市场营销提出新的行业标准，一方面，营造良好的普洱茶市场环境；另一方面，在规范的市场环境中树立自身的领导者形象，同时真正打造出一个普洱茶的强势品牌，应对未来更激烈的品牌竞争。

二、消费概况及分析

分析了市场即竞争态势，我们再分析茶叶消费者的需求状况。

从传统来看，在中国，茶叶往往与其他的生活物品联系在一起，"柴米油盐酱醋茶"，将茶列为国人一天生活之必需；逢年过节送礼必备"烟酒茶"，将茶视为维护关系、联络感情之物。

而随着人们生活与需求的不断变化，人们对茶叶特别是普洱茶又增加了诸多新的认识与需求。总体来看，当前消费者对茶叶的消费需求主要有以下五方面。

1. 个人消费者

年龄、收入、工作性质、生活习惯、个人性格、居住城市等因素都会影响个人消费行为。茶作为一种饮料消费，茶的消费按消费心理和消费目的大致可分为以下四种。

（1）时尚消费的对象主要为城市青年，他们讲究情调、追赶时髦，受媒体广告影响最大，明星效应也不容忽视。雀巢咖啡在中国市场的成功并非因为"味道好极了"，而是因为在此之前，大多数国人并没有喝过咖啡，更无从谈起速溶咖啡与现煮咖啡的区别。雀巢的成功很大程度上是缘于大陆青年对国外生活方式的向往，把喝咖啡当成一种时尚。要抓住未来消费者势力，就必须吸引年轻的消费者，在时尚消费上下功夫。

（2）习惯消费的主要对象为爱茶一族，这些消费者有自己喜爱的茶叶品种或品牌，消费惯性强，较难改变。由于区域不同，对茶的品种选择也会不同，如北方人爱喝茉莉花茶，华南地区的人爱喝乌龙或铁观音，华东地区的人爱喝绿茶，内蒙古、西藏的少数民族偏爱砖茶等。这种消费者大多选择当地产的名茶，对袋茶有误解，认为袋茶是用边角废料加工的，因此，这种消费者大多对袋茶不屑一顾。

（3）功能消费的主要对象为女性或中老年人，如各种减肥茶、美容茶、保健茶等都是针对这种消费市场开发的产品。这类产品大多注重功能而忽略口味，一旦产品无法达到消费者的期望效果，就会被消费者遗弃。由于这类产品的广告宣传常常过分夸大使用效果，因此，在这种消费形式中，口碑宣传更胜过广告。

（4）家庭消费是指普通家庭的日常消费。俗话说，清早开门七件事——柴米油盐酱醋茶。由此可见，茶是家庭日常生活中不可缺少的。家庭消费品的购买者主要是家庭主妇，而城市女性大多有逛商场的嗜好，因此大型商场的促销活动对其吸引力较大。

2. 旅游消费者

茶在中国长期以来被视为土特产，不同的地方盛产不同的茶，如西湖龙井、信阳毛尖、台湾乌龙、福建雪芽、洞庭春、武夷肉桂等。到杭州旅游的人不会忘了买地道的西湖龙井，到云南旅游的人也会带上一些普洱茶。

游客的消费行为多为一次性消费，因此当地的不法商贩往往以次充好，获取暴利。在这些名茶故乡，产品信誉度较高的多为当地的国营茶场或土产公司下属企业的产品，其品牌在当地有一定知名度。由于这些企业规模较小且经营观念陈旧，无法作长远的品牌营销战略，主要靠口碑宣传和自然销售的模式，市场份额十分有限。

3. 礼品消费者

中国人传统的三大礼品是烟、酒、茶。在这三项礼品中,唯有茶是老少皆宜且有益健康的。因此,无论在传统佳节还是在各种公关活动中,高档名茶都是消费者的首选。这种消费特点是喝茶的人不买,买茶的人不喝。送礼者最忌讳的是花了钱却在礼品上体现不出来,得不到送礼对象的认可。因此,产品的外包装、知名度和销售场所是其主要的购买动机。

4. 团体消费者

团体消费是指以团体购买为主的消费形势,这种消费的特点是消费选择权集中在少数人手中,而直接使用产品的人大多没有选择的机会。团体消费又分宾馆酒店茶楼等公共消费场所的消费和办公室消费两种。宾馆酒店等的消费多由专职部门负责,其消费品种选择除品牌、价格、品质因素外,更存在人情和信任程度等因素。办公室消费一般由企业后勤人员负责,可否及时送货上门是很重要的决定因素。

5. 专业场所消费者

专业场所是指以品茶为主要目的茶艺馆、茶楼、茶馆等。这些场所最能集中体现中国茶文化,是极品茶、高档茶的主要消费区域。但由于这些场所需要高利润来维持,其选购的茶多带有一些神秘性,不希望价格公开,因此,对市场价格统一的品牌茶有一定排斥。作为中国茶消费的顶级层次,这个市场具有示范作用,也应引起足够的重视。

三、品牌战略及推广策略

通过对消费者的分析,我们可制定出相应的品牌战略。

(1) 个人或家庭消费。品牌战略:销售——获取规模效益;市场——提升品牌知名度。

多品牌策略——高端走文化,中端走时尚,低端走健康。

(2) 旅游消费。品牌战略:销售——获取单品高利润;市场——营造本土名优特产形象。

游客分众营销策略——特殊的媒体、特殊的渠道、特殊的促销。

(3) 礼品消费。品牌战略:销售——获取单品高利润;市场——树立高品位与品质形象。

高端形象策略——抓住礼品消费心理,以形象获取消费者。

(4) 团体消费。品牌战略:销售——获得稳步利益增长;市场——树立商务消费形象。

增值服务策略——以附加价值吸引并留住顾客。

(5) 专业场所消费。品牌战略:销售——获取稳定收益;市场——赢得口碑、专业形象。

专业服务策略——以专业对专业,特别服务赢得核心顾客。

下面对各种策略分别进行阐述,使目标、策略、执行方式等更趋于清晰。

1. 个人或家庭消费——多品牌策略

在现代市场,消费者对同一种产品具有不同的需求。尽管同一种产品能满足不同消费者的多种需求,但同一个品牌的产品不能尝试去满足所有的消费者,否则,消费者对品牌的印象就会模糊不清,难以树立品牌。因此,面对消费者的不同需求,在"××"的企业品牌之下,推出多个品牌,迎合不同消费者的需求。

高端的商务人士具有较高的消费能力及文化需求,应针对性地推出具有高品质的产品,并赋予浓郁的品牌文化内涵,制定高端价格,主要以各高级茶楼、礼品专柜作为推广渠道。

城市新兴白领阶层对中国的茶叶文化有自己个性的理解,应针对性地推出时尚型茶品牌,传播新型的消费及生活文化方式,可根据消费者不同的时尚需求推出不同的系列。品牌的设计与推广应注意加入时尚元素,赋予中国传统千年的普洱茶以新鲜的活力,赢得年轻消费势力的喜爱。由于年轻白领阶层通常是咖啡、零食、时尚饮料的消费者,因此,可在销售渠道及推广方式上多多借鉴,也可采用捆绑方式进行促销。

应对大众家庭消费,可推出大众健康型品牌,传播"××"牌普洱茶的绿色保健功能。由于家庭消费品的购买者主要为家庭妇女,因此,应在销售终端积极采取生动化陈列、现场促销、折扣搭赠、小礼品赠送等推广方式。

2. 旅游消费——分众营销策略

通常旅游购买者都是外地消费者,影响其对当地土特产的购买因素主要有:以前形成的认识;当地熟人的推荐;站点及旅游景点附近的广告及卖点的影响;产品的包装是否体现当地文化。还有,一般来说,很多旅游的游客购买的土特产大多是赠送家乡的亲人、朋友,因此包装是否具有档次也是其考虑的因素。

因此,应针对旅游购买者专门设计纪念装,结合外地游客对云南文化的认识与理解,设计具有云南特色文化内涵的各式纪念装,满足游客的购买需求。

在推广渠道上,应选取游客出入较多的站点、旅游景点做广告宣传,比如媒体投放、导游推荐、专卖店设置等,并在站点、旅游景点附近的销售终端进行集中铺货。在促销方式上可选择民族特色纪念品赠送、搭赠便宜装等形式吸引游客。

同时,还应保证茶叶的品质,因为作为旅游产品,更多地受到口碑效应的影响。

3. 礼品消费——高端形象策略

中国是非常注重送礼的国家,由于近年来对礼品馈赠有贬斥的现象,因此,人们在选择礼品时更多选择赠送具有健康、文化内涵的礼品。茶叶逐渐成为人们赠礼的首选。

由于礼品讲求档次、形象,因此消费者更多的讲究心理接受价位,而对实际所值考虑不多。因此,如何制造高端的形象是礼品营销的关键,抬高产品的形象重点在于制造"托"。从茶叶推广的角度来看,"托"有几个方面:品牌的形象或企业的实力,品牌的背景、广告的形象;包装,产品的包装设计、包装的规格、包装的材质等;价格,价格的高低;销售环境,售点的环境设计、售点的位置;人员推销,人员的服装、谈吐、气质等。

因此,推广茶叶礼品装,应在包装档次及设计上下功夫,在渠道上选择专卖、专营、专柜等形式,营造优雅的销售环境,加强销售人员的挑选及专业推销技巧培训。同时,在礼品的品牌名称、广告设计、媒体选择上与大众品牌区分开。

4. 团体消费——增值服务策略

团体消费的购买者更多的是在确保产品品质的基础上,对价格及便利提出要求,因此,应制定合理的批量销售价格及销售服务。同时由于团体消费的购买者具有特殊性——购买者是消费者的一个代表,因此企业可为购买者提供更多的便利及赠品以维护客户关系。

团体消费从某种角度来说,也是"××"树立品牌形象的一个渠道,团体消费一般都是大型企业或单位,其消费从某种角度上来说,也等于在为"××"树立形象。企业可以搭赠富有品牌形象的饮水纸杯、茶杯、茶壶等,既维护了客户关系,又能宣传品牌形象。

5. 专业场所消费——专业服务策略

对于专业场所来说,"××"的消费者可以分为两种,一是专业场所的经营者,二是这些场所的消费者。不管是经营者还是消费者,通常他们都对茶道有所研究,他们的消费行为及间接评价往往会影响周围的消费者,而一旦赢得了这部分消费者的支持,将通过他们的口碑效应不断获得新的消费者。

因此,提供高品质的产品及专业的服务是对专业场所进行推广的必经之道,"××"需要对专业场所提供促销支持,并配合进行专业茶艺服务。不光把专业场所作为销售的渠道,更要视为宣传推广的渠道。

作为形象树立及宣传渠道,在销售渠道所到的省市,专门设计"'××'普洱茶文化体验会所",为专业的茶研究者、茶品味者提供特殊品牌会所,也将为企业带来丰厚回报。

四、品牌推广阶段性目标

完成了对消费群体的分析及对应的推广策略,可制定分步骤的品牌推广目标。对于企业来说,品牌推广的目的在于为长期及短期的销售服务,如何将品牌推广与销售提升有机结合是品牌推广应考虑的问题。

有的企业在执行过程中往往会为了销量牺牲品牌,而有的企业又被广告公司牵着鼻子走,到头来是赔了夫人又折兵。"商场如战场,知己知彼方可百战不殆",但是,人们往往把重点放在"知彼"上,忽略了"知己"。因此,企业必须制定明确的市场目标,统一安排部署,清楚每一个阶段的目的,才不会乱了阵脚。

"××"品牌推广战略目标如下。

(1) 20××年上半年,重点进行"××"品牌塑造,树立"××"品牌形象。

(2) 20××年下半年及20××年整年度,在全国实施"××"品牌推广及活动营销,扩大销售,初步确立"××"普洱茶市场的最高占有率及领导品牌形象。

(3) 20××年,借助奥运会在北京的举办,执行以中国为主、辐射全球的品牌传播方案,大幅提升"××"在中国的知名度,同时使"××"品牌传出国门,走向世界。

五、"××"品牌纵向延伸策略

纵向延伸策略可概括为"三部曲":"××•普洱茶•现代茶•健康茶"

第一阶段:"××•普洱茶"

目标说明:高起点推出"××"品牌,使消费者将"××"与优质可靠的普洱茶结合在一起,形成"××"是中国普洱茶第一品牌的印象。

核心传播概念:茶之都,茶之秀。普洱茶,中国茶。——"××",真正的普洱茶。

传播策略及手段:以公关活动及软性宣传为手段,以普洱茶文化为传播内容,使消费者在潜移默化中将"××"等同于"真正的普洱茶"。

第二阶段:"××•现代茶"

目标说明:将"××"融入现代时尚,使传统神秘的普洱茶与消费者亲密接触,为传统的普洱茶加入现代、年轻、时尚的元素,使城市人以喝普洱茶为生活的又一时尚,使"××"成为现代的、时尚的普洱茶文化的代名词。在年轻的消费市场,具有跟风消费现象,如果广告创意、推广形式能够做到创新,必将掀起"××"的购买及消费热潮。

核心传播概念:茶之都,茶之秀。普洱茶,现代茶。——"××",上演现代茶饮文化。

传播策略及手段:让"××"走出传统的销售渠道,走入年轻消费者出入的消费场所,同时在广告和宣传活动中选取时尚的年轻人来表现。可选取大学校园、休闲场所等作为促销地点,设计时尚、便利的小包装形式,多发放试用装、促销装吸引购买"××"普洱茶。

第三阶段:"××·健康茶"

目标说明:将"××"融入市民生活,向市民传达"柴米油盐酱醋"之外必须拥有的精神文明——中华茶文化。同时,宣传普洱茶的大众保健功能,使普洱茶成为市民关注健康、追求健康的象征,传达"××"时刻与人们在一起的概念。

核心传播概念:茶之都,茶之秀。普洱茶,健康茶。——"××",伴您健康每一天。

传播策略及手段:设计大众家庭装,通过商超陈列及现场促销吸引家庭消费购买者。可采用"普洱茶××健康行"等主题进行公关活动,设计精美pop发放,使市民了解普洱茶健康功能及普洱茶文化。

六、"××"品牌横向延伸策略

横向延伸策略也可概括为"三部曲":"××的·云南的·中国的·世界的"。

市场推广需要有步骤地进行,"××"在云南市场具有"天时,地利,人和"的优势,因此,树立品牌形象当从云南开始,以云南作为样板市场,以现代品牌运作及推广手段赢得本土的消费者,通过本土消费者的口碑效应,不断向来云南这个旅游天堂的外地游客宣传。这一阶段可称为"××的·云南的"。

同时,选择消费比较成熟、经济水平较高及茶饮文化比较成熟的地区,比如广东、福建、上海、北京等铺设销售网络,进行样板市场的建设。实现品牌推广到哪里,营销网络就到哪里;或者营销网络到哪里,品牌推广就到哪里。由于中国地域广阔,各地消费意识、消费需求各有所不同,因此应针对当地市场对品牌推广策略作灵活的调整,以使品牌深入当地人心。大型交易会、展览会是展示与交流的良好机会,多参与这样的会议是品牌推广很好的渠道。这一阶段可称为"××的·中国的"。

"××"目前在全国多个省市建了营销网络,在云南省进行品牌建设的同时,可选取较为适合的区域进行品牌的进一步塑造及推广。

国际型的盛会是国内品牌走出国门的大好机会,借助国际交流盛会,与国外的商家进行交流,获取信息,并争取合作机会。

全国性的分区域品牌推广计划希望于20××年年初之前完成,在20××年年初,开始实施全国覆盖性推广计划,使"××"的品牌推广达到一个高峰期,20××年是中国的狂欢年,也是一个消费年、旅游年、会展年。茶叶市场将会出现一个消费新高,"××"通过有计划性的营销推广,必将在20××年成为全国性的普洱茶甚至整个茶叶市场最强势的领导品牌,并获得更多的跨出国门的机会。这一阶段我们可称之为"××的·世界的"。

七、周期性及临时性推广策略

通过计划性的品牌推广活动,使品牌的成长具有连续性,使消费者感觉到"××"与他们同在,使"××"的品牌形象、核心主张在消费者心中潜移默化,成长为一个真正的品牌。

一般来说,周期性的推广能够不断地积累经验,使推广日趋成熟,其成效依赖于长期的执行与积累;而临时性的策划则具有偶然性、不可测性,但如果抓住临时的机会,有效地进行品牌推广,将对品牌的提升起到难以预计的效果。

1. 事件营销

事件营销就是借助临时或周期性的热点事件,借势对品牌进行关联宣传。蒙牛借助神五升空就是事件营销的一个范例。自SARS、禽流感、非洲猪瘟以来,国人对健康的关注越来越强烈,"××"可借助健康事件有效地宣传自身的健康形象。

近年来，茶叶行业及普洱茶领域不断有热点新闻出现，不管是利好还是利坏新闻，都可以从某一角度与自身品牌形象进行捆绑，进行事件营销，特别是全民关注率非常高的事件，比如奥运会、世界杯等，如果能有效利用，必将快速有效地提升品牌知名度，塑造品牌形象。

2. 节日营销

节日营销主要是礼品市场的推广，最为具有深厚文化底蕴的茶，越来越具有替代烟、酒、保健品，成为消费者送礼首选的趋势。节日是送礼的最好时机，也是礼品促销的最好时机。如何针对不同的节日，迎合送礼心理需求，策划不同的宣传主题进行促销，是做好茶叶礼品市场的关键。

同时节日也是消费者集中采购、尝试新品的最佳时机，如能结合礼品促销，进行大众宣传，也将快速大幅提升品牌知名度，树立品牌形象。

一年之中能够进行节日营销的机会很多，在此，暂就两个节日营销主题进行说明。

(1)"送茶，送健康——'××'，茶中之君子"。

普洱茶具有保健功能，并蕴含中国博大精深的文化，品茶乃君子之为，送茶也可称为君子交往之为。其蕴含意义已经与送烟送酒区别开来。

中国传统节日期间，主推礼品装，配合专卖店、商超生动化陈列，减少庸俗的商业促销广告，增强主题宣传，制作精美主题礼品手袋，增加促销人员力量。由于礼品购买者多会同时购买几种礼品，因此可与礼品市场的高端产品进行捆绑，比如五粮液、红塔山等。目前，茶叶品牌鲜少采取捆绑式促销，但节假日礼品装的捆绑式促销是近年来各商家屡试不爽的促销手段。针对个人购买者，可以礼品装搭赠家庭装形式进行促销；针对团购者，可在节假日设立攻关小组，专门开发团购客户，为团购客户提供便利及折扣。

(2)"一杯清茶谢恩师——'××'谢师校园行"。

教师是社会的一个特殊群体，由于教师具有较高的文化素质，并且大多具有饮茶习惯，他们成为茶消费的主要群体。中国自古就有拜师茶、谢师茶的礼节。而茶叶，作为蕴含中华千年文化的物品，成为教师节馈赠教师的最佳之选。

教师节前夕可主推教师节礼品装，可通过时效性较好的报纸媒体、学生接触较频繁的电波媒体投放公益型广告，同时选取名校，向老师赠送"××"茶，策划新闻发布会，借助媒体发布相关新闻，既能提高品牌形象，又能起到示范效应，提升教师节礼品装的销售。

其他相关的周期性推广还有季节性促销——迎合消费者的季节性需求，主推不同的茶系列，会展营销——利用会展强大的眼球关注率、巨大的商业机会进行品牌形象推广，等等，若能有效运用，均使"××"品牌获得较大的提升。

资料来源：中国营销传播网。

本项目小结

完成本项目的学习，您应该能够理解和掌握以下内容。

(1) 农产品促销的内涵、特点和步骤。

(2) 农产品促销方式和选择方法。农产品促销方式分为人员推销、广告促销、公共关系、营业推广四种。对各个农产品促销活动进行组合，以消费者为中心，提供明确的、一致的和最有效的传播影响力,就是整合营销。

(3) 农产品网络促销的内涵和运作策略。

(4) 农产品促销方案设计的原则、内容,学会撰写农产品促销方案。

案例分析

"濒危产业"焕发生机　看丽水如何将荷花"吃干榨尽"

"换种思路,让合作社'火'起来!"说起变化,浙江省丽水市百味农产品专业合作社理事长陈小方刹不住车:过去,单纯卖干莲子,45元一斤,还总是滞销;现在,一个莲蓬9.9元,今年放到网上卖了30多万元,剩下的莲子则做成酒,干莲蓬摇身一变成了艺术品,卖到线下酒店和花店,一个20元,产值翻了两三倍。

陈小方是丽水莲都区小有名气的"新农人",在老家流转了156亩土地,搞莲花和水稻的轮作。起初,他的关注点都在稻米上,单季香稻米卖到近10元/斤,莲子似乎有些不理想。后来陈小方发现,莲子实际上也有不少文章可做,于是,他开始转变经营思路。

陈小方的第一个创举就是变"干莲子"为"鲜莲蓬",放到网店后,意外成了爆款。集中上市期间,平均客单价达到了80元。"15个莲蓬产一斤干莲子,你说,两者卖法差距得有多大?"尝到甜头后,陈小方又转动脑筋,加工后的莲子酒、干莲蓬专供线下,人气非常旺。

在丽水,像陈小方一样成功转型的莲农现在有不少。丽水古称处州,因荷塘环城,有"莲城"之称,所产莲子叫"处州白莲",色白、粒大、脆绵、品质好,闻名全国。然而,由于地处山区,销售不畅,莲子种植效益连年走低,到了2008年年末,主产区的种植面积仅剩300多亩。

此后十年,白莲产业绝处逢生,如今种植面积达5 300多亩。每年夏季,"莲花经济"成了莲都许多乡村一道亮丽的风景。据不完全统计,白莲盛开期间,接待游客量达到7万多人次,旅游观光收入超过500万元。白莲整条产业链开始崛起。

过去,种白莲只有一种产出,就是晒干卖莲子。现在,莲子摇身一变,从种质资源的开发,到深加工技术的配套,将荷花"吃干榨尽":荷叶可制成荷叶茶,实心莲可开发莲子酒,莲蓬保鲜论个卖,以白莲为原料,还有莲子醋、莲子糕、莲子酥,综合效益大幅提升。

光有吃的还不够,白莲"致富经"里最重要的一条就是农旅融合。丽水十里荷家庭农场的老板邹伟军从2011年开始种莲,起初光有一产,亩产连2 000元都不到。这几年,因农场毗邻景区,每当莲花盛开期间,就有不少游客自发到莲池观赏,这让邹伟军恍然大悟,开始打造莲文化馆,还准备配套餐饮、住宿等,把客人们引过来、留下来。农场还有片果园,"莲花经济"的开发,刚好弥补了采摘游的空档期。另外,邹伟军还探索在莲池里养甲鱼,并引入池塘循环水养殖技术,让养殖的小型鱼"跑"起来,而莲正是天然的净化植物。

那么,赏完荷花,莲子的系列产品能不能作为旅游地商品?对此,莲城一方面从"物"上入手,抓质量监管、进行包装设计,土里土气的农产品一下变得时尚精致;另一方面,则从"人"入手,培养了一批拥有白莲种植、加工、销售等精湛技能的"莲子师傅",以及掌握良好烹饪技巧的"莲城厨娘"。

当然,除了就地消费和化身礼品,处州白莲还搭上了互联网的"顺风车",依托电商O2O线上销售及线下体验店,既拓宽了销售渠道,又能借势进一步打响品牌知名度和影响力。换种思路,莲城的白莲果真"活"了,莲城的合作社也都"火"了。

【讨论问题】

请为丽水莲子系列产品设计一个促销方案。

实训操作

实训项目	人员推销综合实训
实训目标	掌握人员推销技巧
实训组织	(1) 教师提出活动前的准备及注意事项 (2) 学生分为 5 人一组(其中 1 人为推销员,1 人为观察员,3 人为顾客) (3) 对照综合实训题逐题进行情景模拟 (4) 各组通过情景模拟,每题只能选择一个答案
实训环境	市场营销模拟实训室
实训成果	(1) 学生观摩评比 (2) 教师讲评

人员推销综合实训题

课后练习

一、名词解释

农产品促销　农产品网络促销策略　人员推销　公共关系　广告促销　营业推广

二、不定项选择题

1. 不能长期使用的农产品促销方式是(　　)。
   A. 广告　　　　B. 营业推广　　　C. 公共关系　　　D. 人员推销
2. 下列属于典型的双向沟通方式的是(　　)。
   A. 广告　　　　B. 营业推广　　　C. 公共关系　　　D. 人员推销
3. 显示一个中年人一边喝某种品牌的饮料,一边在看电视中转播的精彩足球比赛,这种广告信息表达形式是(　　)。
   A. 生活片段　　B. 生活方式　　　C. 幻想　　　　　D. 人格化
4. (　　)是一种效果好、费用最高的农产品促销手段。
   A. 广告　　　　B. 营业推广　　　C. 公共关系　　　D. 人员推销
5. 某农产品销售中心规定,顾客一次性购买其农产品满 200 元可给予 10% 的折扣,这种折扣属于(　　)。
   A. 数量折扣　　B. 现金折扣　　　C. 季节折扣　　　D. 以旧换新
6. 乳品比较适合选择的广告媒介是(　　)。
   A. 报纸　　　　B. 电视　　　　　C. 杂志　　　　　D. 电台

三、判断题

1. 营销中介是农业生产经营者开展市场营销活动可有可无的中间环节。　　　(　　)

2.人员推销是一种能见度最高的公共沟通方式。（　　）

3.对于影响企业未来的主要顾客,必须制订直接、有效的关系管理计划。（　　）

4.农产品关系营销建立在顾客、关联企业、政府三个层面上。（　　）

5.网络促销虽然与传统促销在促销观念和手段上有较大差别,但它们促销产品的目的是相同的。（　　）

四、思考题

1.农产品促销有哪些主要方式？

2.农产品营业推广有哪些形式？

3.如何评价农产品的广告效果？

4.农产品网络促销的形式有哪些？

5.农产品促销方案设计一般需重点考虑哪几个方面的内容？

项目 10

农产品物流

【能力目标】

通过本项目的学习,学生能够理解农产品物流的概念及其发展历程,熟悉农产品物流的各种分类,掌握农产品物流各项功能合理化的方法,并了解农产品物流的发展趋势。

【课程思政】

通过本项目的学习,强化学生对物流重要性的意识,提升对农产品物流工作的认同感;通过对农产品物流的实践,提升学生的主体意识与社会责任感;结合前沿与背景分析,让学生从身边的事物出发,对农产品的物流活动进行积极的监督与反馈、宣传与建议,争取以点带面,让绿色物流的理念在学生心中生根发芽。

【任务分解】

(1) 掌握农产品物流的概念。
(2) 掌握农产品物流的分类。
(3) 掌握农产品物流各项功能的作业方式及合理化途径。
(4) 了解农产品物流的发展趋势。

10.1 认识现代农产品物流

10.1.1 农产品物流的定义

导入案例:池州推进农村电商物流融合发展

物流一词最早出现在美国,1921年阿奇·萧在《市场流通中的若干问题》中就提到"物流",此时的物流指的是销售过程中的物流。在第二次世界大战中,美国军方创立了"后勤"理论,主要研究以更低费用、更快速度、更好服务进行战略物资的补给。第二次世界大战后,"后勤"的概念逐渐在企业中得到应用,出现了"商业后勤",主要包括原材料物流、生产物流和销售物流,物流的外延开始变得更为宽泛。

20 世纪 60 年代,日本经济开始高速增长,日本企业界积极进行物流方面的实践,将物流纳入企业的核心竞争力,并正式使用"物的流通"这一术语,简称"物流"。我国改革开放后引入"物流"这一术语,现代物流的观念和方法开始普及,并进入了全面快速发展的阶段。

我国是一个农业大国,农业是国民经济发展的基础产业。改革开放后,在经济全球化及国家相关政策支持的影响下,我国农产品物流也得到了较快的发展。

农产品物流是指为了满足消费者需求、实现农产品价值而进行的农产品物质实体及相关信息从生产者到消费者之间的物理性流动,包括农产品收购、运输、储存、配送、装卸搬运、包装、流通加工、信息处理等一系列环节,并在这一过程中实现农产品的价值增值。

10.1.2 农产品物流与相关概念的比较

1. 农产品物流与农业物流

农业物流是指从农业生产资料的采购、农业生产的组织到农产品加工、储运、分销等一系列活动的过程中所形成的物质流动。而农产品物流主要是指农产品生产、收购、运输、储存、配送、装卸搬运、包装、流通加工、信息处理等活动,因此农业物流包含了农产品物流,农产品物流是农业物流的重要组成部分。

2. 农产品物流与农产品流通

农产品流通是指农产品从生产领域向消费领域转移中商品的价值、使用价值及相关信息这三部分组成的运动过程,包括商流、物流、信息流和资金流。农产品流通首先从商流开始,通过生产者与消费者之间农产品所有权的转移来实现价值效用;物流与资金流伴随商流而发生,物流完成农产品实体让渡过程中时间与空间的转移,资金流完成付款、转账等形式的资金转移。

农产品流通是商流、物流、信息流和资金流的集合体,是一个综合性系统,缺少其中任何一项都不能构成流通(见图10-1)。因此可以看出,农产品物流是农产品流通的重要支柱。

图10-1 农产品流通过程

3. 农产品物流与农产品储运

物流包括运输、储存、配送、包装、装卸搬运、流通加工及信息处理等活动,储存、运输是物流活动的构成要素。

传统的储存与运输是两个相互独立的环节,各自追求自身的最优。而现代农产品物流是一个系统工程,经营运作的目标是系统最优,整个系统就像一个木桶,每一项功能都是组成木桶的板块,木桶的容量代表系统的效益,所以局部最优并不是系统的最大产出,重要的是通过协调补足短板。

虽然储存和运输是物流的主要功能,占据大部分的成本比例,但我们不能简单地将农产品物流等同于农产品储运,农产品储运只是农产品物流系统中的重要子系统。

10.1.3 农产品物流的分类

1. 按照在供应链中的作用分类

(1) 农产品生产物流。农产品生产物流是指从农作物耕作、田间管理到收获的过程中产生的物流活动,包括育苗、插秧、锄田、整枝、杀虫、施肥、灌溉、收割、晾晒、包装、入库等作业。与其他产业的生产物流相比,农产品生产物流受自然条件影响较大,并且受地理环境条件的限制,活动范围也较小。

(2) 农产品销售物流。农产品销售物流是指为实现农产品所有权转换、价值增值而进行运输、储存等一系列物流的活动。农产品销售物流是农产品从加工企业或销售中介,通过零售商到达消费者手中所产生的物流,与其他产品的销售物流相比,虽然最终到达的都是消费者,但农产品销售物流会有自身的特色,如先集中再分散、周期短、范围广、频率高等。

(3) 农产品废弃物物流、回收物流。农产品废弃物物流是指在农产品生产、消费的过程中废弃物处理所产生的逆向物流。据资料显示,蔬菜产品在销售过程中 100 吨毛菜可以产生大约 20 吨废弃物,畜牧产品在生产阶段会产生大量的禽畜粪便。对已丧失再利用价值的废弃物进行掩埋或焚烧称为废弃物物流;对有价值的部分进行分拣、再加工使其重新进入生产或者消费领域称为回收物流。农产品废弃物物流、回收物流的渠道较为复杂,管理难度较大,相较于其他产品的逆向物流,农产品逆向物流所能创造的货币收益也较小。

2. 按照物流客体分类

(1) 粮食作物物流。粮食作物物流是指粮食作物从各地收割后集中、再分散到再加工、再销售场所或消费者手中。粮食关乎民生及国家安全,是人类生存的重要物质资源,包括水稻、小麦、玉米、高粱、大麦、大豆等。粮食作物物流也是农产品物流的重要组成部分。粮食作物物流的流量非常大,其完善与否也直接影响着国民经济的发展情况。

(2) 经济作物物流。经济作物是指除满足人们食用需求外,用于工业尤其是轻纺工业和食品工业的农产品,包括棉、麻、丝、毛、糖、茶、革等。经济作物物流依据经济作物的具体品种进行细分,总体物流需求量大,但频率较低。

(3) 农副产品物流。农副产品主要包括人们日常生活所需的肉、蛋、蔬菜、水果等,水分含量高,易腐烂。在我国,这类物流作业中产品损失率有时高达 30% 左右,其品质及价值的实现依赖物流运作的效率,要做到快装快运、防热防冷,管理水平越高、速度越快,其价值与价格就越高。

扩展阅读 10-1

中国生鲜行业痛点有哪些?降低损耗是关键

痛点一:流通环节繁多,供应链冗长

由于生鲜产品具有保质期短、易受损、易腐烂等特征,其对运输供应的要求也较一般产品更为严苛。目前我国生鲜产品的主要流通方式依旧是以城镇农贸市场为主导的传统模式,生鲜产品的流通需要经过农户、产地、采购商、中间商、批发市场等多重环节,流通环节繁多,供应链冗长,大幅降低了生鲜商品的流通效率,并增加了流通环节的损耗率。

从中国与发达国家生鲜腐损率的对比数据中可以看出,目前我国生鲜产品腐损率要远高于发达国家。其原因就在于传统的生鲜流通模式所造成的众多流通环节与运输时间,使得生鲜农产品运输效率低下且损耗较高。

痛点二:冷链物流建设落后,生鲜冷藏流通率还有待提高

损耗率高的另一大原因在于我国冷链物流建设落后。农产品冷链物流是指肉禽、水产、蔬菜、水果、蛋等生鲜农产品从产地采收(或屠宰、捕捞)后,在产品加工、储藏、运输、销售等环节始终处于适宜的低温控制环境下,最大限度地保证产品品质和质量安全、减少损耗、防止污染的特殊供应链系统。

数据显示,我国水产品、肉类、果蔬冷藏流通率分别为 40%、30%、15%,但全程冷链覆盖率分别仅为 23%、15%、5%。

冷链物流设施的缺乏,使大多数生鲜商品在运输过程中得不到规范的保温、保湿、冷藏,加大了流通损耗,也加大了从农户到消费者的价格与品质不稳定的因素。

痛点三:流通环节操作不规范,缺乏专业化经营人才

目前,我国生鲜产品的交易主体主要为零散农户和个体经营商户,受教育程度普遍不高,缺乏生鲜流通操作专业技能培训,缺乏规范化、标准化物流意识。而生鲜产品的易腐烂、保质期短的特殊商品属性又使其对流通环节要求较高,新鲜度和品质恰恰是其价值所在。不规范的流通环节操作加剧了商品损耗,也使生鲜商品失去价格竞争优势,更加剧了因滞销引起的高损耗风险。因此,行业急需专业化的生鲜经营人才,通过规范的生鲜经营来降低生鲜产品流通环节的损耗,确保低损耗率。

资料来源:http://www.myzaker.com/article/5bf3613a77ac644c8644e340/.

(4)畜牧产品物流。畜牧产品不但向消费者提供肉、蛋、奶等食物,也向轻工、化工、制革、制药工业提供原材料。畜牧产品可细化为肉类产品物流、蛋类产品物流、奶类产品物流等,总体物流需求量大。

(5)水产品物流。水产品包括一切从水域中出来的产品,保质期很短,水分含量高,容易腐烂变质。水产品还可以根据来源分为淡水水产品和海洋水产品。水产品物流是指水产品从水域打捞到加工,再到消费者的过程。淡水水产品比较分散,要求物流具有较强的灵活性,海洋水产品通常需要加工,对于保鲜等技术要求较高。

(6)林产品物流。林产品是重要的基础性工业原料。林产品物流是指林木从采伐、运输到加工、生产,在工业生产环节中再加工然后进入消费环节所产生的物流。通常,林产品体积较大,对运输、装卸搬运会有特殊的要求。

扩展阅读 10-2

物流介入供应链还有更多"新玩法",无人机帮助采茶女快速运茶

进入春季,气温转暖,狮峰山茶树发出新芽,采茶工到了最繁忙的时候。狮峰山采茶工林新告诉《经济日报》记者,茶叶极其娇嫩,为了追求最好的口感,新采摘的茶叶最好立即摊晒,如果长时间积压在一起会影响茶叶品质。不过,采茶工以女性为主,她们攀爬狮峰山往返山路少则 20 多分钟,一些陡峭之处,翻山越岭过去,需要一个多小时。为了保持茶叶鲜活,采茶工在采摘三四个小时后就将茶叶背下山,上下山数次,既辛苦又影响采茶效率。

2018 年采茶季,菜鸟无人机组成的飞行编队往返于狮峰山与炒茶中心之间,将新采摘下的狮峰龙井茶叶运输下山,用作摊晒、炒制。因此,2018年的狮峰龙井第一采是由无人机运输下山。"以前至少需要两个多小时,这次不到2分钟就送到了。"当地茶商表示。这意味着,无人机的介入让头茶可以至少提前两个小时上市。

用无人机运茶会增加一部分成本。但是,狮峰龙井是"狮龙云虎梅"5种龙井茶里的最高等级,无人机运输显著降低了茶叶的损坏率,综合考虑还是很划算。值得关注的是,菜鸟此次飞行运输与不少物流公司定位末端配送不同,已经介入商家的供应链体系。菜鸟ET物流实验室总监谷祖林表示,菜鸟正在依托无人仓、无人车、无人机等技术对包括商家、物流公司在内的物流全链路实行优化。

资料来源:http://baijiahao.baidu.com/s?id=15961402098820060830&wfr=spider&for=pc。

3. 按照运作条件分类

(1) 常温链物流。常温链物流是指在通常的自然条件下对农产品进行的物流活动,大多数非鲜活类农产品可以在常温下完成物流过程,如粮食作物、经济作物。

(2) 冷链物流。冷链物流泛指冷藏冷冻类农产品在生产、储藏运输、销售,到消费前的各个环节中始终处于规定的低温环境下,以保证农产品质量,减少农产品损耗的一项系统工程。冷链物流的适用范围包括蔬菜、水果、肉、禽、蛋、水产品、花卉产品等。

扩展阅读 10-3

冷链物流新发展

(1) 从广州到北京,小鱼安心睡一路

广东某水产公司自主研发低温暂养、活鱼包装、纯氧配送等专利技术,从塘头到市场,采用逐级降温和智能温控技术,在运输过程中让活鱼处于半冬眠状态,全程不换水,做到全程封闭温控管理,实现"南鱼北运"产业化发展。在不添加任何药物的情况下,从广东到北京存活率达到99%以上,让消费者吃上了真正放心新鲜的活鱼。

(2) 生鲜冷链配送实现标准化

山东某公司把每种商品的装载量告知供应商,供应商按要求将农产品装于标准化周转筐,全程不倒筐,减少人为接触商品,整筐直接配送到门店。推行和使用标准化载具的厂家和农户们还可以走绿色通道,享受优先卸货服务。

(3) 冷链物流透明化追溯管理系统

宁夏一家公司已经在所有产品包装上贴上自动生成的二维码,客户拿出手机,就可以查询产品冷藏仓储运输整个过程中应用的标准、产品温度、出入库日期等信息。

农产品冷链物流透明化管理系统,在产品分拣、包装、运输、仓储、配送等环节实现温度全程监控,保障冷链物流不断链。将冷库温度监控预警子系统、GPS温度监控跟踪子系统整合在一起,与客户系统对接,客户就能通过网站、手机客户端查询系统数据。比如,烟台一家公司就整合了商流信息、物流WMS、车辆运输管理等系统及物流信息平台,将温度追踪体系贯穿于各系统之中,建立完善的温度记录及追踪体系。

资料来源:https://cloud.tencent.com/developer/news/233540。

4. 按照农产品物流特性分类

(1) 流体农产品物流。流体农产品是指自然属性为容易流失散落的较小颗粒状或液态的农产品,如粮食、食用油等。流体农产品一般无固定形状,一旦包装破损,就容易流失散落,因此对流通的技术要求较高,包装材料需要达到一定强度,还需注意包装方法,并减少装卸搬运过程中的外力影响。流体农产品的流通批量较大,但是消费比较均衡,所以储存活动是必然会出现的。对流体农产品要特别注意储藏要求,严格做到"五防"。

(2) 鲜活农产品物流。鲜活农产品一般指果蔬、肉、蛋、奶等易变质的农产品。鲜活农产品含水量高,容易腐败,受天气影响大,消费者对鲜活农产品新鲜度的要求在逐步提高。因此,鲜活农产品物流的各个环节都需要受重视,如装卸搬运中要轻拿轻放、快装快运。鲜活农产品要求高效率的物流,要尽可能减少渠道层级,缩短运作时间,减少过程损耗,只有这样,经营者才能在交易中获得更大的收益。

(3) 纤维农产品物流。纤维农产品一般指棉、麻、毛、茧等纺织生产原料,这类产品密度小、燃点低、吸湿性强、易老化。在运输时需要通过捆压包装来压缩体积;在储存过程中要注意防止过热和过于干燥,温度超过 35℃棉花会发热引起自燃;储运时环境的相对湿度应控制在 60%左右,过高的湿度会使纤维农产品含水率超标导致霉变;纤维农产品在物流过程中还应避免与阳光接触,长时间接触阳光会造成产品变色老化。

(4) 耐储农产品物流。耐储农产品一般指畜牧产品皮毛、干菜、干果,在农产品中占比例较小。耐储农产品自然属性稳定、变化缓慢,对物流时间的要求不会太高,因此物流作业的大部分精力会花在储存这一环节。

(5) 易串味农产品物流。易串味农产品一般指容易吸收异味和自身容易散发味道的农产品,如香烟、茶叶、药材等。容易吸收异味的农产品要严格控制环境的湿度,防止霉变和脆化。易串味农产品在物流过程中需要保持包装和承运工具的整洁,保持通风,并要注意不可将容易吸收异味的产品与容易散发味道的产品邻近储运。同时,也要注意防止同为容易散发味道的农产品邻近储运,这类产品的气味往往是验收和评价质量的重要指标。

5. 按照农产品物流组织者分类

(1) 第三方农产品物流。第三方农产品物流是指独立于农产品供给者与需求者以外的专业物流企业,基于契约为供需双方提供一系列物流服务的业务模式。这类专业物流企业通常可以提供个性化的物流服务,掌握较高的现代信息技术,会与第一、第二方企业形成长期的合作关系。这种物流业务外包的业务模式,有利于农产品经营者集中精力发展自己的核心竞争力,减少库存,节省物流费用,提高物流运作效率。

(2) 自营农产品物流。自营农产品物流是指农产品生产者或相关企业借助自有资源组织物流活动的业务模式。自营物流的管理掌握在自己手中,可以有效、快速地传达指令,并得到信息反馈。但是这会加大企业人员、资金的压力,因为农产品供销季节性很强,物流设备总体利用率比较低。

10.2 农产品物流功能与管理

10.2.1 农产品仓储

1. 农产品仓储的概念

仓储可以分为"仓"与"储":仓即仓库,是指存放物品的场所、建筑物或大型容器、洞穴等特定场所;储表示收存、保管以备使用。仓与储合起来是指利用仓库对物资进行储存和保管。农产品仓储是利用仓库对农产品进行保存及对其数量、质量进行管理控制的活动。

2. 农产品仓储的意义

农产品仓储是由农产品在生产与消费之间的客观矛盾决定的,由于这些矛盾的存在,农产品在流通过程中大多都需经历仓储环节,仓储环节在调和矛盾中体现出了它的重要意义。

(1) 农产品仓储是实现再生产顺利开展的必要条件。

① 通过仓储克服农产品生产与消费地理上的分离。在工业产品领域,由于社会分工细化、生产规模化,产品的生产地较为集中,消费地分散,因而在销售时对运输的需求大为增加。随着社会的发展,自给自足的自然经济已经离我们远去,农产品的生产者与消费者在空间上逐步分离,并呈现生产地分散、消费地分散的格局,对于运输的需求加大。在农产品生产与消费之间进行适度集中储存,可以平衡运输的负荷。

② 衔接农产品生产与消费时间上的背离。农产品的生产与消费之间有一定的时间间隔,时间间隔较短的主要是常年生产、常年消费的产品,如蛋、奶等鲜活农产品;时间间隔较长的主要是季节性生产、常年消费的产品,如粮食、经济作物等。在这段时间间隔里,农产品流通会暂时停滞,形成仓储。通过有效的仓储管理,可以调节生产与消费的时间差异。

③ 调节农产品生产与消费方式上的差别。生产与消费的矛盾主要表现在品种与数量方面。随着专业化程度的提高,生产者生产产品品种趋向单一,但是数量却很大,而消费者在消费时会选择多样化但数量较少的商品。通过集散,可以调节两者之间的矛盾。

(2) 仓储是保持农产品原有使用价值的重要手段。

任何农产品在被消费前都会因为各种因素导致其使用价值降低。因此,仓储活动在保障再生产顺利进行的基础上还要尽量保障储存对象的数量、质量不受损。通过科学的养护、管理,可以保护好在库产品的使用价值。

(3) 仓储活动可以加快资金周转,节约流通费用,降低物流成本,提高经济效益。

做好仓储管理可以减少农产品在储存中的损耗,降低库存,加速资金周转。物流是企业的第三利润来源,而仓储又在其中占据较大的比例,做好仓储管理可以有效降低企业的费用与成本,同时提升作业效率,最终提高整体的经济效益。

3. 农产品仓储保管的方法

(1) 简易储存。简易储存就是利用现有设施,针对不同农产品的特点采取因地制宜的储存方式。简易储存可分为库藏、堆藏、沟藏等。这类储存方式的设施投资较少,结构简单,适宜大宗、廉价、耐储的农产品。

扩展阅读 10-4

大白菜堆藏

大白菜属耐寒蔬菜,收获后在低温条件下较耐储存。在储存过程中的损耗主要表现为腐烂、脱帮、失水,适宜的储存温度为 0℃,相对湿度为 95%～98%。

堆藏方法:在露天或室内将大白菜堆成两列,两列的底部相距 1 米左右,逐层向上堆叠时要逐渐缩小距离,最后使两列合在一起形成顶尖,从断面看是等腰三角形。菜堆高约 1.5 米,堆外覆盖苇席,堆的两头挂上席帘。每层菜间要交叉放置一些细架杆,以支撑两列菜能牢固地呈倾斜状。

(2) 窖窑储存。这种储存方式在全国各地都有,形式多样,如井窖、棚窖、冰窖、土窑洞。这类储存方式的环境中二氧化碳浓度大,可以相对抑制农产品的呼吸作用,同时还可抑制微生物和害虫的活动与繁殖,保持温湿度稳定。

扩展阅读 10-5

苹果的窖窑储存

苹果品种的耐储性差异很大,大多数品种储存的适宜温度为-1~0℃,相对湿度90%左右。在我国的山西、陕西、甘肃、河南等产地多采用窖窑储存苹果。

其方法是:苹果采收后要经过预储,待果温和窖温下降到0℃左右入储,并装入箱或框内,在窖的底部垫枕木或砖,苹果堆码在上面,各箱间留有缝隙,利于通风。堆码后苹果最上层与窖顶要保持60~70厘米的空隙。

(3) 通风库储存。通风库是果蔬等农产品储存的传统设施。利用对流原理,引入外界冷空气起到降温作用,再配合强制通风,其保鲜效果几乎可以达到普通商业冷库的效果。与普通冷库相比,通风库的硬件投入可节省60%左右,运作以后的能耗可节省90%左右。

扩展阅读 10-6

马铃薯的通风库储存

马铃薯的食用部分为地下块茎,收获后一般有2~4个月的生理休眠期。鲜食马铃薯的适宜储藏温度为3~5℃,但用于煎薯片或炸薯条的马铃薯应储藏于10~13℃,相对湿度为80%~85%。马铃薯应避光储存,因为光线会使马铃薯发芽,增加茄碱苷的含量。入库堆码时应注意堆垛高度不超过1.5米,堆内设置通风筒,薯堆周围要留有一定空隙以利于通风。

(4) 机械冷藏库储存。机械冷藏库储存是在具有较好隔热性能的库房中安装制冷设备,根据农产品的储存要求,自主控制库内的温度和湿度。其特点是效果好,但造价与运作费用高。

(5) 气调保鲜储存。气调保鲜储存是调整储存环境的气体成分的冷藏方法,综合了冷藏、降氧增碳(二氧化碳)、减压等储存方法。气调保鲜储存可以最大限度抑制果蔬产品在储存过程中的呼吸作用,延缓氧化衰老,同时通过减压起到抑菌、灭菌、消除气味干扰的作用,最终延长果蔬产品的储存期。

4. 农产品仓储保管的措施

(1) 严格验收入库农产品。在农产品入库时要严格验收,弄清农产品及其包装的质量状况。对吸湿性农产品要检测其含水量是否超过安全水平,对其他有异常情况的农产品要查清原因,针对具体情况进行处理和采取救治措施,做到防微杜渐。

(2) 适当安排储存场所。不同农产品对保管条件的要求不同,应分区分类存储。怕潮湿和易霉变的农产品,应存放在较干燥的库房里;怕热易变质或易燃易爆的农产品,应存放在阴凉场所;一些既怕热又怕冻且需要较大湿度环境的农产品,应存放在冬暖夏凉的底层库房或地窖;性能相互抵触或易串味的农产品不混藏。

(3) 科学堆码、苫垫。阳光、雨雪、地面潮气对农产品质量影响很大,要做好苫盖和垫垛工作,利用枕木、垫板、苇席、油毡进行防潮处理。含水率较高的易霉农产品,尽量码通风垛;容易渗漏的农产品,应码间隔式的行列垛,库内农产品堆码应留出适当的距离。

(4) 控制好仓库温湿度。应根据不同农产品的特性,适时采取密封、通风、吸潮和其他控制与调节温湿度的办法,力求把仓库温湿度保持在适宜农产品储存的范围内。

(5) 严格进行农产品在库检查。农产品发生数量、质量损失的概率较大,因此对库存进行定期或不定期的盘点和检查非常必要。检查内容主要包括但不限于:农产品保管条件是否满足要求;农产品质量的变化动态;各种安全防护措施是否落实,消防设备是否正常。检查时应特别注意农产品温度、水分、气味、包装物的外观、货垛状态是否有异常。

(6) 保证仓库清洁卫生。储存环境不清洁,易引起微生物、虫类寄生繁殖并危害农产品。仓库内外应经常清扫,彻底铲除仓库周围的杂草、垃圾,必要时使用药剂杀灭微生物和潜伏的害虫。对容易遭受虫蛀、鼠咬的货物,要及时采取有效的防治措施。

10.2.2 农产品运输

1. 农产品运输的概念及产生背景

农产品运输是指通过运输工具或设施来实现农产品时间、空间上的转移。随着人类社会的发展,生产力水平在急速提高,农产品在被生产者消耗之后还有大量剩余,生产者会将这部分剩余拿到市场上交易。这时生产与消费变得不同步,需要运输衔接这两个环节。伴随农产品交易规模的扩大、交易范围的全球化,社会对农产品运输的需求也更加迫切。

2. 农产品运输的各种方式及特点

农产品运输的方式主要有水路运输、铁路运输、公路运输、航空运输四种,不同的运输方式具有各自鲜明的特点。

1) 水路运输

(1) 运输量最大。在国际贸易中有75%的业务都是靠水路运输完成的。现代货运船舶向着大型化、高承载的方向在发展,一般普通万吨级的货轮单趟的承载量可抵得上200节50吨火车车皮、千余辆中型卡车的运量。

(2) 运费低廉。在水路运输中,线路是天然的,只用建设点(码头),运行时燃料经久耐用,其固定成本与可变成本都较低,所以货物运输的单位成本也相对低廉。

(3) 运距远。水路运输中又可分为近海运输、远洋运输、内河运输。可以跨大洋进行长途运输,运输距离相对较远。

(4) 速度慢。船舶体积大,阻力也大,由于承运量大,其装卸时间也较长,所以水路运输的速度相对最慢。

(5) 风险较大。水路运输受自然条件与天气的影响较大,特别是远洋运输,海洋环境复杂、气象多变,遭遇不可抗自然灾害袭击的可能性大。除自然风险外,还存在战争、海盗、禁运等社会风险。

2) 铁路运输

铁路运输受天气影响小、安全、中长距离货运价廉、运输批量大、速度快、节能,但不宜短距离运输、途中作业时间长、运费没有伸缩性、不能进行门对门运输、车站固定、货物滞留时间长、不宜紧急运输。

3）公路运输

公路运输灵活性强,可以实现门对门的运输、可深入山区或偏僻的农村、运输速度快,但运输能力低、变动成本高、劳动生产率低、不适合运输大宗物品、长距离运输费用较高。

4）航空运输

航空运输速度快、机动性大、安全性高、基建投资少、准确性高,但载重量比较小、运载成本高、受天气影响较大、不适宜短途运输。航空运输最适合承担运量较小、距离远、对时间要求紧、运费负担能力较高的任务,如鲜活易腐的农产品的中长途运输。

3. 农产品运输的不合理现象

（1）空驶。空驶即空车无载货行驶,是最严重的不合理运输。造成空驶的原因大致如下：能利用社会运输体系却不利用,依靠自备车辆进行运输,造成单程空驶；由于计划不周,造成信息失准,车辆空去空回、双程空驶；车辆过分专用,无法搭载回程货品,造成单程空驶。

（2）对流运输。对流运输又称相向运输,是指同一种货品在同一线路上做相对方向的运输,货品也可以是互相代替却不影响使用与效率的相似货品。

（3）迂回运输。迂回运输是指本来可以选取较短路程的线路进行作业,但却选择了较长路程的线路进行运输,即绕了远路。但是迂回运输有一点复杂性,为避免交通堵塞、道路情况不好、特殊限制而发生的迂回不能归为不合理运输。

（4）倒流运输。倒流运输是指货物从起运地送出又回流至起运地的现象,其位移近似于零,往返两趟都是不必要的。

（5）重复运输。重复运输是指本来可以直达的货运,在中途停滞并重复装卸再送达目的地的不合理运输形式。虽然这样没有增加运输里程,但是增加了不必要的装卸环节,延缓了速度,增加了费用。

（6）托运方式选择不当。这是本可以选择最好的托运方式而未选择,造成运力浪费及费用加大的不合理运输形式,如本应选择整车托运的,却最终决定进行零担托运。

（7）运力选择不当。运力选择不当是指未利用各种工具的优势而选择不正确的工具进行运输的不合理现象,如弃水走路、铁路、大型船舶的过近运输等。

（8）超限运输。超限运输是指超过规定的长度、宽度、高度和重量进行运输,容易引起货损、车辆损坏和公路路面及公路设施的损坏,还会造成严重的事故。

4. 农产品运输合理化的途径

（1）加大对农产品物流基础设施的投入。加强农村道路建设,确保农产品可以物畅其流；发展先进运输技术和运输工具,重点开发使用保温材料、保鲜技术、冷藏技术、集装技术等,扩大冷藏货运车辆的生产与营运。

（2）正确选择农产品运输路线,确定合理流向。要改善生产布局,按照近产近销的原则调整购销储运网点,避免对流和倒流运输；正确选择运输方式,尽可能实行直达运输,减少迂回和中转；引导农产品运输业实现专业化。

（3）提高运输工具的使用效能。通过发展社会化的运输体系、加速车船运转、开展"捎脚"运输、加强运输计划性等方法节约运力。提高工具的实载率,用同样的能耗装运更多的农产品。

（4）加强运输的安全质量管理。在运输作业中,应强调"及时、准确、安全、经济"的原则,严防运输过程中发生包装破损、霉变、丢失及翻车沉船等事故。

(5) 不断完善"绿色通道"制度。在农产品运输之前把所有手续办理完毕,省略中途的各种检查、缴费手续,减少农产品的在途时间。

10.2.3 农产品配送与配送中心

农产品配送是指在经济合理的区域范围内,根据客户的要求,对农产品进行拣选、加工、包装、分割、组配等作业,并按时送达给客户的活动。配送处于现代物流的末端,是现代物流中的一种特殊的、综合的活动形式,在物流系统中占有重要的地位。

1. 农产品配送的特点

农产品本身具有生产区域性、季节性、分散性、鲜活性的特点,同时,农产品是生活必需品,消费弹性小,具有消费普遍性、分散性的特点。因此,农产品的配送会有不同的特点。首先,农产品的生产与消费都很分散,需要设置大量的接近消费者的配送点。其次,产品大多都易腐易烂,即便采取保险措施,也会有一定比例的损耗,这使农产品配送的半径相对较小。最后,由于农产品的供求信息不对称、季节波动大,导致农产品的配送风险加大。

2. 农产品配送与农产品运输的关系

运输和配送都是线路运动,两者的差别如表 10-1 所示,运输与配送是互补的关系。

表 10-1 运输与配送的差别

项目	运输	配送
性质	干线	支线
作业距离	中长距离	短距离
对象属性	大批量、少品种	小批量、多品种
作业周期	长	短
功能类型	功能单一	功能综合

3. 农产品配送的业务模式

(1) 直销型配送模式。直销型配送是指由农户或农产品供给者自行将农产品送到客户手中。

(2) 契约型配送模式。契约型配送模式是指加工企业与农户或合作社之间通过契约形式联结,由企业负责将产品送入市场。

(3) 联盟型配送模式。联盟型配送模式的主导者是农产品批发市场,参与者是农产品生产者、批发商、零售商、运输商、加工保鲜企业等,通过利益联结和优势互补形成战略联盟。

(4) 第三方配送模式。第三方配送是由相对于发货人和收货人而言的第三方专业企业来承担企业配送活动的一种形态。它不拥有产品,不参与产品买卖,而是为其他方提供基于合同的一系列、个性化、信息化的长期配送代理服务。这种模式也将会是以后农产品配送发展的趋势。

4. 农产品配送中心

农产品配送中心是指从事农产品配备(集货、储存、加工、拣选、配货等)和组织对用户的送货,以高水平实现销售和供给服务的现代流通设施。虽然配送中心的规模、性质不同,其营运涵盖的作业项目也不完全相同,但其基本作业流程大致相同,如图10-2所示。

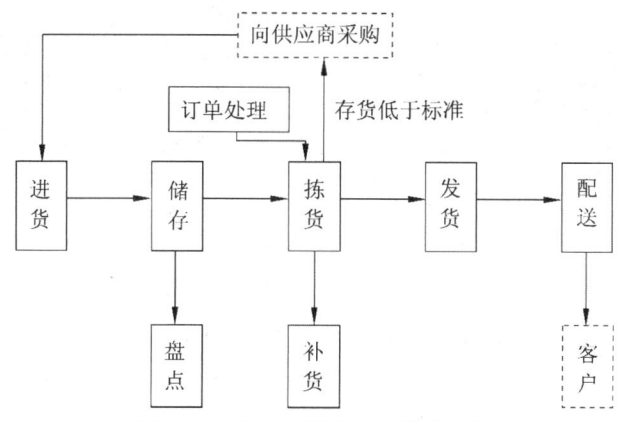

图 10-2 农产品配送中心作业流程

作业流程由供应商供应货品到达配送中心开始,经"进货"作业验收分类后,便依次"储存"入库,然后这些产品根据需要的数量开始向分拣区递补。在"储存"的过程中,为了保证配送管理有良好的绩效,要对货品进行定期或不定期的"盘点"。

接收到客户的订单后,先对订单进行处理,并生成分拣单,驱动"拣货"作业。"拣货"进行时,如发现分拣区存量过低,则需要储存区来"补货",将存储的货品继续递补至分拣区以供"拣货"。如发现储存区域的存量也低于标准,便要向上游供应商采购进货。而此时已按客户订单要求完成分拣的货品经数量复核并简单整理包装后便进入发货区域,等待"发货"。配送人员将这些货品配装上车,然后将它们"配送"到对应的不同客户手中。

(1)订单处理。订单处理是整个配送作业的开端,也是服务质量得以保障的根本。订单处理从接受订货、订单确认到异常处理主要有传统人工处理和计算机处理两种操作方式。

配送中心接受客户订货的方式主要有传统订货方式(见表10-2)和电子订货方式(见表10-3)两大类,随着农产品流通环境及科技的发展,接收客户订货的方式也逐渐由传统的人工下单、接单,演变为计算机间订货信息的接收。

表 10-2 传统订货方式

订货方式	具体操作
厂商铺货	供应商直接将商品放在车上,一家家去送货,需要多少铺多少,缺多少补多少
厂商巡货、隔日送货	供应商前一天先到各客户处查询补充的货品,隔天再予以补货
电话口头订货	订货人员将商品名称、数量以电话口述的形式向供应商订货,电话订货所费时间太长,且差错率高
传真订货	订货人员将缺货资料整理成书面文件,利用传真机传给供应商,利用传真机虽可快速地传送订货资料,但其传送资料的品质不良,常增加事后确认工作
邮寄订货	客户将订货表单邮寄给供应商
客户自行取货	客户自行到供应商处看货、补货、自行取货,虽可省却配送中心工作量,但会影响物流作业的连贯性
业务员跑单接单	业务员、经纪人至各客户处推销产品,而后将订单带回

接收订单后,首先需要确认货物名称、数量及日期,尤其当要求送货时间有问题或出货延

表 10-3 电子订货方式

订货方式	具体操作
订货簿或货架标签配合手持终端及扫描器	订货人员携带订货簿及终端机巡视货架,若发现商品缺货,则用扫描器扫描订货簿或货架上的商品标签,再输入订货数量,当所有的订货资料均输入完毕后,利用数据机将订货资料传送给供应商
销售时点管理系统(POS)	客户设定安全库存量,每当销售一笔商品时,计算机自动扣除该商品库存,当库存低于安全库存量时,自动产生订货资料,将此订货资料确认后即可通过网络传给供应商
订货应用系统(EOS)	电子订货应用系统是企业利用通信网络(增值网或互联网)和终端设备以在线连接方式处理从订货到接单各种信息的计算机系统,能及时准确地处理订单及从新产品资料说明直到会计结算等商品交易过程中的所有作业

迟时,更需要再与客户确认订单内容或更正期望运送时间。然后,确认客户信用,检查客户的应收账款是否已经超过其信用额度。最后,确认订单形态(见表10-4)、确认订货价格、确认加工包装。

表 10-4 订单形态与处理方式说明

订单类别	含　义	具体处理方法
一般交易订单	接单后按正常作业程序拣选、出货、配送、收款结账的交易订单	接单后,将资料输入订单处理系统,按正常的订单处理程序处理,资料处理完后,进行拣选、出货、配送、收款结账等作业
现销式交易订单	与客户当场直接交易、直接给货的交易订单	订单输入前就已把商品交给客户,故订单不需要再参与拣货、出货、配送等作业,只需记录交易资料,以便收取应收款项
间接交易订单	客户向配送中心订货,但由供应商直接配送给客户的交易订单	接单后,将客户的出货资料传给供应商由其代为配送
合约式交易订单	与客户签订配送契约的交易订单	约定送货日到时,将该资料输入系统处理以便出货配送,或一开始输入合约内容,并设定各批次送货时间,由系统自动处理
寄库式交易订单	客户因促销、降价等市场因素而先行订购的商品,以后视需要再要求出货的交易订单	当客户要求配送寄库商品时,系统检查是否属实,若有,则出货时要从此项商品的寄库量中扣除。注意此商品的交易价格是依据客户当初订购时的单价计算
兑换券交易订单	客户通过兑换券所兑换商品的配送出货	系统检查是否属实,依据兑换券兑换的商品及兑换条件予以出货,并扣除兑换量和回收兑换券

若现有存货数量无法满足客户需求,且客户又不愿意选择替代商品时,则依据客户意愿与公司政策来处理,存货不足的处理说明如表10-5所示。

表 10-5 存货不足的处理说明

情况类型	约束条件	处理说明
客户不允许过期交易	公司无法重新调拨	删除订单上不足额的订货,或取消订单
	重新调拨	重新调拨分配订单
客户允许不足额订单	公司政策不希望分拣送货	删除订单上的不足额部分
	等待有货时再予以补送	等到有货时再予以补送
	处理下一张订单时补送	与下一张订单合并配送
	有时限延迟交货,并一次配送	客户允许一段时间的过期交货,且希望所有订单一同配送
	无时限延迟交货,并一次配送	无论需要多久,客户皆允许过期交货,且希望所有的订货一起送达,等待所有订货到达再出货

续表

情况类型	约束条件	处理说明
客户希望所有订货一次配送,且不允许过期交货		取消整张订单
根据公司政策		允许过期分批补货;由于分批出货的额外成本高,不愿意分批补货,宁可客户取消订单,或要求客户推后交货日期

（2）分拣作业。农产品配送中心的货物拣选和其他物流配送中心的货物拣选作业形式大体相似,为了保证生鲜品的快速流通,一般会增加一个直接换装区,以保证相关货物的快速流转。

分拣方式可以从以下不同的角度进行分类：按订单组合,可以分为按单分拣和批量分拣；按人和货物的位置关系,可以分为人至货前分拣和货至人前分拣；按分拣信息与应用设备,可以分为贴标签分拣、电子标签辅助分拣、RF辅助分拣、自动分拣,如表10-6所示。

表10-6 四种分拣方式的优势对比

分拣方式	贴标签分拣	电子标签辅助分拣	RF辅助分拣	自动分拣
所需设备	标签打印机、ID卡设备	全套电子标签拣货系统	全套无线网络和手持终端设备	全套自动化分拣、配送、分类、识别等装置
拣货效率	较高	较高	一般	非常高
拣货差错	很低	低	极低	非常低
信息及时性	较好	较好	好	好
工作量统计	方便	较方便	方便	方便
投资情况	较低	高	高	非常高
仓库规划要求	拣货动线规划；安装标签打印机	拣货流水线规划；安装电子标签；使用流利式货架或搁板式货架	拣货动线规划；安装无线局域网	拣货动线规划
拣货员使用	拣货员双手得到部分解放；对拣货员要求低,上手快,培训简单	拣货员双手得到完全解放；对拣货员要求低,只需一般培训即可	拣货员双手得不到解放；对拣货员要求高,需要经过专业的培训	无须人工介入

（3）补货作业。补货作业是将货物从配送中心保管区搬运至拣货区的工作,其目的是确保商品能保质保量按时送达到拣货区。取货环节需注意核对取货位、货品代码、名称,如发现包装损坏、内装不符、数量不对等情况,应及时反馈给信息员处理,同时要维护好周转区的货品,按规定动作开箱,轻拿轻放,取货完成后马上整理货位上的货品,取货环节力求标准、及时、准确。补货上架环节需注意核对取货位、货品代码及名称,一种货品对应一个拣货位,尽量全部补到拣货位上,同时要把货品摆放整齐。补货作业还需要注意做到及时查询、主动补充、及时补充,工作流程要标准、精确。

（4）送货作业。农产品送货作业管理的困难在于其可变因素太多,且因素与因素间往往又相互影响,因此很容易遇到以下问题。

① 从接受订货至出货非常费时,大部分农产品对送货时效的要求又非常高。

② 配送计划难以制订。
③ 配送路径的选择不顺利。
④ 装卸货时间太长，导致配送效率低下。
⑤ 无法按时配送交货。
⑥ 配送业务的评价基准不明确。
⑦ 驾驶员的工作时间不均，产生抱怨。
⑧ 物品配送过程的毁损与遗失，生鲜产品尤其严重。
⑨ 送货费用过高，影响整个配送中心的运作成本。

上述这些问题的发生，会严重影响配送质量和配送服务水平。由于送货作业环节直接面对客户，因而显得更加重要。目前大多数客户都要求配送中心采取准时化的配送，以实现"距离最短""时间最少""成本最低"三个目标，应从提高每次输配送量、提高车辆运行速率、削减车辆使用台数、缩短运输配送距离及适当配置物流设施据点等方面考虑。提高送货作业效率的措施具体如表10-7所示。

表10-7 提高送货作业效率的措施

措　施	要　点
缓和交错输送	可采用缓和交错输送的方式，如将原直接由各供应商送至各客户的零散路线由配送中心来做整合并调配转送，这样可以舒缓交通网络的复杂程度，且大幅缩短配送距离
直配、直送	供应商与零售商做直接交易，零售商的订购单可通过信息网络直接传给供应商，因此各供应商的产品可从供应商的配送中心直接交货到各零售店
共同配送	多家企业共同参与但只由一家运输公司独自进行的配送作业，这种模式的形成要点在于参与配送者要能认清自身的条件、定位、未来成长的目标，并加强各自体系的经营管理与物流设备设置
建立完整的信息系统	建立完善的运输管理与配送管理系统，要求该系统能够依交货配送时间、车辆最大积载量、客户的订货量、个数、重量选择最经济的配送方法；依货物的形状容积、重量及车辆的运输能力等，自动安排车辆、装载方式；依最短距离原则找出各客户的最便捷路径
改善运行中载运工具的通信	运行中的车辆具有即时通信功能，能够把握车辆及司机的状况；传达道路信息或气象信息；把握车辆作业状况及装载状况；进行作业指示；传达紧急的信息；提高运行效率及安全运转；把握运行车辆的所在地
控制出货量	采用给予大量订货客户折扣，确定最低订货量，调整交货时间，对于季节性的变动尽可能引导客户提早预约等方式，使出货量尽量平准化
配送规划	规划中需要考虑静态的因素，如配送客户的分布区域、道路交通网络、车辆通行限制（单行道、禁止转弯、禁止货车进入等）、送达时间的要求等；也需要考虑动态的因素，如车流量变化、道路施工、配送客户的变动、可供调度车辆的变动等

扩展阅读 10-7

电商+产地仓 每斤脐橙多卖1元钱

《菜鸟2018农村物流报告》统计了全国各地农村淘宝物流站点的信息。从排名看，江西瑞金的农产品上行量居全国第一位。紧随其后的是广东化州、河北隆尧、浙江宁海、山西高平等地。瑞金是赣南革命老区，当地脐橙名声在外，种植面积就达11万亩，分布在230个行政村，是农民的重要收入来源。以往，果农摘果后只能等着采购商上门，或者自己拉到全国市场去卖。自从菜鸟的物流骨干网延伸到农村，在田间地头开设农产品原产地仓，将脐橙的物流效率提升超过50%，物流成本降低约10%。据当地果农反馈，接触阿里巴电商后，通过产品分级,每斤脐橙平均能多卖1元钱。而且果农不用自己去市场,发货的产地仓就在家门口,减少了中间环节和成本,把利润留在产地,直接为果农增收。

2018年6月,阿里巴巴集团与江西省签订战略合作协议,菜鸟将在江西投资建设国家智能物流骨干网节点项目,打造一批市县配送中心和城乡末端配送网络,帮助脐橙飞往全球市场。化州的橘红、隆尧的大葱莲藕、宁海的海货、高平的黄梨蜂蜜,都是通过日渐畅通的智能物流骨干网,从本地餐桌走上了更大的消费市场。

资料来源:https://baijiahao.baidu.com/s?id=1620902518478928520&wfr=spider&for=pc.

10.2.4 农产品包装、装卸搬运与流通加工

1. 农产品包装

商品经过适当的包装,才能真正进入流通和消费领域,才能实现商品的价值与使用价值。农产品具有自身的特性,良好的包装不但能促销,还能提高农产品的附加值。包装简陋、单一,不但销路会受影响,更重要的是运输、储存、装卸搬运将会受阻。

1) 农产品包装材料

农产品包装材料主要有纸质包装、塑料包装、纳米复合包装、金属包装、玻陶包装、可食性包装、条编包装。

2) 农产品包装技术

可采用的农产品包装技术有防震包装技术、防破损包装技术、防霉腐包装技术、防虫包装技术、特种包装技术。

扩展阅读 10-8

共享快递盒生鲜版首发了

2018年4月25日,苏宁物流联合灰度环保科技在绿色·智慧物流峰会上发布国内第一款冷链循环箱产品,该产品功能设计符合苏宁一直提倡的共享快递盒理念,将率先在苏宁冷链网络中首发,进行场景测试应用。

生鲜行业正在迎来快速发展的契机,但对绿色包装健康、新鲜、安全提出了更高的需求。目前,生鲜行业内快递包装"不统一、无标准、非循环"的问题已经成为全民关注的重点。签收包裹时草莓变成了烂莓,牛肉和排骨送到家时已经完全解冻,网购生鲜后家里扔掉了太多一次性泡沫箱。

本次发布的冷链循环箱打破了传统冷链箱的厚重设计,采用了可折叠设计方式,满足了装载运输和循环回收上的轻简需求,保证了快递服务的简洁高效。除此之外,产品也围绕苏宁绿色共享包装理念进行了优化:采用密封保鲜设计,食品级内膜保护,易清洗,完全隔绝海鲜等异味;材质耐冷耐热,在高温的水中不会变形,甚至可用沸水消毒;可循环,外壳材料100%可循环利用,具有优越的耐冲击性,重压或撞击时不易破碎,可实现长久使用。

资料来源:http://baijiahao.baidu.com/s?id=1598714360824107855&wfr=spider&for=pc.

3) 农产品包装合理化

(1) 适度包装。农产品包装应追求适度:一要防止包装不到位、包装落伍;二要防止包装过度。包装不到位,会使包装的基本功能无法实现,容易出现商品受损、发霉等情况。包

装落伍会使产品形象受影响,延误销售。包装过度会增加产品的成本,这个成本最终要转嫁到消费者身上,对于普通商品而言,包装费用应控制在售价的15%以下。

(2) 包装应适应装卸搬运、运输、储存作业的要求。包装尺寸应尽量与运输工具、仓库等相配合,既不溢出,又不留空隙。

(3) 大力推行农产品包装机械化、自动化和智能化。推广诸如缓冲包装、防锈包装等包装方法,采用托盘、集装箱进行组合包装运输。推行机械化、自动化、智能化包装,可以提高包装作业效率、节省劳动力、提高流通中货品的安全性。

(4) 农产品包装绿色化。Reduce、Reuse、Recycle、Degradable是当今世界公认的绿色包装的3R1D原则。其中Reduce是要求实行包装的减量化,Reuse是要求实现包装的重复利用,Recycle是要求包装材料能再循环处理,Degradable是要求包装材料可降解。

扩展阅读 10-9

不同农产品的最大装箱深度如表10-8所示。

表10-8 不同农产品的最大装箱深度

名称	最大装箱深度/cm	名称	最大装箱深度/cm
苹果	60	洋葱	100
甘蓝	100	梨	60
胡萝卜	75	马铃薯	100
柑橘	35	番茄	40

2. 农产品装卸搬运

(1) 农产品装卸搬运的特点。农产品装卸搬运是附属性、伴生性的活动,但它衔接了生产的各阶段和流通的各环节,是整个物流过程中的闸门与咽喉。可见,改善装卸搬运作业对于加速车船周转、加快物流速度、降低物流费用、提高服务质量、提升系统整体效益都具有十分重要的意义。

(2) 农产品装卸搬运合理化。农产品装卸搬运合理化在于减少装卸搬运的次数,消除多余、重复作业;提高装卸搬运活性,使货品尽量处于适合下一步作业的状态;利用重力作用,减少能量消耗;实现作业机械化和自动化,将作业人员从重体力劳动中解放出来,提高装卸搬运的效率;推行组合化装卸搬运,尽量使用托盘和集装箱,拓宽物流系统的咽喉和闸门。

3. 农产品流通加工

(1) 农产品流通加工的概念。根据《中华人民共和国国家标准物流术语》的定义,流通加工是指物品在从生产地到使用地的过程中,根据需要施加包装、分割、计量、分拣、刷标志、栓标签、组装等简单作业的总称。例如,按照顾客的订单要求,将食肉和鲜鱼进行分割或把量分得小一些。

农产品流通加工的定义可以根据对象的特征再细化,在物流过程中根据需要对农产品进行除杂去废、清洗、切段、计量等作业都属于农产品流通加工。

(2) 农产品流通加工的方式。农产品流通加工的方式包括除杂去废加工、分级分类加工、清洗、切削分割加工、粉碎加工、压缩打包加工、腌泡加工、干燥脱水加工、冷藏冷冻加工、消毒杀菌加工、密封包装加工、催熟加工。

(3) 农产品流通加工的意义如下。

① 流通加工能够保护农产品的有益成分。蔬菜经过速冻加工后,在恒温下可以储存2年以上,在烹调过程中其维生素只损失20%左右,而新鲜蔬菜在烹调时维生素损失在30%以上。

② 流通加工可以延长农产品的储存时间。一般加工后的蔬菜可以延长储存期半年到两年,水果类产品可以延长储存期一个月到一年左右,蛋类可以延长储存期半年到一年,肉类可以延长至一年以上。

③ 农产品流通加工创造附加价值,提高用户服务水平。食品的流通加工有时可以使加工对象的产品利用率提高20%～50%,如大米的自动包装、上市牛奶的灭菌、鱼和肉类的冷冻等。

扩展阅读 10-10

鲜易通构建全国首张生鲜农产品流通加工网络

为了解决"产地冷链最初一千米"和"销地冷链最后一千米"的问题,鲜易通致力构建全国首张分布式生鲜加工(PC)网络,以产地PC+销地PC,重点围绕国家物流节点城市、流通节点城市、跨境电商试点城市,形成全国性、分布式、路由的流通加工网络布局。目前,已布局上海、天津、郑州、合肥、长春等12个PC流通加工基地,这使越来越多的生鲜农产品享受到预冷、加工、冷链运输、冷库仓储、冷链配送等"待遇",既提高农产品标准化程度,又使农产品损耗大幅降低,品质明显提升,附加值不断放大。

资料来源:http://www.sohu.com/a/246555570_180501.

10.3 农产品物流发展的新趋势

10.3.1 农产品绿色物流

绿色物流是可持续发展的必然选择,绿色是生命、健康、活力的象征,农产品绿色物流已成为21世纪现代物流发展的新方向,它不仅关系到生态环境的污染问题,更重要的是还关系到人类的身心健康。

1. 绿色物流的定义

《中华人民共和国国家标准物流术语》对绿色物流(green logistics)的定义是:"在物流过程中抑制物流对环境造成危害的同时,实现对物流环境的净化,使物流资源得到充分利用。"

2. 农产品绿色物流的意义

近年来,农产品消费观念发生改变,从数量追求转向对农产品的质量要求,强调无公害、无污染,崇尚健康、环保、安全。因此,农产品绿色物流显得尤为重要。

(1) 发展农产品物流,可以优化农产品物流系统目标,提高农产品物流管理水平,实现农产品物流系统的整体最优及对环境的最低损害,提高物资的重复利用率。

(2) 发展农产品绿色物流,是对绿色农业的完善,有助于农产品赢得公众信任,在激烈的市场竞争中脱颖而出。

(3) 发展农产品绿色物流,可以给农业企业和农户带来巨大的经济效益,增加农民收入,增加农产品的品牌价值,实现低投入、大物流。

(4) 发展农产品绿色物流,可以在实现经济、社会效益的同时节约资源、保护环境,保持自然生态平衡,为子孙后代留下生存和发展的空间。

10.3.2 农产品物流标准化

1. 农产品物流标准化的概念

农产品物流标准化是指以农产品流通及相关的农产品分类、采收、名词术语、包装、贸易、储存、运输为内容而制定的共同使用和遵守的准则,以形成全国及与国际接轨的标准体系,并对标准实施进行监督。

2. 农产品物流标准化的内容

农产品物流标准化的主要内容如下。

(1) 基础编码标准化。
(2) 物流术语、计量单位标准化。
(3) 标志、图示和标识标准化。
(4) 模数尺寸标准化。
(5) 物流建筑基础模数标准化。
(6) 集装模数尺寸标准化。
(7) 物流单据、票证标准化。

3. 农产品物流标准化的意义

(1) 农产品物流标准化是规范秩序的重要纽带和桥梁,有利于农产品流通,有利于农产品物流网络的建立。

(2) 农产品物流标准化可以降低物流成本,提高流通效率,并可以更好地保证农产品的质量安全。

(3) 农产品物流标准化可以满足社会对农产品多样化、个性化的需求,可以促进农业管理与技术的进步。

(4) 通过农产品物流标准化建设,可以更好地解决"三农"问题,提高农民收入。

10.3.3 农产品物流信息化

1. 农产品物流信息化的概念

农产品物流信息化是指将现代信息技术应用于农产品流通领域。农产品物流信息化是农业信息化的重要组成部分。通过信息化,可以提高农产品市场流通效率,保证农业信息畅通,有利于实现市场供需平衡,并且有利于降低农产品交易成本,促进农产品的商品流通。

扩展阅读 10-11

京东打通线上线下,助力"互联网+农业"

农产品的特性决定了其对保存、运输中的温度、湿度等都有较高要求,物流基础设施一直是制约农产品"走远"、市场流通的瓶颈问题。从事樱桃销售5年多,耘果电商发起人陆晨对此感触最深。他说,陕西的樱桃成熟于5月中下旬,炎热的天气不利于保存。以前,樱桃都是由普通货车运送,外送范围最多不超过200千米,而且费用特别高。随着京东物流等国内物流企业开始把冷链运输应用于樱桃领域,不仅配送速度越来越快、可达范围越来越广,费用还不断降低,2018年比2017年又降低了20%左右。

目前,京东物流已经在全国10个城市建设了20个先进的多温层冷库,覆盖深冷、冷冻、冷藏、控温、常温五大温层,配送服务覆盖全国超过300个城市,为农产品上行提供基础设施保障。而在交通不便的地区,京东利用无人机系统大幅提升了大山深处的特色产品与外部消费市场的对接能力,大幅降低农产品"出山"的物流成本。

资料来源:http://www.jdwl.com/news/5b3dc0b92d2efecd1f19850b。

2. 农产品物流信息化技术

(1) 无线射频识别技术。无线射频识别(radio frequency identification,RFID)是自动识别技术的一种高级形式。随着信息化技术的不断发展,无线射频识别技术的应用也越来越广泛。作为一项先进的自动识别技术,RFID具有存储量大、可读写、穿透力强、识别距离远、识别速度快、使用寿命长、环境适应性好等特点。

以猪肉的追溯为例,首先把带有RFID芯片的耳标安装在刚出生的小猪的耳朵上,这从源头保证了生猪从出生到屠宰出售整个流通过程的真实信息的可追溯。接着,将经RFID芯片采集的信息保存到配套开发的猪场管理系统软件中,用于数字化猪场管理人员的日常查询、优化计划、科学管理。最后,构架短信、免费查询电话、网络三网合一的电子商务查询平台,让消费者方便地查询猪肉的所有信息。RFID号的唯一性确保了猪肉信息的准确性,也有利于相关执法部门的监督。电子商务平台还确保了肉猪厂家与消费者的信息共享,提高了消费者对厂家的信赖。

(2) 二维码技术。RFID技术在农产品追溯系统中可以发挥非常大的作用,但是现阶段实际应用过程中,由于RFID还存在单位价值较高的实际情况,对于单位发售的农产品小包装来说,明显具有成本负担。此时,二维码(见图10-3)可以弥补这一缺陷。二维码不但可以无缝转移RFID数据,还很好地解决了消费者的识别问题。近年来,二维码在国际上的应用越来越普及,手机内置的二维码解码软件可以让更多消费者了解、使用基于二维码所提供的服务,二维码将会越来越贴近普通人的生活。同时,二维码还具有以下特点:①高密度编码,信息容量大;②编码范围广;③容错能力强,具有纠错功能;④译码可靠性高;⑤可引入加密措施;⑥成本低,易制作,持久耐用;⑦条码符号形状、尺寸大小比例均可变;⑧适应多种识别终端。

图10-3 二维码

农产品安全问题关系到广大人民群众的身体健康和生命安全,关系到经济发展和社会稳定,历来受到高度的重视。农产品溯源就是通过二维码技术将农产品的种植、生产、物流、经销、检验检疫、零售等各个环节的信息记录到系统中。消费者只要通过浏览器、手机等工具输入追溯码,该农产品从播种到收获的田间管理、运输、检测检验、包装、销售等详细信息将在消费者面前一览无余。消费者也可通过智能手机、二维条码阅读器等直接读取农产品包装上的二维码信息,对所购买的农产品有所了解,同时也可了解农产品的安全生产管理、物流管理、销售管理。

(3) 云仓技术。云仓是基于云计算和大数据平台,依托社会化仓储运输资源构建全域仓网体系,为农产品生产、流通、销售企业提供仓配一体化服务的模式。云仓可以更有效地协助仓储管理、发货和售后等工作。在数字经济时代,云仓是农产品流通的重要发展趋势之一。

扩展阅读 10-12

云阳首个农产品电商共享云仓建成投用

重庆市云阳县首个农产品电商共享云仓在重庆蜂谷美地生态养蜂有限公司正式建成投用,与共享单车、网络云盘一样,云阳的农产品生产经营企业、农民专业合作社、家庭农场和电商从业者可以借助共享云仓的共享服务,低成本、高效率地开展农特产品网络销售业务。共享云仓项目占地面积1 000平方米,提供仓储、初加工、电商化包装、一件代发、销售渠道对接等服务。共享云仓打通了云阳县农产品上行的"最初一公里",拓宽了农产品销路,实现了农产品统仓统配、集中营销、抱团发展,能有效降低云阳县农产品加工企业、农民专业合作社和种养大户的仓储物流成本、包装成本和运输损耗,提高农产品销售数量、销售利润和服务质量,带动云阳县农产品、帮扶产品线上线下销量增长和口碑提升。当前,电商共享云仓已与前进食品厂、恒顺醋业、连年发食品、云海药业、宏霖食品等23家企业和农民专业合作社签订合作协议并实现入仓。

资料来源:http://cq.china.com.cn/2022-01/27/content_41864966.html.

3. 农产品物流信息化的途径

(1) 积极推行"信福工程"建设。
(2) 加强农产品信息网站建设及推广。
(3) 提高农产品流通企业和农户的信息意识。
(4) 探索运营模式,解决农产品信息化投资难题。
(5) 加强与涉农部门的信息共享,完善信息采集系统。
(6) 加强农产品信息系统的扩充性开发。
(7) 通过政策优惠推动农产品龙头企业的信息化进程。
(8) 加强农产品流通信息管理和技术服务队伍的培训,形成专业合作。

扩展阅读 10-13

云南省首家区块链数字会员制超市试运营　助力乡村振兴

2023年1月1日,云南省首家区块链数字会员制超市正式上线试运营,望乡好神农仔数字会员超市是云南首家使用区块链技术为核心技术搭建的,通过使用数字积分、数字会员卡、NFT模块来标记会员参与行为，实现发展成果二次分配、三次分配。创始人介绍，望乡好神农仔数字会员超市将免费帮助农民开发打造当地农特产品，优化购销流程，让农民得收益，消费者得实惠。针对农特产品出山物流，望乡好神农仔数字会员超市将充分发挥村委会组织优势，由村委会委派进步村民成为联络员来负责本村农特产品原料收集与运输。超市负责建设该地区农特产品加工集散中心，完成原料的精深加工，打通以往的物流壁垒，疏通出山路径。

资料来源：https://baijiahao.baidu.com/s?id=1753817244142508275&wfr=spider&for=pc.

10.3.4 物联网技术应用

物联网技术始于1999年的麻省理工学院，是指将传统的互联网拓展到现实世界的物体与物体之间信息交换的网络概念。最初的物联网仅基于RFID技术，通过标签中所存储的信息及无线网络媒介来实现信息的交换和共享。当前，物联网的覆盖范围不但包括RFID，还包括激光扫描器、GPS、红外感应器等传感设备，遵循标准的协议，连接任何物品，并支持物体与物体之间的信息交换和通信。

物联网技术分别在感知互动层面、应用服务层面、网络传输层面发挥着作用。在农产品生产环节，物联网技术主要应用于控制田间施肥施药量、进行虫害检测等方面，通过物联网模块传输数据，操作人员通过计算机和手机就能对农作物生长状态进行实时了解和掌控。在农产品储存环节，当农产品以散存的方式入库后，通过传感器和阅读器，可实现仓库内环境的自动调节。在农产品运输环节，通过使用GPS、GIS、电子地图等手段可及时掌握农产品流通的动向，对流通过程进行实时监控，保证运输安全。在农产品加工环节，食品安监部门可将相关检测装置安装到各农产品加工厂，通过相关传感器检测农产品加工过程中是否加入其他添加剂，对农产品加工企业进行不定时抽样检查，数据经过网络传输至加工信息平台，实现质监部门实时监控农产品加工进程的安全。在销售环节，可将超市内销售的食品数据录入销售信息平台，对即将过期的产品实行促销，对过期产品及时下架，保证农产品的食用安全。消费者通过识别设备，可以更好地了解即将购买的农产品在生产、物流、销售过程中的所有信息，以便买到自己满意的农产品。

扩展阅读 10-14

科尔沁牛业推动"农产品加工+互联网"融合发展

近年来，科尔沁牛业在"科尔沁"品牌基础上着力打造"科尔沁生态食品"概念，引入了"阿都沁""你氏"品牌，打造出富有地区特色、民族特色的生鲜牛肉、速冻生制牛肉食品、牛肉干、奶制品、休闲零食5大类490款产品。同时，积极尝试参与直播，"遍寻天下鲜""钻石牛肉""京东牧场"等活动，将科尔沁地区养殖、生产、销售、配送全程追溯信息展示给消费者，满足用户的消费体验，打造"科尔沁"地理标识。建立HACCP食品安全质量控制体系，逐项研究欧洲国家最先进的技术和软件系统，集中引进了家畜自动跟踪、自动分级、真空自动收集输送、生产加工PLC全程控制4大系统，采用卧式放血、水平输送、排酸等先进工艺，建立信息数据库，实现产品信息"二维码"数字化应用。消费者通过登录科尔沁追溯网站输入一维码或打开手机微信"扫一扫",即可查询与被扫描产品相关的信息,实现了产品从"草原"到"餐桌"的全程透明化。

资料来源:http://www.northnews.cn/2019/0212/3024899.shtml。

本项目小结

完成本项目的学习,您应该理解和掌握以下内容。

(1)农产品物流是指为了满足消费者需求、实现农产品价值而进行的农产品物质实体及相关信息从生产者到消费者之间的物理性流动,包括农产品收购、运输、储存、配送、装卸搬运、包装、流通加工、信息处理等一系列环节,并在这一过程中实现农产品的价值增值。

(2)按照物流客体分类,农产品物流可以细分为粮食作物物流、经济作物物流、农副产品物流、畜牧产品物流、水产品物流、林产品物流等。客体不同,对储存、运输、配送等作业的要求也会完全不同。

(3)农产品仓储是指利用仓库对农产品进行保存及对其数量、质量进行管理控制。农产品运输是指通过运输工具或设施来实现农产品时间、空间上的转移。农产品配送是指在经济合理的区域范围内,根据客户的要求,对农产品进行拣选、加工、包装、分割、组配等作业,并按时送达给客户的活动。这三项功能是农产品物流的主要功能,三项主功能占据了绝大部分的流通时间及流通成本。

(4)农产品物流正朝着绿色化、标准化、智能化的方向发展。今后的农产品物流会基于国家或国际标准体系,利用现代信息技术和电子、机械工具,在环境友好的前提下,完成社会资源的优化配置和各种增值服务。同时,物联网技术、大数据技术也将极大地改变农产品的物流运作方式。

案例分析

京东物流抢"鲜"布局阳澄湖活蟹冷链服务

阳澄湖大闸蟹以肉肥味美、鲜嫩细腻的口感闻名四海,想要把这道至鲜美味送到更多家庭的餐桌,"快"是第一要义。大闸蟹的传统电商供应链模式,是从养殖户到商家仓库,再到分拣中心,然后到配送站由配送人员送到客户手中,这种模式的中间环节较多,不仅流通成本增加,配送时效也受影响。

京东物流开放业务生鲜拓展负责人介绍,2018年京东物流进一步发挥供应链管理优势,全面创新,不仅将战线前移,在阳澄湖畔设立"协同仓",确保原产地直发,第一时间抢"鲜"处理身份纯正的阳澄湖大闸蟹,而且在消费需求旺盛的北京、广州也设立了"协同仓",通过大数据分析精准预测当季大闸蟹销售,提前将阳澄湖大闸蟹从产地运送至协同仓暂存,消费者下单后,大闸蟹直接从协同仓发货,最大限度提升配送时效,确保大闸蟹鲜活度。

在协同仓的助力下,北京、上海、广州及其周边多个城市的消费者上午下单,下午即能收到来自阳澄湖原产地的鲜活大闸蟹,甚至可享受最快4小时送达的极致服务体验。

为了保证大闸蟹鲜活,京东物流在包装上下足功夫,为大闸蟹量身定制了专用包装箱、专业冷媒(冰包、冰袋等)及封箱膜胶带,同时提供全程冷链解决方案,从商品打包、分拣、配送,一直到消费者手中的每一个环节,均可实现24小时全程监控异常,确保温度可控、时效可控、品质可控。

资料来源:http://www.jdwl.com/news/5b84bc5c560e4315740e2d68。

【讨论问题】

请说出京东在生鲜产品物流中采取了哪些有效举措?

实训操作

实训项目	本地特色农产品储运条件分析
实训目标	掌握所在地区特色农产品在储存和运输时所需要具备的条件及要求
实训步骤	(1)教师提出实训前的准备及注意事项 (2)学生分为2人一组 (3)教师指导学生上网收集农产品相关资料 (4)各组需选定1种所在地区的特色农产品,然后在网络上检索其储运所需要的条件及其限制要求,并给出合理化建议
实训成果	分析报告

课后练习

一、名词解释

农产品物流　农产品仓储　农产品运输　农产品配送　绿色物流　农产品物流标准化

二、单项选择题

1. 下列选项中(　　)不是农产品包装的主要作用。
   A. 保护商品　　B. 方便流通　　C. 降低成本　　D. 促进销售
2. 下列选项中(　　)不是农产品物流信息化的主要信息技术。
   A. GPS　　B. GPRS　　C. GIS　　D. RFID
3. 在各种运输方式中(　　)最适合进行短距离作业。
   A. 公路运输　　B. 铁路运输　　C. 水路运输　　D. 航空运输
4. 农产品配送中心是围绕(　　)为中心开展工作的。
   A. 订单处理　　B. 进货　　C. 盘点　　D. 储存

三、判断题

1. 农产品流通与农产品物流的对象都是农产品,所以它们的概念也是一样的。(　　)
2. 农业物流包含农产品物流,农产品物流是农业物流的子项目。(　　)
3. 农产品物流由运输、仓储、配送等多个功能组成,所以我们要尽全力去发展每项功能,让每项功能都最优化。(　　)
4. 农产品运输仅仅改变农产品的空间状态。(　　)
5. 与运输相比,配送的功能更加综合、全面。(　　)
6. 装卸搬运既是流通中的"咽喉",又是物流系统的短板,所以非常需要去提高其作业

技术。 (　　)

7. 绿色包装中的3R1D分别是Reduce、Reuse、Recall、Degradable。 (　　)

四、思考题

1. 简述农产品储存保管的主要方法。
2. 农产品运输有哪些不合理的表现形式？
3. 简述发展农产品绿色物流的意义。
4. 试述农产品配送与农产品配送中心的关系。

项目 11

主要农产品营销策略

【能力目标】

通过本项目的学习,学生应该掌握主要农产品的生产特点,掌握主要农产品的消费特点,掌握主要农产品的营销策略。

【课程思政】

通过本项目的学习,学生应能理解农产品供给安全对国家的战略意义,理解"手中有粮,心中不慌"和"中国人的饭碗任何时候都要牢牢端在自己手中,我们的饭碗应该主要装中国粮"的深刻内涵,树立大食物观,自觉杜绝"舌尖上的浪费"。

【任务分解】

(1) 掌握谷物营销策略。
(2) 掌握肉类产品营销策略。
(3) 掌握园艺产品营销策略。
(4) 掌握水产品营销策略。
(5) 掌握禽蛋营销策略。
(6) 掌握乳制品营销策略。

11.1 谷物营销

11.1.1 谷物的生产特点

谷物是指能得到含淀粉的种子且适于做食物的植物籽实(如小麦、玉米和水稻),也指生产的种子(未加工状态)。谷物通常主要是指禾本科植物的种子。它包括稻谷、小麦、玉米等及其他杂粮,比如小米、黑米、荞麦、燕麦、薏仁米、高粱等,其中稻谷、小麦和玉米在我国谷物生产中占的比重最大,其总产量一般占谷物总产量的95%以上。谷物加工后作为主食。它主要给人类提供的是50%~80%的热能、40%~70%的蛋白质、60%以上的维生素B_1。谷物因种类、品种、产地、生长条件和加工方法的不同,其营养素的含量有很大的差别。

导入案例:国产大豆路在何方

谷物作为中国人的传统饮食,几千年来一直是百姓餐桌上不可缺少的食物之一,在我国的膳食中占有重要的地位,是我国的主要粮食产品,被当作传统的主食。

1. 谷物的主要品种

(1) 稻谷。稻谷生产遍及除南极以外的各大洲,主产国主要集中在亚洲地区,约占世界总产量的90%,我国稻谷产量居世界第一,其次是印度、印度尼西亚、越南、泰国、缅甸、菲律宾等国家。稻谷是我国最主要的粮食产品之一。水稻是我国播种面积最大、总产量最多、单产最高的粮食品种,在粮食生产和消费中历来处于主导地位。目前,我国稻谷的播种面积约占我国粮食作物总面积的1/4,产量约占全国粮食总产量的2/5。普通栽培稻可分为籼稻和粳稻两个亚种。根据其生长期长短的不同,又可以分为早稻、中稻和晚稻三类,稻谷生产遍及全国各地,其中华中双季稻稻作区是我国最大的稻作区。

(2) 小麦。小麦在我国是仅次于水稻的主要粮食作物。小麦按播种季节可分为冬小麦和春小麦两种。小麦是禾谷类作物中抗寒力较强的越冬作物,还具有一定耐旱力和耐盐碱能力,因此,适应性极广,产区遍及全国各地,我国种植的小麦以冬小麦为主,约占全国小麦总播种面积的85%。

(3) 玉米。玉米也是我国主要的粮食产品,种植面积和总产量仅次于水稻和小麦,长期以来是我国东北、华北和西南地区居民的主要口粮。20世纪80年代以后,玉米已发展成为粮(食)、经(济)、饲(料)兼用产品。我国玉米生产主要分布在从东北平原起,经黄淮海平原、黄土高原东部地区、两湖西部山地丘陵,直至西南地区的狭长地带上。这一地带绝大部分地区的自然生态条件适宜于玉米生长发育,玉米分布相当集中,称为"中国玉米分布带",简称"中国玉米带"。玉米带中,以东北平原为中心的北段玉米带生产条件最为优越,其中吉林省、黑龙江省、辽宁省和内蒙古自治区东部地区共同建起了一条"黄金玉米带",可与美国玉米带相媲美。目前,这条"黄金玉米带"的玉米产量占我国玉米总产量的35%以上,玉米商品量占我国省际玉米商品量的60%~70%,在我国玉米生产中占据举足轻重的地位。

2. 谷物生产情况的地区差异

我国地域辽阔,气候多样,不同地区的谷物生产情况存在明显差异。

(1) 东南沿海地区有6个省、直辖市,除江苏省外,上海、浙江、福建、广东、海南都为缺粮地区。

(2) 东北地区的黑龙江、吉林、辽宁省及内蒙古自治区的东部是我国的玉米主产区,玉米产量占全国总产量的40%。

(3) 华北地区的北京和天津两个直辖市是两个粮食消费量较大的城市,是重要的粮食消费区。山西省可以基本自给,河北、河南、山东省为我国重要的小麦生产区和调出区。

(4) 我国水稻生产越来越向优势区域集中。华中地区的湖北、湖南、江西和安徽省是我国稻谷的主要产区,总产量占全国稻谷总产量的35%。这4个省的消费者习惯于吃稻谷,但由于产量大,主要向周边的上海、广东、浙江等省、自治区、直辖市销售。

(5) 西北、西南地区是缺粮区,是主要的粮食调入区。

11.1.2 谷物的消费特点

1. 稻谷的市场需求

我国稻谷的消费量一直保持着较快的增长速度。稻谷的需求结构由以下几部分构成。

(1) 口粮消费。稻谷是我国城乡居民主要的口粮作物。目前用作城乡居民主食消费的稻谷量占到了稻谷消费总量的86%。

(2) 饲料消费。用作饲料的稻谷量是除用于口粮外的第二大消费量,目前用作饲料的稻谷消费量正呈上升趋势。

(3) 种用消费。稻谷的种用消费是稻谷需求的一个重要组成部分,其消费量由稻谷的单位面积播种量和播种面积两方面的因素决定。

(4) 工业消费。稻谷的工业消费用量近年也呈上升趋势。

在稻谷营销中要重视口粮消费特点。今后,我国水稻占粮食总产比重大、占消费量比重大、质量要求高的情况不会改变。可以说,水稻产业的发展直接关系到国家粮食的安全。今后,应根据大米消费的特点及变化,将水稻产业发展重点放在粳米、放在农村、放在南方、放在低收入人群上。

2. 小麦的市场需求

小麦作为主要的粮食产品,其需求受人口数量、经济发展、小麦生产情况、城乡居民的收入水平及消费习惯、饮食偏好等多方面因素的影响。我国小麦的需求结构由以下几部分构成。

(1) 口粮消费。近几年用作口粮的小麦需求量有所增加,目前用于口粮消费的小麦数量占总消费量的88%左右。

(2) 种用消费。种用小麦是小麦消费需求的主要组成部分,占到了小麦消费需求总量的5%左右。随着播种技术的提高,近几年来小麦种子用量有所减少。

(3) 工业消费。小麦工业消费量(主要用于生产方便食品、面包、饼干、挂面等食品)虽然占小麦总消费量的比重较小,为1%~2%,但近几年增长速度很快。

3. 玉米的市场需求

玉米是一种重要的粮(食)饲(料)经(济)兼用产品,在玉米消费中,饲料消费、口粮消费和工业消费占有突出地位。我国玉米的需求结构由以下几部分构成。

(1) 饲料消费。目前玉米主要用作饲料消费,我国玉米总产量的70%左右用作饲料。饲料玉米可分为两部分:动物性产品生产所用的饲料玉米和役畜用的饲料玉米。

(2) 口粮消费。玉米长期以来被视作粗粮。20世纪80年代以前,玉米是许多地区,尤其是北方地区居民的主要口粮品种,随着城乡粮食供给水平的不断提高和畜牧业的不断发展,玉米的口粮消费逐步下降,饲料消费逐步增长。

(3) 工业消费。工业消费玉米量占国内玉米消费总量的8%~10%。利用玉米做原料可以加工出许多产品,比如淀粉、酒精、白酒等,还可以经过二次加工和进一步提炼生产出结晶葡萄糖、食用葡萄糖浆、柠檬酸、酶制剂及黄原胶、甘油、各种氨基酸等。随着我国玉米加工工业能力的提高,玉米工业用量正逐年增长。

11.1.3 谷物的营销过程与营销策略

1. 粮食主产区的营销过程

(1) 先由农民将谷物交售给当地批发商或当地粮油加工厂。

(2) 当地粮油加工厂经过简单加工制成半成品。

(3) 加工厂经过经纪商介绍,售给其他批发商或零售商,或将谷物销售给其他谷物加工企业,制成加工品后销售给批发商、零售商。

2. 粮食非产区的营销过程

(1) 由消费市场的粮油批发商或粮油加工企业经纪商介绍,向粮食主产区的粮油批发商或加工企业购入粮油作物或其加工品。

(2) 经粮油加工企业加工后销售给零售商,再销售给最终消费者。

3. 谷物的营销策略

(1) 经营好国家控制的粮食。这部分粮食主要用于城镇居民的基本生活需要、保证军队供应和应付各种自然灾害及稳定市场等。国家需适时扩大销售区粮食储备规模,支持企业参与收储,健全国家收储农产品的拍卖机制,做好农产品调控预案,保持农产品的市场稳定。

(2) 建立完备的粮食营销市场体系。从总体上看,我国需要一个多层次、网络化、功能完善、交易灵活的粮油营销市场体系。多层次、网络化是指在全国建立起基层农贸市场和市(县)级集散地批发市场,形成具有一定辐射能力的区域市场和中央批发市场。所谓功能完善、交易灵活,是指在现货批发市场发展的基础上,开展中、远期为主的合同交易业务,并逐步向规范化粮油期货市场过渡,逐步与国际市场接轨,参与国际市场流通。在交易方式上采用拍卖、竞价成交、协商成交、委托、代理、预约成交、远期合同等现代交易方式。

(3) 实行合理的价格策略。谷物主要由国家采取合理的收购政策来保护农民种植的积极性,保证谷物的供需平衡。我国坚持对种粮农民实行直接补贴。按照存量不动、增量倾斜的原则,新增农业补贴适当向种粮大户、农民专业合作社倾斜。建立科学的粮油价格体系,保持价格的稳定,既要避免亏损,又要避免暴利。

(4) 建立规范的粮食零售体系。①粮油零售商的进货渠道必须规范。②粮油零售商必须提高产品质量和服务质量。③粮油零售商要不断提高经营管理水平,严格控制成本,精打细算,避免发生亏损。

11.2 肉类产品营销

11.2.1 肉类产品的生产特点

1. 肉类产品的分类

按家畜品种划分,肉类产品可分为畜肉、禽肉和杂畜肉三类,如图 11-1 所示。

$$
\text{肉类产品}\begin{cases} \text{畜肉——猪肉、牛羊肉等} \\ \text{禽肉——鸡肉、鸭肉、鹅肉及其他珍禽肉等} \\ \text{杂畜肉——兔肉、驴肉等} \end{cases}
$$

图 11-1 肉类产品按家畜品种分类

按加工处理情况划分,肉类产品可分为生肉、熟肉和肉制品三大类,如图 11-2 所示。

2. 各肉类产品的生产概述

国家统计局数据显示,2022 年我国猪牛羊禽肉产量 9 227 万吨,比 2021 年增长 3.8%,

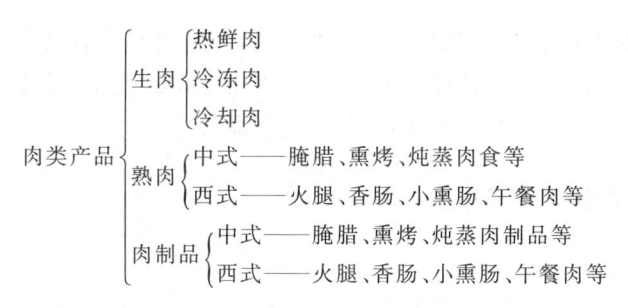

```
                    ┌─────┬ 热鲜肉
                    │ 生肉 ┤ 冷冻肉
                    │     └ 冷却肉
                    │
          ┌─────────┤     ┌ 中式——腌腊、熏烤、炖蒸肉食等
  肉类产品 ┤ 熟肉 ┤
          │         │     └ 西式——火腿、香肠、小熏肠、午餐肉等
          │         │
          │         │     ┌ 中式——腌腊、熏烤、炖蒸肉制品等
          └─────────┤ 肉制品 ┤
                    │     └ 西式——火腿、香肠、小熏肠、午餐肉等
```

图 11-2　肉类产品按加工处理情况分类

且达到近十年最高水平,年均复合增长率为 0.67%。其中,猪肉产量 5541 万吨,增长 4.6%;肉禽产量 2443 万吨,增长 2.6%。从近年的肉类产量结构来看,除 2019 年和 2020 年,猪肉产量占肉类总产量的比重达到 60%~65%,但占比整体呈下降趋势;禽肉产量占比一般为 20%~27%,且整体呈上升趋势;牛羊肉产量占比稳定在 12%~14%,整体变化幅度较小。

作为肉类生产的直接上游,畜禽活体的出栏量直接影响肉类产量。国家统计局数据显示,近十年家禽出栏量呈现稳步上升的趋势,年均复合增长率为 2.73%,尤其是 2019—2020 年生猪出栏量减少,2021—2022 年虽不断恢复,但年均复合增长率为 -0.23%。2022 年,家禽出栏量达到 161.4 亿只,处于近十年最高水平;生猪出栏量为 6.99 亿头,较近十年最高点 2014 年的 7.35 亿头减少 3600 万头。所以家禽出栏量创近十年新高以及生猪出栏量继续恢复,是 2022 年我国肉类产量再上新台阶的主要原因(备注:家禽主要分为陆禽和水禽两大类,包括鸡、鸭、鹅、鸽、鹌鹑等品种)。

3. 肉类产品生产的发展趋势

肉类产量比重的变化,体现了生产结构更趋于合理,也使我国居民的膳食营养结构更为科学。今后肉类产品生产的发展趋势如下。

(1) 生产按部位分割的肉类制品。未来快餐业的崛起和旅游业的发展将需要各种各样的肉类分割制品及旅游休闲小包装肉类制品,消费者购买后可以直接食用或进行简单的加热即可食用。因此,必须充分利用新技术、新工艺、新设备,发展精加工产品,开发多品种、多风味的小包装肉类产品。

(2) 发扬传统的名特优肉类制品。对于一些传统的名特优肉类制品,在保留传统风味特色的基础上,实行现代化生产,推行标准化包装,使色香味俱佳的传统风味肉类制品发扬光大。

(3) 发展低温肉制品。我国目前仍以高温加热的肉制品为主。高温加热的肉制品因灭菌效果好、在常温下有较长的货架期,较为适合我国当前食品行业冷藏链不完善的状况,尤其适合广大农村和中小城市。但是,经高温加热后,肉制品在风味、营养等品质方面会有一些损失,因此世界各国现有的加热肉制品中几乎都是 100℃ 以下的低温加热肉制品。低温加热也称为"巴氏消毒",理论上加热温度达到 68~72℃ 就可以了。低温加热肉制品,其营养成分能得到很好的保留,风味口感较好。所以,随着冷藏链在中小城市的普及,低温肉制品必将是我国今后发展的主要趋势。

(4) 开发功能性肉制品。一些疾病如心脏病、高血压大都与脂肪、热量、盐等摄入过多有关。经济条件的改善使消费者更加关注健康食品，发达国家已对肉类的脂肪、胆固醇含量等严格加以控制，"四低一高"（低脂肪、低胆固醇、低钠、低热量、高蛋白）健康肉制品的开发引起了广大消费者的重视，如美容肉制品、药膳肉制品等。

11.2.2 肉类产品的消费特点

1. 人均肉类消费量迅速增长

现如今，猪肉在我国的肉类消费里是妥妥的第一名，我们以不到全球 1/5 的人口，消耗了全球近一半的猪肉，每年大约吃掉 7 亿头猪，这也使我国成为全球最大的猪肉生产和消费市场。据统计，2021 年我国猪肉产量占全球猪肉产量的 44.09%，居全球第一；我国猪肉消费量约占全球猪肉消费量的 46%，人均猪肉消费量约为全球人均水平的 2 倍。根据农业农村部监测数据显示，2020 年城镇人均年猪肉消费 19.04kg，农村人均年猪肉消费 17.11kg。根据《国家统计年鉴 2021》对全国居民家庭人均消费肉类、禽类的统计数据，肉类（猪、牛、羊）人均消费量最多的城市是重庆，四川、广东并列第二。以禽类计算，人均消费量最多的则是广东。

《OECD—FAO 农业展望报告 2021—2030》强调，由于禽肉价格相对较低，其产品具有一致性且适应性强，蛋白质含量高且脂肪含量低，这些都吸引了消费者。在全球范围内，预计到 2030 年，禽肉将占肉类来源的全部蛋白质的 41%，比基准期（2018—2020 年）占比均值增加 2%。其他肉类产品的全球份额较低：牛肉（20%）、猪肉（34%）和羊肉（5%）。其中 2018—2020 年，我国的禽肉消费年人均消费量为 13.8kg；预计到 2030 年将增加到 15.2kg，增加 10.1%，年均增长 0.11%。

2. 消费者更加注重肉类品牌

在市场竞争日趋激烈、食品质量与安全日益凸显的今天，品牌作为技术、素质和信誉的综合表现的无形附着物呈现给社会和公众，代表了物质和精神文明。品牌战略昭示了企业技术水平、素质水平和诚信水平的不断提升，是企业持续发展和科学发展结合的体现，对推动地方经济和引导规范市场行为起到了积极的作用。

3. 城乡之间肉类消费差异较大

一般城镇居民人均肉类消费量与农村居民人均肉类消费量相差 1 倍以上，特大城市和沿海开放地区的城乡人均肉类消费量差距较小。华南的深圳、海口、广州、南宁，西南的重庆、成都、贵阳、昆明，华东的上海、南京、杭州等大城市是我国肉类产品最主要的消费市场。

从肉类产品种类来看，肉类的消费大都以猪肉消费为主，城镇居民消费牛羊肉比重大些，农村居民肉类消费中猪肉消费比重较大；北方城市牛羊肉与禽肉消费比重接近；南方城市家禽消费比重较大，牛羊肉消费比重较小；西北城市牛羊肉消费比重较大，禽肉消费量少。我国城镇居民猪肉消费中排骨和瘦肉消费比重占猪肉消费量的一半以上，肥瘦相间的肉占 1/3 左右，猪杂碎也有一定的消费市场，而农村居民猪肉消费中肥瘦相间的肉超过半成。

4. 肉类消费结构在变化

据《中国统计年鉴》（2017）的统计数据，我国居民人均肉类的年消费结构上主要有四大变化：①猪肉消费比重下降，猪肉目前仍是中国人餐桌上肉食的首选，但消费量逐年减少；②牛羊肉消费增加；③白肉消费增加，白肉主要包括禽类和鱼肉；④健康意识提升。研究发现,我国居民收入增长1%,禽肉消费将增加2.43%。猪肉的蛋白质含量低(一般为10%~20%)、脂肪含量高,未来的消费需求会进一步减少,而牛羊肉和白肉的需求会不断增加,这种转变体现了国人健康意识的增强。

5. 外商十分看重中国未来的肉类市场

一方面,肉类出口大国认为中国人口众多,耕地面积正在缩小,还有退耕还林还草,从长远看,中国的粮食不可能富余;另一方面,世界各国的共同规律表明,肉类消费只能上升,而很难减少,况且中国的牛羊肉消费还远低于世界平均水平。为此,澳大利亚、新西兰、美国等肉类出口大国十分看重中国未来的市场(包括屠宰加工设备市场),他们向中国提供种畜,建立原种场,培训饲养及屠宰加工技术人才;有的则合资或独资在中国开设肉类加工企业,打着对方的名牌商标,在中国市场制造影响,并从事市场调查;有的独资企业每年亏损数千万元仍在坚持,它们的信念是只有目前的赔钱才能将来赚大钱,"放长线,钓大鱼";有的企业既建饲养场又搞屠宰加工,利用中国便宜的土地、劳力、进口玉米,把产品用该国的品牌销往日、俄、韩等进口大国,既降低生产成本,又减少运输费用,还可减少本国的环境污染。

11.2.3 肉类产品的营销策略

不同的畜产品和肉制品可以通过不同的营销方式销售。我国城镇居民喜欢从农贸市场购买新鲜肉回家烹制,而目前的小包装鲜肉与中西式肉制品已通过专卖店、连锁店、超市等进入城市居民家庭。从家畜的肉类市场供应和城乡居民购买力来分析,我国目前有些肉类产品如猪肉、鸡肉等已出现买方市场,肉类消费正步入讲质量安全、讲品位营养、比较产品的价格与加工、以消费者为中心的买方市场营销时代。

1. 建立屠体拍卖制度

我国传统的家畜运销方法,是从产地长途运输活畜到消费地屠宰上市。这种方法增加了不必要的运费与劳务。由于活畜品质不均,单凭交易人员的经验很难准确判断其出肉率与瘦肉率,价格也很难准确判定,容易造成交易不公平。建立屠体拍卖制度,家畜在产地集中屠宰,然后由运销商按照各地市场需要选择相应品质的肉类产品,利用低温冷藏车辆运输到各消费地,可提高运输效率,降低运销成本,实现公平交易。

2. 推进肉类产品直销

肉类产品直销是指不通过中间环节或较少通过中间环节,实现产销直接见面,以降低肉类产品运销成本的营销方式。肉类产品直销目前主要有以下三种方式。

(1) 对加工企业和采购大户采用直销的方式。大型肉类加工企业可在养猪生产基地进行集中屠宰后直接进货,对采购大户则由肉食品公司建立配送中心,以直销的方式向采购大户供货。

(2) 建立小型批发市场,允许生产者将其家畜定点屠宰后参与流通。

(3) 按照平等、自愿、互利的原则建立合作营销组织。

3. 改进零售方式

我国主要肉类的零售方式,如猪肉、牛肉、羊肉,均采用现切现卖的销售方式。由于受零售人员的限制,每天的营业量:猪肉约70千克,牛肉约100千克,羊肉不超过50千克,零售成本很难降低。如能以一般家庭需要量为标准,将屠体预先切块、包装,并标明重量、类别、价格等,置于超市的低温冷藏箱中由顾客选购,不但可以提高保鲜程度、节约交易时间,还可以降低零售成本。

4. 注重肉类产品等级标准与安全

肉类产品相对来说是异质产品,在质量与价值方面变化较大,畜牧生产分散。肉类产品通过复杂的营销渠道进入最终市场,需要多种不同的市场交易方式。这就需要有一个产品分级系统,确定肉类产品的等级和标准,用统一的标准来准确地说明这些产品,便利买卖过程,把有价值的信息传送给市场参与者。对于生产者来说,使他们的产品满足顾客需求,提供价格激励。因此,肉类产品的等级和标准有助于市场运营和定价效率。我国尚没有统一的国家家畜和肉类产品等级与标准,下面介绍美国的一些有关情况。

1)肉类产品的标准化与分级

(1)育肥家畜等级。美国有育肥牛、育肥猪及育肥羊羔的联邦等级和标准,但未被广泛使用。美国农业部制定的育肥家畜等级主要基于家畜的品种与体形,等级有顶优、上等、优选、标准等,育肥猪等级与屠宰肉猪等级一致。由于这些标准化等级很少使用,生产者与买主之间有时沟通困难,买卖成本较高。由于在不同批量育肥家畜之间没有比较标准,实际的价格差别不利于激励生产者改进育肥家畜质量。

(2)屠宰家畜与胴体等级。美国农业部制定有屠宰家畜和肉类胴体等级与标准,这些质量等级是自愿采用的。肉类生产商在购买家畜或出售胴体时也许使用这些等级标准,但许多肉类生产商有自己独特的定级系统。

在牛肉、猪肉及羊肉定级时主要考虑两个因素:一是瘦肉的"质量";二是"净肉率"或"瘦肉率"。牛肉质量等级包括顶优、上等、优选、标准、商业、经济、切割和罐装,大约2/3的牛肉胴体分了等级。猪肉的等级有1、2、3、4及经济。这些等级之间有相当一致的差价,它激励着生产者不断地改善牛肉与猪肉的质量。

2)肉类产品的安全卫生

从1996年起,欧洲畜牧业连续出现疯牛病、二噁英(剧毒致癌物质)和口蹄疫三大农业灾难,给欧洲造成巨大损失。疯牛病不仅危害畜牧业发展,通过食物链也严重危及人们的身心健康。英国为防止疯牛病蔓延,宰杀了470万头牛;发生于比利时的二噁英污染事件,使畜牧业损失惨重,食品工业的直接损失达13亿美元;英国2001年2月21日证实发现猪口蹄疫后,屠宰家畜超过100万头,畜牧业和旅游业遭受的损失达90亿英镑,肉类食品和家畜的出口直接损失12亿英镑。2018年8月2日17时,经中国动物卫生与流行病学中心诊断,沈阳市沈北新区沈北街道(新城子)五五社区发生疑似非洲猪瘟疫情,并于8月3日11时确诊,这是我国确诊的首例非洲猪瘟疫情。

肉类产品安全事关消费者身心健康,受到消费者、企业、政府、国际组织的高度重视。为确保肉类产品的安全卫生,各国政府和有关国际组织推出了有关管理标准与法律条文。

(1)肉类产品安全卫生与绿色畜产品生产、无公害畜产品生产。为了使肉类产品能安全生产,国家质量监督检验总局批准发布了《无公害畜禽肉产品安全要求》《无公害畜禽肉产地环境要求》,农业部组织实施了无公害食品生产计划,制定了一系列无公害肉类产品标准,加强了我国肉类产品的安全卫生。

① 无公害肉类产品安全生产规定:对肉类产品生产有影响的土壤、水源、大气等产地环

境中的有害物质进行限制;对饲料原料、添加剂进行限定,对饲料生产企业提出了企业卫生规范要求;兽药使用方面颁布实施了《无公害食品　畜禽饲养兽药使用准则》;卫生防疫方面颁布实施了《无公害食品　畜禽兽医防疫准则》;饲养管理方面颁布实施了《无公害食品　畜禽饲养管理准则》;环境保护方面,国家环境保护总局发布了《畜禽养殖污染防治管理办法》等。农业部已开始无公害肉类产品和无公害水产品的认证。

② 绿色肉类产品标准体系。绿色食品是指遵循可持续发展原则,按照特定生产方式生产,经专门机构认定,许可使用绿色食品标志的无污染的安全、优质、营养类食品。我国将绿色食品分为 A 和 AA 两个级别。一般而言,从标准规范,土壤肥力要求,病虫害、草害防治手段几个方面比较,A 级绿色食品标准大致相当于或略高于无公害食品要求,AA 级绿色食品大致相当于某些发达国家的有机食品。

③ 中国绿色食品发展中心已制定出我国肉类产品认证标准《绿色食品动物卫生准则》《绿色食品兽药使用准则》和《绿色食品饲料及饲料添加剂准则》,上述准则已通过农业部审定,正式颁布执行。

(2) ISO 9000 标准。肉类食品企业通过 ISO 9000 质量认证是获得国际市场准入的基本条件。2000 版 ISO 9000 标准强化了标准的通用性和原则性,使用过程导向模式,适用于肉类企业的管理和运作。质量管理的输入、监控、评价以顾客满意和其他相关方要求为基准,不仅用文件有形约束组织的质量管理活动,更强调质量管理体系有效运作的证实和效果;将质量管理与组织的管理过程联系起来,强调对质量业绩的持续改进,强调持续的顾客满意是推进质量管理体系的动力,等等。

(3) 国际食品法典(Codex)。FAO/WHO 食品法典委员会(CAC)组织制定的食品法典标准,旨在保证国际食品贸易中食品的质量与安全。该法典包括所有向消费者销售的加工、半加工食品或食品原料标准,包括食品卫生、食品添加剂、农药残留、污染物、标签及说明、采样与分析方法等方面的通用条款及准则,食品加工的卫生规范也列在其中。

1993 年,国际食品法典委员会推荐 HACCP(危害分析与关键控制点)作为保证食品安全最经济有效的系统,推荐 HACCP 与 GMP(良好操作规范)联合使用。HACCP 的主要内容包括:①危害与危害分析(HA);②确定关键控制点(CCP);③确定关键限值,保证 CCP 受控制;④确定监控 CCP 的措施;⑤确定纠偏措施;⑥建立审核程序;⑦建立有效的文件记录保存程序。

目前,应用 HACCP 体系的国家和地区有美国、欧盟国家、日本、加拿大、澳大利亚、新西兰等。经验表明,HACCP 管理方法能有效预防食源性疾病,确保食物的食用安全性。

扩展阅读 11-1

神 户 牛 肉

神户牛肉专指从日本兵库县所产的但马牛身上切下来的牛肉。只有在兵库县出生、饲养、屠宰的牛才能取得神户牛肉的合格证,而且 2012 年前这种牛肉从不出口。能够达到神户牛肉品质要求的牛,每年只有 3 000 头左右,而这些牛只能产出大约 40 000kg 牛肉。

神户牛肉越来越受欢迎,已经成为日本人的骄傲。牛肉好吃,价格当然也不便宜。通常一头普通的"黑毛和牛"在市场上售价平平,相比之下,神户牛肉则必须通过拍卖方式以几倍的价格获得。据说一头在比赛中曾获金奖的神户牛甚至叫出了 722 万日元(约合人民币

50万元)的高价!用这样的肉做成的牛排,价格可想而知。

5. 重视肉类产品国际市场营销

(1)牛羊肉的国际市场营销策略。牛羊肉的进出口策略:一是继续采取"高出低进"的策略,即出口售价最高的部位肉,进口欧美各国不喜欢食用的牛羊杂和售价最低的初级产品。二是扩大价格较高的精深熟制品出口,充分发挥我国加工费用低的优势。三是要特别重视"绿色"(有机)牛羊肉出口,当今"绿色"贸易壁垒在日益加高,而我国的普通产品的质量还不过硬。西部地区的环境污染相对较轻,基本上是天然放牧为主,生产"绿色"肉品成本较低,只需按"绿色"的规范从事生产即可。出口"绿色"肉品,壁垒相对要小,售价也高。四是要特别重视牦牛肉及加工制品的出口,牦牛肉80%在我国,物以稀为贵,再加上牦牛脂肪少又具有一定的野味特性,在中国香港把牦牛肉当野味出售,牦牛是我国的优势。

在出口对象上,要紧紧瞄准日、俄、韩三国,年进口量达180万吨以上,是世界上最大的牛肉大买家,又是我国的近邻,运程近,即使运冰鲜肉也有条件,如在三五年内能占到市场份额的1/10,也不是个小数目。羊肉则要重视日本、俄罗斯和沙特阿拉伯,不仅进口量比其他国家大,还很有发展前途。

(2)禽肉的国际市场营销策略。在国际市场,我国的禽肉价格缺乏优势,但可以扬长避短。如哪个部位便宜,就多进口哪个部位;在出口贸易中,哪个品种贵,就多出口哪个品种。尤其要多出口精深加工产品,因为其价格要比初级产品高2~3倍。今后出口的重点是用土种鸡做原料的熟加工品,在国外加工费用昂贵,如美国用生鸡加工成烧鸡要增值3.5倍,而我国仅增值1.5倍。要着重出口有中国特色而国外没有的禽肉制品,如盐水鸭、盐水鹅(也可考虑生产盐水鸡试销)、板鸭、糟鸡、糟鸭、糟鹅,各种烧烤的禽肉,用特殊加工方法生产的盐焗鸡"叫花鸡",还有全国著名的菜肴白斩鸡、麻辣鸡、怪味鸡、烧鸡、樟茶鸭等,吸引国外消费者购买。在出口地域上,既要巩固已经占领的老地盘,也要开拓新地区结交新伙伴,我国在国际禽肉市场定会达到禽肉生产大国的地位。

11.3 园艺产品营销

11.3.1 园艺产品的生产特点

园艺产品包括果品、蔬菜、花卉及其相关产品。与其他商品一样,园艺产品具有两方面属性:自然属性和社会属性。其自然属性主要体现在食用作用、医疗作用、美化环境和愉悦精神上。其社会属性主要体现在园艺产品的基础性和高值农产品上。

从1993年开始,我国水果总产量就跃居世界第一位,其中苹果和梨的产量均居世界各国之首,柑橘产量仅次于巴西和美国,位居第三。近几年来,我国水果生产已进入面积稳定、产量小幅增长、内部结构调整的新阶段。苹果、柑橘、梨是我国传统的三大水果,占总产量的近60%,香蕉名列我国水果总产量的第四位。

蔬菜能够提供人体所必需的膳食纤维、矿物质、维生素C和胡萝卜素等营养物质,国外防癌机构已经把多吃蔬菜列为"饮食防癌的规范性建设"的内容之一。我国幅员辽阔,民族众多,但主要的膳食模式是以植物性食物为主、动物性食物为辅,从而决定了蔬菜消费在我国居民膳食结构中的地位和所占的比重。据联合国粮农组织统计,中国蔬菜播种面积和产量分别占世界的43%和49%,均居世界第一。

我国花卉业起步于20世纪80年代初期,但在前五年,花卉没有形成一定的"商品"量,在种植业中所占的比例微乎其微。进入"七五"时期,我国花卉业开始迅速恢复和发展,经历了1986—1990年的恢复发展阶段、1991—1995年的快速发展阶段、1996年以来的巩固和提高阶段。经过几十年的努力,我国花卉业取得了令人瞩目的成就,花卉生产粗具规模,为现代花卉业的形成和发展奠定了较好的基础。我国作为目前世界花卉种植面积第一大国,与国际上花卉主产国相比仍有很大的差距,我国花卉的年出口额在全球花卉年出口额中所占的比例仅为2%。从全球范围看,花卉业是一个生机勃勃的朝阳产业。

1. 水果产品的分类

在生产和商业上,常按落叶果树和常绿果树再结合果实的构造及果树的生物学特性分类,即果树栽培学分类(又称农业生物学分类)。

1) 落叶果树

(1) 仁果类。按植物学概念,这类果树的果实是假果,食用部分是肉质的花托发育而成的,果心中有多粒种子,如苹果、梨、木瓜和山楂等。

(2) 核果类。核果类是肉质果的一种,有明显的外、中、内三层果皮;外果皮薄,中果皮肉质,是食用部分,内果皮木质化,成为坚硬的核,如桃、杏、李和樱桃等。

(3) 坚果类。这类果树的果实或种子外部具有坚硬的外壳,可食部分为种子的子叶或胚乳,如核桃、板栗、银杏、山核桃和榛子等。

(4) 浆果类。这类果树的果实多粒小而多浆,如葡萄、草莓、醋栗、猕猴桃和石榴等。

(5) 柿枣类。这类果树包括柿、君迁子、枣和酸枣等。

2) 常绿果树

(1) 柑橘类。这类果树的果实为柑果,如橘、柑、柚子、橙、柠檬、枳、黄皮和葡萄柚等。

(2) 浆果类。这类果树的果实多汁液,如杨桃、蒲桃、莲雾、人心果、番石榴和番木瓜等。

(3) 荔枝类。如荔枝和龙眼等。

(4) 核果类。如橄榄、油橄榄、杧果和杨梅等。

(5) 壳果类。如腰果、椰子、香榧、槟榔和榴梿等。

(6) 聚复果类。多果聚合或心皮合成的复果,如树菠萝、面包果和番荔枝等。

(7) 多年生草本类。如草莓、香蕉和菠萝等。

2. 蔬菜产品的分类

1) 按产品器官分类

蔬菜植物的产品器官有根、茎、叶、花、果五类,因此按产品器官分类也分成五种。

(1) 根菜类。这类蔬菜的产品(食用)器官为肉质根或块根。

① 肉质根类。如萝卜、胡萝卜、大头菜(根用芥菜)、芜菁、芜菁甘蓝和根用甜菜等。

② 块根类。如豆薯等。

(2) 茎菜类。这类蔬菜的食用部分为茎。

① 地下茎类。如马铃薯、菊芋、莲藕、姜、荸荠、慈姑和芋等。

② 地上茎类。如茭白、石刁柏、竹笋、莴苣笋、球茎甘蓝和榨菜等。

(3) 叶菜类。这类蔬菜以普通叶片或叶球、叶丛、变态叶为产品器官。

① 普通叶菜类。如小白菜、芥菜、菠菜、芹菜和苋菜等。

② 结球叶菜类。如结球甘蓝、大白菜、结球莴苣和抱子甘蓝等。

③ 香辛叶菜类。如葱、韭菜、芹菜和茴香等。

④ 鳞茎菜类。如洋葱、大蒜和百合等。

(4) 花菜类。这类蔬菜以花、肥大的花茎或花球为产品器官。

① 花器类。如金针菜和朝鲜蓟等。

② 花枝类。如花椰菜、青花菜和菜薹等。

(5) 果菜类。这类蔬菜以嫩果实或成熟的果实为产品器官。

① 浆果类。如茄子、番茄和辣椒等。

② 荚果类。如豇豆、刀豆、毛豆、豌豆、蚕豆和扁豆等。

③ 瓠果类。如西瓜、甜瓜、黄瓜、南瓜、冬瓜、丝瓜、菜瓜和瓠瓜等。

④ 杂果类。这主要指菜玉米、菱角等上述三种以外的果蔬类蔬菜。

2) 按农业生态学分类

农业生态学分类法把蔬菜植物的生物学特性与栽培技术特点结合起来,虽然划分出来的类型较多,但较实用。

(1) 白菜类。这类蔬菜都是十字花科的植物,包括大白菜、小白菜、叶用芥菜、结球甘蓝(团白菜)、球茎甘蓝、花椰菜甘蓝和菜薹等,多为二年生植物,第一年形成产品器官,第二年开花结籽。

(2) 根菜类。这类蔬菜以肥大的肉质直根为食用产品,包括萝卜、芜菁、根用芥菜、胡萝卜和根用甜菜等,多为二年生植物。

(3) 茄果类。这类蔬菜包括茄子、番茄和辣椒等一年生植物。

(4) 瓜类。这类蔬菜包括黄瓜、冬瓜、南瓜、丝瓜、苦瓜、瓠瓜、葫芦、西瓜和甜瓜等。西瓜和南瓜的成熟种子可以炒食或制作点心食用。

(5) 豆类。豆科植物的蔬菜以豆荚及新鲜的种子为食用产品,包括菜豆、豇豆、豌豆、蚕豆、毛豆、扁豆和刀豆等。豌豆幼苗和蚕豆芽均可食用。

(6) 葱蒜类。这类蔬菜都是百合科的植物,包括大葱、洋葱、蒜和韭菜等二年生植物,用种子繁殖,或用无性繁殖。

(7) 绿叶菜类。这类蔬菜以幼嫩叶片、叶柄和嫩茎为产品,如芹菜、茼蒿、莴苣、苋菜和菠菜等。

(8) 薯芋类。这是一类含淀粉的块茎和块根蔬菜,包括马铃薯、芋头、山药和姜等。

(9) 水生蔬菜。这类蔬菜在池塘或沼泽地栽培,包括藕、茭白、慈姑、荸荠、菱角和芡实等。

(10) 多年生蔬菜。这类蔬菜的产品器官可以连续收获多年,如金针菜、石刁柏、竹笋、百合和香椿等。

(11) 食用菌类。这类蔬菜包括蘑菇、草菇、香菇、木耳、银耳(白木耳)和竹荪等。

(12) 芽菜类。这是一类新开发的蔬菜,用蔬菜种子或粮食作物种子发芽作蔬菜产品,如豌豆芽、荞麦芽、苜蓿芽和萝卜芽等。绿豆芽和黄豆芽等是早就普遍食用的芽菜,也有把香椿和枸杞嫩梢列为芽菜的。

(13) 野生蔬菜。我国野生蔬菜共213科1 822种,其中草本植物约占57.3%,木本植物约占36.5%,藤本植物约占6.2%。按食用部位分类,野生蔬菜可分为以下六类。

① 全株类。如菊科的牛蒡、蒲公英,百合科的芦笋,伞形科的水芹,苋科的苋菜,十字花科的荠菜,茄科的枸杞等。

② 叶菜类。如漆树科的黄连木,百合科的葱韭类等。

③ 花菜类。如百合科、菊科、豆科的花等。

④ 瓜果菜类。如壳斗科的板栗,无患子科的无花果等。

⑤ 根菜类。如泽泻科的慈姑,豆科的葛,菊科的菊芋等。

⑥ 菌菜类。如黑木耳、猴头、银耳、地耳等。

3. 花卉的分类

1) 根据花卉的商业贸易习惯分类

(1) 切花类。如月季、唐菖蒲、康乃馨、马蹄莲等。

(2) 盆花。如各种盆花,室内观叶、观果植物等。

(3) 球根类。如水仙、百合、郁金香、风信子、大丽花等。

(4) 盆景类。如各种树木盆景、山水盆景等。

(5) 香料花卉类。如茉莉、紫罗兰、桂花、白兰花、晚香玉等。

2) 根据花卉的园林用途分类

(1) 花坛花卉。如千日红、凤仙花、一串红、金盏菊等。

(2) 室内花卉。如绿萝、夏威夷椰子、棕竹、文竹、君子兰、龟背竹等。

(3) 盆栽花卉。如仙客来、朱顶红、倒挂金钟等。

(4) 切花花卉。如百合、马蹄莲、郁金香、康乃馨等。

(5) 观叶花卉。如南洋杉、万年青、花烛等。

(6) 棚架花卉。如金银花、凌霄、紫藤等。

3) 根据花卉的装饰材料与应用分类

(1) 盆花(包括盆栽树木)。在花盆中栽植的有持久观赏期的各种观赏植物。

(2) 切花。植物的茎、叶、花、果的色彩、形状、姿态有观赏价值的,均可作切花装饰。

(3) 插花。草本或木本,将其可供观赏的枝、叶、花、果剪下,插入适当容器,作为室内的陈设,也可制作花篮、花环等。如菊花、文竹、星星草、蕨类、栀子等均可作为插花材料。

(4) 干花。由各种花卉加工制成的干花、蜡花可作装饰、陈列之用。

4. 园艺产品的商品特点

园艺产品的市场特性表现为易变质性、价格和数量的大幅波动、季节性变化、其他可供选择的市场的产品形式的、产品的体积变化大、生产区域的专业化等。其营销策略会受到这些因素的影响。

(1) 易变质性。水果、蔬菜和鲜花都是极易变质的商品,所以水果、蔬菜和鲜花从采摘那一刻起就开始变质,这个变化会延续到整个营销过程结束。为了维持其新鲜度,采取快速销售和加工方式是十分必要的。整个营销的过程都应以快速营销为主导,而且这个理念应贯穿水果、蔬菜和鲜花销售的每一个阶段。

有人估计,在整个营销过程中,新鲜水果、蔬菜和鲜花将损失10%的价值。我国每年蔬菜产量3亿吨,水果产量超过6 000万吨。每年约有8 000万吨水果、蔬菜和鲜花腐烂,损失总价值近800亿元。这种价值损失大部分可归结为不适当的储存和处理、变质,为改善外观而进行的清理,采购商不小心的损坏。在进行家庭储存和准备时也会产生很多的价值损失。

细致而昂贵的营销渠道、设施和设备对于维持在营销过程中新鲜水果的质量是十分必要的。在营销过程中,大家通常都会选择采用快捷而昂贵的运输方式。而不是选择缓慢而廉价的运输方式。例如,南方的草莓必须迅速运送到北方的市场,同时还要保持质量不变。由于货车运输方式可以更加快捷而灵活地运送这些易变质商品,所以货车运输极大地取代了铁路运输。

产品的易变质性也将影响价格谈判。销售商不可能等待太长的时间来获取一个更高的价格,因为这类产品不能保存太长的时间。

(2) 价格和数量的大幅波动。由于水果、蔬菜和花卉是植物,其在生产时具有易变质的特点,因此要按照市场的需求来安排这类产品的供应就变得十分困难。由于消费者的需求和生产情况的不断变化,这类产品势必要承受价格和数量风险。不同寻常的产量、收获时的天气状况与病虫害都可能摧毁水果和蔬菜的销售模式。水果、蔬菜和花卉的生产周期长,固定成本高,这些特性都会影响价格和营销。生产商可能对于短期的价格变化并不敏感,因此在很长的一段时间内可能是在价格低于总成本的水平下进行生产。政府也没有限制这些农作物的产量和耕地面积的计划。

但是,现代营销体系要求以稳定的产品价格和供给来实现市场的销售计划。在水果、蔬菜和花卉行业中,大量的营销安排都是为了实现产品的价格和供给稳定。加工商通过与生产商签订供给和价格合约来保证工厂的满负荷运作,同时帮助整个销售计划的实施,很多大型的连锁商店在主要的生产区域设立采购点,从而保证稳定的产品供给。

园艺产品的生物特性和易变质性也会阻碍对这个行业供给的有效控制。在很多地区都存在大量未组织起来的水果和蔬菜生产商,并且政府也没有相应的计划来限制这些果蔬产品的生产和种植面积,因此果蔬生产处在无序状态下。现在通过建立农业合作社或龙头企业可以将这类产品的生产集中在一个或少数几个地区的少数大型的生产商中进行,而且对这部分产品的营销可以通过集中销售或者某些谈判代理机构进行。这样,虽然这些生产商对于天气或者是产量变化等不可控因素的影响力有限,但是它们已经对供给有一定的控制力,从而也具有一定的价格谈判力量。

(3) 季节性变化。大部分园艺产品具有生产和需求上的季节性特点,这种特性也将影响此类产品的营销。罐装和冷冻果蔬一般都只有一季收获期,但是对它们的需求却是全年不间断的。同时,园艺产品的采摘和加工是在短时间内进行的。在收获期,加工工厂的机器设备可能是满负荷运作,但在剩下的时间内,这些设备都只能被闲置。为了有效地使用这些机器设备,不仅要通过某些滞后加工的手段来延缓加工时间,同时也可通过增加一些补充性产品到加工线上的方式实现,如生产果汁或者碳酸类饮料。

在一个生产周期中,园艺产品通常都是依次在不同的耕地或生产地区中被种植、采摘、收获和营销。这可以在一个更长的期间内保持均衡和稳定的产品流。这些果蔬产品收获期的依次性是非常特殊的。如四川省盐源县的苹果七八月份就成熟上市了,而此时北方地区的苹果还处于膨大期,而且如果其中一个生产地区的供给出现短缺,立刻会对其他地区造成影响,我国南方主要的水果和蔬菜的收获期都较早,到其他地区的果蔬产品成熟时,南方的产品已经基本退出市场,这样就出现了早期长途运送来的水果到后期由占据路边市场、农贸市场等的当地水果所代替的现象。这些都是补充性而且极具竞争性的供给来源。

有些连锁商店由于不能灵活地由长途运送水果转向本地水果来源而备受指责。即使在本地供给已经很丰富的情况下,很多大型的零售批发商还继续采购长途运送而来的果蔬产品,认为这种集中性的采购和仓储设备可以在全年有效地提供品种齐全的产品,而如果在此过程中采购某些当地的水果品种,将降低这种系统运行的效率,很多超级市场会同时采购运送过来的果蔬和本地果蔬。当然,消费者有权自由地选择是在本地的路边市场和农贸市场采购,还是在超市采购。

人们为了减少由于园艺产品的季节性而造成的不便做了不少努力。这其中包括将生产转移到一个气候更为适宜的地域,有时甚至转移到国外进行生产,再有就是节能型日光温室蔬菜栽培技术成果的推广等。虽然这样会增加生产和销售成本,但是消费者全年都可以购买到新鲜的果蔬产品,也愿意为此支付更高的价格。如冬天我们能在北方的菜市场购买到番茄、黄瓜和豆角等就是很好的例子。

(4) 其他可供选择的市场和产品形式多。对于大部分水果和蔬菜产品而言,都有很多可供选择的市场,这其中包括形态市场(新鲜的、罐装、冷冻或是干燥形式的产品)、时间市场(春、夏、秋、冬四季)和地点市场(全国各个不同的城市及国外市场)。我们可以用柠檬市场为例进行说明,柠檬种植在我国南方广东等省,并在全国各个城市和其他一些国家进行销售。大约有一半的柠檬产品是以新鲜的形态进行销售的,另一半则是以加工后的形态进行销售。新鲜的柠檬不仅在冬季和夏季都有销售,而且可以储藏起来以供其他季节销售。如此多的市场选择机会使水果和蔬菜的营销工作与营销渠道变得更为复杂。

园艺产品(如苹果、桃和胡萝卜)是如何在不同的市场中进行分配的呢?对这个问题进行决策要受到各个市场的成本(如加工成本和运输成本等)和每个市场中产品相对价格的影响。这其中的法则就是:在每个市场中的产品分配要使这些产品在每个市场的净收益(价格减去成本)是完全相等的。在实际操作中,要想在市场中实现这一法则并非易事。农民专业合作社及果蔬产品的营销协议都有助于实现这种理想的市场模式。

同时这些选择又为果蔬行业的市场开发提供了很多机会。生产商组织、私营企业和合作社都为扩大销售和提高价格而在新产品的研发与促销活动中投入了大量资金。近几年,冷冻水果和蔬菜产品,包括土豆产品和冷冻浓缩橙汁销量的迅猛增长就是很好的案例。

通过树立品牌、包装、优惠活动和其他途径,加工市场在不断发掘不同园艺产品的销售潜力。现在很多人试图为园艺产品建立起品牌的忠诚度,虽然以前这类产品是被视为不能树立起品牌观念的。这种市场开拓计划也改变了传统的营销和竞争模式。多样化的产品形态、广泛的品牌和广告宣传也改变了这个行业的竞争环境。

(5) 产品的体积变化大。加工后的浓缩型果蔬产品影响了果蔬行业生产和设施的区域设置。因为果蔬产品的水分含量较高,所以这类产品的体积一般都较为庞大且每单位价值较低,因此以新鲜形态进行运输的成本十分高昂。我们可以通过在果园附近地区将产品进行集中加工,并将具有更高价值的产品运往市场来获得运输上的经济性。

运输的经济性还会导致更复杂的产品产生。冷冻浓缩型果汁和汤粉就是将果蔬产品中的水分榨出,以干燥的产品形式销售给顾客。方便面行业则将干燥的蔬菜切片加入泡面中,放入开水后,这些切片又会恢复成新鲜状态。

(6) 生产区域的专业化。园艺植物大多具有十分明显的地域性特征,即在最适合的生态地区表现出最好的生产性能和产品质量,否则,就会生长发育不良,产量和质量不佳。我国地域辽阔,各地都有自己独特的园艺产品,如新疆葡萄、河北梨、河南大枣、山东苹果。园艺植物的地域性不仅影响园艺产品的质量、种类、分布,还影响园艺产业的发展。

11.3.2 园艺产品的消费特点

1. 水果产品的消费特点

从国内消费看,由于人民生活水平的不断提高和生活方式的变化,水果产品消费总量不断增长,对水果的多样化、优质化和果汁等加工制品都提出了更高的要求。

1) 水果产品消费量的变化

在食品消费中,随着主食消费比重的缓慢下降和副食品消费比重的上升,水果产品消费在整个食物消费中的比重也在不断上升。随着人民收入水平的提高,水果产品人均消费水平也在逐渐提高,总体需求不断增长。

2) 水果产品消费结构的变化

随着城乡居民生活水平的提高和健康、安全意识的进一步增强,人们对优质水果、果汁的消费需求日益高涨,尤其是果汁消费迅速增长。目前,中国人均占有果汁仅为0.1升,而发达国家则在40升以上,发展中国家人均消费也达10升左右。随着社会生活节奏的加快,消费需求更加注重优质、多样、安全和方便,特别是对优质水果的周年消费和果汁等加工制品的需求将快速增长。当前,我国优质、高档水果供应不足,特别是在消费水平高的大城市缺口更大,这已经成为外国水果大举进入国内市场的主要原因。

3) 水果产品消费心理的变化

(1) 追求"早"的消费心理。这是指尽早尝鲜,以饱口福。12月尝草莓,1月啖西瓜,2月品甜瓜,4月吃枇杷,5月品荔枝,就是这种消费心理的体现。

(2) 追求尝新的消费心理。这是指消费者青睐各种应市的水果新品种。

(3) 追求"名牌"风味的消费心理。这是指讲究水果口味,要求汁多味甜,口感惬意,凡是具备这些特征的水果都会受到消费者的欢迎和喜爱。

(4) 追求反季消费的心理。夏瓜冬吃,就是这种追求反季消费心理的一种写照。

(5) 追求包装方便、漂亮的消费心理。消费者喜欢花样多、精巧美观、拎起来方便的小包装水果,水果花篮销售风靡节日市场,成为走亲访友的好礼品,就是这种消费心理的表现。

4) 水果产品消费形式的变化

(1) 营养型的家庭消费形式,讲究消费的保健作用。由于各类水果的营养价值都较高,色香味俱全,汁多味香,百吃不厌,于是人们早吃苹果晚啖橘,将水果作为第二营养品和保健品,成为人们居家生活的必备品。

(2) 休闲型消费形式,讲究消费情趣。像草莓、枇杷、荔枝、柚子等小水果,食之方便,吃之甜蜜。亲朋好友聚会聊天,尝金橘,吃草莓,情意浓浓;合家看电视,品沙田柚,增添乐趣。继糖果、炒货、蜜饯和膨化食品之后,这些水果已成为新的休闲食品。

(3) 纯果汁型消费形式,讲究口感纯真,返璞归真。随着饮料市场的迅速发展,纯果汁型饮料消费的人越来越多,在家中可以挤挤橙汁,在街上可以现榨现买西瓜汁、橘子汁。纯果汁饮料已形成新的消费旺势。

（4）菜肴型消费形式，讲究档次和色彩造型。首先是宾馆饭店宴席中水果消费量和品种在扩大，从西瓜到伽师瓜，到进口水果，采用哪个品种的水果已是衡量宴席档次高低的一个组成部分。其次是某些水果作为菜肴一部分的形式正在扩大，成为菜肴造型增色的重要手段。最后是丰富多彩的水果糕点、水果蛋糕品种不断出现。

（5）礼品型消费形式，讲究送礼的身价。水果颜色艳丽，营养价值高，是馈赠佳品。时下水果作为馈赠礼品出现了三种变化，即从20世纪五六十年代竹篮发展到彩色小包装纸箱、藤制水果花篮；从国内优质水果发展到进口水果礼品；从单纯的水果礼品发展到水果和鲜花的装饰性花篮礼品。

2. 蔬菜产品的消费特点

人们对蔬菜的消费已从数量型逐步转向质量型，要求蔬菜商品优质、卫生、营养、保健和方便。我国蔬菜的消费需求变化表现在以下几个方面。

（1）向营养保健型转化。当解决了吃饱的问题之后，人们开始重视能预防疾病、强健身体的食品。从营养学角度看，蔬菜是重要的功能性食品，因为人类需要的六大营养素中的维生素、矿物质和纤维素主要来源于蔬菜，而且某些营养素是蔬菜所独有的。因此，不少消费者喜欢选购营养价值高和具有保健功能的蔬菜，如营养价值高、风味也不错的豆类、瓜类、食用菌类和茄果类蔬菜颇受消费者的青睐；一些有利于健康的洋菜也开始引起了消费者的关注，如西兰花、生菜、紫甘蓝等；一些具有保健和医疗功能的蔬菜和无污染的野生蔬菜更是身价倍增，成为菜中精品，如苦瓜和一些野菜等。

（2）向"绿色食品型"转化。近年来，我国蔬菜无论是品种还是产量都取得了长足的发展，人们基本可以不再为菜篮子问题所困扰，但一些蔬菜所残留的农药等有害物质直接威胁着消费者的健康。在新的现实问题面前，消费者的自我保护意识不断增强，开始重视和追求"绿色食品"。20世纪90年代，我国农业部成立的"中国绿色食品发展中心"实行了"绿色食品"认证制度，把优质、安全、营养型的食品统称为"绿色食品"，并且从产地生态环境、产品生产操作规程到农药残留、有害重金属和细菌含量等方面对"绿色食品"的标准做了界定。为了全面控制农药污染问题，2000年，农业部又组织实施了"无公害农产品行动计划"，进一步推动了我国绿色农产品的发展。

（3）向净菜方便型转化。随着城市生活和工作节奏的加快，净菜越来越受到人们的青睐。所谓净菜，就是把采收到的新鲜蔬菜送到低温加工车间，通过预冷、分选、清洗、干燥、切分、添加、包装、储存和质检等工序进行加工。消费者购买后，只要稍加处理便可入锅烹炒。经过几年的发展，我国净菜的种类不断增加，有净菜果盘色拉类生食净菜，还有各种配套净菜。如有的荤素搭配，分开包装，还配有葱姜蒜等佐料，并且附有简易的烹饪菜谱。

（4）向蔬菜工业食品型转化。蔬菜工业食品包括原料储存、半成品加工和营养成分分离、提纯、重组等。发达国家工业食品在食品消费中所占的比例较大，一般可达80%，而我国只占25%左右。目前，我国蔬菜工业食品除传统的腌渍、制干、制罐等加工产品外，已开发出半成品加工、脱水蔬菜、速冻蔬菜、蔬菜脆片等，一些新开发的产品也陆续问世，主要有汁液蔬菜、粉末蔬菜、辣味蔬菜、美容蔬菜、方便蔬菜等。与此同时，蔬菜深加工迅速兴起，并显露出三大走向，即蔬菜面点、蔬菜蜜饯和蔬菜饮料。由于工业食品在品种、质量、营养、卫生、安全、方便和稳定供给等方面更适应人们对现代食品的高要求和快节奏生活的需要，在我国也开始受到广大消费者的关注。

(5) 向"名""特""稀""优"型转化。蔬菜向"名""特""稀""优"型转化主要表现为人们开始喜欢购买反季节蔬菜。如在北京的冬季市场上,南方生产的黄瓜、豆角等颇受欢迎,白菜、萝卜、马铃薯等大路菜需求减少,细菜、绿色叶菜类需求上升。进口蔬菜的市场不断扩大,除饭店、宾馆需求日趋旺盛外,也已进入普通居民家庭。

(6) 向出口创汇型转化。我国蔬菜在国际市场上具有价格优势,是我国农产品出口的主要品种,主要出口市场包括日本、美国、韩国、东盟国家及中国香港特别行政区,出口品种有鲜菜、速冻菜、腌制加工类和干菜等多个种类。

由于我国各地生态条件不同,形成了不少具有地区特色的蔬菜产地。随着我国蔬菜出口贸易的快速增长,在一些产地,蔬菜生产向出口创汇型转化,形成了出口企业带动农户生产的外向型产业化格局。我国加入世界贸易组织以来,蔬菜出口尽管遭遇进口国的绿色壁垒,但仍然保持了旺盛的出口势头。

以上蔬菜消费的变化特点标志着我国蔬菜供求格局已从数量型向质量型转化。随着我国农村经济的发展,乡村居民的蔬菜消费量必将进一步提高。

3. 花卉的消费特点

花卉作为一种非生活必需品,消费者通常用以下几项指标来评价花卉品质。

(1) 花卉的外观品质。花卉的外观品质主要包括花卉的色泽,新鲜程度,完整度,枝条韧性、曲直,花卉的成熟度。

(2) 花卉的储运质量。花卉的储运质量包括耐储运能力、储运后质量等级状况;储运的方便性;花卉管理和使用的方便性。

(3) 花卉的货架寿命。这是每一个消费者和售花商最关心的指标之一,货架寿命是特定种类或品种的特有属性,主要取决于花卉栽培状况和采后处理技术。有的鲜切花外观漂亮,但货架寿命却不长。

(4) 花卉的观赏价值和观赏寿命。

(5) 花卉观赏及装饰时的安全性品质。花卉在使用和装饰时的安全性是人们购买花卉产品时首要考虑的问题,因为花卉多是摆放在有人使用的房间里,因此,是否会产生有毒气体;有无毒素的残留;花粉的污染对人体是否有伤害等也是评价花卉产品品质的重要指标。

11.3.3 园艺产品的营销策略

(1) 建立安全、优质、特色基地。园艺基地建设是市场营销的基础,只有建立稳定的基地,才能培育出稳固的市场。基地建设不仅解决果菜龙头企业"无米之炊"的困扰,而且可为"公司+基地"的可持续发展打下坚实基础。在基地建设上要特别注重突出安全、优质和特色,发展无公害、绿色和有机食品。

(2) 培育造就一支开拓国内外市场的经纪人队伍。经纪人是市场开拓的主体要素。培育造就一支开拓国内外市场的经纪人队伍,提高其组织化程度,就能推动园艺市场营销的发展。一方面,要大力发展农民合作营销组织,让农民组织起来进入市场,解决一家一户生产经营活动的信息不对称、进入市场难、风险大、产品运销环节多、成本高等问题,实现农民增产增收;另一方面,培育农民经纪人队伍和代理商、中间批发商组织,扩大营销规模,提高交易效率。山东省金乡县依靠成千上万的经纪人,把金乡大蒜卖到了全世界,出口量占全国的

70%；安徽省亳州市之所以能成为国内最大的中药材集散生产基地,几十万药商功不可没。

（3）组建协会,充分发挥协会作用。行业协会具有服务企业、联结农户、集散产品、开拓市场、融资担保等多种功能。要加快帮助组建和完善特色园艺行业协会或经济合作组织,充分发挥其作用,达到建一个协会、兴一个产业、活一方经济、富一批会员的目标,真正做到民办民管民受益。同时发展各种营销流通中介组织,通过政策扶持、典型引导、提高素质等各种办法鼓励更多的能人进入流通领域,壮大园艺产品营销流通队伍。利用其市场信息灵通、营销渠道多样的自身优势,建立起生产和销售相连接、内地与外地相沟通,国内和国外相接轨的大流通格局,确保特色园艺产品销售畅通。

（4）注重市场调研,实行目标市场营销。不同城市的农产品市场有不同的特点,不同城市的居民也有着不同的消费习惯,园艺市场营销必须提前做好市场调研,对市场进行细分,实行目标市场营销。只有这样才能做到有的放矢。比如冬瓜市场,南方城市大多喜欢青皮品种,而北方城市则接受粉皮冬瓜。西瓜市场更为复杂,有的城市喜欢黑皮品种,有的城市喜欢青皮品种,还有的城市青睐花皮品种。以前消费者喜欢西瓜越大越好,现在则趋向于高品质、小型化等。这些变化都需要仔细地进行研究,有针对性地进行营销策划。

（5）实行品牌化营销。经济全球化浪潮的冲击推动着国内外市场一体化的趋势,使市场竞争日趋激烈,品牌化的趋势迅猛异常,品牌化趋势几乎统治了所有产品。柑橘上贴有柑橘种植者的姓名,蔬菜也冠以品牌名称做广告宣传。品牌化可使企业的产品特色得到法律保护,防止竞争者仿制、假冒；品牌化有利于企业获得品牌忠诚者,增加重复购买的消费者；品牌化有助于企业进行市场细分和控制市场,有利于产品组合的扩展；强有力的品牌还有利于树立企业形象,获得经销商和消费者的信任,从而更容易推出新产品。如砀山县在中央电视台打广告,专门宣传"砀山酥梨"这一品牌,效果显著。

（6）建立营销网络,实行营销多元化。

① 网络营销。既要建立有形市场网络,如生鲜超市、批发市场、配送中心等,又要建立无形市场网络,积极推行网上营销,实施电子商务。网络营销实施可分为三个步骤:网站建设、网络推广和在线销售。

扩展阅读 11-2

三种连锁经营模式的比较

三种连锁经营模式的比较如表 11-1 所示。

表 11-1 三种连锁经营模式的比较

连锁形式	所有权	经营管理模式	缺　点
直营连锁	一个投资主体,各门店不具有法人资格	"总部—门店"直接管理模式	由于高度集中,制约门店人员的积极性、创造性和主动性
特许连锁	加盟者仍具有法人资格和企业人事、财务权	以经营管理权控制所有权的一种组织形式,特许加盟合同由特许方制定,不是协商产生	首先,在组织关系上,不如直营连锁明确和清晰,在承担经营责任上可能互相推诿。其次,由于片面追求品牌授权金,大量发展加盟店而又缺乏有效管理和服务能力,损害企业形象,也会使加盟者权益受损,最终可能导致连锁系统解体
自愿连锁	资产所有权多元化	仍保留各自的经济形态,它们之间的经济关系通过协商解决	联结纽带不紧,凝聚力较弱；独立性强,总部集中统一运作的作用受到限制；由于过于民主,决策迟缓

② 定制营销。
- 订单销售。发展以 B2B 为主的订单农业,订单生产,订单采购。
- 配送销售。发展 B2C 配送营销,建设现代物流配送中心。
- 展销。通过展销会、展示会等扩大对果菜产品的宣传,积极寻找目标客户和目标市场。

(7) 加工培植营销策略。通过对采摘下来的园艺产品进行加工,如"净菜＋配送",可以实现向超市等现代销售渠道的输送,还可以提高产品的价值;通过保鲜和储存则可以实现反季节销售,并获得丰厚的利润回报;通过进一步的深加工,如番茄素、辣椒素等的提取,用于保健品和化妆品行业,可获得高额的利润。

11.4 水产品营销

11.4.1 水产品的生产特点

我国自 2002 年起成为世界第一水产品贸易大国,每年输出数百万吨水产品。水产品出口额多年位居大宗农产品出口额首位。

水产品的来源有捕捞和养殖两种方式。市场上的水产品大致可分为三大类:一是鲜活产品;二是冷冻产品;三是加工产品。

据农业部《水产及水产品分类与名称》(SC 3001—1989),将水产和水产加工品按产品基本属性划分为 12 类:①鲜活品,包括海水鱼类、海水虾类、海水蟹类、海水 01 类、其他海水动物、淡水鱼类、淡水虾类、淡水蟹类、淡水贝类、其他淡水动物;②冷冻品,包括冻海水鱼类、冻海水虾类、冻海水贝类、其他冻海产品、冻淡水鱼类、冻淡水虾类、冻淡水贝类;③干制品,包括鱼类干制品、虾类干制品、贝类干制品、藻类干制品、其他水产干制品;④腌制品,包括腌制鱼、其他腌制品;⑤罐制品,包括鱼罐头、其他水产品罐头;⑥鱼糜及鱼糜制品;⑦动物蛋白饲料;⑧水产动物内脏制品;⑨助剂和添加剂类;⑩水产调味品;⑪医药品类;⑫其他水产品,包括海藻凝胶食品、珍珠类。

渔业产业是以天然水域和天然水生生物资源为依托的产业,具有资源依赖性,被喻为"蓝色农业"。养护生物资源,保护水域环境,维护水域生态文明,是这一产业的立业之本。随着天然水域的生物资源日趋衰退,压缩捕捞强度、加强捕捞管理成为工作重点。1995 年,国务院批准首次在东海、黄海实行休渔制度;1999 年,休渔范围扩大到渤海、黄海、东海、南海等我国管辖的海区,涉及沿海 11 个省区和中国香港、中国澳门特别行政区,每年有 11 万多艘渔船、上百万渔民,实行为期两个半月至三个月的伏季休渔。从 2002 年起开始实施长江禁渔期制度,又有数万艘渔船在三个月的禁渔期内,被禁止在长江干流、主要支流和通江湖泊捕捞作业。上述两项制度是我国在渔业资源管理方面覆盖最广、影响面最大、管理任务最重的保护管理措施,取得了良好的社会、经济和生态效益,在国际社会产生了积极反响和高度评价。国内其他重要河流和湖泊也纷纷设立休渔、禁渔制度。

我国还严格实行渔船"双控"制度,控制并逐步压缩捕捞渔船数量和渔船功率总数,引导部分渔民群众转产转业、退出捕捞。另一项重大举措,是大规模开展增殖放流活动,使限捕与增殖"双管齐下"。进入 21 世纪以来,每年增殖放流各类鱼苗超过 100 亿尾(粒)。2006 年

2月颁布的《中国水生生物资源养护行动纲要》(国发〔2006〕9号),从国家层面和战略高度提出了水生生物资源养护工作的重要性,全国各地随之掀起增殖放流的热潮。全国建有各级、各类自然保护区140多个,有效实施水生生物物种资源的保护。

在水产养殖领域,养殖自身污染是制约产业健康发展的因素之一,必须高度重视。我国积极推广生态健康的水产养殖模式,加强养殖投入品的规范使用和管理,逐步减少直接使用小杂鱼等生物饵料,在港湾和湖泊水库等敏感水域减少网围网箱投饵养殖,发展生态型、环保型、节水型渔业。通过水域滩涂养殖规划,科学确定养殖区域,发展规模、生态布局和养殖容量,真正实现"又好又快"发展。水可以养鱼,鱼也能养水,蓝色农业建立在鱼水共欢、人与自然和谐的基础上。当然,外源污染导致鱼类死亡、渔民养殖受损的事件时有发生;工程建设侵害水域环境的现象普遍存在,应引起有关方面的重视。

11.4.2 水产品的消费特点

渔业产业的快速稳定发展,不仅很快就解决了"吃鱼难"的问题,极大地丰富了城乡居民的"菜篮子",而且已经成为保障国家粮食安全的重要支撑,成为稳定市场供应、平衡农产品价格的重要环节。渔业经济的贡献,可能超出一些人的想象。20世纪80年代,曾经担心"谁来养活中国"的美国生态经济学家莱斯特·布朗,2008年接受中国媒体专访时认为:中国改革开放40年来,水产养殖业的发展是对世界的一大贡献。可以做一个大胆的假设,如果缺少了这近5 000万吨的水产品供应,东南沿海以水产品为主要动物蛋白消费的居民,将如何做出消费选择?改吃肉食将需要多少饲料转化?大中城市的餐饮企业又将面临怎样的打击?率先推行市场化改革,完善的水产品市场体系建设,以及水产品的长期安全有效供给,保持了供求关系的基本平衡,保持了水产品综合价格的长期稳定。随着我国人民生活水平的不断提高和水产品贸易的发展,可以预见,在今后相当长的时间内,我国的水产品市场需求将会逐步增长。

1. 水产品的生产和消费存在东、中、西部严重的不平衡

我国水产品的生产,95%以上集中在东部和中部地区,西部地区水产品产量只占全国水产品总产量的近3%。水产品消费量也呈同样的趋势,东部地区远远高于西部地区。

2. 城乡之间水产品的消费存在着严重不平衡

目前,我国城乡居民平均生活水平仍存在着较大差距,东部地区的城市居民水产品的消费水平比较高,每年人均消费水产品达20千克以上,而广大农村消费水产品很少,有的地方年均不足1千克。据作者在浙江温州调查,澳大利亚的龙虾、挪威的三文鱼、南非的鲍鱼,已经成为不少市民婚宴点菜的"三剑客",年底临近,该市高档海鲜需求越来越大。

3. 中高档水产品的市场价格波动较大

春节前,市场上的一些高档水产品价格明显上涨,九节虾、红膏江蟹等水产品批发价格一般比上个月上涨了三成左右。中高档水产品价格上涨主要是春节临近的缘故,节后逐渐回落,价格波动较大。

4. 野生水产品深受市场欢迎

民以食为天,食以安为要。近几年,国内发生的水产品安全事件,均属因被检出国家严禁使用的氯霉素、甲醛、恩诺沙星、孔雀石绿和硝基呋喃等药物残留。消费者出于对人工养殖水产品质量安全的担忧,加上野生水产品天然美味,野生水产品深受市场欢迎,市场价格也节节攀高。野生水产品售价虽比同类养殖水产品高出一大截,但销售非常火爆;养殖水产品尽管价格低,却少有人问津。

5. 经济形势对水产品需求的影响逐渐加大

如果世界主要经济体经济形势严峻,会给全球水产品市场造成显著影响。由于消费者削减可自由支配开支,转而倾向于价格更为低廉的鱼类产品,许多全球重要的进口市场需求面临压力。这不仅仅造成利润率的下滑,同时还影响水产品的上市规格和结构。例如,许多水产品养殖更加青睐规格小、成本低的品种。此外,随着价格高昂的品种逐渐被廉价或低质的品种取代,许多高附加值产品结构也正在发生变化。

11.4.3 水产品的营销策略

1. 鲜活水产品营销

鲜活水产品中有海水产品和淡水产品两种。

(1) 海水产品营销。远洋捕捞由于出海作业时间较长,鲜海产品存活条件要求较高,活体运销成本很高,一般不进行活体运销。

远洋捕捞的海水产品,捕捞后将海产品装入网袋,然后放入底舱,用冰块保鲜。海水产品销售有两种渠道:一种是在海上由批发商用收购船收购,批发商购货后一般送到冷冻加工厂经整理、分级、速冻后待售;另一种是回到码头销售给批发商或鱼贩,批发商或鱼贩将海产品装入木桶运到零售市场销售。

(2) 淡水产品营销。淡水产品营销主要是指淡水养殖产品营销。其营销过程如下:批发商把自备的鲜活水产品专用运输车直接开到池塘边,看样后与货主进行协商定价,待价格确定后,货主起网捕捞,过秤结算,将鲜活水产品装入运输专用车内,快速将活鱼虾等运到销地批发市场。批发市场都备有能够换水且有增氧设备的大型鱼池,活鱼虾等运抵批发市场后,立即放入鱼池,批发时再从池中捞出售予鱼贩。鱼贩再把活鱼虾等运到零售市场销售。一般鱼贩在零售市场都备有用白铁板加工制成的小水槽等,尽可能地延长活鱼虾等的生命。

2. 冷冻水产品营销

鲜活水产品极易死亡腐败而失去价值,对其进行冷冻加工,保鲜时间可以大为延长,且能保证市场供应。冷冻水产品批发商从产地加工企业或批发商处购买水产品后,用冷藏车运到销售地批发市场后放入冷库,然后再批发给水产品门市部或鱼贩进行零售。

设在超市中的水产品柜台均需配备冷藏设备。当消费者购买时,从冷藏室中取出后销售,以达到最大限度的保鲜。鱼贩则在每天清晨从冷库中提货,运到菜市场进行零售。

3. 加工水产品营销

加工水产品是指经过干制的水产品。干制水产品包括传统的海米、虾皮、干贝、海参、鱿鱼及淡水鱼腌制品等。干制水产品对存储条件要求相对较低,一般不需冷藏,但干制水产品容易吸收空气中的水分而发生霉变,故存放时需要通风防潮。

我国干制水产品数量很大,占水产品总产量的10%左右。其营销方法较为简单,一般根据销地市场情况，由批发商或鱼贩从产地批发商或加工企业进货，运到销地市场加价后，批售给水产品门市部、副食品商店，或由商贩进行零售。

11.5 禽蛋营销

11.5.1 禽蛋的生产特点

近几年来，我国禽蛋产量一直是全球第一。我国的蛋类市场主要以鸡蛋为主，占总量的80%以上，其次是鸭蛋、鹌鹑蛋和鹅蛋。目前，我国蛋类人均占有量已达到发达国家平均水平。

1. 鲜蛋

鲜蛋包括鸡蛋、鸭蛋、鹅蛋、鹌鹑蛋和鸽蛋等，其中以鸡蛋数量最多。其次为鸭蛋、鹌鹑蛋和鹅蛋。各类鲜蛋又分为两种：一种是种蛋（受精蛋），专供孵化雏禽使用；另一种是商品蛋（未受精蛋），专供出售食用或者作为蛋品加工的原料。

2. 蛋制品

（1）松花蛋。松花蛋具有营养丰富、风味独特、耐储存等特点，既是我国广大人民喜食的大众食品，又是我国著名的传统出口商品之一。

（2）咸蛋。咸蛋是我国著名的传统蛋制品。咸蛋以新鲜鸭蛋或鸡蛋为原料，以食盐为主要辅料经腌制而成，具有味道鲜美、蛋白细嫩的特点，加工方法简单，食用方便，深受国内外广大消费者喜爱。

（3）糟蛋。糟蛋是以新鲜鸭蛋为原料，利用优质糯米酒糟及食盐为辅料，糟制而成的高档土特产品。糟蛋营养丰富、风味独特，被视为佐酒的佳品。由于具有开胃及帮助消化的功效，被视为一些患者和产妇的补品。糟蛋不仅在国内深受广大消费者的喜爱，在国际市场上也享有很高的声望。

（4）熟蛋。熟蛋包括虎皮蛋、五香茶蛋、卤蛋、五香熏蛋等。

3. 禽蛋产品的发展

（1）盒装洁净禽蛋。在许多地方，90%以上的禽蛋都是以壳蛋的形式进入零售市场。壳蛋不卫生，带有病菌。为了防止禽蛋带来的沙门氏菌的交叉感染，必须对禽蛋进行清洗、杀菌、涂上无毒、无色、无味的矿物油，以防止细菌的侵入和水分的蒸发，并延长保质期。为此，盒装洁净禽蛋成为鲜蛋生产发展的一种趋势。

（2）禽蛋加工品朝多样化方向发展。禽蛋加工品主要有干蛋品（如干蛋白、蛋黄粉及全蛋粉）、湿蛋品（如湿全蛋、湿蛋黄和湿蛋白）、冰蛋品（如冰全蛋、冰蛋黄和冰蛋白）、腌蛋品（如松花蛋、咸蛋和糟蛋）、蛋品饮料、保健蛋（如低胆固醇蛋、高碘蛋、高铁蛋等）。

（3）蛋制品加工采用机械化和新工艺，向无铅、无泥和小包装方向发展。

11.5.2 禽蛋的消费特点

1. 人均鲜蛋消费量增长迅速

1980年，我国人均鲜蛋消费量仅为2.27千克，此后人均鲜蛋消费量便以年平均11%左右的速度增长。其中,鸡蛋是一种物美价廉的动物性蛋白食品,由于具有高蛋白、低脂肪、低热量和高吸收率、高转化率等特点,鸡蛋已成为世界各地居民普遍接受的优质动物蛋白质来源,也是最经济的动物蛋白质来源之一,是城乡居民饮食的重要组成部分。受传统消费习惯的影响,我国居民的鸡蛋消费主要以鲜蛋消费为主。我国的鸡蛋消费按照消费途径分类可以分为家庭消费(居民食用蛋)、户外消费(餐饮行业和机关、企业、学校等机构消费蛋)及工业消费(深加工蛋等),其中以家庭消费为主。

2. 城乡不同收入居民之间鲜蛋消费差异显著

北方城市是蛋类的主要消费区。城市不同收入居民之间鲜蛋消费差异较大,首先是城市居民消费量最多,其次是城镇居民,县城居民最低,而且无论是蛋类消费总量还是分品种消费量,都随着收入水平的提高而增加。

3. 蛋类消费对价格因素反应敏感

随着人民生活水平的提高,我国蛋类消费已变成大众性和日常性的消费。但鲜蛋的消费量很大程度上受其价格的影响,鸡蛋销售价格的升降造成销售量的不稳定,蛋类销售价格地区差异明显。

11.5.3　禽蛋的营销策略

1. 产品开发策略

(1) 鲜蛋必须要有品牌意识。通过品牌标识,提高消费者的认知度和商品档次。

(2) 禽蛋产品要逐步向"绿色"和"有机"过渡。除了在国内取得有关部门认证外,出口欧盟国家、日本等国家还要取得进口国的认证。

(3) 要大力发展特种蛋(如绿壳鸡蛋、双黄鸭蛋、乌鸡蛋、雉鸡蛋、鹌鹑蛋等)和保健蛋(补碘、补锌、补铁、补硒和低胆固醇蛋)的生产。

2. 产品组合策略

产品组合是指营销产品在类型、品种和数量之间的组成比例关系。产品组合包括三个方面的因素,即产品线的广度、深度和相互之间的关联程度。

由于消费者对每一类型产品的需求量时多时少,价格也有升有降,盈利水平极不稳定,所以具有一定的风险。适当增加产品类型(产品线的广度)有利于分散市场风险,稳定收益。在同一产品类型中,由于各产品具有相似的技术性能和用途,可以采用相近的工艺和设备进行储存、包装和运输,适当增加产品项目(产品线的深度)有助于降低销售费用,提高营销效益。同时,还可以满足不同层次消费者的特殊需求,扩大市场范围。

实行禽蛋产品组合应遵循三条原则:一是服从消费者的需要;二是有利于促进销售;三是有利于提高营销经济效益。

3. 价格策略

在价格策略方面,应积极利用季节差价、区域差价和消费者求新求异求廉的消费心理。应用定价技巧,选择季节性调价、区域定价、折扣定价、促销定价等不同定价方式进行定价,使禽蛋产品具有较好的市场吸引力和价格竞争力。

4. 营销渠道

禽蛋营销渠道包括批发商渠道、包装商渠道、加工渠道、出口渠道、零售商渠道和直销渠道六种。

5. 促销策略

禽蛋产品市场竞争实质上就是争夺消费者的竞争。及时与消费者沟通，建立并维持良好的社会关系是禽蛋产品经营者营销成败的关键。在禽蛋产品市场营销中，经营者与消费者沟通的方式多种多样，如设立免费咨询电话、赠品赠券、提供购物班车等；利用广告、包装、展示会、产品说明书等促销工具；利用互联网的功能实现产品的宣传与营销；采用人员推销、公共关系促销和服务促销等沟通方式。

11.6 乳制品营销

11.6.1 乳制品的生产特点

以乳作为主要原料生产的各种产品称为乳制品。

按照动物品种进行分类，乳牛所产牛奶是占绝对优势的商业化乳制品原料。此外，水牛奶、羊奶、牦牛奶、山羊奶、马奶等也在某些地方具有食用传统，但消费量远远小于牛奶。

按照产品种类进行分类，根据我国食品工业标准体系，乳制品可划分为液体乳制品、乳粉、乳脂、炼乳、干酪、冰淇淋和其他乳制品七个大类。

在世界大多数国家，用于工业化处理与加工的牛乳基本稳定在总产量的75%左右。液体奶和鲜奶的产量增长趋势明显。从国家来看，美国的牛乳产量居第一位，其次是俄罗斯、印度、德国和法国，我国牛乳产量在世界上排名第19位。

我国奶业节粮高效，市场潜力巨大，是充满活力、前景广阔的朝阳产业。

扩展阅读 11-3

乳制品的分类

乳制品的分类如表 11-2 所示。

表 11-2 乳制品的分类

分类	品种	定义
液体乳制品	全脂乳	乳汁经加工制成的液态产品，未脱脂
	脱脂乳	乳汁经加工制成的液态产品，分离除去部分脂肪，包括半脱脂乳和全脱脂乳
	调制乳	以乳为原料，添加调味料、糖和食品强化剂等辅料制成的调味乳，以及为特殊人群制作的配方乳
	发酵乳	以乳为原料，添加或不添加调味料等成分，接种发酵剂后经特定工艺制成的液态产品
乳粉	全脂乳粉	以乳为原料，不添加食品添加剂及辅料，不脱脂，经浓缩和喷雾干燥后制成的粉状产品
	脱脂乳粉	以乳为原料，不添加食品添加剂及辅料，脱脂，经浓缩和喷雾干燥后制成的粉状产品
	调制乳粉	以乳为原料，添加食品添加剂或辅料，脱脂或不脱脂，经浓缩和喷雾干燥后制成的粉状产品

续表

分类	品种	定义
乳脂	稀奶油	以乳为原料,离心分离出脂肪,经杀菌处理制成的产品,乳白色黏稠状,脂肪球保持完整,脂肪含量为25%～45%
	奶油	以乳为原料,破坏脂肪球,使脂肪聚集得到的产品,为黄色固体,脂肪含量达80%以上
	无水奶油	以乳为原料,分离得到黄油之后除去大部分水分的产品,其脂肪含量不低于98%,质地较硬
炼乳	淡炼乳	以乳为原料,真空浓缩除去水分之后不加糖,经装罐灭菌制成的浓缩产品,质地黏稠
	甜炼乳	以乳为原料,真空浓缩除去水分之后,加糖达产品重的45%～50%,制成的浓缩产品,质地黏稠
干酪	原干酪	在原料乳中加入适当量的乳酸菌发酵剂或凝乳酶,使蛋白质发生凝固,并加盐、压榨排除乳清之后的产品
	再制干酪	用原干酪经再加工制成的产品
冰淇淋	乳冰淇淋	乳脂肪不低于6%,总固形物不低于30%的冰淇淋
	乳冰	乳脂肪不低于3%,总固形物不低于28%的冰淇淋
其他乳制品	乳清粉	如酪蛋白或乳清蛋白浓缩产品等,主要用于食品工业生产等
	干酪素	原料,基本上不直接食用

11.6.2 乳制品的消费特点

我国是一个多民族的国家,各族人民的生活习惯、饮食构成、消费方式各具特征,对奶品的消费也有很大差异。牧区牧民对奶的消费量较大;在大中城市,奶已开始成为生活必需品;广大农区仍保持从肉类、禽蛋和水产品中获取动物蛋白质的习惯,对奶的消费较少。

1. 城市奶类消费分析

城市由于工商业发达,居民收入较高、流动人口多,是目前牛奶(特别是鲜奶)的主要消费市场。

(1) 不同地区奶类消费水平存在差异。由于城市间经济发展不平衡、城市食品供给能力和供给结构的差异,形成了中国不同地区城市居民奶类消费的差异。不同城市人均奶类消费水平以直辖市最高,其次是牧区城市,第三是东北地区城市。

(2) 奶类消费与城市居民收入密切相关。由于消费结构和消费习惯的不同,各地奶类消费的增长速度和数量存在着差异,但奶类消费与居民收入的增长成正比,随着经济收入的增长和人们消费习惯的改变,奶类消费将会不断增长。

(3) 消费者的年龄结构发生变化。以前奶类(特别是鲜奶)的主要消费者是婴儿和老人,现在奶类及其制品已成为人们饭桌上的必需品。

(4) 消费者的职业结构发生变化。以前奶类的供应对象主要是高级知识分子和外宾,现在消费者的职业结构既有知识分子家庭,还有占很大比重的工人家庭。

2. 牧区奶类消费分析

我国牧区包括120个县,共有1 000多万人。奶是牧民的主要食品之一,我国牧民历来就有生产和消费奶类的习惯,基本上是自给自足。近些年,一些牧区在国家的支持下,利用草资源优势,建立了一批乳源基地和乳品工厂,奶业生产开始向商品化方向发展。

3. 农村奶类消费分析

我国广大乡村,除饲料、饲草资源充足的地方外,一般很少饲养奶牛。距离大城市较近的农村,饲养奶牛的目的也是为城市提供鲜奶服务,农民中消费奶制品的人数非常少,原因有两个:一是饮食结构长期以来以粮食为主,动物蛋白质来源于肉、蛋、水产品,没有消费奶的习惯;二是由于经济落后,农民收入较低,无力购买奶制品。随着人们生活水平的逐步提高,我国农村将成为牛奶的重要消费市场。

11.6.3 乳制品的营销策略

在我国,乳制品消费的品种差异较大,主要可分为液态奶和非液态乳制品两大类,后来又出现了保鲜奶、超高温灭菌奶、各种配方奶粉、花色奶等新产品。

1. 液态奶的营销

液态奶是包括鲜奶、酸奶、消毒奶等多种形式的奶类饮品。随着人们对液态奶营养需求差异和不同消费群体的出现,各种类型、规格、包装、口味的液态奶不断出现。但由于液态奶保质期短,消费者更重视产品的新鲜程度,因此,在选择营销渠道时,应注意以下几个问题。

(1) 尽可能地缩短渠道长度,减少产品在中间环节的流通时间。

(2) 液态奶作为一种日常消费品,消费者购买的频度较高,要加大分销网点的密度,采取密集分销策略,满足购买的便利性需求。

(3) 为了防止出现产品积压或断货现象,保证液态奶既不脱销也无库存,选择营销渠道时还要考虑分销渠道各环节的销货速度及产品库存,采用现代产品营销信息管理系统,从宏观上掌握液态奶的销售情况。

2. 非液态乳制品的营销

对于非液态乳制品,如奶粉、黄油等,除可以采用液态奶的销售渠道外,还可以采用传统的销售渠道。

3. 乳制品营销模式

(1) 企业直销模式:企业—消费者。企业在市区建立直销队伍,设立直销点,提高供货速度,甚至可以为消费者提供上门服务,保证产品能在第一时间以最快的速度送到顾客手中,保持液态奶的新鲜和最佳口味。这种简单模式略过批发商这一环节,可降低成本和产品价格,赢得消费者的信赖。

(2) 批发商营销模式:企业—批发商(或代理商)—零售商—消费者。该模式借助批发商(或代理商)和零售商分销产品,销售服务更专业,效率更高。

(3) 乳制品企业营销网络。乳制品企业营销网络是在总公司领导下的综合营销模式。在总公司下设销售总公司,销售总公司对总公司负责,下设销售中心、信息网络中心和成本核算中心,对销售情况进行综合汇总核算,提供总体信息。销售总公司又控制、协调各地分公司,分公司对销售总公司负责。销售中心、信息网络中心、成本核算中心对各地区进行垂直控制,三者共同向销售总公司提供信息资料。销售总公司担负总公司产品的全部销售工作,负责全面统一的策划,保证发货、回款、宣传、信息传递和反馈。

乳制品批发市场可采用多种形式经营,以调动经销商的积极性为手段,以将乳制品推向市场为目的,并不断加强经营管理,保证乳制品能在最短时间内保质保量到达批发商或零售商手中,最终满足消费者的需求。

乳制品专卖店是一种品牌宣传和乳制品销售的专营方式。它既可以帮助消费者了解自己的品牌,还可以增强消费者对乳制品的信心,增强其饮用的安全感。通过品牌消费还可以在消费者心中树立企业形象,达到宣传自己的目的。

4. 乳制品国际市场营销

国际上不同规模、不同水平的乳业公司为了提高自身的竞争力,都在通过合并、买入或结成战略同盟实现集约化生产和规模化经营,这种跨国界、跨地域的大规模发展,使世界乳业的格局不断发生新的变化。对各国乳业的发展提出了挑战,也提供了新的机遇。

世界著名的外国乳业公司大都看好中国这个巨大市场,纷纷来中国投资,目前世界排名前 25 位的外国乳品公司中已有 13 家进军中国。2017 年年底,跨国企业雀巢在其经销商年会上重磅推出了"纤跃小V"常温酸奶新品,引发行业高度关注。那个被马云看好的恒天然,也在国内推出了"安佳"轻醇常温酸奶新品。针对该款新品,恒天然提出了"轻醇营养,零食新欢"的品牌理念,创新将常温酸奶定位于零食型风味酸奶,意在撕开这一品类的新蓝海。除了品牌定位外,恒天然还为"安佳"轻醇风味发酵乳打造了独有的差异化优势:最原生,每瓶含有 3.0 克原生优质乳蛋白;最轻盈,每瓶含有 2.8 克脂肪含量,喝多不怕胖;最潮流,采用时尚包装,主张原生态生活主张;最稀有,全球首发,每月限量供应 15 万提。

在国际乳业市场竞争的大环境下,国内乳制品市场的竞争更加激烈,特别是外资乳制品企业的介入,为国内乳制品企业提供了机遇,也增加了压力,乳制品的营销将成为乳制品生产企业生存和发展中至关重要的一环。

扩展阅读 11-4

树立食物消费新观念,因地制宜践行大食物观

不久前召开的中央农村工作会议强调,要树立大食物观,构建多元化食物供给体系,多途径开发食物来源。

对大食物观如何更好理解、如何因地制宜践行?"新华视点"记者进行了采访。

1. 食物消费结构变化

专家表示,贯彻大食物观,关键是推动我国农业发展方式实现"三个拓展":实现从耕地资源向整个国土资源拓展;实现从传统农作物和畜禽资源向更丰富的生物资源拓展;实现食物安全政策由单一的供给侧管理向需求侧管理拓展。

农业农村部数据显示,我国 14 亿多人口,每天要消耗 70 万吨粮、9.8 万吨油、192 万吨菜和 23 万吨肉。

"管住、管好耕地的同时,树立大食物观,瞄准市场需求进行有效生产和供给,形成多元化的供给体系在当前尤为重要。"中国人民大学农业与农村发展学院教授程国强说,大食物观要求守好"米袋子"的同时,要拎稳"菜篮子"、端牢"油罐子"。

国家统计局的数据显示,城镇居民人均粮食消费量由 1978 年的 152 千克降到 2021 年的 124.8 千克,农村居民人均粮食消费量由 1978 年的 248 千克降到 2021 年的 170.8 千克。

中国林业科学研究院首席专家杨忠岐说,长期以来,中国老百姓的食物 80% 来自主粮,

但如今,这一现象正发生根本性转变。现在,主食越来越不"主",副食越来越不"副",老百姓从"吃得饱"到追求"吃得健康"。顺应人民群众食物结构变化趋势,正是树立大食物观的出发点和落脚点。

中国农业大学经济管理学院教授韩青说,从传统的粮食安全观转变到新时代的大食物观,建设优质、高效的生态农业,成为加快农业绿色转型的必然要求。树立大食物观,有助于构建新型食物安全保障体系。

2. 探索多元供给

记者采访发现,多地结合资源环境,因地制宜践行大食物观,拓展食物供给途径。

我国大水面资源丰富,通过发展大水面生态渔业和深远海鱼类养殖,可以获得数量可观的优质蛋白食物资源。一些沿海省份正积极探索向江河湖海要食物。

山东海岸线长3 500多千米,约占全国的六分之一,海洋资源丰富。作为海洋牧场建设综合试点省份,山东依托这些"蓝色粮仓"实现了自动化、智能化、类野生养殖。

我国是全球最大的食用菌生产国和出口国,一些地方践行大食物观,向植物动物微生物要热量、要蛋白。在广袤的东北黑土地上,坚果、野生浆果、优质食用菌等资源丰富。如今,木耳等食用菌类成了大产业,当地多家企业专门从事食用菌种植、菌种研发,有效满足市场对食用菌的多样化需求。

地处"黄金奶源带"的内蒙古抓住资源优势,发展特色畜牧业。

设施农业是利用工业化生产理念和工程技术手段,为作物创造适宜的生长环境,实现高产、优质、高效目标的一种农业生产方式,也是践行大食物观的重要途径之一。中国农业科学院蔬菜花卉研究所研究员张友军说,生物技术、信息技术、农业设施技术的发展和融合,可以有效缓解农业对自然资源的依赖。

在蔬菜总产量居全国首位的省份山东,以"中国蔬菜之乡"寿光为代表的生产基地,近年来利用物联网和信息化手段不断提升设施农业发展质量和效益。山东还提出,要着重推动日光温室宜机化、塑料大棚标准化、连栋温室规模化、菇房与培养房智慧化。

3. 居民膳食结构优化升级

记者梳理发现,推动食物供给由单一生产向多元供给转变,多地正积极完善相关政策。《黑龙江省产业振兴行动计划(2022—2026年)》提出,推进农副产品精深加工,打造践行大食物观先行地;《福建省"十四五"推进农业农村现代化实施方案》提出,树立大食物观,立足农业资源多样性和气候适宜优势,大力培育特色优势产业。

受访专家认为,为更好地实践大食物观,未来需要持续提升农业现代化水平,加强规划指导、政策支持和资金投入,引导资源、技术、人才等要素进一步向设施农业聚集,提升设施综合生产能力。

华南农业大学乡村振兴研究院教授罗明忠说,践行大食物观,要坚持培养高素质农民,打造一批经济实力强的家庭农场、农民合作社、农业产业化龙头企业等新型农业经营服务主体,从而推动农产品由"量"向"质"的转变。

大食物观概念的普及,还需要在全社会树立食物消费新观念,推动居民膳食结构优化与升级。尤其是全面普及膳食营养和健康知识,鼓励减量、营养、健康、绿色消费,反对浪费食物。"通过营养知识的普及和教育,让广大群众树立合理、平衡、适量的食物消费新观念。"山东省营养学会理事、青岛大学附属医院营养科主任韩磊说。

资料来源:新华社记者邵鲁文,2023-02-10,https://www.163.com/dy/article/HT7P7L6J0514R9NP.html。

本项目小结

完成本项目的学习,您应该能够理解和掌握以下内容。
(1) 掌握谷物的生产特点、消费特点及其营销策略。
(2) 掌握肉类产品的生产特点、消费特点及其营销策略。
(3) 掌握园艺产品的生产特点、消费特点及其营销策略。
(4) 掌握水产品的生产特点、消费特点及其营销策略。
(5) 掌握禽蛋的生产特点、消费特点及其营销策略。
(6) 掌握乳制品的生产特点、消费特点及其营销策略。

案例分析

部分乡村产业的同质竞争和产能过剩问题

近年来,我国许多特色农业和乡村产业片面追求规模扩张和数量增长,导致无效供给增加、同质竞争加剧、质量效益下降的问题日益凸显。如 2000 年我国茶叶、水果产量分别为 6.83 亿千克和 622.51 亿千克,2019 年分别增加到 27.77 亿千克和 2 740.08 亿千克,19 年间分别增加了 3.07 倍和 3.40 倍,年均递增 7.7% 和 8.1%。从 2000 年到 2019 年,按年末人口计算,我国人均茶叶产量由 0.54 千克增加到 1.97 千克,水果产量由 49.13 千克增加到 194.33 千克。2019 年,我国人均蔬菜、瓜以及苹果、柑橘、梨、葡萄、香蕉等产量分别达 511.37 千克、59.31 千克以及 30.09 千克、32.51 千克、12.28 千克、10.07 千克、8.27 千克,人均菠萝、红枣和柿子产量分别为 1.23 千克、5.29 千克和 2.34 千克。而且在这些产品中,多数出口比例并不高。仍以 2019 年为例,我国蔬菜、茶叶产量分别为 72 102.57 万吨和 277.72 万吨,而蔬菜、茶叶出口量分别仅为 979 万吨、36.7 万吨,分别相当于同年产量的 1.4% 和 13.2%;蔬菜贸易顺差尚有 145.4 亿美元,水果贸易逆差却达 29.1 亿美元。随着产业规模的扩张和数量的增长,许多乡村产业包括特色农业大而不强的问题迅速凸显。有些特色农业规模的扩张,还伴随着部分产品生产从适宜区向次适宜区甚至不适宜区的转移,导致总体品质下降、品质分化加剧、竞争力弱化,甚至部分优质产品生产的发展遭遇劣质产品品质和声誉下降的拖累。比如,近年来我国已成为世界上猕猴桃种植规模最大、产量最多的国家,但许多从事猕猴桃种植的农民收入堪忧,许多地方的猕猴桃因"放烂不熟,口味寡淡"而成为众多消费者口诛笔伐的"劣果",优质果品少、单位效益低的问题凸显。

片面追求规模扩张和数量增长的现象在乡村非农产业中也是比较严重的。比如,许多地方不顾资源禀赋、市场需求、原料支撑等,盲目兴办乡村产业园区和乡村产业项目,甚至不惜下任务、定指标、密集考核,导致乡村企业同质竞争加剧,农产品原料供给难以有效支撑加工能力扩张和品质提升的需求,加剧了乡村企业规模小、层次低、竞争力弱的问题。有些乡村产业项目盲目追求"高大上",出现"市长认可,但市场不认可""愿景很好,落地很难""盆景难以转化为风景"的问题,缺乏可持续发展能力。近年来,我国农村一二三产业融合发展的迅速推进,开始对促进农民就业增收和提升农民参与发展能力发挥重要作用。但是,随着农村一、二、三产业融合发展的深化,区域之间同质竞争、产能过剩和质量效益竞争力提升困难的问题也在迅速凸显,尤以休闲农业和乡村旅游为甚。相当一部分休闲农业和乡村旅游设施投资大、见效慢、投资回收期长,其服务质量、消费体验和特色品位也不够,难以形成文化和旅游吸引力,也难以形成对农业提质增效的带动效应。有些地方简单复制先行地区的发展路径,不注重市场的开拓和品牌、特色的打造,更不注重研究市场供求的动态变化,导致区域产业规模扩张过快,项目投产之日就是开始亏损之时。有的农产品加工项目本意是通过"公司＋农户"方式带动农民增收致富,结果却因加工项目经营失利,导致农户参与的农产品原料基地建设难以为继,出现农产品原料"卖难"和农业减收问题;甚至前期农产品原料种植的大量投入形成沉没成本,加剧农民走向共同富裕的艰难和迷茫情绪。

资料来源:姜长云.新发展格局、共同富裕与乡村产业振兴[J].南京农业大学学报(社会科学版),2022(1):1-11.

【讨论问题】
如何解决片面追求行业规模扩张和数量增长,加剧部分乡村产业的同质竞争和产能过剩问题?在营销方面如何有所作为?

实训操作

实训项目	主要农产品市场分析
实训目标	掌握主要农产品市场分析技巧
实训步骤	(1) 教师提出实训前的准备及注意事项 (2) 学生分为5人一组 (3) 选择一类农产品,组员围绕着该类农产品商品特点、消费现状、消费趋势收集资料 (4) 到农产品市场现场调研 (5) 各组通过小组讨论,提出该类农产品的营销策略
实训环境	农产品市场、市场营销模拟实训室
实训成果	市场分析报告

课后练习

一、名词解释

谷物　加工水产品　液态奶　乳制品

二、不定项选择题

1. 以乳为原料,添加或不添加调味料等添加成分,接种发酵剂后经特定工艺制成的液态奶产品是(　　)。

　　A. 脱脂乳　　　　B. 调制乳　　　　C. 发酵乳　　　　D. 全脂乳

2. 我国的蛋类市场主要以(　　)为主,约占总量的80%以上。

　　A. 鸡蛋　　　　B. 鸭蛋　　　　C. 鹌鹑蛋　　　　D. 鹅蛋

3. 市场上的水产品大致可分为(　　)。

　　A. 干制品　　　B. 加工产品　　　C. 冷冻产品　　　D. 鲜活产品

4. 我国传统的三大水果是指（　　）。
   A. 苹果　　　　B. 香蕉　　　　C. 柑橘　　　　D. 梨
5. 我国城乡居民最主要的口粮作物是（　　）。
   A. 水稻　　　　B. 小麦　　　　C. 玉米　　　　D. 大豆
6. 按加工处理情况划分，肉类产品可分为（　　）。
   A. 冷冻肉　　　B. 生肉　　　　C. 熟肉　　　　D. 肉制品

三、判断题

1. 由于"三聚氰胺"事件，世界著名的外国乳业公司都不看好中国这个市场，认为市场风险太大。（　　）
2. 按照动物品种进行分类，乳牛所产牛奶是占绝对优势的商业化乳制品原料。（　　）
3. 蛋制品加工采用机械化和新工艺，向无铅、无泥和豪华包装方向发展。（　　）
4. 目前，我国肉类产品人均占有量已达到发达国家平均水平。（　　）
5. 小麦作为主要的粮食产品，其需求受人口数量、经济发展、小麦生产情况、城乡居民的收入水平及消费习惯、饮食偏好等多方面因素的影响。（　　）

四、思考题

1. 简述我国谷物的营销渠道。
2. 如何选择水果产品的营销渠道？
3. 试述蔬菜营销市场定位策略。
4. 试述中国绿色食品发展中心已制定的我国肉类产品认证标准。
5. 试述水产品分类营销如何操作。
6. 试述禽蛋产品的产品差异化策略。

项目 12

休闲农业营销

【能力目标】

通过本项目的学习,学生应该掌握休闲农业的内涵;掌握休闲农业产品的打造方法;掌握休闲农业项目的营销策略。

【课程思政】

通过本项目的学习,使学生认识到一、二、三产融合的重要性,了解国家关于休闲农业的支农惠农政策,能通过休闲农业活动的策划加强对传统农事文化和民俗文化的传播和传承,自觉参与到宜居宜业和美乡村建设中来。

【任务分解】

(1)掌握休闲农业的内涵。
(2)掌握休闲农业的类型。
(3)掌握休闲农业的发展原则及开发要点。
(4)掌握休闲农业的营销策划。

12.1 休闲农业的内涵

现代社会,由于都市中人口密度的提高,生存空间及绿地减少,噪声、环境污染等问题使人们对田园式的生活越来越向往。随着生活水平的提高、交通条件的改善及休闲时间的增加,人们的消费观念、生活和劳动的意识也在发生变化。休闲农业的发展正符合现代人对"世外桃源"的向往。

导入案例:把传统地方美食推向全国 温州山乡巧借熏鸡孵出"金蛋"

12.1.1 休闲农业的概念

休闲农业是指利用田园景观、自然生态及环境资源,结合农林渔牧生产、农业经营活动、农村文化及农家生活,提供民众休闲场所、增进民众对农业及农村生活体验为目的的农业经营活动。休闲农业是集观光、休闲、旅游于一体的一种新型农业生产经营形态,可以深度开发农业资源潜力,是调整农业结构、改善农业环境、增加农民收入的新途径。

12.1.2 休闲农业的功能

1. 经济功能

（1）优化农业结构。发展休闲农业能充分有效地开发利用农业资源，调整和优化农业结构，促进农业和旅游业的合理结合，建立新的农业发展模式。

（2）促进农民增收。

① 获得直接销售收益。休闲农业的发展能吸引游客直接向农民购买农产品，减少销售的中间环节，使农民获得更多的利润。

② 获得促销利益。休闲农业的发展能激发游客的口碑效应，提高农产品的知名度，拓展农产品的销售市场。

③ 获得其他经营利益。通过开发休闲农业游乐项目，农民可以获得门票收益和经营其他附属设施的收益，如餐饮店、民宿、停车费等。

2. 社会功能

（1）游憩和保健功能。休闲农业为人们提供自然清新的休闲场所，从事有益的休闲活动，让远离泥土气息的城市居民领略大自然的情趣，品味返璞归真的愉悦，从而缓解工作、学习及生活的压力，达到心情舒畅、修身养性的目的。

（2）增加农村人口就业。发展休闲农业能解决当地农村闲置劳动力的问题，有利于社会安定团结，促进经济发展。且以当地人作为园内管理人员、技术人员可充分利用当地人的优势，如工作地离家近，交通方便；对家乡特色较为了解，方便介绍；农民朴实肯干。

3. 文化功能

（1）加强传统农事文化的教育。加强游客对农业生产活动的了解，普及农业基本知识，体验农家生活气息，在享受农业成果的同时更好地尊重农业。

（2）保护及加强乡村对民俗文化的传承。休闲农业是一个良好的农业文化传承平台，它增强了人们对现代农业和文化内涵的感知，为市民由物质满足转向较高层次的精神文化追求提供场所和机会。发展休闲农业可刺激乡民发掘和保护当地的民俗文化，促进城乡文化的交流。

4. 生态功能

（1）保护和改善农业生态环境。发展休闲农业必须建设良好的乡村风貌，提高城市人的生活质量和环境质量，达到休憩健身的目的。

（2）缓解传统旅行目的地的压力。发展休闲农业可以开拓新的农业旅游空间和领域，加强城乡之间的联系，缓解传统的旅行目的地人满为患的压力。

12.1.3 休闲农业的特点

休闲农业是一种与农业相关的生活方式和新的产业模式，因此必然存在一些特点。掌握了休闲农业的特点，可以更好地开展休闲农业营销工作。

1. 季节性

尽管科学技术的发展使农业生产依赖自然环境的程度日益弱化，但是气候、季节等自然条件仍然很大程度地影响农业生产的进程,尤其是对于我国这样一个土地面积广阔的国家,不同区域城市周边的农业生产条件存在巨大的差异,所以,依托农业资源开展的休闲农业也表现出强烈的季节性和周期性特征。因此,如何在最好的时机开展休闲农业营销活动是我们需要重点把握的。

但是随着设施温室的发展,农业旅游的季节性也逐渐被改变,在智能温室内部营造四季如春的气候环境使景色实时驻足,也为休闲农业赢得了更多的时间。

2. 地域性

休闲农业的地域性体现在两方面:一方面是休闲农业资源因受自然条件影响而具有强烈的地域性。休闲农业开发地的综合自然条件在一定程度上决定了资源开发的类型和方向。自然条件对休闲农业资源开发的影响主要表现在其所处区域的地貌、气候、水文、土壤、环境质量状况等方面。另一方面是休闲农业项目的选址需考虑所在地及周边城镇的社会经济发展程度和总体水平的高低,这直接关系到发展休闲农业与乡村旅游的经济力量和经济条件,决定了该地休闲农业项目发展的人力、财力、物力资源投入的水平、旅游接待能力,以及城市居民出游水平等。

休闲农业的消费和服务对象更多集中于本地城市居民,目标群体更加明确。所以,加快休闲农业提升发展,必须注重研究当地城市居民的消费历史、消费习惯、消费偏好、消费能力和消费结构,这样才能有的放矢,更好地找准都市休闲农业的发展方向,发现巨大的市场潜力,不断提高经营效益,并在服务本地居民主要消费群体的同时吸引周边游客进入。

3. 社会文化性

休闲农业所涉及的动植物和民风民俗等节事活动,都具有丰富的历史、经济、科学、精神、民俗、文学等内涵,只要善于挖掘和利用这些要素丰富的文化内容,就会增强休闲农业项目的吸引力,从而产生相应的经济效益。让忙碌紧张的城市居民体验悠闲安逸的乡村生活,并融入农业生产习作中,亲身参与农副产品的种植、采摘等过程,体验其技艺、乐趣,增进农业知识。

4. 参与性

游客到农村旅游不单是观光活动,还包括农事劳作、垂钓、划船、喂养、采摘、加工等参与性活动,游客在参与活动中充分体验农民的生活情趣。城市旅游者只有广泛参与到农村生产、生活的方方面面中,才能多方面体验到农村的深层次生活情趣和农民情感。值得注意的是,参与性还应包括旅游地农民对休闲农业的参与性。因为农民是农村的主人、农业生产活动的主体,其本身就是一种最基本而又最活跃的旅游资源,只有把他们吸纳到这项旅游活动中,让他们参与旅游活动的操作和接待服务,才会使城市旅游者感受到原汁原味的农村、农业、农民文化氛围。因此,在休闲农业的规划设计和布局中一定要重视当地农民的参与。

5. 可持续性

休闲农业的发展目标之一是调整人和自然、经济发展和生态环境之间的矛盾。休闲农业的兴旺也要得益于宁静优美的生态环境、天然的自然景观研究、纯朴的乡村生活方式、民俗文化等。因此,在开发过程中,尽可能不破坏原来的自然生态环境,减少人工作用,促进农业生态系统的良性循环。

12.2 休闲农业的类型

12.2.1 按产业模式分类

休闲农业是利用各地的农业景观资源和农业生产条件发展的新型农业生产经营形态。各地的产业资源不同，休闲农业的发展也不同，按照产业模式可分为以下几种类型。

1. 休闲种植业发展模式

种植业是以栽培农作物取得产品的行业，是农业的主体组成部分之一。休闲种植业是指以种植业为主要资源进行开发的休闲农业产业。休闲种植业可利用现代化农业技术、设施和栽培手段，开发具有观赏价值的作物品种和作物园地，展示给游客观赏或参与体验；或是利用具有鲜明地方特色的传统种植业为游客提供观赏、采摘或进行食品制作等。

如北京的"玉米迷宫"，就是利用玉米高杆的遮蔽性，打造出适合游客旅游观光的"迷宫阵"。又如多地都利用水稻打造壮丽的稻田画等景观，吸引游客前来游览，或以农耕文化为平台，开发设计农耕文化体验项目。

2. 休闲林业发展模式

休闲林业是指开发利用自然森林和人工森林所具有的多种旅游功能与观光价值的森林旅游地，为游客观光、休憩疗养、科学考察、文化教育、野餐露宿、探险、避暑、森林浴等提供空间场所。2019年4月18日，国家林业和草原局森林旅游管理办公室公布了100家森林体验和森林养生国家重点建设基地名单，其中包括余村竹博园森林体验国家重点建设基地等57家森林体验基地，和温州永嘉书院森林养生国家重点建设基地等43家森林养生基地。基地建设旨在加快打造符合社会需求、高品质的森林体验和森林养生产品，引导森林旅游新业态健康发展，满足公众多样化的户外游憩需求。

3. 休闲畜牧业发展模式

休闲畜牧业是指利用牧场、养殖场、森林动物园和狩猎场等类型的产业，为游客提供观光和体验牧业生活的乐趣的服务。休闲畜牧业既具有丰富的膳食功能、动物生产功能、社会生活服务功能、调节生态功能，也具有旅游观光功能、文化功能和示范教育功能等，融生产、生活、生态和示范等多种功能于一体。

休闲畜牧业应根据本地环境条件和农业生产特点，结合乡村旅游发展特色畜牧业。以传统畜牧、家禽养殖为基础，可开发草地游乐场、林地游乐场或山地丘陵游乐场，组织草地野餐、草地舞会、骑马牧羊体验、坡地滑草、定向运动等项目。

也可在环境条件适宜的情况下，考虑特种动物养殖，即具有特殊利用价值的、新奇的、特殊的动物产品养殖，包含兽畜类、珍禽类、水产类、昆虫类等特种养殖动物，如梅花鹿、蓝狐、牛蛙、蝎子等。实践中行之有效的高效经营模式主要是要延伸产业链，形成特色养殖→种植→餐饮休闲→乡村旅游，发展自产自销、多种收入的高效经营模式。

4. 休闲渔业发展模式

休闲渔业是指利用海洋和淡水渔业资源、陆上渔村村舍、渔业公共设施、渔业生产器具、渔产品,结合当地的生产环境和人文环境规划设计相关活动与观光的场所,向民众提供体验渔业活动并达到旅游观光、休闲娱乐功能的一种产业。休闲渔业是一种集渔业、旅游、休闲为一体的新兴渔业产业。

发展休闲渔业应定位清晰,避免同质化,全面、深层次地挖掘"鱼水"文化内涵。一些村镇通过设立淡水鱼水族馆、观赏鱼展示长廊等,以观赏为引导,推广渔类农产品和鱼类菜肴食品。在游乐休闲方面,在考虑景区和消费者需求双方因素的情况下,设置一些切合实际的游乐休闲方式,如钓鱼捕鱼、湿地观光、采菱赏荷、浮桥观鸟、荒岛野炊、渔村餐饮、洗浴康养及各类相关节庆活动。

5. 休闲农副业发展模式

在中国农业中,副业有两种含义:一种是指传统农业中,农户从事农业主要生产以外的其他生产事业。在多数地区,以种植业为主业,以饲养猪、鸡等畜禽,采集野生植物和从事家庭手工业等为副业。另一种是在农业内部的部门划分中,把种植业、林业、畜牧业、渔业以外的生产事业均划为副业,包括:①采集野生植物,如采集野生药材、野生油料、野生淀粉原料、野生纤维、野果、野菜和柴草等;②捕猎野兽、野禽;③依附于农业并具有工业性质的生产活动,如农副产品加工、手工业及砖、瓦、灰、砂、石等建筑材料生产。

休闲农副业包括与农业相关的具有特色的工艺品及其加工制作过程,都可作为休闲农副业项目进行开发。如利用竹子、麦秸、玉米叶等编织多种美术工艺品,南方利用椰子壳制作兼有实用和纪念用途的茶具,云南利用棕榈编织小人、脸谱及玩具等,让游人观看艺人的精湛手艺或组织游人参加编织活动。

休闲农副业可充分利用农民剩余劳动力、剩余劳动时间和分散的资源,对于增加农民收入、满足社会需求和推动农业生产发展都有重要意义。

12.2.2 按休闲主题分类

休闲农业需为游客提供与农业相关的休闲主题活动,因此按照休闲活动的主题不同可分为以下几种类型。

1. 观光采摘型休闲农业发展模式

观光采摘型休闲农业主要是以优美的乡村绿色景观和田园风光及独特的农业生产过程作为旅游吸引物,吸引城市居民前往参观、参与、购物和游玩。观光采摘一般以果园为主,观光采摘园可以集合的功能设计内容包括赏花品果、采摘游乐、生态示范、科普教育、研学旅行、休闲度假、生产创收等,由此集合成为一个综合性的果园。

观光采摘园设计时要注意季节变化,即果树会随着四季的更替而出现周期性的变化,春花、夏叶、秋果、冬姿,构成了具有时间序列的园林景观。经营者设计时要注意四季都有景可赏,有果可采。另外,要注意果树品类设计和造型设计,在造景时既要注重个体观赏美,又要兼顾到群体协调美。

2. 农务参与型休闲农业发展模式

农务参与型休闲农业是以农业资源为载体,以形式多样的参与型旅游活动为主要内容,以满足游客休闲娱乐、身心健康、自我发展等需求的发展模式。

农务参与型休闲农业主要由农民提供或出租耕地,让游客参与耕种,种植花草、蔬菜、果树或参与经营家庭农业,让游客体验农业生产的全过程,享受由播种、管理到收获的农作乐趣。

3. 民俗体验型休闲农业发展模式

民俗体验型休闲农业是以农村风土人情、民俗文化为旅游吸引物,充分突出农耕文化、乡土文化和民俗文化的特色,开发农耕展示、民间技艺、时令民俗、节庆活动、民间歌舞等休闲旅游活动,增加乡村旅游的文化内涵。

4. 科普教育型休闲农业发展模式

科普教育型休闲农业是利用农业观光园、农业科技生态园、农业产品展览馆、农业博览园或博物馆,为游客提供了解农业历史、学习农业技术、增长农业知识的教育活动。农业园的主要类型有农业科技教育基地、观光休闲教育、少儿教育农业基地、农业博览园。如农业科技园区作为联结科教单位科研成果与生产实际的重要纽带,为农业科技成果的展示和产业孵化提供了实现的舞台。

目前,我国的一些大学或科教单位建立的农业高新技术园区,与国外的农业科技园区模式极为相似,园区的建立为科教单位和入园企业科技产业的"孵化"和"后熟"提供了重要的基础平台,极大地促进了农业科技成果的转化和辐射推广。

扩展阅读 12-1

休闲农庄营运三要素

休闲农庄是以农民为经营主体,以乡村民俗文化为灵魂,以吸引城市居民为目标的一种新型休闲农业形式。休闲农庄营运主要有三大要素:游客吸引物、经营设施和休闲服务。这是营运休闲农庄的基础所在。

1. 游客吸引物

游客吸引物是指能吸引游客前往观光、度假和专项休闲的一切因素,具体主要有有观赏价值的农产品、农业自然环境、田园风光、农村生产生活场景、农业生产设施、民俗风情、民族习俗、农家饮食、农家村社、农家交通设施、农家游憩活动、农耕历史与文化、建筑文化等。

值得注意的是:休闲农庄的游客吸引物要以农村、农作物景观为主,不能做成城市园林景观或市政工程景观。

2. 经营设施

经营设施是旅游休闲服务的载体,是游客实现旅游休闲活动的基本条件之一,也是影响农庄经营绩效的重要因素。农庄的经营设施主要包括基础设施和专门设施。基础设施是指当地居民和游客共同使用的设施,如供水、供电、道路、桥梁等。专门设施是指专为游客所建、所用的设施,如住宿设施、餐饮设施、游览设施、娱乐设施、购物设施、游客安全设施等。

特色化的农庄经营设施本身就是一种吸引物,如农庄的水井辘轳、牛车、马车、民俗化风格的餐馆、豆腐坊、酒窖、农耕文化展馆、蝴蝶谷,等等。

经营设施一定要根据休闲农庄的主题与市场定位进行规划设计,也要根据投资人的资金能力来确定档次建设,如餐饮经营设施根据定位与资金能力从高到低可以做成高档餐厅、农家菜馆、自足厨房等;客房从高到低也可以建成别墅、宾馆、农家小院、小木屋、露营等。

3. 休闲服务

休闲服务是指农庄的从业人员和当地居民为游客提供方便的活动。休闲服务可分为商业性服务和非商业性服务两种。商业性服务即有偿服务,如农庄游乐陪同服务、自导式解说服务等。非商业性服务即无偿服务。

休闲服务还可以分为售前服务、售中服务和售后服务三种:售前服务是指农庄服务人员和当地居民在游客来农庄之前为其提供的服务(多为咨询性服务);售中服务是指农庄服务人员为正在农庄进行休闲娱乐与体验时的游客提供的服务(如餐饮服务、客房服务、陪同服务、讲解服务、导购服务等);售后服务是指农庄服务人员在游客休闲消费行为后为其提供的相关服务(多为旅游者委托办理的相关事宜)。

休闲服务是休闲农庄促成顾客满意、提高农庄效益和树立农庄形象最重要的因素。优质服务本身也是农庄的吸引力之一。

休闲农庄是一种新型产业业态,怎样做才会有特色?我们认为重点还是围绕十个问题下足功夫,即种什么、养什么、加工什么、看什么、玩什么、吃什么、住什么、购什么、体验什么、传播什么(文化)。

资料来源:谈再红,休闲农庄怎么做.

12.2.3 按经营模式分类

休闲农业是利用农村文化及农家生活开展的农业经营活动,因此农民的参与是其中重要的一环。但单一的农户经营模式并不是唯一的途径,随着各方的摸索,各个主体也逐渐参与进来。按照经营模式的不同,休闲农业可分为以下几种类型。

1. 个体农户经营模式

个体农民经营模式是最简单和初级的一种模式,它主要以农民为经营主体,农民自己经营,农民利用自家庭院、自己生产的农产品及周围的田园风光、自然景观,以低廉的价格吸引游客前来吃、住、行、游、娱、购等旅游活动。这种模式通常呈现规模小、功能单一、产品初级等特点。通过个体农庄的发展,吸纳附近闲散的劳动力,通过手工艺、表演、服务、生产等形式加入服务业中,形成以点带面的发展模式。

在全国各地迅速发展的"农家乐"就是这一经营模式的典型代表,如湖南益阳赫山区的"花乡农家"和内蒙古乌拉特中旗的"瑙干塔拉",通过旅游个体户自身的发展带动同村的农牧民参与乡村旅游的开发,走上共同致富的道路。

2. 农户+农户模式

农户+农户模式是由农户带动农户,农户之间自由组合,共同参与乡村旅游的开发经营。这也是一种初级的早期模式,通过农户间的合作可以达到资源共享的目的。在远离市场的乡村,农民对企业介入乡村旅游开发有一定的顾虑,大多农户不愿把资金或土地交给公司来经营,他们更信任那些"示范户"。在这些山村里,通常是"开拓户"首先开发乡村旅游并获得了成功,在他们的示范带动下,农户们纷纷加入旅游接待的行列,并从示范户那里学习经验和技术,在短暂的磨合后,就形成了农户+农户的乡村旅游经营模式。这种模式通常投入较少,接待量有限,但乡村文化保留最真实,游客花费少还能体验最真的本地习俗和文化,是最受欢迎的乡村旅游形式。但受管理水平和资金投入的影响,通常旅游的带动效应有限。

3. 公司+农户模式

公司+农户模式的主要特点是公司开发、经营与管理,农户参与,公司直接与农户联系与合作。这种模式的形成通常是公司买断农户的土地经营权,通过分红的形式让农户受益。这是在发展乡村经济的实践中,由高科技种养业推出的经营模式,因其充分地考虑了农户利益,在社区全方位的参与中带动了乡村经济的发展。它通过吸纳社区农户参与乡村旅游的开发,在开发浓厚的乡村旅游资源时,充分利用了社区农户闲置的资产、富余的劳动力、丰富的农事活动,增加了农户的收入,丰富了旅游活动,向游客展示了真实的乡村文化。同时,通过引进旅游公司的管理,对农户的接待服务进行规范,避免不良竞争损害游客的利益。

4. 农民+市民合作模式

在农民承包地合理流转集中后,建立休闲农园,以"认种"方式让城市居民委托农民代种或亲自种植花草、蔬菜、果树或经营家庭农艺,使消费者共同参与农业投资、生产、管理和营销等环节,与农民结成紧密的联结关系,体验和参与农业经营及农事活动。

该模式最早出现在20世纪90年代的苏州未来农林大世界,当时称为"市民农园",将土地分割为50平方米一块,向城市居民招租;后来在不同地区演变成多种类型的经营方式,如市民种植纪念树、纪念林、市民租赁农舍经营农家乐等。

5. 连片开发模式

连片开发模式是以政府投入为主,建设基础设施,带动农民集中连片开发现代观光农业。政府投入主要用于基础设施,通过水、电、气、路、卫生等基础设施的配套和完善,引导农民根据市场需求结合当地优势开发各种农业休闲观光项目,供城市居民到农业观光园区参观、休闲与娱乐。

该模式依托自然优美的乡野风景、舒适怡人的清新气候、独特的自然资源、环保生态的绿色空间,结合周围的田园景观和民俗文化,兴建一些休闲、娱乐设施,为游客提供休憩、度假、娱乐、餐饮、健身等服务。其主要类型包括休闲度假村、休闲农庄、乡村酒店。该模式在全国各地尤为常见,如上海市郊区、北京市郊区、南京市郊区基本上都在采用该开发模式。

扩展阅读 12-2

做休闲农业必须要有"十二个头"

休闲农业与乡村旅游就是让城市游客离开家门,到达目的地,再回来的差异化体验过程,目的是感受不一样的生活和风景。因此,发展休闲农业与乡村旅游产业,不能只有观光旅游思维,还要有换位思考,要注重差异化体验,让休闲农业有看头、有玩头、有住头、有买头、有吃头、有说头、有疗(疗养)头、有行(交通便捷)头、有学(游学)头、有拜(历史)头、有享(享受)头、有回头(愿意再来)。有了这"十二个头",才能打动游客的心,才能抓住休闲农业与乡村旅游产业的卖点、兴奋点和赢利点。

1. 有看头

乡村旅游是为人们提供一个认识乡村、体验农活、追寻民风民俗的机会,其提供的"风景名胜"就是自然生态、土里土气、原汁原味的乡景、乡情、乡俗。景区一切物体皆景观。在乡村原有景色的基础上,经过安排展示出自然之美,或经过修饰与包装,使其特色真实地流露出来。或恬静唯美的乡间小路,或奔放热闹的村边小河,或布满青苔但温馨整洁的村屋,再加上地域鲜明、个性古朴的民风民俗文化及农耕文化的呈现,乡村处处都能满足游客畅游赏景的需求。

2. 有玩头

干农活,给人们提供了亲近自然、体验乡村生活的乐趣。乡村旅游景区在设计休闲项目时,一般要设置淳朴自然、生动有趣且故事性强的农事民俗活动。久居都市的人们参与其中,能很轻松地真正体验到干农活的趣味、快乐,产生无限愉悦之情的同时增长了农耕见识。休闲农业与乡村旅游要创意开发具有地域特色、传统沉淀、民俗个性,针对不同人群需求特点、不同时期节庆的生产生活习惯,确定主题鲜明、亮点突出的农事活动。

3. 有住头

住宿是乡村旅游的一个重要因素。乡村旅游景区无须配套昂贵奢华的饭店,乡土特色浓郁的民宿即可。住宿环境以宁静、舒适为宜,回归自然的睡觉空间,形成与众不同的睡眠体验。远离噪声大、粉尘多、排污量大的工厂和加工场。住房以简洁、朴素、明快、大方为基调,布局不拘一格,但一定和当地建筑风格和谐共处,与外界自然相连相通,利于透绿或借景造势,营造推窗即景、目及清新、鸟语花香的乡间境界。

4. 有买头

选购带有泥土气息的农产品,是到乡村旅游的游客比较乐意的。这样的土特产安全、绿色、健康、营养。要着力提升农产品的特色,并且通过生产过程的良好呈现,让游客对产品的绿色、健康等特色眼见为实。注重分级包装,让农产品土得有品位,健康得高贵。丰富农产品的内涵,挖掘并赋予其一定的文化底蕴,打动游客选购打包,回家给家人品尝分享或馈赠给亲朋好友,景区的品牌就得到了进一步延伸。

5. 有吃头

乡村旅游的农家餐应坚持"定位主题化、管理专业化、菜品特色化、服务品质化"的努力方向和目标。每个乡村旅游的景区餐厅,一定要有最具自己地方特色的招牌菜品,让游客满足品尝纯真自然的味道的需求。同时,还要提供清洁、优雅、舒适的用餐环境,温馨、细致的服务及创意的用餐方式,做到忠于传统并超越传统。

6. 有说头

"望得见山、看得见水、记得住乡愁"。那么,乡愁是什么?乡愁是沿着泥瓦飘飘的炊烟,是十八弯向家门口的山路,是妈妈手里的糯米团,是后院那棵永不结果的"龙眼树"。大千世界,无论怎样变迁,都有深藏人们血脉之中的乡土、乡情和乡愁情怀。

7. 有疗头

休闲农业与乡村旅游要以田园为生活空间,以农作、农事、农活为生活内容,以农业生产和农村经济发展为生活目标,实现让游客感受回归自然、享受生命、修身养性、健康身体、治疗疾病、颐养天年的一种有利于身心健康的生活方式。在景区要做到空气是清新的,环境是优美的;产品是自然的,食物是绿色的;劳动是适度的,生活是丰富的。

8. 有行头

游客选择乡村旅游时,都会充分考虑景区是否进出顺畅。游客在景区旅游时,也非常在意能否一边轻松愉悦地行走,一边欣赏到富有特色的生态美景、民俗风情。进入乡村车程一般控制在2小时以内。同时,景区内部主干道两边种植花木或者地域特色瓜果,既可绿化村道成为景观,又可为来往游客撑起绿荫或遮风挡雨。在景区主要地段、乡村主干道与村落支路的交汇地段或相关功能区,景区的游览地图、标识或指示牌要规范、醒目、美观。整体而言,将绿色、生态、便捷、环保的理念植入景区的出行设计中,使行走艺术化、幸福化。

9. 有学头

休闲农业与乡村旅游一方面能发挥特色农业的休闲旅游功能,满足民众的休闲需求;另一方面能增进民众对农业、农村和农民的了解,增进文化体验,达到科普教育的目的。景区通过精心组织和策划,设计动植物生产体验活动,举办插花艺术、盆景文化、食品雕刻、农副产品加工、创意农业、民间艺术、民俗文化活动庆典等科普活动,帮助游客更好地了解生态农业,推进生态农业的发展。

10. 有拜头

休闲农业与乡村旅游要坚持古今融合,深入探寻历史文化。每个地域在几千年的历史发展中都有着丰富的历史典故和历史名人,将这些典故的历史背景和发生过程、历史名人的生平事迹以纪实或传说的形式描绘出来,体现休闲农业与乡村旅游的历史文化魅力,无疑在很大程度上提高了景点的吸引力和趣味性。

11. 有享头

休闲农业是让游客全身心参与全新体验。无论是品尝乡味、娱乐观光,还是体验劳动、感受民俗,抑或休闲度假、散居养生,乡村旅游都能为游客提供一种可以全身心参与的全新体验,使游客在乡村美景中增长知识、愉悦身心,从而舒缓工作生活的压力,促进身体健康。

12. 有回头

春天的花草、夏季的湖泊、金秋的森林和寒冬的雪景,宁静的远山农舍、怡然自得的游玩、土里土气的生态美味、趣味十足的体验、让人着迷的民俗风情和纯朴厚道的乡民,都能让从都市赶来的游客感动不已。乡村旅游景区的开发和营销,应站在游客的立场,密切关注游客的需求,真正提供使其满意的产品和服务,让游客获得美好的体验,永远铭记回味,并由此提升对景区的满意度和忠诚度。

资料来源:谈再红,休闲农业和乡村旅游公众号.

12.3 休闲农业的发展原则及开发要点

12.3.1 休闲农业的发展原则

休闲农业的资源规划与开发应以农业生产经营活动为主体,以旅游市场为导向,以创新为动力,以科技为依托,以农民增收为主线,以休闲、求知、观光、采摘为载体。

1. 可持续发展的原则

休闲农业资源规划与开发应以生态优先、可持续发展为第一指导原则。在具体的开发建设中要注重妥善解决开发所带来的环境破坏和污染,采取必要的生态措施和技术改善林网、水系、田园的农业生态环境,培育生态绿色产业,繁荣生态文化,构建生态产业体系。把"生态文明""可持续发展"融入各项目区的规划建设之中,高度重视生态保护和文化优势,吸引游客观光休闲和精心体验,避免盲目开发、无序开发和破坏性开发,走资源节约型、环境友好型的可持续发展道路。

2. 统筹城乡发展的原则

休闲农业资源规划与开发应深入贯彻落实科学发展观,统筹城乡发展,打破城乡分割体制的影响,要求城乡基础建设必须一体化,加速缩小城乡发展差距。在实施规划过程中,要坚持重点区域先行,加快规划区域内核心区、辐射区、基地、园区、重点村镇的建设,引导产业要素向重点区域集中。统筹第一、二、三产业布局,加快现代农业和第三产业的发展步伐,实现产业和各类要素的有效聚集。坚持统筹考虑,分步实施,以点带面,以线穿面,整体协同,互动共进。与此同时,在具体开发过程中还应引入创新统筹发展的体制机制,形成政府引导、企业主动、农民参与、多方支持、充满活力的发展格局,加强部门联合和联动,形成合力,共同推进。

3. 以农为本,农旅结合的原则

休闲农业规划与开发必须坚持以农为本,以农业生产为基础,把农业的生产功能放在第一位,确保农业生产品在开发中占有主导地位。通过第一、二、三产业的有效结合,更好地提高农产品的附加值,创造更大的经济效益。

休闲农业的规划与开发要积极拓展农业的多功能,加强农业与旅游业的有效结合,发展"农游合一"的新型产业。通过旅游的带动加快农业走向市场的步伐,建立自己的市场地位,提高农业的价值,获得巨大的经济效益。同时,休闲旅游农业又为旅游业的发展拓展了新领域,丰富了旅游的内涵,促进了现代旅游业的延伸和发展。通过"农游合一"的新型产业模式的发展变农业生产资源为农业资本,变生态环境资源为生态资本,变农村民俗资源为农耕文化资本;使农民成为城镇居民消费需求的供给者,成为农业资源和资本的经营者与管理者。

休闲农业规划与开发必须把农业发展、农民增收、农村进步作为根本出发点和落脚点,紧紧依托农业特色、优势和高效设施农业,充分发挥和调动社会各界的积极性和创造性。重点项目建设要注重游客的参与体验,充分发挥农业资源空间广阔、内容丰富、极富参与性等特点,设计出融参与性、知识性、趣味性于一体的农业休闲活动项目,使游客广泛参与到农业生产、农村生活的方方面面,更多层面地体验到农业生产及农村生活的情趣,享受原汁原味、丰富多彩的乡村氛围。

4. 因地制宜,体现特色的原则

休闲农业规划与开发要充分考虑农业生产具有的地域性和季节性特点,因地制宜,体现特色。在农业产品开发和项目设计上必须根据各地区的农业资源、农业生产条件和季节特点,考虑其区位条件和交通条件,因地、因时制宜,突出区域特色。特色是休闲农业发展的生命线,休闲农业越有特色,其竞争力和发展潜力就会越强,因此休闲农业发展要与实际相结合,明确资源优势,选准突破口,使其特色更加鲜明,保持其"人无我有、人有我新、我精、我特"的垄断性地位。

休闲农业应因地制宜地选择开发价值高的现代农业新品种、新技术、新设备,利用重点项目、重点产业的集中建设,示范带动区域农业的产业化发展。重点项目建设要差异化发展,形成丰富的发展类型,通过招商引资、规范管理,提升休闲农业档次,达到满足实际情况、可操作性强、效益叠加的目标。

12.3.2 休闲农业的开发要点

1. 突出特色和主题

尽管近年来我国休闲农业呈现出蓬勃发展的势头,但是很多地方的休闲农业产品都缺乏特色，雷同现象较为严重，从主题、活动设计到设施、服务都非常相似。而要增强休闲农业产品的吸引力和竞争力，必须突出特色和主题。休闲农业经营者在设计开发产品时，要摒弃大而全的思路，避免简单的模仿和抄袭，应在充分的市场调研和分析的基础上，结合自身资源和优势确定特有的开发主题，并在景观设计、活动设计、设施建造、服务提供、旅游商品设计等环节贯穿和体现主题，最大限度地凸显特色，与竞争产品相区分，提高产品的竞争力。

2. 挖掘文化底蕴

受休闲农业经营者文化品位不高、过度追求商业利益等因素影响，我国的休闲农业产品普遍文化特质不突出，缺乏文化底蕴和内涵。但我国几千年的农耕历史在乡村地区积淀了厚重的农耕文化和民俗文化，再加上广袤的地域孕育了丰富多彩的地方文化，因此休闲农业经营者在开发休闲农业产品时应充分挖掘和利用深厚的历史文化内涵，将其融入产品设计中，或者创造出现代艺术和时尚。文化实践也证明，随着休闲农业的深度发展，那些富有文化内涵的休闲农业产品更受旅游者青睐，能保持旺盛的生命力和强大的竞争力。

3. 注重参与和体验

休闲农业属于重游率高的休闲度假活动，消费者对参与性和体验性的要求越来越高。这就要求休闲农业经营者在设计开发休闲农业产品时，一定要注意满足这些要求，多设计消费者能够亲自参与的活动，如自己种植、采摘、加工、制作、喂养等，还可以利用3D打印、生物育种等技术手段开发新型体验产品，以提升消费者的体验水平，给他们留下深刻印象。

4. 注重产品创新升级

随着社会的进步和收入的增加，新的生活方式、消费理念和消费行为不断涌现，人们对休闲旅游的需要也在不断发生变化，对休闲农业的多样化、个性化、科技化的要求也日趋提高，这就要求休闲农业经营者必须顺应需求变化的潮流，在把握发展变化趋势的基础上，不断创新升级产品，开发出满足甚至引领消费者需求的交叉性、复合性、高科技的新型休闲农业旅游产品，吸引消费者反复前来消费，才能在市场竞争中立于不败之地。

5. 提升配套服务水平

休闲农业的经营者和服务者大多是农民，由于缺乏专业系统的培训和教育，服务意识和服务技能较差，影响休闲农业整体服务水平和消费者的感受，经营者和服务者应主动通过各种培训提升自身素质和服务技能，同时积极引入高素质、高水平的外来经营者和服务者，吸收外部成功经验，服务水平的提升也有助于改善和提升休闲农业产品的质量。

扩展阅读 12-3
如何做好休闲农业和乡村旅游项目盈利模式的规划

休闲农业和乡村旅游的不少项目都败在了不完善的规划上。以农旅结合为主的休闲农业规划必须有农业产业布局和资源配置，必须建立在休闲农业商业分析、商业策划、落地方案的基础上，离开商业盈利模式可行性谋划的经济类规划，不但毫无意义，而且很可能是投资陷阱。

1. 一、二、三产融合是发展方向

休闲农业和乡村旅游要一、二、三产融合发展，才会实现盈利与持续发展。

例如，水稻生产区做休闲农业和乡村旅游，就不能只卖稻谷产品，而必须要卖加工产品，如大米，最好还要卖甜酒、米酒、米粉、年糕等系列产品，并结合水稻生产提供丰富多彩的休闲娱乐与农事体验活动，只有这样，才叫融合。

休闲农业和乡村旅游项目要想盈利，必须坚持一产是基点，二产是重点，三产是亮点。

2. 产业植入模式是盈利关键

休闲农业和乡村旅游的商业模式规划主要是产业植入模式设计。

但现实过程中很多投资人很任性，单靠个人情怀玩个性，盈利模式不清晰，对于如何植入适宜的产业项目和完善产业落地条件全然不懂，结果做成夹生饭，欲丢不忍，再投无力，只能艰难运营。还有的投资人喜欢以旅游景区与房地产的商业模式来谋划休闲农业。靠大投入、大开发等资本经营来规划，其结果也是不能盈利的。休闲农业和乡村旅游只有以产业支撑才会实现真正的盈利。

3. 因地制宜，轻资产打造是盈利保证

休闲农业和乡村旅游要结合资源禀赋、人文历史、交通区位和产业特色，在适宜区域，宜果则果，宜渔则渔，宜牧则牧，产业对接，注重结合，不要盲目照搬别人的项目。

充分利用原有的自然资源、农业资源和乡村文化优势，发展特色产业。根据当地农业生产的季节性，合理规划观光休闲体验项目，做到一年四季都能够为游客展现一幅忙闲有序、农业景观四季变化分别有致的乡村场景。

充分利用原有自然地形地貌，自然植物群种，发挥其天然的优势，减少基础性投资，实现轻资产发展。

4. 围绕主导产业做特色经营

做休闲农业和乡村旅游要学会做减法，要聚焦主导产业，做深、做足、做长产业链。通过做精主导产品，从而实现一拖三，甚至一拖N，就像一个茶壶，可以配N个杯子。休闲农业主导产业是基点，生态是看点，文化和休闲体验服务是卖点，产业经营宜精不宜粗，宜深不宜浅。

目前，很多休闲农业和乡村旅游项目总是贪大求全，菜、果、药、花都想种一点，鸡、鸭、鱼、猪也想养一点，总想做全，看起来繁花似锦，说起来是农旅结合，但是因为盘子太散，无力驾驭，做出来后要规模没规模，要特色没特色。

5. 不断创新才能适应市场

在产业交叉融合发展的今天，农业的内涵与边界不断在拓展。

因此，休闲农业和乡村旅游必须加快转变农业发展方式，跳出"就农业谈农业"的旧框框，寻求现代农业的"接二连三"，实现一、二、三产业的融合互动。

做休闲农业，要跳出农业做农业，登山不看山，才能登高望远。不仅要脚踏实地，埋头苦干，还要抬头看路。如果方向错误，累死苦死也是枉然。只有找准市场商机，紧跟市场需求，正确判断市场发展趋势，将农业种植、养殖、产品加工、休闲旅游、乡村文化、节庆创意等元素有机融合，才能有的放矢，走向成功。

休闲农业和乡村旅游由于经营的地域性和季节性，切忌跟风，别人做什么，自己跟着做什么，否则，就只有死路一条，不是在同质化中淹死，就是在激烈竞争中拖死。

6. 整合资源才能做大做强

休闲农业和乡村旅游的发展需要整合当地的优质农产品资源，引入新产品、新技术，打造当地优质农产品品牌，提升项目租赁土地的综合经济价值，引领当地农业产业的振兴。

在开放、包容、融合的大经济环境下,单打独斗的个人主义已经逐渐淡出历史舞台,资源整合成为休闲农业和乡村旅游做大做强的重要因素。

休闲农业和乡村旅游只有整合资源、资本、知识、技术等相关要素,在合作中共存、共荣、共赢,才能减少风险,获得安全感、归属感。

资料来源:谈再红,休闲农业和乡村旅游公众号.

12.4 休闲农业的营销策划

12.4.1 休闲农业的产品策划

休闲农业产品活动丰富、涵盖内容广泛,从国内外实践来看,包括观光采摘、民俗体验、农事体验、科普教育、生态休闲、节庆文化等多种类型。对于休闲农业经营者来说,开发出有特色、有创意、符合目标市场需求的产品是开展市场营销的第一步,也是在市场上取得成功的最重要环节。

1. 休闲农业产品组合要素选择

如今,人们的休闲旅游需求日趋强烈,不再仅仅满足于单一的农家乐、观光、采摘等休闲农业体验模式,因此休闲农业的经营者需以游客的体验为起点进行设计和安排,为游客提供丰富的产品组合。休闲农业经营者可以从以下十一个基本要素出发,落实到产品设计和游客感知的各个维度,使休闲农业向深度和广度方面发展,设计好休闲农业产品的内部组合和与外部其他旅游产品的组合,丰富休闲农业产品的内容,为消费者提供高品位、多层次、全方位的休闲体验。这样打造出来的乡村农业文化旅游情调,不仅特色鲜明,且"农味"十足。

(1)赏——休闲农业基本的构成要素。观光游览、体验农业美必然是休闲农业基本的构成要素。专家经反复斟酌,认为"赏"比"游"更能体现休闲农业体验给人心灵上带来的愉悦,而且休闲农业中"赏"的内容和方式都很广泛,可以无限挖掘和创新,如农业嘉年华中的各类创意景观往往是游客聚集拍照的地方。

(2)采——吸引游客和盈利的抓手。采摘作为近几年迅速兴起的新型休闲业态,以参与性、趣味性、娱乐性强而受到消费者的青睐,已成为现代休闲农业与乡村旅游的一大特色。采摘聚人气、带财气、成本低、收益高,是休闲农业园吸引游客和盈利的抓手。农业采摘不仅类型可以丰富多样,而且可以深度挖掘,进行细分,比如针对儿童、情侣、残疾人士等各类人群打造不同的采摘环境。

(3)尝——为消费者带来味蕾绽放之旅。近年来,随着人们对健康饮食方式的日益推崇,城市居民越来越崇尚乡村美食的生态自然和简单朴实,对于一些出游者而言,品尝特色乡村美食,满足味觉享受,就是到乡村去的原动力。

在休闲农业中,"吃"应该超越基本的生活需求,提升为"尝",为消费者提供"地产地销"的特色美食,从食材、调料、做法、容器、饮食环境、饮食文化传承等各方面打造不一样的"食"体验,体现鲜明的本地特色和不可带走性。

(4)玩——休闲农业趣味化。"玩"是现代休闲旅游业的一个重要方面,也是大多数旅游者踏上旅途的第一目标。发展休闲农业必须要与"玩"相融合,用"玩"的功能让休闲农业更加的趣味化。在休闲农业园区中要适当地增加"玩"的功能和"玩"的设施,如儿童游乐场、水上游乐场等,这些项目不仅会使游客黏度增加,还能更好地为休闲农业创造利润空间。

（5）学——发挥农业的教育功能。缺少科普教育的休闲农业体验是残缺的、不完美的,因为从城市人需求的视角来看,久居城市的人渴望了解农业的奥秘及农村的生活方式,这种农村和城市的差异性、互补性是发展旅游的基本条件。而在休闲农业中,"学"无处不在,如农业科普、农业生产劳动中渗透出的人们的智慧和勤劳、人与自然的和谐。如北京国际都市农业科技园的科普活动室,为广大青少年提供了近距离接触农业、了解农业科技的绝佳场所,真正做到了寓教于乐。

（6）耕——休闲农业的灵魂。农耕是休闲农业与乡村旅游区别于其他休闲类产品最本质的体现。农耕文明作为中国几千年的历史沉淀和传统文化的核心组成,在发展现代休闲农业的过程中,应对其精髓加以继承、弘扬和创新。在现实中,除了农耕博物馆、农耕劳动体验、亲子小菜园等形式,探索更为丰富多彩的体验方式,是休闲农业园出彩制胜的关键。

（7）戏——快乐农业。轻松有趣的玩耍、嬉戏活动,对青少年有着强大的吸引力,也很容易将成年人带回到无忧的童年时代,引起情感上的共鸣,延长旅游者的停留时间,提升游客满意度。农村生活是快乐的,如果我们深入挖掘,还可以营造出更多的快乐元素。如辽宁农业嘉年华里的农业体验活动,吸引了许多游客排队体验。

（8）憩——放松心情、释放压力。休闲农业中的"憩"不仅指住宿体验,还指从各个方面给消费者带来身体和心灵的放松与享受,契合旅游者的出游目的。对于发展旅游必不可少的住宿,在休闲农业中应淡化住宿设施本身的功能,植入农村文化和农业特色元素,强调乡村特有的住宿体验。各地蓬勃发展的民宿就是休闲产品的重要延伸。

（9）养——发现农业的健康功能。农村不仅可以为游客提供新鲜的空气、轻松的氛围、原生态的食品等有利于身心健康的环境,更重要的是农业生产的丰富性、完整性和前后关联的连续性,给劳动者的生活带来了变化和节奏。而当今雾霾成为常态天气,城市环境污染日益严重,让很多人都无比向往自然的绿色,逃离城市、寻找天然氧吧,成为人们休闲的热点。

（10）淘——快乐"淘宝"。在休闲农业中,"淘"实现了农产品的直销,使乡村生产者与城市消费者直接对接,减少了中间销售环节,生产者的利润大幅度提高。而且,出游者大多都有购买体验的需求。因此,如何打造类型丰富又具有自身特色的商品,并让游客快乐地把商品带回家,也应该是园区经营者最关注的问题。

（11）归——休闲农业高层次的体验。休闲农业的产生本就源于都市生活的紧张繁杂使人们产生对于返璞归真的纯手工农业生产及生活的向往。因此休闲农业应本着"生态乡野、回归本真"的原则,让消费者情不自禁地产生回归大自然的情愫,产生心灵的归属感。同时也能让消费者产生重游或复购的冲动,最终提升满意度和忠诚度。

扩展阅读 12-4

想用休闲农业挣钱,这些模式必须会"玩"

模式1：玩转农业产业链

"全产业链"是指由山间到餐桌所涵盖的种植与采购、饲料原料及生化、养殖与屠宰、食品加工、分销、物流、品牌推广、食品销售等多个环节构成的完整的产业链系统。休闲农业不再是众多农民依靠自然从事简单生产以直接满足人类对粮食、畜产品等的需求,而是提供休闲、观光、度假、体验、娱乐、健身及教育、推广、示范等多种服务的产业。

休闲农业整合产业链是基础,玩转产业链的各大环节才是王道!紧密结合当地自然资源,利用休闲农业的生产性、观赏性、娱乐性、参与性、文化性、市场性等开发休闲农业项目。

模式2:用稀缺特色产地资源开发产业

如今同质化的现象很严重,所以要做就做有特色的。特色自然资源主要包括特色气候条件、特色土地资源、特色水资源、特色生物资源等。特色人文资源包括少数民族文化、特色饮食、特色工艺、特色节庆、特色建筑、农耕文化等。

模式3:跨界餐饮模式

餐饮文化是关于人们吃喝行为的文化现象。它贯穿于整个人类发展的历史时期,体现在各个方面、各个环节,包括在休闲农业、乡村旅游等之中。在休闲农业规划设计、乡村旅游策划等一些规划设计中,很好地运用该文化对于创意休闲农业发展是相当重要的。

资料来源:中国农村网.玩转休闲农业 http://journal.crnews.net/ncpsczk/2016n/dsseq/914991_20161031042704.html.

2. 休闲农业的产品组合策略

休闲农业的产品组合是由休闲农业经营者生产和销售的全部产品的组合方式。产品组合策略是指休闲农业经营者根据自身条件、市场状况和竞争态势,将休闲农业产品中的生产文化旅游、生活文化旅游及娱乐文化旅游三个方面内容所包含的基本类型和规格进行的选择与结合,以形成最优的乡村旅游产品结构与体系,实现最佳效益。

可供休闲农业经营者选择的产品组合策略如下。

(1)扩大产品组合策略。即休闲农业经营者扩展经营范围,增加产品的系列或种类,比如从仅提供休闲农业观光和采摘系列产品扩展到农产品深加工,从农作物种植系列产品扩展到水产、畜牧养殖系列产品。通过扩大产品组合策略,有利于满足消费者的多种需求,占领更多的细分市场,降低经营风险,同时也有利于经营者更充分地利用自有资源,降低边际成本。但这种策略对经营者的资金和运营能力有较高的要求,因为扩大产品组合需要大量的资金投入和较高的策划运营水平。

(2)缩减产品组合策略。即休闲农业经营者缩小经营范围,删减一些产品和项目,实行集中经营,比如从提供作物、蔬菜、水果等多种类型农产品的种植和采摘缩减到仅提供水果甚至是某一种水果的种植采摘。缩减产品组合有利于休闲农业经营者集中优势资源打造少数产品,提高专业化水平,减少资金占用,但市场风险较大,一旦在集中打造的产品上失利,可能会遭受严重损失。

(3)产品延伸策略。即休闲农业经营者突破原有产品的经营档次范围,增加供应产品的档次,以此实现产品线的延伸。这一策略具体又包括增加高档产品的向上延伸,增加低档产品的向下延伸,以及同时增加高档和低档产品的双向延伸三种类型。无论是哪种类型的延伸,休闲农业经营者都要注意不同档次产品之间的区分,避免因为产品的延伸扰乱原有的经营定位,为原有产品带来竞争压力,同时还要考虑自身的实力是否能够支持延伸。比如在原有中高档产品的基础上向下延伸增加低档产品,要注意对原有中高档产品的形象影响,避免低档消费者进入造成高端客户群的流失。

扩展阅读 12-5

休闲农业只有"死磕"单品才会赢得市场的青睐

我国一些休闲农庄、田园综合体、农业公园、乡村旅游点等名字有了,牌子挂了,但生意就是没做起来,有些经营还相当惨淡。为什么会有名无实?关键因素还是没有实现专业化、产业化、特色化、品牌化打造!没有赢得消费者或市场的青睐。

长期的小农经济思想形成了人们做休闲农业和乡村旅游项目都想要小而全、大而全。很多休闲农业园区做农业能想到的就是一定要有种植蔬菜、水果、花卉及养殖鸡、鸭、鹅、猪、鱼等,似乎不齐全,就觉得少了点什么,这是不对的!

(1)"死磕"单品才有特色。每个人都有一个田园梦,那么休闲农业的经营者就更甚了。他们会把看到的、听到的、想到的,也会把很多好玩的、有意思或者别人能挣钱的项目放在自己的休闲农业园区。他的休闲农业园区什么都有,但就是没有特色主导产业或者特色单品。看着好像丰富多彩,人流量也不错,但是最后却发现顾客满意度和盈利情况并不是很好。

休闲农业项目越多,设施和人员投入就越多。项目多,就不可能把每个项目都做得出彩,这样顾客满意度就会下降,顾客满意度下降就会减少回头率,从而很容易陷入恶性循环。做休闲农业一定要围绕特色主导产业特别是单品做文章。

如果江西婺源不是油菜花海,而是百花荟萃;如果中国台湾桃米社区不全是青蛙,而是动物园,都不会达到让人神往的预期。

再比如,越南的一位建筑师,在建筑设计里把越南传统的竹藤编织技艺巧妙融入进去,在全球掀起了自然建筑的新风潮。在他的作品里,几乎全部采用竹子这一单品来做主要框架和装饰,让游客仿佛置身于竹林中。

相比通常建筑所谓打造主题,而象征性采用一些相应建材的做法,这位建筑师大胆地把一种材料应用到极致,从而打造出强悍的体验冲击力。

"死磕"单品,更容易打造相对优势与特色,和竞争对手形成差异化,从而达到震撼的效果。

(2)"死磕"单品才有产业。休闲农业只有激发农业发展活力,推动农业生产向二、三产业延伸,形成生产、加工、销售、服务一体化的完整产业链,实现一、二、三产融合发展,才能增加农民收入,增强农业发展活力。

例如,广西容县是沙田柚的原产地,当地一家叫容县柚场农庄的农业企业,通过农庄与当地合作社种植有机柚子,再与当地柚子加工企业合作开展柚子深加工,制造柚子果酱、柚子饮料、柚子美食、柚子汤料等。同时农庄还打造民宿、设有当地农林特产卖场,吸引广东、广西南宁、玉林等城市游客来农庄游玩消费,取得了较好的经济效益。

休闲农业应在农业基础上,围绕主导产业,"死磕"单品,延伸产业链条,增加服务功能,以某一单品为依托,集工业、旅游、创意、研发、商贸、储运、地产、娱乐、会展、科普等相关产业于一体,在进行生产及产业经营的同时,展现农业文化和农村生活,从而形成以单品为主导的多功能、复合型、创新性的产业综合体。

(3)"死磕"单品才会专业。休闲农业从事生产的一个重要目标是追求农产品的质量安全。以水稻为例,如果专业种植优质高产水稻,实现虾稻、鱼稻、蛙稻、鳖稻等生态种养结合,亩产量虽只有300~400千克,但所产大米无论在外观上还是在口感上都属上乘,农产品就不愁销路,而且价格较高。

休闲农业生产要坚持专业分工的要求。一个村有一个村的产业特色,一个农园有一个农园的主导产品,优势互补,相互依存,共同构建起休闲农业和乡村旅游经济的整体框架。

一般来说,休闲农园应该是农业生产专业园区,如种草莓的种草莓,种番茄的种番茄,种鲜花的种鲜花。一般农园最好只生产1~2个主导品种,最多不超过3个品种。

围绕主导产品搞农旅结合,做长产业链。种草莓的不光有草莓采摘,还有草莓科普教育,提供草莓汁、草莓糕点、草莓饼等,而且生产的产品几乎全部为商品,农产品的商品率才会提高。

(4)"死磕"单品才有品牌。休闲农业和乡村旅游要注重品牌的打造,主要借助用户的满意度对其进行宣传。同时,以乡村人文资源和农业自然为依托,打造休闲农业知名品牌。

休闲农业的品牌理念是以"诚信、低碳、环保、生态"为主,在这方面,要以人与自然的和谐发展为主,注重环境保护。在基础设施建设上也要"因地而异",只有这样,农业资源利用率才会达到最优。

① 加强资源整合。休闲农业和乡村旅游项目多以利用当地农业资源为主,以某一单品为主线,如有些乡村旅游示范村以水果种植为主,以蔬菜、养殖、农产品加工为辅,形成一个较为完整且多样的主题公园,供用户参观或是体验,而不是忽略其他资源的优势。

② 注重农业资源保护。休闲农业园区的面积是有限的,因此,要注重土地保护。保护土地资源、实现可持续发展,这是打造休闲农业品牌首先要考虑的问题。在休闲农业和乡村旅游项目建设上,基础设施和旅游景观要依据当地的自然资源与农业生产条件,在农业资源不被破坏的条件下,完成上述工作。

③ 立足本地化。休闲农业和乡村旅游要特别注重挖掘与保护乡村文化,重点要因地制宜,突出一村一品、一县一特色,利用区域自然资源和传统文化等本地特点,合理探索开发绿色休闲旅游产品,进行科学的休闲农业规划,景区建设应保留其原有的乡土和村野特色。

④ 树立区域老大理念。休闲农业要善于利用当地资源,结合创意农业,建立不同的商业模式。

(5)"死磕"单品才会赚钱。做休闲农业不仅仅是农业生产,还是一门生意。把休闲农业新业态当作一门生意来做就是一种新的思维方式,在休闲农业和乡村旅游经营上,主要采用"闭环"的发展模式。闭环模式是以用户为核心,一站式解决密切关联的一系列消费需求。它的优势是提升用户体验,深度绑定用户。一种模式的商业或者服务能实现闭环式的发展,就可能拓展利益空间。休闲农业和乡村旅游只有将生产、加工、销售、服务等形成一个农业特有的闭环式产业链接,才能增加利益和发展的原动力。

资料来源:谈再红,休闲农业和乡村旅游公众号.

3. 可依托的资源及形成的产品

(1)农村自然景观。利用农村优美的自然景观、奇异的山水、绿色森林、静谧的湖水,发展观山、赏景、登山、森林浴、滑雪、滑水等旅游活动,让游客感悟大自然、回归大自然。其主要类型有森林公园、湿地公园、水上乐园、露宿营地、自然保护区。

也可依托自然优美的乡野风景、舒适怡人的清新气候等,结合周围的田园景观和民俗文化,兴建一些休闲、娱乐设施,为游客提供休憩、度假、娱乐、餐饮、健身等服务。其主要类型有休闲度假村、休闲农庄、乡村酒店。

(2)农业生产体验。以农村田园景观、农业生产活动和特色农产品为休闲吸引物,开发农业游、林果游、花卉游、渔业游、牧业游等不同特色的主题休闲活动来满足游客体验农业、回归自然的心理需求。其主要类型有田园农业游、园林观光游、农业科技游、务农体验游。

也可利用农业观光园、农业科技生态园、农业产品展览馆、农业博览园或博物馆,为游客提供了解农业历史、学习农业技术、增长农业知识的旅游活动。其主要类型有农业科技教育基地、观光休闲教育农业园、少儿教育农业基地、农业博览园。

(3)乡土民俗文化。以农村风土人情、民俗文化为休闲吸引物,充分突出农耕文化、乡土文化和民俗文化特色,开发农耕展示、民间技艺、时令民俗、节日庆典、民间歌舞等休闲活动,增加农业休闲的文化内涵。其主要类型有农耕文化游、民俗文化游、乡土文化游、民族文化游。

乡土文化包括多方面的内容,比如自然环境的舒适感、整体建筑环境的代入感。从村落建筑到农田果园,从生产方式到生活习俗,这些对于长期生活在城市的人来说都有很大的吸引力,都会感到好奇和陌生,增加游客对旅行的满足度和再回访意图。

中国各地的农耕文化不同,地形气候原因导致了农耕的业态十分丰富,并且具有与之匹配的祭祀、崇拜、禁忌传统。所以,农耕文化不仅仅局限于田地劳作和作物采摘模式,还可以利用当地多种祭祀崇拜的传统开发旅游演艺或者文化体验活动。

(4)古村落建筑。以古村镇宅院建筑和新农村格局为休闲吸引物,开发观光休闲。许多地区在建设新农村的新形势下,将休闲农业开发与小城镇建设结合在一起。以古村镇宅院建筑和新农村格局为旅游吸引物,开发观光旅游。其主要类型有古民居和古宅院游、古镇建筑游、新村风貌游。

(5)农业节庆活动。以农庄节庆活动产品赋予文化内涵进行深度开发,通过精心组织为广大消费者提供一个参与的平台,从休闲农庄节庆活动的舞台和动态化的产品中获得知识与娱乐价值,增加农业休闲的文化内涵和娱乐性。节庆文化包括传统文化、时代文化和外来文化。传统文化就是节庆文化本身具备的体现地区本土风情的文化,是节庆活动的基石,比如春节逛庙会,端午划龙舟、吃粽子,中秋的赏月、吃月饼,重阳的登高、赏菊等习俗古已有之,至今仍盛行不衰,是我国传统的民俗节庆活动,具有很强的事件性特征。时代文化是随着时代的发展,节庆文化与时俱进,在传统文化的基础上增加的创新元素,哈尔滨冰灯节、上海桂花节、大连槐花节、洛阳牡丹节、长沙花卉节、江苏宜兴陶瓷节、广西民歌节、拉萨藏族服饰节、长沙樱花节、安徽砀山梨花节等都是新兴节庆活动的典型代表。外来文化是节庆活动在举办的过程中,随着当地居民的观点逐渐发生变化,吸收外来游客带来的文化的产物。

按照节庆活动的主题分类,农业节庆活动主要有:农事类(如高山族的丰年节、阿昌族的浇花节);宗教祭祀类(如伊斯兰教的开斋节、纳西族的转山节、布朗族的山康节);历史事件或人物纪念类(如国庆节、端午节、侗族的林王节、苗王的苗王节);文化娱乐类(如蒙古族的那达慕大会);庆贺类(如藏族的藏历新年节、酥油灯节、满族的颁金节、壮族的吃立节),商贸类(如纳西族的骡马会);生活社交类(如朝鲜族的梳头节、傣族的泼水节)等。

休闲农业经营者还应从农庄的生产经营活动中找节庆主题,休闲农庄可以围绕种、养、加及食、住、行、游、购、娱等生产经营活动中找节庆主题,开展丰富多彩的节庆活动创意,如以水稻为主的农庄可以设计插秧节、龙虾节、捕鱼节、斗牛节、撩稻节、新米节、丰收节等。围绕节庆活动,还要设计丰富多彩的系列休闲娱乐与体验活动。

(6)特色农产品及饮食。出游者大多都有购买体验的需求。因此,如何打造类型丰富又具有自身特色的农产品,并让游客快乐地把农产品带回家,是休闲农业和乡村旅游开发中必须重点关注的问题。开发休闲农业园区的特色农产品就是真正实现了农产品的直销,使农产品生产者与城市消费者直接对接,减少了中间销售环节,生产者的利润大幅度提高。特色农产品不仅可直接出售,还可进行深加工,开发特色农产品和衍生产品。比如,中国台湾以蘑菇闻名的蘑菇部落,仅与蘑菇相关的美食就多达100多种,除常见的鲜蘑菇、干蘑菇外,还有蘑菇饼干、蘑菇糕点、蘑菇饮料、蘑菇玩具、蘑菇首饰等。

休闲农业园区特色农产品的选择开发应充分考虑游客的需求,在此基础上根据园区和当地自身特点因地制宜发掘具有市场价值的特色农产品,牢牢把握旅游商品的"乡土"性,做到人无我有、人有我精、人精我专,以满足客户的需求。从休闲农业和乡村旅游的主题产业链延伸出丰富多彩的产品,最容易引起游客的共鸣。休闲农园应生产特色农产品,形成自己的品牌,然后通过休闲农业这个平台,吸引城市消费者来购买,从而拉动产业的发展。在这类园区,游客除了餐饮旅游外,还带回土特产品。

除此以外,还可进行特色饮食文化的开发,如一些传统名菜、地方特色菜和民间菜肴的开发。中国可以说是世界上最讲究饮食文化的一个国家,菜系丰富,历史悠久,在世界上都是罕见的。各地因地理、历史、经济因素的不同,形成了许多当地特色的饮食文化,所以,可以扩大旅游饮食的囊括范围,让游客到了当地不仅仅是品尝地区风味,还可以现做现卖,参观作坊,就地仿学,这样会大大增加游客的兴趣和购买欲。

依托特色农产品及当地特色食品,还可进行其他体验型产品的开发,如茶文化旅游、特色水果观光和采摘、酒文化旅游等。

扩展阅读 12-6

创新没有模式,没有边界,符合潮流趋势,迎合顾客所喜,是休闲农庄保持魅力的根本。以下农场通过创意主题设计和对资源的创意利用都得到了极大的成功。

1. 韩国周末农场型

韩国发展休闲农业的经典形式为"周末农场"和"观光农园"。以江原道旌善郡大酱村为例:大酱村首先抓住游客好奇心出奇制胜地由和尚与大提琴家共同经营,利用当地原生材料采用韩国传统手艺制作养生食品的方式制造大酱,既符合现代人的养生学,又可以让游客亲临原初生活状态下的大酱村,同时节省资本、传承民俗文化特色。

此外,休闲农业的经营者还特别准备了以三千个大酱缸为背景的大提琴演奏会,绿茶冥想体验,赤脚漫步树林及美味健康的大酱拌饭,增加了游客的体验性,体现了乡村旅游的就地取材、地域特色浓郁的同时迎合了修身养性的市场需求,成功地吸引了大量客源。

启发借鉴:以"奇"为突破口,和尚与大提琴家共同经营是创意的奇特,配合这样的理念开展三千个大酱缸为背景的大提琴演奏会,是实践的奇特,再者,将韩国泡菜、大酱拌饭为核心招牌突出乡土气息也是乡村旅游发展的灵魂。

2. 日本生态交流农场型

以农场为依托,以媒体传播为宣传手段也是乡村旅游发展的方向之一。相较于欧美,休闲农业起步较晚的亚洲发达国家的发展极其迅速。以体验农村生活为主题的电视节目、杂志和报纸在当今城市居民对农业、农村需要高涨的背景下人气非常旺盛,因此生态交流型的乡村旅游在该地区受到欢迎。

典型代表是日本的大王山葵农场,该农场以黑泽明导演的电影《梦》拍摄地点而闻名日本全国,每年吸引约120万访客旅游。

启发借鉴:通过影视作品来促进休闲农业的发展,提升品牌一直是行之有效的宣传手段,所以在条件允许的情况下,可以通过这样的方式来宣传乡村旅游目的地。

3. 欧洲乡野农庄型

欧洲国家的休闲农业发展最早,并形成多元化的乡村旅游形态,其中"民宿农庄""度假农庄"尤为典型。

这种形态的旅游或以度假为主的民宿农庄、露营农场,或以美食品尝为主的农场饭店开展,也有以适应欧洲居民习俗的骑马农场、教学农场、探索农场和狩猎农场等形式发展起来的。

例如,在法国、奥地利、英国农村,将旅游住宿附加球场、赛马场、钓鱼场、园林等设施,迎合休闲旅游者需求。

启发借鉴:增加休闲农业的参与性项目,欧洲国家这种休闲农业的发展本身就是由赛马、高尔夫球、钓鱼等实际参与性活动的催生而形成的,可见参与性项目对休闲农业发展的重要性,民俗、露营、美食品尝等进行当地特色化也是乡村旅游发展的重点之一。

4. 法国鲜花主题型

法国南部地中海沿岸的普罗旺斯不仅是法国国内最美丽的乡村度假胜地,还吸引了来自世界各地的度假人群。普罗旺斯的特色植物薰衣草几乎成为普罗旺斯的代名词,当地充足灿烂的阳光最适合薰衣草的成长,因此,游客不仅可以欣赏花海,还带动了一系列格式薰衣草产品的销售。除了欣赏美景,其特色美食橄榄油、葡萄酒、松露也是享誉世界。还有持续不断的旅游节庆活动,以营造浓厚的节日氛围和艺术氛围,不断吸引来自全球的度假游客。

启发借鉴:抓住最鲜明的特色和资源作为主题,本身就可以节省很多的宣传成本。但要获得更大的成功还需要不断去补充休闲农业的产品系列,让游客来了之后有更多可看可买可体验的产品,这样才能产生持续的客流和收益。

5. 澳洲葡萄酒庄园型

澳洲乡村葡萄酒庄园已成为澳洲本地及世界旅游市场的热门度假项目之一,最具特色的当然还属其葡萄酒酿造业,澳大利亚的葡萄酒蜚声海内外,以口感好、甜味始终、价格实惠著称。游客不仅因葡萄酒而来,也因其特色壮丽的葡萄种植园和庄园城堡的特色景观而来。

启发借鉴:葡萄酒庄园还围绕葡萄酒酿造开展了丰富的旅游活动,如葡萄采摘、葡萄酒品尝、参观葡萄酒酿制过程、参加酒艺培训学校等,完美地实现了乡村农业产业与乡村旅游的结合。

12.4.2 休闲农业的渠道策划

休闲农业营销必须在了解消费者的需求后制订销售方案,休闲农业营销要打造好的销售渠道并做好促销策划。很多休闲农业经营者感觉经营困难,最大的难题在于专业渠道不足,即使有所合作,也难以形成双方都满意的合作模式,导致专业渠道商的积极性不高。要克服这个大环境方面的困难,经营者需要开拓非专业渠道,主动走出去招揽消费者,不能太被动,否则这样的经营也是很脆弱的。

1. 直销渠道

休闲农业经营者可以直接向消费者进行销售的渠道中,大型的休闲园区可以设立园区营销部、销售部或从事销售的部门和人员来完成。然而,休闲农业的营销不能过度依赖直销渠道,尤其在销售规模扩大的情况下会力不从心。常见的直销渠道如下。

(1) 人员直销。业务人员直接向消费者个人或团体进行推销,销售业绩取决于个人能力和人脉。这是休闲农业运用最广泛的直销方式。

(2) 网络直销。通过网站宣传、网络建店、网络社交等方式直接向消费者个人或团体进行推销,在寻找到潜在顾客后,往往转为人员直销,即特定业务员与消费者的直接沟通。最近几年这种方式发展很快,特别是在农产品销售方面取得了很好的效果。

(3) 其他直销。利用电话、传统媒体、促销活动(如发放优惠券)等方式直接向消费者个人或团体进行推销。这些方式借鉴了其他行业的经验,如电话推销、优购推销、促销推销等,效果不是很明显。

2. 专业渠道

专业渠道是指通过专业的第三方代理的方式进行销售。需要强调指出,这里的渠道主体必须是专业从事消费者旅游、休闲、娱乐的机构,对市场开发具有专业能力,并能向休闲农业经营者提供长期稳定的客源。这些机构和个人有比较宽的消费者接触面,通过代理客户的销售获取佣金,能形成可观的销量。利用专业渠道是各行业普遍采取的方式,也体现了营销分工越来越细的大趋势,但目前为休闲农业行业提供服务的专业渠道比较少,休闲农业对渠道的重视也非常不够。常见的专业渠道如下。

(1) 线下分销渠道。线下分销渠道是指直接在销售端向消费者提供服务的机构,如旅行社、旅游经纪人、会务会展公司、公关公司、票务公司、休闲农业中介者(单位和个人)等。

(2) 线上分销平台。如旅游类网站、旅游信息中心、OTA在线(如携程和艺龙)、区域分销平台(如一品密云)等。

3. 特殊渠道

特殊渠道是指具有一定的客源但并不专业从事代理的机构,如单位、企业、协会、学校、居委会、小区物业、车友会、群众团体(如合唱团、网络圈子)、商场商店、服务类公司(如通信、金融、美容美体)等,都可以成为休闲农业经营者的特殊渠道,但是需要开发和强力维护,否则作用不大。特殊渠道面向的是团体内部个人的消费,往往具有长期性。从形式上看,特殊渠道的运用如下。

(1) 直接销售。个人向渠道订购的方式,如一些休闲农业经营场所与企业达成协议(一般具有一定优惠),企业员工通过企业订购,享受优惠和更好的服务。

(2) 间接销售。休闲农业经营场所成为渠道供应商的方式,如某银行的客户积分到一定数值,可兑换园区消费。这种方式的本质是将休闲农业产品作为礼品馈赠给渠道机构的顾客。

12.4.3 休闲农业的促销策划

1. 促销方式组合

休闲农业产品的营销依然离不开传统的促销方式,不管是广告、营业推广、公共关系、人员推广,都要结合促销方式和休闲农业产品的特点进行组合促销。

(1)广告。广告是一种高度大众化的信息传播方式。其优点是艺术表现力强、覆盖面广、信息传播速度快、可多次重复宣传。其缺点是传递信息量有限、信息停留时间短、购买行为具有滞后性、成本较高。其中,广告宣传包括平面印刷品广告(报纸、杂志等)、电台广告、电视广告、广播广告、网络广告、外包装广告、宣传册、招贴画、传单、工商名录、黄页、广告牌(如高架广告、站台广告等)、陈列广告(如视听音像资料、旅游信息触屏等)。

(2)营业推广。休闲农业的营业推广是指休闲农业企业在某一特定时间和空间范围内进行刺激销售的促销方式。其优点是刺激性强,对顾客的吸引力大,迅速激发顾客需求,能在短期内改变顾客的购买习惯。其缺点是注重短期销售利益,使用不当可能导致顾客的不信任。休闲农业旅游在萌芽期往往尚未得到旅游者的关注,采用营业推广能加快新产品进入市场的速度,产生立竿见影的强烈效果。营业推广包括竞赛、游戏、兑奖、赠品、组织旅游展览会和农业博览会、现场表演、赠券、款待、返还佣金、折价交易、折让、开发会员俱乐部、文学作品、旅游歌曲等。

(3)公共关系。公共关系的主要目的是和公众达成良好的关系,在公众中建立起知名度和美誉度。其优点是借助于第三者传递信息,影响力较大,可信度较高,容易赢得公众信任,有利于树立形象。其缺点是活动设计有难度,组织工作量较大,且不能直接达到销售效果。公共关系宣传包括媒体采访、软文宣传、新闻发布会、研讨会、公开演讲、年度报告、赞助活动、慈善捐助、出版物、游说、公司内部杂志通信、邀请旅行社考察、客户联谊会、利益相关者联谊会、定期拜访与沟通等。

(4)人员推广。人员推广是指与顾客面对面进行宣传,包括推销和直销两种,是最直接的促销方式。其优点是与旅游者面对面沟通,针对性强,易培养与旅游者的感情,建立长期稳定的联系。其缺点是覆盖面小,平均销售成本较高。这种营销方式对销售人员的要求较高,需要经过专业培训。人员推广策略主要使用于目标市场和旅游中间商。人员推广包括派员推销(分区销售代表)、会议推销、电话推销、书面推销、社区推销、网络营销、电视营销、参加旅游交易会、传真、邮购等。

2. 休闲农业营销的要点

(1)做好市场的细分。休闲农业产品的营销同样要做好市场的细分,结合自身的优势有针对性地提供休闲农业产品,如针对学生群体、儿童群体、妇女群体、教师群体、自驾群体、高端群体、老年群体及稀有产品、稀有服务等。

(2)注重塑造品牌形象。休闲农业产品要重视产品的形象塑造,做好长期经营的打算,如制作规划示意与导游路牌,拍摄宣传短片,制作动漫短片,设计吉祥物图案,视觉识别系统,声觉识别系统,味觉识别系统,导游手册与标识牌,征集宣传口号和对联,电子画册,经典游记,短信营销,特色名片,商业信函,农庄歌曲等。

(3)积极打造主题基地。休闲农业可利用农业的优势,打造具有某些主题或具有教育意义的基地,这不仅可以带动客流,还可发挥休闲农业的多方面功能,如成为后勤基地、原料基地、科研院校实践基地、环保教育基地、科普教育基地、爱国主义教育基地、感恩教育基地、移动或联通VIP客户俱乐部活动基地、银行或电信大客户俱乐部活动基地、行政机构会议培训基地、艺术家创作基地、休闲农业参观培训基地等。

(4)注重意见领袖推广。意见领袖推广是口碑传播的最好形式。意见领袖是指在一个参考群体里,因特殊技能、知识、人格和其他特质等因素而能对群体里的其他成员产生影响力的人,是某个群体关系的轴心。口碑营销要成为休闲农业营销的"利剑",必须抓住口碑营销的关键载体——意见领袖。乡村休闲旅游口碑传播的意见领袖应该是旅游专家、媒体记者、行业主管部门、社团协会负责人、旅行社工作人员、户外运动领队、旅游网站版主等。

休闲农业企业可以采取聘请企业发展战略顾问或形象代言人的形式来展现意见领袖的作用。需要注意的是,意见领袖不能夸大其词,真诚与真实地传递正面信息,是长久获得良好口碑的主要途径。

(5) 促成合作共赢模式。休闲农业经营者要积极促成与其他企业或渠道的合作,带来稳定的客源,如与采购商合作发展订单农业,与旅行社建立合作纳入旅游线路,与周边景区合作互换客源,与户外运动俱乐部合作,与媒体、网站合作组织交友活动,与超市合作购物送折扣消费券,与影楼合作建外景婚纱拍摄基地,与周边农民合作成立农村专业组织等。

(6) 设计合适的产品主题。休闲农业经营者要做好产品主题的打造,要满足消费者的需求,也是吸引消费者关注的产品策略,如爱情主题营销、生日主题营销、聚会主题营销、忆苦主题营销、知青主题营销、美食营销、特产营销、宗教祈福、以棋会友等。

(7) 做好产品组合营销。休闲农业经营者要学会利用多项营销策略进行组合,为消费者提供多样化的服务,如套票营销、积分营销、折扣营销、会员制、产权制、租赁制、事件营销、注意力营销、节日营销、主题活动营销、体验营销、售后跟进营销、客源地营销、展会巡回营销等。

(8) 学会借势发展。休闲农业经营者要学会观察社会形势,借势发展,做好产品的宣传和品牌形象的塑造,如社会焦点新闻借势、文化娱乐热点借势、名人借势、名企借势、聘请荣誉村民,与社团协会建立合作,与电视户外节目合作,撰写典型发言材料,主动向媒体记者爆料,加入相关行业协会等。

(9) 时刻保持创新求异。休闲农业产品同质化日益严重,因此休闲农业经营者应当不断创新,酝酿新的产品主题和提供服务的形式等,如让游客参与农庄建设、举行趣味拍卖会、预订个人专属产品显示尊贵效应、举行公益集体行为艺术活动、设立私人收藏博物馆、成为当地标志性地名和公交站名等。

扩展阅读 12-7

发展休闲农业的关键

做休闲农业要有做老大的观念,要么做唯一,要么做第一。真正的休闲农业的目的就是让客人高兴而来,满意而去。游客把开心带走,把钱留下。游客来了还希望下次再来光顾,自愿为休闲农庄的品牌做宣传。

1. 选址很重要

定位定生死,人们说的农庄"风水"其实就是选址与服务产品的匹配度。农庄不考虑产品,人再多也不会成为你的客户。例如,草莓采摘这个品类,草莓有难保存的缺陷,它的消费群在哪里?消费人群集聚在什么地方?因此必须依据产品找人、依据人寻地址。所以,江浙的草莓专业种植户都会把草莓种在离县城最近的郊区,紧靠马路边,这是因为城市近郊人流量大。因此,这类种植一定是种在城市消费者购买最方便的郊区地带。休闲农庄的选址也要建在人流量大的地方,具体来说就是紧紧围绕四个依托选址,即依托城市、依托交通、依托景区、依托产业。

2. 定位最关键

做休闲农庄,首先要根据当地自然资源条件再结合投资人的自身优势确定农庄的主题定位,农庄一定要做接地气儿的产品,一方面有消费者的心智基础,另一方面更利于传播及后期拓展的开展。农庄定好主题后就要做产品组合。例如,做蘑菇主题农庄肯定是要与蘑菇加工产品相结合,增加蘑菇主题系列产品的同时丰富体验、科普教育服务内容,做长蘑菇产品产业链,增加收入。

3. 品牌要直接

品牌的诉求一定要直接,不能跟顾客绕弯子。有一个名为"笑谈中休闲农庄"的品牌,一问才知道人家主要是做特色餐饮的。庄主的想法就是人们在吃喝笑谈中感受实实在在的生活,品牌与产品转了一个大弯。但如百果园、蘑菇部落、养怡农庄、天之骄子庄园等,很直接,一下子就让人记住了。"笑谈中休闲农庄"很难让人跟特色餐饮联想到一起,因此,休闲农庄在品牌名字上要认真考虑。

4. 不能"跟风跑"

目前,休闲农业市场很火爆,如古镇游、果蔬采摘,还有个别亲子活动等生意都很好,在引起无数休闲农庄跟风的同时也影响了许多休闲农庄的主题特色经营理念。一窝蜂地都是搞古镇乡村旅游、搞果蔬采摘体验活动是不可取的。你的农庄昨天钓龙虾生意火爆,今天我的农庄立马复制,也搞起了钓龙虾活动,这肯定是不行的。农庄只有根据自己的主题定位,围绕主导产品来创意体验活动才会有意义。如果一味地复制别的农庄的好东西,是永远做不出特色的,也就谈不上农庄的盈利与长久发展。

5. 服务时尚化

休闲农庄是一、二、三产业的融合体,也是农旅紧密结合的新型企业。随着新兴消费群体的兴起,时尚消费正逐步成为一大主流。据了解,目前部分年轻人的吃喝玩乐全程都通过微信来进行,因此与手机相关的服务就显得尤其重要。还有,一些人喜欢自己动手做饭菜,有的农庄就推出了"自助餐厅",主打无人服务概念,游客可以亲身参与菜品烹饪、装盘等环节,体验整体的就餐流程。而这些新的管理模式很受城市消费者的喜欢。

6. 营销网络化

休闲农业发展将走向何处?根据中国的现实情况分析,有人预测,未来休闲农业行业内"小而美"的主题休闲农庄将会是主流,具体来说就是面积在300亩以内,投资控制在500万元左右的农庄。随着移动互联网的发展,以及新兴消费的兴起,"小而美"主题休闲农庄的经营形态也将发生改变。"平台+绿色农产品销售"的形式会在休闲农业行业内逐渐流行。

一些农村合作社以及种养殖大户的农产品将会成为休闲农庄产品销售平台的流量入口,充当起线下"生产者"的角色。未来农产品销售的竞争必然是平台与平台间的较量。平台与休闲农庄的关系既是一种线上线下的关系,也是一种互利共生的关系。往往都是一些品牌优、平台做得好的休闲农庄在市场中赢得先机与主导地位。

本项目小结

完成本项目的学习,您应该理解和掌握以下内容。

(1) 休闲农业的内涵，包括休闲农业的概念、功能和特点。休闲农业是指利用田园景观、自然生态及环境资源，结合农林渔牧生产、农业经营活动、农村文化及农家生活，提供民众休闲、增进民众对农业及农村之生活体验为目的的农业经营活动。休闲农业可以深度开发农业资源潜力，是调整农业结构、改善农业环境、增加农民收入的新途径。休闲农业在经济、社会、文化、生态上都能发挥一定的功能。休闲农业经营者要注重休闲农业的各项功能在经营项目中的体现。休闲农业相对其他产业有自己明显的特色，如季节性、地域性、消费适宜、调节能力强、社会文化性、可持续性等。掌握了休闲农业的特点，可以更好地开展休闲农业的营销。

(2) 休闲农业的类型。休闲农业根据不同的分类标准，可以分成不同的类型。每一种类型本质上都是休闲农业经营者发展方式和经营项目的选择。按产业模式不同，休闲农业可分为休闲种植业发展模式、休闲林业发展模式、休闲畜牧业发展模式、休闲渔业发展模式和休闲农副业；按照休闲主题不同，休闲农业可分为观光采摘型休闲农业发展模式、农务参与型休闲农业发展模式、民俗体验型休闲农业发展模式、科普教育型休闲农业发展模式；按经营模式不同，休闲农业可分为个体农户经营模式、农户＋农户模式、公司＋农户模式、农民＋市民合作模式、连片开发模式。

(3) 休闲农业发展的原则及开发要点。休闲农业的规划和开发要注重以下发展原则，才能真正发挥休闲农业产业的活力和特色：可持续发展的原则；统筹城乡发展的原则；以农为本，农游结合的原则；因地制宜，体现特色的原则。同时休闲农业开发要注重几个要点，才能在激烈的竞争中脱颖而出。休闲农业开发要突出特色和主题、挖掘文化底蕴、注重参与和体验、注重产品创新和升级、提升配套服务水平。

(4) 休闲农业营销策划。休闲农业营销活动应充分运用营销策划的基本方法，关注营销组合策略的实施。产品组合要素的选择需灵活使用"赏、采、尝、玩、学、耕、戏、憩、养、淘"十个要素，针对自己的特点，选择合适的产品组合策略。重点考察当地可依托的资源，形成特色旅游产品，如农村自然景观、农业生产体验、乡土民俗文化、古村落建筑、农业节庆活动、特色农产品及饮食等。在产品的基础上，经营者还需通过直销渠道、专业渠道和特殊渠道等做好产品的推广，并要抓住休闲农业营销的要点，做好休闲农业产品的促销策划。

案例分析

无锡山联村：从靠山吃饭到产农双收的金色乡村

从一个"鸡鸣闻三县"的贫困村，到"全国文明村""国家级生态村""江苏省最美乡村"，山联村花了十多年时间，闯出了一条具有"山联特色"的乡村振兴之路。

山联村围绕"农"字大做文章，扩宽适合村庄发展的现代农业。在山联村入口，"金色山联"标牌夺人眼球。"'金色'是山联村的特色和底色，也代表着老百姓对幸福生活的期待。"山联村党总支书记朱虹介绍，围绕"金色田园，自在山联"，山联村挖掘了"三金"，即一朵"金花"（皇菊）、一根"金条"（黄鳝）和一包"金粉"（灵芝孢子粉）。村里投资4 000多万元建设农业园区，重点打造千亩菊园。每到花季全村都会掩映在一片金黄中，美不胜收，吸引了许多慕名而来的游客。

有商业头脑的山联人还对菊花进行深加工，发展食用菊、药用菊，提升产业附加值。在村里的特色农产品商店，菊花茶、菊花米酒、菊花糕点等十几个系列的产品琳琅满目。他们与江南大学食品系合作研发的"菊花伴"饮料的销售点开到了全国40多个大中城市,成了"金色山联"的又一招牌。

钓黄鳝是很多人童年的记忆,山联村却将它转化为一、二、三产业融合的范本。在山联村物联网黄鳝养殖基地,二三十个池子里放满了钢架网,黄鳝就在里面"蜗居"。游客兴致勃勃地尝试,在钓钩上穿好蚯蚓饵,投入池中,不一会儿一条鲜活的黄鳝就被钓了上来。顿时,围观的亲朋好友发出一阵欢快的笑声。

吃自己亲手钓上来的黄鳝更美味。走进厨房,清洗、切段、翻炒……经过大厨精心烹制,一道红烧黄鳝出锅了。黄鳝可以做成鳝丝、鳝片、鳝筒,各种吃法任你选,村里打造出与众不同的"黄鳝宴",向来自四面八方的游客推介美丽山联。

绿水青山就是金山银山。水蜜桃、橘子、杨梅、枇杷、草莓、火龙果、猕猴桃……特色水果轮番上阵,让山联村一年四季都充满甜甜的果香。同时,山联村挖掘顾山人文景观,相继复建了香山顶寺等景点,做实村庄文化底蕴内涵。如今的山联村,推窗见绿,移步闻香,目之所及皆风景,成了老百姓心目中向往的诗意家园。依托优越的自然条件和丰富的农产品,山联村顺势发展乡村旅游,游客爬山、品茶之余,还能到村里钓鱼、采摘、赏花,吃喝玩住都能得到满足。

朱虹说:"我们倡导的是这样一种乡村生活——休闲、自在、绿色、幸福。"不断做强做优乡村旅游,从传统农业到现代科技农业,从农房改造到民宿提档升级,从产品升级到服务升级,让游客来了就不想走!

目前,30余家农家乐、10余家民宿客栈、10余家茶社、10余家生态农庄构成了山联村乡村旅游的"基本盘","春赏花、夏耕耘、秋摘果、冬庆年"的农村休闲游模式深入人心,年接待游客突破百万人次。

【讨论问题】

根据案例,请分析山联村农旅融合的主要经验。

实训操作

实训项目	休闲农业营销
实训目标	了解当地的休闲农业产业发展情况,了解不同发展模式的营销特点和效益
实施步骤	(1) 教师提出活动前的准备及注意事项 (2) 学生分为3～5人一组,小组成员分工协作 (3) 小组分区域选择1～2个休闲农业经营场所进行调查 (4) 通过实地调查或者访谈经营者的方式了解各休闲农业项目的发展模式、特点、经营状况等 (5) 学生总结分析分享成果,教师点评并最后评分
实施环境	本地各休闲农业经营场所
实训成果	以小组为单位提交调查分析报告

课后练习

一、名词解释

休闲农业　休闲林业发展模式　民俗体验型休闲农业发展模式

连片开发式休闲农业发展模式

二、不定项选择题

1. 休闲农业的功能有（　　）。
　　A. 经济功能　　　B. 社会功能　　　C. 文化功能　　　D. 生态功能
2. 休闲农业的特点有（　　）。
　　A. 季节性　　　　B. 地域性　　　　C. 消费高　　　　D. 可持续性
3. 休闲农业的开发应该注重的原则有（　　）。
　　A. 可持续发展原则　　　　　　　　B. 统筹城乡发展原则
　　C. 以农为本，农游结合原则　　　　D. 因地制宜，体现特色原则
4. 以下渠道中，休闲农业的推广可以利用的有（　　）。
　　A. 人员直销　　　B. 设立网店　　　C. 旅行社代销　　D. 企业团购

三、判断题

1. 休闲农业的发展可以让人们回归田园，让城市的高压群体的精神得到舒缓，起到修身养性的作用，这体现了休闲农业的社会功能。　　　　　　　　　　　　　　　（　　）
2. 休闲农业季节性的特点是无法克服的，因此季节性也是休闲农业营销的重大弱点。
　　　　　　　　　　　　　　　　　　　　　　　　　　　　　　　　　　（　　）
3. 休闲农业营销只要有一个主题产品或方向就可以吸引大量顾客了，不需要费力地进行产品组合。　　　　　　　　　　　　　　　　　　　　　　　　　　　（　　）
4. 休闲农业虽然是一种老少咸宜的旅游产品，但是仍需要做好市场细分，抓住目标客户进行营销。　　　　　　　　　　　　　　　　　　　　　　　　　　　　（　　）

四、思考题

1. 休闲农业有什么特点？应该如何利用或规避这些特点更好地开展休闲农业营销活动？
2. 休闲农业营销应注意哪些原则？这些原则和传统的旅游产品营销有何不同？
3. 休闲农业营销还有哪些新的具体推广渠道？请结合新媒体手段等进行举例说明。
4. 休闲农业营销有哪些要点？请举例对发展较好的或发展失败的休闲农业营销项目进行说明。

综合实训

综合训练项目一：农业职业经理人技能训练

【训练目的】
通过完成此项训练，掌握农业职业经理人相关技能。

【训练内容】
1. 到农产品贸易市场观察农业职业经理人的行为方式，并学习了解其经验。
2. 选定某一农产品充当该农产品的经纪人。

【训练步骤】
1. 选定某一农贸市场观察农业职业经理人的行为方式并学习借鉴。
2. 选定某一农产品，为充当该农产品的经纪人做好准备。
3. 寻找一个农户商议做产品经纪商，注意操作中要做出买卖协议，体现双方利益。
4. 运用市场调查方法进行该农产品的市场信息采集和分析。
5. 研究该农产品并确定其市场定位。
6. 寻找销售商，并建立销售关系，注意签订双方的销售协议。
7. 进行销售善后管理，注意农产品的规格、质量、数量控制，数量不足的应及时寻找货源补齐。
8. 交接货物后进行成本核算，并总结经验。

【训练考核】
1. 参加训练的态度是否认真、积极。
2. 观察学习农业职业经理人的行为方式后的经验总结是否全面、深刻。
3. 是否能够找到一个农户，并成功与其签订买卖协议。
4. 该农产品的市场信息采集和分析是否准备全面。
5. 该农产品的市场定位是否准确。
6. 能否找到销售商，并成功与其签订协议。
7. 销售售后管理是否合理。
8. 成本核算是否正确。

综合训练项目二：农产品营销策划训练

【训练目的】

通过完成此项训练，掌握农产品营销策划的相关技能。

【训练内容】

选定某一农产品，运用农产品营销策略知识进行该农产品的营销策划，包括该农产品的STP策划、产品策划、价格策划、渠道策划和促销策划等，以团队合作形式完成。

【训练步骤】

1. 分组确定各组成员名单，并选定进行营销策划的农产品。
2. 查阅收集与该农产品相关的资料。
3. 对收集的资料进行分析整理并作为营销策划的依据。
4. 运用所学的农产品营销策略知识，进行该农产品的营销策划，包括该农产品的STP策划、产品策划、价格策划、渠道策划和促销策划等。
5. 撰写完成该农产品的营销策划报告。
6. 各小组制作PPT，上台展示本小组所做的营销策划方案。
7. 其他小组成员观摩并提出相应问题，教师点评。
8. 各小组根据其他小组和教师的意见进行修改，完善本小组的策划方案。
9. 各小组提交修改完善后的农产品营销策划方案。

【训练考核】

1. 参加农产品营销策划的态度是否认真、积极。
2. 农产品营销策划方案的内容是否完整、科学。
3. 农产品营销策划方案是否可行。
4. 农产品营销策划方案是否有创意。
5. 发言代表的仪态仪表及口头表达能力。
6. 小组的新媒体应用能力和PPT制作水平。

参 考 文 献

[1] 理查德·库尔斯,约瑟夫·乌尔.农产品市场营销学[M].9版.北京:清华大学出版社,2006.
[2] 李崇光.农产品营销学[M].3版.北京:高等教育出版社,2016.
[3] 王杜春,张永强.农产品营销学[M].北京:机械工业出版社,2014.
[4] 过建春.农产品营销学[M].北京:中国农业出版社,2007.
[5] 李季圣,李志荣.农产品营销理论与实务[M].北京:中国农业大学出版社,2016.
[6] 安玉发,等.农产品市场营销理论[M].北京:中国轻工业出版社,2005.
[7] 丁丽芳.农产品市场营销策略[M].北京:中国社会出版社,2008.
[8] 晏志谦.农产品营销[M].成都:西南交通大学出版社,2008.
[9] 赵晨霞,李玉冰.农产品市场营销[M].北京:中国农业大学出版社,2008.
[10] 崔坤.园艺产品营销[M].北京:中国农业出版社,2006.
[11] 菲利普·科特勒,等.营销管理[M].15版.上海:格致出版社,2016.
[12] 贾妍,李海琼.市场营销理论与操作[M].北京:北京交通大学出版社,2009.
[13] 万后芬,汤定娜,杨智.市场营销教程[M].北京:高等教育出版社,2008.
[14] 吴泗宗.市场营销学[M].北京:清华大学出版社,2005.
[15] 方光罗.市场营销学[M].大连:东北财经大学出版社,2001.
[16] 张西华.农产品营销[M].杭州:浙江工商大学出版社,2011.
[17] 贾妍,陈国胜.消费心理应用[M].北京:北京大学出版社,2010.
[18] 臧良运.消费心理学[M].北京:北京大学出版社,2008.
[19] 刘志友,聂旭日.消费心理学[M].大连:大连理工大学出版社,2007.
[20] 杨大蓉,陈福明.消费心理理论与实务[M].北京:北京大学出版社,2009.
[21] 张艳芳.体验营销[M].成都:西南财经大学出版社,2007.
[22] 张举刚,李国柱.市场调查与预测[M].北京:科学出版社,2007.
[23] 周宏敏.市场调研案例教程[M].北京:北京大学出版社,2008.
[24] 郑聪玲,徐盈群.市场调查与分析实训[M].大连:东北财经大学出版社,2008.
[25] 秦宗槐.市场调查与预测[M].北京:电子工业出版社,2007.
[26] 王之泰.新编现代物流学[M].2版.北京:首都经济贸易大学出版社,2008.
[27] 张敏.农产品物流与运营实务[M].北京:中国物资出版社,2009.
[28] 梁军.仓储管理实务[M].北京:高等教育出版社,2003.
[29] 白世贞,言木.现代配送管理[M].北京:中国物资出版社,2005.
[30] 刘德军,张广胜.现代农产品物流技术与管理[M].北京:中国物资出版社,2009.
[31] 郑承志,刘宝.物流管理概论[M].北京:电子工业出版社,2007.
[32] 方光罗,张念.仓储与配送管理[M].大连:东北财经大学出版社,2004.
[33] 周应恒.农产品运销学[M].2版.北京:中国农业出版社,2016.
[34] 胡浪球.农产品营销实战第一书[M].北京:企业管理出版社,2013.
[35] 谈再红.谈谈休闲农业——基础·运用·案例[M].北京:中国农业出版社,2018.
[36] 秦阳,秋叶.社群营销与运营[M].北京:人民邮电出版社,2017.
[37] 程小勇,李国建.微信营销解密[M].北京:机械工业出版社,2013.
[38] 夏凤.农产品营销实务[M].北京:清华大学出版社,2014.

[39] 邓蓉.农产品市场营销[M].北京：中国农业出版社,2017.
[40] 石晓华,刘超良.农产品市场营销实务[M].郑州：中原农民出版社,2016.
[41] 贾妍,陈国胜.消费心理应用教程[M].大连：大连理工大学出版社,2015.
[42] 陈国胜.创新创意创业[M].北京：国家行政学院出版社,2018.
[43] 王图展.农产品市场营销理论与策略[M].北京：科学出版社,2015.
[44] 陈国胜.农业品牌的道与术[M].北京：中国农业科学技术出版社,2019.
[45] 陈国胜.创意农业的道与术[M].北京：中国农业科学技术出版社,2016.
[46] 谈再红.休闲农业概论[M].北京：中国农业出版社,2019.
[47] 陈国胜.乡村振兴温州样本：产业融合之路[M].北京：中国农业大学出版社,2019.
[48] 何钢.园艺产品营销[M].北京：中国农业大学出版社,2016.
[49] 陈国胜.温州市三农问题新探索——组织、制度之创新及可持续发展[M].杭州：浙江大学出版社,2011.
[50] 陈国胜.求索温州特色三农发展之路——转型、发展与制度变革[M].杭州：浙江大学出版社,2013.
[51] 刘官华,梁璐,艾永亮.人货场论[M].北京：机械工业出版社,2017.
[52] 王浩,等.农业观光园规划与经营[M].北京：中国林业出版社,2003.
[53] 张小平.农产品营销[M].北京：中国农业出版社,2023.
[54] 史安静.农产品电商助农实战手册[M].北京：中国农业科学技术出版社有限公司,2023.
[55] 奥德斯蒂.农产品营销[M].洪岚,赵娴,译.北京：中国农业大学出版社,2022.
[56] 徐茜.农产品直播销售[M].北京：中国铁道出版社,2022.

农产品营销推荐学习网站

[1] 中华人民共和国农业农村部：http://www.moa.gov.cn/
[2] 农博网：http://www.aweb.com.cn/
[3] 郑州商品交易所：http://www.czce.com.cn/
[4] 大连商品交易所：http://www.dce.com.cn/
[5] 中国营销传播网：http://www.emkt.com.cn/
[6] 中国农网：http://www.farmer.com.cn/
[7] 中国网络营销传播网 http://www.1mkt.net/
[8] 中国食品网 http://www.cnfood.com/
[9] "休闲农业和乡村旅游"微信公众号
[10] "品牌农业与市场"微信公众号